新编公共管理学系列教材

Public
Management

公共管理学

李金龙 ◎主　编
谭海波　杜倩博 ◎副主编

北京大学出版社
PEKING UNIVERSITY PRESS

图书在版编目(CIP)数据

公共管理学 / 李金龙主编；谭海波，杜倩博副主编.北京：北京大学出版社，2024.10. -- (新编公共管理学系列教材). -- ISBN 978-7-301-35657-9

Ⅰ. D035

中国国家版本馆 CIP 数据核字第 2024US7566 号

书　　名	公共管理学 GONGGONG GUANLI XUE
著作责任者	李金龙　主编　谭海波　杜倩博　副主编
责任编辑	梁　路
标准书号	ISBN 978-7-301-35657-9
出版发行	北京大学出版社
地　　址	北京市海淀区成府路 205 号　100871
网　　址	http://www.pup.cn
新浪微博	@北京大学出版社　　@未名社科-北大图书
微信公众号	北京大学出版社　北大出版社社科图书
电子邮箱	编辑部 ss@pup.cn　　总编室 zpup@pup.cn
电　　话	邮购部 010-62752015　　发行部 010-62750672 编辑部 010-62765016
印　刷　者	北京溢漾印刷有限公司
经　销　者	新华书店 730 毫米×980 毫米　16 开本　25 印张　422 千字 2024 年 10 月第 1 版　2024 年 10 月第 1 次印刷
定　　价	75.00 元

未经许可，不得以任何方式复制或抄袭本书之部分或全部内容。

版权所有，侵权必究

举报电话：010-62752024　电子邮箱：fd@pup.cn

图书如有印装质量问题，请与出版部联系，电话：010-62756370

目　　录

第 1 章　公共管理导论　/ 1
　　1.1　公共管理的兴起与发展　/ 2
　　1.2　公共管理学的研究对象与学科特质　/ 15
　　1.3　公共管理面临的时代挑战　/ 19

第 2 章　公共管理理论的发展　/ 28
　　2.1　西方公共管理理论的演进　/ 28
　　2.2　中国公共管理理论的演进　/ 46

第 3 章　公共管理价值　/ 57
　　3.1　公共管理价值概述　/ 57
　　3.2　公共管理的目的性价值　/ 66
　　3.3　公共管理的工具性价值　/ 74
　　3.4　公共管理价值创造　/ 82

第 4 章　公共组织　/ 89
　　4.1　公共组织概述　/ 89
　　4.2　组织理论的历史与视角　/ 94
　　4.3　公共组织的结构　/ 104
　　4.4　公共组织的过程　/ 116

第 5 章 公共领导 / 124

- 5.1 公共领导概述 / 124
- 5.2 公共领导理论 / 127
- 5.3 公共领导素质、性格与形象 / 133
- 5.4 公共领导者的行为 / 137
- 5.5 领导体制与领导集体 / 143

第 6 章 公共人力资源管理 / 146

- 6.1 公共人力资源管理概述 / 146
- 6.2 公共人力资源管理的基本理论 / 158
- 6.3 公共人力资源管理制度 / 166
- 6.4 公共人力资源管理的发展与变革 / 170

第 7 章 公共事务管理 / 176

- 7.1 公共事务的基本特征与种类划分 / 176
- 7.2 公共事务的主要内容 / 182
- 7.3 公共事务治理模式变迁 / 187

第 8 章 公共政策 / 196

- 8.1 公共政策概述 / 196
- 8.2 中国特色公共政策研究 / 208

第 9 章 公共预算管理 / 228

- 9.1 公共预算概述 / 228
- 9.2 公共预算理念与模式 / 233
- 9.3 中国公共预算管理 / 240

第 10 章 公共数据管理 / 252

- 10.1 公共数据管理概述 / 252

10.2 公共数据管理的内容 / 258

10.3 公共数据的隐私和安全 / 265

10.4 公共数据管理的实践与发展 / 271

第 11 章 公共危机管理 / 284

11.1 公共危机及相关概念 / 284

11.2 公共危机管理过程 / 290

11.3 公共危机管理实践 / 296

第 12 章 公共管理方法和技术 / 307

12.1 公共管理方法和技术概述 / 307

12.2 公共管理的传统方法 / 312

12.3 现代公共管理方法 / 325

第 13 章 公共管理的伦理与规范 / 340

13.1 公共管理伦理 / 340

13.2 公共管理规范 / 353

第 14 章 公共部门绩效管理 / 363

14.1 公共部门绩效管理概述 / 363

14.2 公共部门绩效管理评估 / 371

14.3 公共部门绩效管理实践 / 380

14.4 公共部门绩效管理发展与完善 / 386

后　记 / 391

第1章　公共管理导论

本章学习要点

- 了解公共管理的兴起与发展，厘清中国公共管理的发展历程
- 掌握公共管理学的研究对象与学科特质
- 认识公共管理面临的时代挑战

人类社会现代化的进程不断加速，"全球时代""数字时代""第四次工业革命"已成为这个时代的显著特征。随着经济全球化、社会信息化、政治多极化、文化多元化的到来，公共管理的理论与实践也正处于"范式转移"的过程中。每一个时代都有与其相匹配的治理内容和治理方式，公共管理也应该随着时代的发展而变化。一般而言，公共管理学就是研究公共组织尤其是政府的管理活动及其规律的一门科学。公共管理学的使命在于对公共治理领域的问题进行系统的探究，促进公共事务治理的现代化发展，通过建立"善治"来实现"善政"。当前，世界各国（特别是中国）的公共管理活动和公共管理学科既面临着迅速发展的历史机遇，又遭遇了前所未有的时代挑战。因此，首先要把握有关公共管理学的基础性、本质性的理论知识，对人类公共管理思想和运动的发展脉络有一个基本的认识与了解。为此，本章将对公共管理的兴起与发展、公共管理学的研究对象与学科特质以及公共管理面临的时代挑战等内容做一个概括性的介绍和阐述。

1.1 公共管理的兴起与发展

1.1.1 公共管理的兴起

公共管理研究的价值在于对时代所提出的各种问题和挑战持续进行回应而不是被动地反应,对关系国家和人类命运的共同问题予以思考和回答,并在此过程中创造公共的价值。从本质上说,公共管理是具有公共性质的各种组织的社会活动,是维护正常的社会生产和生活所必需的条件。在远古的原始社会,人类为了生存和生活,不得不集体进行生产和开展活动,公共管理由此开始萌芽。随着国家(政府)的产生和其他一些公共组织的陆续出现,公共管理不断获得发展。

"公共管理"这一概念首次出现在20世纪30年代。20世纪30年代,时任美国总统行政管理委员会委员的卢瑟·古利克为了推动行政体制改革,受当时政府改革、科学管理运动和政治学中新学科方向的深刻影响,主张将管理主义与公共性目标相结合,提出了"公共管理"这一名词[①]。从此,西方学者开始超越传统公共行政学对政府管理研究的局限。20世纪80—90年代,作为一个独立研究的领域和学科——公共管理学,便在西方国家正式形成了。

20世纪的最后十余年,伴随着市场化、信息化、全球化趋势的强势推进以及知识经济时代的日益迫近,西方各国掀起了一股公共部门管理特别是政府管理改革的世界性潮流。英国是以"新公共管理"为取向的政府改革运动的发源地之一。1968年,英国成立了富尔顿委员会。该委员会主张公共支出应被有效率地计划与管理,以确保既定政策目标的达成,但改革成效并不明显。70年代中期,英国的公共支出再度失控,政府在庞大的负债压力下,只能将重心转移至公债偿还而无力改善政府绩效。1979年,保守党上台执政,撒切尔夫人领导的政府强力推行新右派的政治理念和施政方针。她强调个人权利与选择的价值,宣扬建立新自由主义的政体,主张"小而美的政府"与"民营化",开始推行西欧最

---

① J. M. GAUS, L. D. WHITE. Public administration in the united states in 1934[J]. American political science review, 1935 (3).

为激进的政府改革计划,并成立了雷纳评审委员会。来自私人部门的雷纳在内阁中主持一个项目,负责对公共部门的绩效进行调查评估。1983年,"财政管理创议"开始启动,政府建立起一个自动化的信息系统来支持财政管理改革。1988年,英国政府在《改善政府管理:续阶计划》("Improving Management in Government: The Steps Program")的报告中,提倡采用更多的商业管理手段来改善政府机构绩效,提高公共服务的效率。该报告认为,长期以来,英国政府机构缺乏真正的压力迫使其改善绩效,提高工作效率;过去所重视的是标准化的程序而忽略了公共服务的提供;执行机构注重的是高级文官的政策咨询功能而非管理功能。为此,该报告建议:将整体的部委分解成若干机构并成立附属机关,附属机关在主管部委的政策指导下,履行公共服务供给和管理的职责;以管理主义的技术和程序培训职员,以确保公共服务的品质;引入市场竞争机制,让公共部门之间、公共部门与私人部门为公共物品和服务的提供展开竞争,尤其是可以通过公开投标的方式让赢得竞争、能提供优质公共服务的组织获得生存与发展,从而促使提供公共物品和服务的公共部门主动接受市场检验。

1990年底,梅杰政府继承了新右派的政府改革路线。1991年,英国政府发布《公民宪章》白皮书。不久,英国政府又公布了"服务品质竞争提升计划",强调竞争乃是最佳的品质保证,竞争可以使政府的资源运用取得最大效益。1994年,英国政府宣布《文官永续与变革》政策白皮书,要求文官具备表现优异的私营企业员工相等的绩效;继而又公布了《解除管制方案》。以布莱尔为首的工党执政后,仍没有完全摒弃新右派的政府改革计划和基本政策,而是提出了整合左右派思想的"第三条道路",以应对经济全球化背景下公共部门管理所面临的困境。

早在20世纪70年代初期,美国总统尼克松极力倡导"新联邦主义",以精简战后迅速膨胀的官僚体系,优化联邦政府的职责与效率。里根上台后,采取新保守主义路线,成立了"格雷斯委员会",试图将私人部门的成功管理方法引入公共部门,以寻求全面提高政府运作绩效及降低施政成本的方法,并大规模削减政府机构和收缩公共服务范围。但由于改革手段囿于传统模式,不仅改革成效甚微,反而造成公共支出失控,预算赤字累计竟突破4万亿美元。1993年3月,克林顿政府在公众强烈的改革诉求和国家竞争力骤降的双重压力下,成立了"全国绩效评估委员会",任命副总统戈尔主持该委员会,从而开始了大规模的"政府再造运动"(Reinventing Government Movement)。该运动的目标是创造一个少花钱多办事的政府,并坚持顾客导向、结果控制、简化程序和一削到底的原则;基本内容是精简政府机构、削减政府雇员、放松管制、引入竞争机制以及推行绩效管理等。同年9月,全国绩效评估委员会提交了一份名为《从官样文章到实际结果:建立一个运作更好和花费更少的政府》的报告(简称"戈尔报告")。戈尔报告首先指出,20世纪30—60年代,美国建立起一种庞大的、从上而下的、集中化的官僚体制来处理各种公共事务,这种体制以当时的公司结构为模型,采用分等级的科层制形式,即它将任务加以分解,并将其落实到不同层次的雇员,而这些雇员及机构则由严格的规章制度来约束。由于对标准化程序的先入之见、垂直的指挥链条和标准化的服务,虽然这些官僚机构是稳定的,但容易出现机构肿胀和反应迟缓的"病症"。当时迅速变化着的信息世界使得庞大且自上而下的官僚体制开始失效。在此基础上,戈尔报告以打造企业型政府为基本理念,重建了联邦政府的职能。这份报告包括了由委员会(130项)和其他联邦行政机关(254项)共同提出的384项改革建议,提出了执行再造政府计划的四项主要原则:(1)消除繁文缛节,由注重过程的系统转变为注重结果的系统;(2)坚持顾客至上,把顾客放在首位;(3)充分授权给下层雇员,以追求实际成果;(4)一削到底,建立一个花费更少而运作更好的政府。1993—1997年,全国绩效评估委员会连续向国会提交了多份绩效报告,如1994年的《创造一个提升效能和节约成本的政府:现况报告》和《顾客至上:服务美国民众的标准》、1995年的《全民政府:提升效能和节约成本》、1996年的《政府的优势秘诀》、1997年的《企业型政府:从美国最佳公司得到的启示》等。1998年1月,全国绩效评估委员会宣布它的评估工作暂告一段落,并更名为"全国协力再造政府委员会",注重与民间团体和社区建立"协力关系"。

无论是英美和欧洲大陆国家,还是澳大利亚、新西兰和日本,西方主要国家相继卷起了一场政府改革的风暴(实际上,在转轨国家、新兴工业化国家乃至大多数发展中国家也出现了同样的改革趋势,如马来西亚的"2020宏愿"等)。尽管西方各国政府改革的起因、议程、战略、策略以及改革的范围、规模、力度有所差异,但都具有相近的基本价值取向:秉持以采用企业管理的理论、方法和技术,引入市场竞争机制,提高公共管理水平和公共服务质量为特征的"新公共管理"理念和纲领,致力于建设廉洁、高效的政府。

随着新公共管理运动的发展,它逐渐成为当代西方公共管理特别是政府管理的基本趋势和主导潮流。它的主要内容归纳起来有以下几个方面:(1)重新调整政府与社会、政府与市场的关系,优化政府的职能,即以政策制定为主而非政策执行;(2)政府的服务应以顾客满意和市场化为导向,强调服务本位;(3)改革政府部门内部管理体制,采取授权或分权式管理;(4)政府应广泛采用私营企业成功的管理手段和经验,树立工商管理导向;(5)政府应在公共管理中打破对公共物品和公共服务的垄断,尽可能地实现社会自我管理,即政府应把一部分对社会公共事务的管理任务交给非政府组织,引入市场竞争机制;(6)政府应以可衡量的绩效评估为导向,重视和提高公共物品和公共服务的效率、效果和质量;(7)政府应逐步放松严格的行政管制,实施明确的绩效目标控制或实行预算项目化导向;(8)政府应具有可预见性,并树立成本意识;(9)公务员应具有政治使命感和公共责任感等。

1.1.2 新公共管理运动兴起的主要动因

"新公共管理"这一概念最早由英国学者胡德提出,他指出:"新公共管理"是一种以重视明确的责任制和绩效评估,以独立为主的分权结构,采用私营部门的管理技术、工具,引入市场机制以改善竞争为特征的公共部门管理的新途径[①]。这场以"新公共管理"为旗帜的政府改革运动起源于英国、美国、澳大利亚和新西兰,随后逐步扩展到其他西方国家乃至全世界。当代西方新公共管理运动的兴起和发展,具有较为深刻的经济、政治、文化及社会背景。

第一,经济和财政因素是首要因素,起着决定性的作用。二战以后,多数工业化国家朝着福利国家的方向前进,20世纪70年代,石油危机之后出现普遍的经济衰退,西方各国政府每年必须负担庞大的转移性财政支出,积累了高额的财政赤字,拖垮了政府的预算和经济,而经济衰退、失业率的上升则进一步催生了一系列新的经济、社会和政治问题。同时,世界经济的自由化趋势所带来的

---

① C. HOOD. A public management for all seasons? [J]. Public administration, 1991 (1).

竞争压力逐步加剧,各国政府产生巨大的改革动力。如何促进国内经济社会的发展,调整和完善现行福利制度,节省政府的施政成本,缩减政府的公共开支,克服不断加重的财政危机,提升本国的国际竞争力,自然成为各国政府必须面对的中心课题。解决财政赤字问题、缓解经济衰退的压力、提升国家竞争力之路径,从原则上讲主要有三种方案可供选择:一是限制开支和终结公共任务;二是增加收入特别是增加税收;三是用较少的开支来完成公共使命,即"少花钱多办事"。就解决问题的现实性和有效性而言,只有第三种方案才是可供选择的路径,"新公共管理"改革所选择的正是这条路径。

第二,传统公共行政模式的弊端日益显现。19世纪末20世纪初,传统的公共行政模式随着西方主要国家工业化进程的完成和在马克斯·韦伯提出的科层制理论的指引下建立起来,严格界定公共部门的界限,公共部门和组织结构完全按照既定的规章而形成完整体系。百余年的历史发展过程造就了适应专业化分工的大机器时代的公共管理形态。其主要特点是:层级分明,权力集中,法规众多,职能广泛,规模庞大,程序繁杂,政府官员分工细致,照章办事,循规而行,运用相对固定的行政程序来达成既定的目标,并在行为方式上体现出某种非人格化。这种科层制模式的公共行政比较适应分工精细、任务简单、外部环境相对稳定的工业社会的需要。但是,它在第二次世界大战后特别是20世纪60—70年代以来受到了严峻的挑战,受到各方质疑和批评。这是因为,西方各国在二战后普遍出现了下述现象:政府的权力不断扩张,政府的职能范围日益扩大,政府的角色多样化,尤其是为保障公民之福利,政府通过大量的立法管制干预公众的生活,包括经济性的管制和保护性的管制,其结果是政府开支过大,行政工作效率每况愈下,民众对政府的不满情绪日益增加,极大损害了政府的公信力。同时,在后工业时代,由于全球化和信息化的影响,官僚制的理性形式、不透明性、组织僵化及等级森严等特点与后工业时代的个性化、多样化和快节奏的社会形态发生冲突,与日益健全的社会民主发生碰撞,从根本上动摇了传统公共行政赖以立足的理论基础,催生了新公共管理运动。在此背景下,西方各国纷纷探讨和寻找建立一种适合本国经济社会发展需要的政府管理模式。

第三,经济全球化的快速推进是当代西方各国进行政府改革的国际环境。20世纪80—90年代,特别是冷战结束后,以商品、资本、人才等生产要素在世界范围内流动性增强为标志的经济全球化明显推进,在此背景下,国家与国家之间、人与人之间联系得如此紧密,开启了"你中有我、我中有你"的相互依赖的时代①。经济全球化给世界各国既带来了十分宝贵的历史机遇,又带来了非常严峻的现实挑战。经济全球化基本趋势在很大程度上使得西方各国对本国经济技术竞争力空前重视。政府能力是一国综合国力和国际竞争力的一种主导性因素,正如亨廷顿在《变化社会中的政治秩序》中所指出的:国与国之间最大的政治分野,其实不在于政府的组织形式,而在于政府的有效程度。政府如何引导和调控国民经济运行,参与世界经济竞争,促进本国经济发展,成为人们普遍关注的焦点。经济全球化对政府公共管理提出了更高的要求。经济合作与发展组织(OECD)已将政府改革视为各成员国在国际市场上进行有效竞争的一个重要途径,认为顺应经济全球化发展趋势是保持较强国际竞争力的内在需要,为公共部门改革提供了新的强劲动力;处理国际公共管理问题不再是传统涉外部门的专门职责,所有政府部门和地方政府乃至非政府公共部门都必须具有跟踪、理解和处理国际公共管理问题的意识和能力;经济资源的稀缺,以及为避免社会不稳定局面而保持经济社会发展的持续性,是推动现有公共部门改革的重要因素之一。

第四,新科技革命尤其是信息革命的兴起与急速发展,更是当代西方国家政府改革的催化剂。以信息技术为主要标志的新科技革命的迅速发展,为世界各国建立起灵活、高效、廉洁、透明的政府创造了难得的可能性条件。信息社会或信息时代的来临以及"数字化生存"方式的形成,要求政府对迅速变化着的外部环境做出适当反应。信息技术打破了长期以来政府对公共信息资源的垄断,改变了政府组织一直以来的U形结构信息传输方式,加快了信息传输的速度,使信息接收方式逐渐多元化;通信技术的不断更新及其所带来的公共信息接触的快捷化和便利化,使公民和各种社会团体更容易参与公共事务的管理活动。这自然会要求以政府为核心的公共组织及其运作过程适时地做出变革与调整。

第五,新右派政党执政和保守主义意识形态占据主导性地位的巨大影响。自20世纪70—80年代以来,具有保守主义政治倾向的政党先后在西方各国执

---

① 罗伯特·基欧汉,约瑟夫·奈.权力与相互依赖[M].3版.门洪华,译.北京:北京大学出版社,2002:11.

掌政权，新右派集中火力猛烈抨击20世纪60年代盛行的社会福利国家思想理论和政治实践。他们认为，多元主义盛行使政府的公共支出大幅度增加；官僚体系偏好扩大自己能享有的资源以致发生"预算最大化"；公共服务完全沉湎于一种垄断形态的运作模式；政府过度扩张的直接结果就是侵蚀和威胁个人自由与权利，同时不利于企业和企业精神之伸展；政府寻求均等的社会正义措施缺乏合法性与正当性；公共支出大幅增加会因为举债而排斥私营企业之正常生长；等等。总之，他们强烈地意识到，政府的失灵远远比市场的失灵更为严重。对于新右派的信仰者而言，他们似乎会更相信：私人部门管理的手段和技术可以引进到公共部门；政治控制强化、预算削减、专业自主性降低、公务员的工会弱化，以及半竞争性的架构将奋起赶走官僚体制天生的无效率等。正是在这种思想理念指导下，亲市场、反国家的政治信仰大行其道，公共行政求助于市场或私人部门的解决之道，几乎成为不容置疑的唯一选择。

第六，西方国家公共管理教育的兴起与发展是新公共管理运动不断拓展的推动力。1924年，美国锡拉丘兹大学麦克斯韦尔公民与公共事务学院就开启了公共管理硕士（MPA）教育的航程。尔后，公共管理研究生教育在欧洲、北美一些发达国家陆续开展起来。二战后，随着经济社会的不断发展和科学技术的迅猛进步，各种社会问题明显增多，并且这些问题的政府不可治理性也在同步增强，诸如人口膨胀问题、生态破坏与环境保护问题、都市化问题、社会治安问题、能源危机问题、失业问题、教育问题、流行病蔓延问题、种族歧视问题、恐怖主义问题等等。政府的职能面临前所未有的挑战，这就要求公共管理工作日益科学化、专业化和规范化，对政府官员以及非政府公共部门管理人员的专业素质要求越来越高，因此促进了公共管理人才培养工作的兴起与发展。目前，公共管理研究生教育已成为世界上多数国家培养高层次、应用型和复合型人才的重要途径。美国、英国、加拿大、澳大利亚、日本、新加坡、韩国等国的一些著名高校都是成功培养公共管理高级人才的典范，多年来培养和培训了大量的公共事务管理人员，为本国公共管理高效运作提供了有力的人才支撑。

总之，20世纪70—80年代以来，西方各国乃至整个世界都面临一些共性问题：公共组织规模偏大、公共支出过多、财政危机严重、福利制度陷入困境；公众期望公共部门提供更多、更好的服务，但公共管理者却往往因为无法获得充足的资源而疲于应付;公共事务的日趋多样化与复杂化,也常常使传统的政府架构、运作流程以及行政管理人员捉襟见肘,难以招架;以信息技术为代表的新技术革命和经济全球化的强势发展,正日益深刻地改变着人类社会的方方面面①。时代的进步要求公共管理部门必须更加灵活和高效,具有较强的应变能力和及时的回应能力,更多地使公众参与公共事务管理,提升政府绩效和公共服务品质。与工业化社会相适应的以官僚科层制为主要模式的公共行政,显然难以适应信息化社会的要求。公共部门解决各种社会公共问题能力的不足,导致世界性政府形象的普遍跌落,但也直接引发建构在新管理主义价值理念上的新公共管理运动在西方各国乃至全世界的蓬勃发展。

1.1.3 中国的公共管理实践

1.1.3.1 新中国成立初期的公共管理探索

中国的公共管理实践从中华人民共和国成立至今经历了两个时期。这两个时期可以以改革开放作为分界线,改革开放前后的中国公共管理呈现了明显的差异,这反映出中国公共管理从探索期到发展期所表现出的实际特征②。

第一,公共管理的宗旨从服务于革命事业到追求公共利益的变化。我们对"公共管理"这一表述的接纳本身就说明了问题。在改革开放前,不存在"公共管理"这一用语,通常用的是"行政管理"。行政管理涉及的虽然是公共性问题,但它讲求的更是作为革命事业的一部分如何服从并服务于这一革命事业。这是与当时的历史状况及中心任务密切相关的。新民主主义革命取得伟大胜利,人民共和国诞生,在人民共和国成立后30年的时间里,中国社会的主旋律是革命和阶级斗争。因此,革命的意识形态追求的终极目标即共产主义,成为整个社会追求的最高目标,行政管理毫无疑问被置于这一目标之下,也就是说,行政管理所做的任何事情都是为实现共产主义而服务。行政管理主要是为了实现革命目标,而不是公共利益。这一点在改革开放后发生了根本性的变化。"公共管理"这一表述就是在改革开放以后才被使用的。这一表述突出了公共性,

---

① B. S. GHUMAN. New public management: theory and practice[J]. Indian journal of public administration, 2001 (4).

② 竺乾威,朱春奎,李瑞昌. 公共管理导论[M]. 北京:中国人民大学出版社,2019:19.

以表明公共管理与其他管理的不同,也就是公共管理要追求的首要目标就是实现公共利益,这成了改革开放后中国公共管理的最重要的原则和宗旨。政府本身就是为实现公共利益而产生和存在的。这是公共管理思想和宗旨的重大变化,政府的存在有了一个准确的定位,这一定位影响到了政府职能的确立及政府的运行。

第二,经济体制发生了从计划经济向市场经济的变化。按照马克思主义的观点,经济基础决定上层建筑。在这里,经济体制对政府的影响是基础性的。中国在改革开放以前30年选择的经济体制是计划经济体制,这一体制无疑是自上而下的计划体制,它本身就决定了政府是经济发展的计划者、执行者和监督者。这个定位本身就要求权力高度集中于政府,由政府统一指挥和组织社会各项事务。因此,计划体制下的政府通常就是一个无所不包的政府,政府不仅要管经济,而且还要管社会的方方面面,甚至管私人的某些事情,即对整个社会实行"大一统"的管理。改革开放的最大变化之一就是用社会主义市场经济体制取代原来的计划经济体制。这一变化从根本上带来了政府的重新定位和政府职能的变化。市场经济的运作是一种自下而上的运作,它要求市场而不是政府在经济中起主要作用。尽管它不排斥政府在这个过程中的监管作用,但绝不同于以前的行政指挥作用。

第三,公共管理的主体发生了从全能政府到有限政府的变化。这一变化首先是与经济体制的变化相关的。计划经济要求集中,因而政府大权总揽。其次,党和政府主导着方方面面的经济社会事务,形成了一种全方位管理模式。改革开放的最大变化之一就是国家、社会和市场三类主体的形成和并存,市场和社会的形成使政府从全能政府走向有限政府,因为这个变化要求政府改变原来包揽一切的做法,市场的事情让市场管,社会的事情让社会管,政府管好自己的事情。所以政府需要重新确立、调整或转变职能。

第四,公共管理的运作从政府垄断到社会参与。这方面的变化是同政府的有限角色相关的,实际上是新的公共管理模式的要求。新的公共管理模式的基本原理是:政府并不是在任何场合下都是最好的资源配置者。传统的行政模式是政府在包揽经济社会事务的同时,也包揽了公共服务提供。由于政府的资源有限,以及民众需求的提高,这种政府垄断的运作方式和公共服务的提供方式已经无法满足社会的需要。因此,改革开放后的变化是社会力量越来越多地参与到政府的管理之中。这表现在两个方面:一是公众日益参与到政府的公共决策之中。公众参与公共决策逐渐成为一种制度性的政府运作方式,以增强公共管理的民主性,改变原有的政府在公共管理中的专断性。二是政府的某些职能由社会组织来承担,也就是通常讲的政府职能的"外包",比如政府购买公共服务就是政府利用社会的资源来提高公共服务供给的数量和质量。

第五,政府工作人员管理制度实现从干部制度到公务员制度的转变。这不仅仅是名称上的变化,其实质在于发生了从原来的干部这一革命性集团到现代官僚制的变化。原来的干部制度表现了不少时代的特征:一是法制化的程度较低。尽管新中国成立后建立了一些干部管理的规章制度,但整体上显得零散和不完备,更重要的是在现实的运作中,人格化的管理占据着重要的分量。二是管理体制上的非现代性。这表现在干部选拔录用不是建立在平等竞争的基础之上,而是首先考虑政治背景和家庭出身,这使得家庭出身不好的人丧失了与家庭出身好的人进行平等竞争的机会。三是干部的晋升偏重其政治立场而不是行政管理专业能力;晋升机制不是公开透明,没有事先公示,少数领导者便可以决定某个人的升降。四是缺乏正常的干部培训制度,尤其缺乏专业知识和技能的培训;对干部的激励主要采用以晋升激励为主的方法,几乎没有物质上或精神上的激励。五是考核体系不完备,无论就其标准还是就其程序来说都是如此,不存在科学意义上的绩效评估制度。公务员制度的建立在以下几个方面表现了它的现代性:首先,具备了相对完整的一套法律和规章制度;其次,建立在功绩制基础之上,无论是选拔录用还是晋升,功绩是评判的基本标准,这也是现代人事制度区别于传统干部制度的一个最重要的标准;最后,公务员制度的运作体现了职业化的特点,这表现在像其他职业一样,公务员也要经过选拔,要具有基本的职业道德和专业技能,其表现要接受评价,公务员可进可出,有了一定的择业自由,公务员到时退休,等等。

1.1.3.2 改革开放后公共管理的丰富发展

改革开放以后中国的公共管理实践可以分为两个阶段,这两个阶段以公共服务型政府的提出作为界限,通常把前一阶段称作为经济建设型政府,后一阶段称作公共服务型政府。这两个阶段展示了中国公共管理实践的新变化[①]。

第一,公共管理价值从注重工具理性到注重价值理性。中国改革开放以后,一开始工作重心在于经济建设和追赶西方发达国家。在发展的最初阶段,效率优先而不是偏向公平表明了这一改革的工具理性倾向。公共管理的改革充分反映了这一倾向。整个改革是围绕如何提高政府经济绩效来进行的。在此过程中,大致有三个方面的发展促成了工具理性倾向。一是西方国家的新公共管理运动。这场以管理主义为取向的改革是围绕如何节省行政成本、提高政府效率以及提高公共服务质量而进行的。改革中的一些行之有效的方法和手段被中国的公共管理借鉴了过来,比如重结果、成本—效益分析、外包、提高服务质量等。二是信息技术的发展。信息高速公路是在20世纪90年代初实现的,它带来了政府管理的革命。办公自动化、电子政务提升了行政管理效率,反过来也使得政府过于注重利用信息技术来提高行政效率。政府2.0已经开始向政府3.0发展,所有这些都加强了对信息技术的倚重。三是经济全球化的进程。中国加入世界贸易组织(WTO)是中国加入全球化进程的一个标志性事件。全球化意味着国家之间的竞争,而国内生产总值(GDP)则是一个国家竞争实力的体现。因此,政府几乎毫无悬念地加入以获取最高GDP发展速度的"政治锦标赛"中去,其最典型的表现在于政府行为的"公司化"。公共管理价值转向价值理性更多的是在"服务型政府"提出以后。经济发展带来的一些负面结果,比如环境遭到污染、资源遭到破坏、贫富两极分化、优质公共资源严重不足等,推动了这一转变,使社会开始思考经济发展到底是为了什么,经济发展是目的还是手段等。正是在这一背景下,政府的管理开始从重效率转向重公平,从重经济建设转向重公共服务,从单纯追求GDP转向追求民众的幸福,GDP不再作为评价政府绩效的最重要的指标。

第二,政府的职能从注重经济增长转向注重民生福利。自服务型政府的提出,政府的职能开始出现从注重经济发展到注重公共服务供给的变化。改革前期政府的主要目标是脱贫,尽快改变中国经济的落后面貌,使国家和人民变得富裕。政府在效率和公平之间毫不犹豫地选择了效率。GDP的增长被看作政

[①] 竺乾威. 变革中的公共管理——改革开放以来中国公共管理的十大变化[J]. 江苏行政学院学报,2019(1).

府最重要的成绩,也是衡量政府绩效的最重要的标准。在经历了一段时间的经济高速增长后,一些前述提到的内外因素使社会开始反思经济增长的目的何在。事实上,经过一段时间的生产力发展后,经济发展带来的民众公共需求的增长和政府公共产品提供的不足已经成为社会的主要矛盾。随着矛盾的积累和财富的增加,政府的职能须从原来的生产转向分配,从原先的强调效率转向强调公平。正是在这个背景下,政府开始将其职能归结为"经济调节、市场监管、社会管理和公共服务",而后两项应成为政府相对来说更为重要的职能。

第三,公共管理从管理转向治理。管理和治理的最大区别在于主体的变化,管理的主体通常是一元的,即政府;而治理的主体是多元的,除了政府这一最重要的主体之外,还有社会的其他主体(包括团体和个人,通常意义上的利益相关者)也介入到治理中来。推动这一变化的原因有三:首先,市场经济的发展和社会的成长带来了多元利益格局,这改变了长期以来计划经济体制下利益单一的状况,增加了政府管理的难度。对政府来说,首先要使多元利益得到表达,而得到表达的一个途径就是让利益相关者参与到公共管理中来。因此,政府的管理开始出现一系列鼓励公众参与公共管理的举措,比如从制度上保证政府信息公开、政府决策中组织公众听证和专家及社会组织参与,协商民主已经成为公共管理中较为普遍的现象。其次,政府市场化的运作方式促进了相关社会组织的参与。市场化运作方式是指政府的一些公共管理职能交由社会的其他部门包括企业来承担,体现了对社会的多元治理。最后,信息技术带来了公众参与的便利。政府网站的建立对于了解民意、公共舆论从而改变或完善公共政策的制定起了相当重要的作用。

1.1.3.3 中国式现代化进程中的公共管理

随着中国特色社会主义进入新时代,中国公共管理实践扎根中国大地,应对中国问题,深挖中国发展实践与治理实践的"富矿",全面深化行政体制改革,推进国家治理体系和治理能力现代化,以中国式现代化全面推进中华民族伟大复兴。在中国式现代化的进程中,公共管理实践主要聚焦于以下三个方面:

第一,公共管理聚焦现实问题。无论是公共管理的研究内容还是学科自身,均与中国式现代化紧密相连,构成了中国式现代化道路的有机组成部分。中国公共管理研究要做有品质、有价值、有张力的真问题研究,也就是研究的问题具有现实意义与实践价值,着眼于现实存在的问题,积极参与共同富裕、乡村振兴、基本公共服务均等化等话题的探讨①。中国公共管理学科立足于中国式现代化实践和中国具体国情,构建起具有自主性的中国现代化公共管理理论,摆脱以西方理论框架分析中国公共管理问题的困境,在对现实问题进行分析的同时为中国公共管理研究经典命题提供新答案,赋予公共管理研究新的时代命题②。中国式现代化视角下的公共管理为研究者开辟了新境界、提出了新课题,即加强中国国情及"中国之治"规律的研究,知晓中国式问题和公共管理发展规律,才能实事求是解决公共管理难题;强化共同富裕的价值追求,结合效率与公平,通过公共政策的调整和公共服务的改进,使发展成果为人民共享,应该成为新时代公共管理研究的重点;关注人的现代化,注重人在物质和精神层面的平衡等③。关注现实是公共管理最根本的属性,聚焦中国公共管理问题,汇集中国智慧和中国经验,在公共管理实践上展现"中国之治"。

第二,公共管理聚焦技术治理。随着第四次工业革命的到来,大数据、人工智能、云计算以及区块链等新一代信息技术的不断发展,正在推动人类社会快速进入智能社会阶段与数字技术时代。这些要素正重塑着国家和政府治理的结构与形态,改变着政府行为的策略选择④。狭义技术治理是指运用信息技术等具象工具来助力国家治理活动,改变国家治理体系与治理过程中没有具象工具可用的状态,从而实现国家治理效能提升的过程⑤。从宏观技术治理视角来看,技术治理应被看作一种国家公共治理与创新的长周期发展演化过程,表现为"技术触发改革—新治理格局的创造与固化—技术再度触发改革—新治理格局的再度创造与固化"⑥。而技术治理的这双重含义导致它在公共管理学界的"模糊面目",我国公共管理在趋向技术治理的同时需以国家公共管理体制改革和创新为切入点,对其进行概念重建⑦。此外,公共管理还关注"数字中国"的

---

① 中国社会科学杂志社马克思主义理论部. 2021 年公共管理研究发展报告[N]. 中国社会科学报,2022-01-10(7).
② 任勇,周芮. 新时代新征程公共管理研究的发展与创新[N]. 中国社会科学报,2022-12-07(8).
③ 陈建明. 中国式现代化:公共管理研究的新视野[J]. 中国行政管理,2022(11).
④ 任勇,周芮. 新时代新征程公共管理研究的发展与创新[N]. 中国社会科学报,2022-12-07(8).
⑤ R. W. S. RUHLANDT. The governance of smart cities: a systematic literature review[J/OL]. Cities, 2018.https://doi.org/10.1016/j.cities.2018.02.014.
⑥ 彭亚平. 技术治理的悖论:一项民意调查的政治过程及其结果[J]. 社会,2018(3).
⑦ 胡业飞. 国家治理与创新的长周期演化:对技术治理的重新理解[J]. 学海,2021(3).

构建。首先是加大数字政府相关研究的力度,让数字政府建设赋能政府治理能力现代化,推动数据要素流通以助力数字技术释放更多潜能,营造良好数字生态。其次,在大数据时代算法治理逐渐进入公共管理的视野,但算法失效、算法不正义和算法歧视等问题影响公共管理的公平性和有效性。在现代化进程中要合理利用前沿科学技术,我们必须清楚,科学技术只是手段,而人才是目的。人与科技的二元关系总是公共管理实践的前提和出发点。

第三,公共管理聚焦构建学科自主知识体系。首先,作为典型的综合性和强应用性的学科,公共管理研究对象和问题域天然地具有跨学科属性,知识融合、研究方法互鉴已经成为公共管理发展的新趋势①。在全球化、信息化、网络化、智能化时代,中国公共管理实践需要在强化与其他各学科的交叉互动和融合发展中拓展公共管理范式、范畴与空间,促进公共管理学科的理论整合集成②。其次,中国公共管理需要构建自主知识体系,在中国场景下进行理论构建,对充满中国特色的实践议题进行合理解释,建构中国式现代化公共管理理论,进而与西方理论形成对话。我国公共管理知识体系的创新必须自主研究中国场景中的真问题、自主研究有品质的问题、将中国问题置于国际视野当中。中国公共管理自主知识体系构建的具体路径包括基础概念的知识创新、体系化的理论创新和中国特色的方法创新③。构建中国公共管理自主知识体系不仅要让公共管理理论与知识本土化,还要推动中国公共管理走出去,在扎根中国本土文化、立足本土实践的基础上,同时拥有国际视野、把握学术前沿,为公共管理研究发展贡献中国智慧。

1.2 公共管理学的研究对象与学科特质

1.2.1 公共管理学的研究对象

公共管理学是一门研究公共管理活动或公共管理实践的学科,可以将其界

---

① 薛刚. 公共管理视域下的中国式现代化新道路[N]. 中国社会科学报,2021-10-15(10).
② 娄成武. 新时期中国公共管理学科的特点与发展趋势[J]. 公共管理与政策评论,2021(4).
③ 何艳玲. 以品质成就自主:何以建构自主的公共管理知识体系[J]. 公共管理与政策评论,2022(4).

定为一门综合运用各种科学知识和方法来研究公共管理组织和公共管理过程及其规律的学科,它的目标是促使公共组织尤其是政府组织更有效地执行公共政策、提供公共物品和提高公共管理绩效。公共管理是以政府为主体的公共组织,为了解决各种社会公共问题,满足公众的公共需求,运用公共权力和借鉴私人部门成功的管理技术、程序和工具,优化配置公共资源,强化对公共事务的有效管理,以更多、更好地为公众提供公共产品或公共服务而实现公共利益的社会管理活动。其研究对象就是公共管理的本质及其发生发展规律。

任何管理活动都可以被视为一个系统,构成管理系统的基本要素主要有管理主体、管理客体、管理目标、管理手段、管理技术、管理职能、管理价值以及管理环境等。公共管理学简单来说是一门研究公共组织如何有效地增进公共利益和公平地分配公共物品或公共服务的学问。因此,公共管理学要研究作为公共事务管理主体的公共组织,特别是政府组织的要素、结构、功能、信息及其与环境之间的相互依赖、相互作用的关系;研究公共管理活动的过程及其各个环节;研究如何应用各种科学知识及方法来解决对社会公共事务进行有效管理的问题,以促进公共组织更有效地提供和更公平地分配公共物品或公共服务。

在公共管理活动中,管理的主体是居于社会权力中心地位的政府以及其他一些非政府公共机构。管理的客体(直接对象)是范围极为广泛的各种公共事务。公共组织的构成和运行,公共问题的察觉,公共物品的生产和供给,公共政策的制定和执行,公共服务的品质与绩效,都是公共管理中的重要议题。公共管理的根本目的是追求和实现公共利益,即维护社会全体成员的共同利益、提高社会公众的生活质量、促进社会整体协调发展。公共管理的手段是合理、依法运用公共权力,采用各种科学技术和方法,对涉及社会全体成员的共同利益、生活质量等的一系列管理活动,进行有效调节和控制。公共管理的职能是有效地实现人类活动的社会协作,通过最佳的协作方式和最优的组织结构保证在实现公共管理目标的过程中付出最小的成本,使人力、物力和财力等各种公共资源都能发挥其最大效用。公共管理的价值取向是在保证管理效能的基础上,尽可能地实现社会公平。因此,公共管理学是以公共管理活动为基本对象,研究以政府为核心的公共组织管理什么、如何进行管理、管理中的各种关系及其发展规律的学问。

1.2.2 公共管理学的学科特质

随着公共管理的兴起，必然需要一门科学去研究它。公共管理学就是一门诞生于世纪之交，综合运用社会治理知识来对公共管理进行系统化研究的科学。公共管理学是一门全新的、综合性的学科，是一门关于社会治理的科学，是社会科学中的前沿性科学[①]。公共管理学科以公共事务及其管理为对象，研究公共组织特别是国家或政府组织的体制、结构、功能和过程及其环节。它注重如何应用人类所创造的各种科学知识及方法来解决公共管理与公共政策问题，目的是促进公共组织更有效地提供公共物品或公共服务[②]。作为一门独立的学科，公共管理学是在不断变化和发展的。对于中国公共管理而言，如何本着国际化的思维和视野，进行在地化的思考和行动，建立具有中国特色的公共管理，实则任重道远[③]。公共管理学，作为一个独立的学科研究领域，具有以下几个方面的基本特征：

（1）公共管理学是政策取向与应用取向的学科。公共管理学从它诞生开始便具有明显的政策取向与应用取向。政策取向是由公共管理的性质所决定的，公共管理，究其本质，乃涉及公共政策的制定和执行，并通过公共政策的实施形塑国家和社会的生活。而应用取向则是指公共管理研究的目的，并非只是追求抽象的科学知识，更重要的是解决公共问题，改善人类生存现状，提升人类生活品质。公共管理学固然重视理论的建构，也不否认"形而上"真理的存在，但是其价值最终应视它改善人类命运的程度而定。从这个意义而言，公共管理是具有实用主义和工具主义属性的，这意味着公共管理的研究不能也不应该远离现实社会的需要。

（2）公共管理学是规范性和经验性的学科。如果仅仅关注工具理性或者发展以控制为核心的管理主义，只求行政效率的提高，容易使公共管理成为一个无人性或非人道的领域。然而，公共管理学并非价值中立的学科领域，相反，

---

① 张康之,郑家昊.公共管理学[M].2版.北京：中国人民大学出版社,2019：15.
② 陈振明.中国公共管理学40年——创建一个中国特色世界一流的公共管理学科[J].国家行政学院学报,2018(4).
③ 张成福,党秀云.公共管理学[M].3版.北京：中国人民大学出版社,2020：12.

它十分关心人类的尊严以及个人能力的实现,因此公共管理的研究非常重视规范性的价值,重视公共价值在公共管理过程中所发挥的重要作用——如果不能确立公共的价值,公共管理便失去了其正当性。公共管理的研究固然应关心事实的判断,即实然问题,同时它更应关心价值判断的应然问题;公共管理学是规范性和经验性相结合的学科。

(3) 公共管理学是倡导多元视角和科际整合的学科。公共管理学的研究并非只存在一种视角或研究途径,而是多元视角和多种途径的,从这个意义上讲,公共管理学是科际整合的学科。这是因为,公共问题本身实在是过于复杂,单一的视角和学科途径委实不足以解决现实的问题,多元视角和多门学科的研究途径是由公共管理问题的性质所决定的。同时,公共管理存在于一个更加广泛的系统之中,存在于特定的制度、经济、人口、社会结构和历史文化之中,需要从多元的视角去审视。现今,学科交叉融合是大势所趋,强化学科交叉是未来社会快速发展的必由之路①。多门学科的科际整合,当然并不意味着公共管理的研究者和实践者是全知全能的,而是说要对公共管理的理论和实务持一种开放、包容、学习的精神和态度。公共管理的研究要打破学科之间的人为界限,破除学科之间的门户之见,发展更为广博的研究途径和研究方法。一个学科持久繁荣和兴盛在很大程度上取决于学科本身的适应性和强健性,即是否能够在社会发生巨大变迁时进行相应的调整与转型。公共管理学的科际整合正适应了社会的变迁,为增强学科自身的适应性和强健性奠定了基础。

(4) 公共管理学是策略性与特殊性的学科。公共管理总是存在于特定环境系统之中。公共管理与内外环境之间存在着功能依赖关系(Relationship of Functional Interdependence)和动态平衡关系(Relationship of Dynamic Equilibrium)。因此,并不存在普遍适用于一切国度和情景的公共管理,自然也不存在一个涵盖普世原则、放之四海而皆准的公共管理理论。从一个国家的公共管理环境下发展起来的公共管理理论,不可能被普遍化或被直接应用到不同环境的公共管理实践中去。从这个意义上而言,公共管理更多的是一种地方性的知识,当然这并不意味着公共管理没有普遍性的原理和理论。事实上,公共管理是普遍的社

---

① 操秀英.自然科学基金委成立交叉学部——打造我国科学基金深化改革"试验田"[N].科技日报,2020-11-30(1).

会存在,这足以证明公共管理领域存在着一般规律性理论。公共管理学的一个重要任务便是从对个案(Idiographic)的研究转向通则(Nomothetic)的建立,其目标仍然是通过观察、归纳、假设和求证的步骤,获取普遍性的理论知识。同时,公共管理学者应以开放的视野关注和学习其他国家与地区的经验,只是在学习和借鉴的过程中,不可以照抄照搬,要结合本国、本地区、本部门的生态环境,创造性地加以吸收。

(5) 公共管理学既是科学又是艺术。从一般意义上来说,任何对宇宙、自然界和人类社会本真的探寻均是科学的努力。公共管理学致力于发展关于公共管理的系统化知识,自然是科学的活动。事实上,所有的科学知识皆是预测性的、假定性的,都无法以所谓科学的方法证明是真实的或虚假的,充其量我们只能通过不断修正、检验与创造知识的过程,肯定目前的知识较过去的知识更真实。科学是没有止境的活动,更多的是一种旅程。我们讲公共管理是艺术,是因为艺术的最大特点在于尊重创意、鼓励创意、探寻创意。公共管理是艺术,意味着人们应该灵活、主动、自觉地运用公共管理的知识和原理,创造性地解决现实的公共管理问题。公共管理的艺术性可体现在形式、行为和精神上,公共管理的艺术性载体多种多样,不仅包括具体行为如公共政策执行,还包括具体形式如公共建筑、便民设施等。

1.3 公共管理面临的时代挑战

作为人类的一个实践领域,公共管理是这样一种活动,我们通过它创造有益于人、共同体乃至整个人类的公共价值,并通过它参与、创造和完善我们的公共领域和公共生活。公共管理研究的价值在于能够及时回应时代所提出的各种挑战,构建与时代相适应的治理方式,建立、培养并发展一个具有合法性基础、代表与体现公共利益、更具民主与法治精神、更具回应性和公共责任、更具治理效能、更加公开和联结、更具国际竞争力的新治理典范。

1.3.1 全人类公共管理面临的共同挑战

毫无疑问,人类社会正处在一个巨变的时代。从整个世界范围来看,科学技术,特别是现代通信和信息技术(DIT)的发展正在将人类社会带入一个新的发展境界。从历史上来看,每一次重要的科学技术变革都会带来整个社会的革命性变革与跨越式发展。"信息社会"一词表明现代通信和信息技术对人类社会生活的各个方面,即政治、经济、文化、教育、军事等所带来的巨大影响。政府治理本身是随历史的发展而不断变化的,正如工业文明创造了科层制的政府治理一样,新的社会必然要求新的政府治理形态,这一点是毫无疑义的。20世纪末兴起的全世界范围的政府再造运动正是对新时代变革的回应。政府仍然是我们这个时代的核心治理者或管理者。但是,政府治理的环境变得更为动荡、不平衡、复杂和变化莫测。一句话,公共管理面临着更加严峻的挑战。认识这些挑战,有助于我们理解政府作为治理者的责任和使命[①]。

(1) 关于正确处理政府与市场、政府与社会的关系,构建政府、市场、社会三位一体的公共治理模式问题。当代公共管理面临的环境日益复杂多变,政府面对的社会公共事务日益繁多而且涉及面广,导致政府的不可治理性与日增强。新公共管理运动的兴起已经向世人昭告:政府虽然是公共管理活动的核心主体,但已经无法成为唯一的公共管理主体,相反,政府承担的不少公共管理职能可以由市场、社会及非政府公共组织来完成,这不仅是可能的而且是可行的,也就是说,公共管理必须依靠政府与市场、社会及非政府公共组织的共同治理(Co-Governance)。正如有学者所指出的,"政府通过国家行为直接提供商品和服务以及改善人民福利的做法注定是要失败的,政府只能依靠市场,为市场提供条件,并通过有效的公共政策支持市场运作,这样才能实现真正的发展和繁荣,并改善人民福利"[②]。在这个问题上,我们首先需要摒弃政府"唯我独尊"的优越感和自我中心意识,虽然存在着市场失灵,但同样也存在着政府失灵,政府失灵在某些情况下甚至造成比市场失灵更为糟糕的后果。可以说,国家中心主义、市场中心主义抑或社会中心主义的偏狭主张都是有害的,过分强调任何一个治理主体的作用都有可能造成灾难性的后果。政府、市场和社会不是谁取代谁的问题,而是它们三者如何有机地配合和协调的问题。政府、市场、社会是进行有效的公共管理和着力推动经济社会发展的三股力量,任何一方都不可或

---

① 张成福.公共管理:现时代的挑战[J].中国行政管理,2000(5).
② 毛寿龙,等.西方政府的治道变革[M].北京:中国人民大学出版社,1998:7.

缺。一般而言,宏观方面的管理职能或全局性的关键事项,更多地由政府来承担,如国防、外交、社会、法律、法规、政策等。而微观方面,政府可以承担一部分,但更多地应交给市场和非政府公共组织去做。因此,我们必须辩证地思考它们三者之间的关系,抛弃过去各种偏见,促进政府、市场和社会中介组织之间的对话与沟通,努力构建政府、市场和社会三位一体的公共治理模式,从而提高国家竞争力和人民生活质量。

(2) 关于回应经济全球化的挑战问题。在过去的二十余年间,公共管理一直受到日益发展且复杂化的经济全球化的影响。整个国际社会成为一个相互联系和相互依赖的网络,而如今网络技术的发展、经济的全球化、交通工具的发达,使得这一网络更加紧密。历史上相互独立和自主自治的治理领域如今被正式的或非正式的安排紧密联系在一起。全球的、区域的、地方的相互依赖更加紧密,某一国家或地区的行动常常会影响其邻国和其他国家,现代政府治理已经变成一个管理全球和地方相互依赖关系的过程。在经济全球化的时代,各主权国家政府仍然拥有各自的管辖权,并有自己独特的内部治理结构或管理系统,但它们再也不能像曾经那样独立于其他治理体之外,全球相互依赖关系的明朗化要求以相互联系的观点取代分离的观念。在经济全球化的时代,许多公共物品的提供已经变成国际性的,即成为全球性公共物品,如世界和平、可持续发展、地区安全、气候变化等,这便需要各治理主体更加自觉的、致力于协调和合作的努力。在经济全球化的时代,传统上被视为国内问题的政府治理,可能会变成一个地区性问题,甚至是全球性问题,而公共政策领域中传统上那种对外政策和对内政策的界限再也不那么清晰了。在经济全球化时代,一个成功的公共管理者需要发展战略思考的能力,需要催化领导力(Catalytic Leadership),即与其他治理领域的行动者沟通、合作、互动、结盟、达成一致目标和战略的能力,需要多元文化的学习(Multicultural Learning)能力。的确,对于政府治理而言,经济全球化是机遇,更是挑战。在经济全球化时代,一个政府如何维护自己国家的主权与独立,如何在推动经济发展的同时,维护经济的安全,如何在学习多元文化的同时,坚守自己的文化传统和民族认同等,都是21世纪公共管理需要思考的新议题。

(3) 关于如何应对科学技术革命带来的挑战问题。科学技术革命从来没有像现在这样广泛而深刻地影响着世界的政治、经济和社会的发展。以信息技术(IT)、人工智能(AI)、生物技术(Biotechnology)、材料科学(Material Science)等为代表的高新技术正在改变着人类的经济结构、社会结构和生活方式,同样对政府治理也产生着巨大的影响。鉴于科学技术发展的重要性,首先,政府作为推动科技发展的角色更加重要,政府必须成为推动大规模科技创新的主导力量之一。事实上,在科技发达的国家,政府正扮演着这样的角色。其次,政府作为伴随科技发展而产生的诸多社会问题管制者的角色面临着艰巨的任务,如防范与制止高科技犯罪等。同时,我们应看到,科技革命(特别是现代通信和信息技术革命)正在改变着政府自身的组织结构、运行方式、工作流程。利用科技创新政府治理正成为世界性的潮流,现在许多国家正在建构电子政府或数字政府,便是一个明显的例证。同时,新的技术革命要求每一个公共管理者拥有适应技术发展和各自管理岗位需求的技术治理能力。

(4) 关于人工智能时代公共价值目标重塑的问题。21世纪以来科学技术不断发展,深度运用互联网、人工智能和大数据的社会治理模式逐渐形成。人工智能深入各个领域,传统智能模式迎来重构性挑战,即传统的以人为本的互动模式转变为人机和谐共生的二维技术模式[①]。人工智能在社会治理过程中得到运用广泛,公共管理过程逐步形成了人与人工智能共生的关系,这种关系正是新时代公共管理过程所追求的最新价值目标。然而,人工智能技术还处于发展不均衡的阶段,人工智能又存在创造性的破坏力,这就需要我们重新思考人与人工智能两者的关系。人工智能生产出来的科学技术产品具有人性特征,具有独立的思考和行动能力,逐渐具有自主意识,这对公共管理价值目标来说无疑是一大挑战。

(5) 关于大变局下如何基于公共价值基础构建政府绩效管理问题。世界大国之间进行权力再分配及其引发的国际格局不断调整,第四次技术革命方兴未艾,正推动世界进入大变局时代。贝恩于20世纪90年代提出的政府绩效管理是公共管理的重大问题之一[②],因为当时西方国家在新公共管理运动的背景

---

① Y. DING. Performance analysis of public management teaching practice training based on artificial intelligence technology[J]. Journal of intelligent & fuzzy systems, 2021 (2).

② R. D. BEHN. The big questions of public management[J]. Public administration review, 1995(4).

下将其视为变革政府的工具,以最终提升行政效率和公共产出①。新时代下政府绩效仍然是一个大问题,它涉及在大变局中构建怎样的政府绩效,以何种方式产出政府绩效。大变局下社会冲突和价值撕裂严重,如何保证从相互冲突的社会基本价值中构建起公共价值②,增强政府在大变局环境下的合法性,设计出以公共性价值为基础的多元化的政府绩效生产机制③,对政府绩效进行有效的测量和评价并充分使用政府绩效信息,这是时代带来的巨大挑战。

(6) 关于"融合科学""开放科学"新范式下公共治理研究的范式转移问题。知识融合与科学统一是学科分化后人类追求的共同理想,比如复杂性科学(Complexity Science)和量子理论试图从网络结构或量子层次来实现知识的融合或科学的统一。随着全球新一轮科学技术革命的展开,"第四范式""融合科学""开放科学"新范式逐步兴起。"第四范式"由吉姆·格雷提出,他认为四种范式依次是实验科学、理论科学、模拟科学和数据科学④。"融合科学"的基本特征在于问题导向、数据驱动、链式融合和语言融通等。可见,学科交叉融合是当代科学技术发展的基本趋势,"范式转变""交叉融合""需求牵引""问题导向"等成为科技发展战略的关键词。同时,当代人文社会科学的学科交叉和知识交融趋势也不断加强,如公共治理学,其核心主题是人类的集体行动、冲突与合作、选择或决策、管理或执行之类的问题,其本身就是一个典型的跨学科、交叉学科领域,从"囚徒困境"到"公地悲剧"到"公地喜剧"到"公地治理",再到今天的"共享经济"或"共享社会"、社会选择理论、决策理论、集体行动的逻辑和博弈论等,这些都是该领域讨论的核心主题。在全球产业链、供应链和价值链断裂,逆全球化暗流汹涌的时代,公共治理需要一种新的"统一的理论"来应对未来的挑战,而公共管理的理论及实践已经进入了所谓的"后新公共管理"时代,出现了"(新)公共治理""公共价值管理""合作治理""网络治理""数字化

---

① D. P. MOYNIHAN. Uncovering the circumstances of performance information use findings from an experiment[J]. Public performance & management review, 2015(1).

② T. KINDER, J. STENVALL. Public value and public services in the post-virus economy[J]. Public sector economics, 2021(3).

③ 包国宪, 王学军. 以公共价值为基础的政府绩效治理: 源起、架构与研究问题[J]. 公共管理学报, 2012(2).

④ T. HEY, S. TANSLEY, K. TOLLE. 第四范式: 数据密集型科学发现[M]. 潘教峰, 等, 译. 北京: 科学出版社, 2012: ix-xxiv.

时代的治理""整体化治理"一类的"新"范式①,产生了解决公共问题的新实践新思路。

1.3.2 我国公共管理面临的特殊挑战

我国是一个比较典型的发展中大国。目前,处于中国式现代化进程之中的公共管理所面临的挑战,除了上述全人类面临的共同挑战之外,还面临着一些特殊性挑战。归纳起来,集中表现在以下几个方面:

(1) 明确政府在政务中扮演不同角色,推进创新"政府主导下的多方合作"的公共治理模式。新中国成立后,在计划经济的基础之上我国采取的行政组织体制是权力集中的单一制或集权体制,主要特点是权力集中于党和政府;党实行一元化领导。随着时代的发展,市场经济体制的建立,现代市场和社会的出现以及国家、市场、社会三分格局的形成迫切要求政府改变以往的治理模式,不断进行公共治理模式的创新,让市场和社会发挥各自的作用。国家治理结构的改革要求分散权力。具体来说,从政府权力回归社会、市场角度:第一,改变政府组织结构使之适应市场经济体制的需要;第二,改革行政审批制度;第三,实行政企分开,国有企业独立参与市场竞争;第四,实行政社分开,提高社会组织的独立性、自治性。从权力下放来看,一方面要调整上下级政府管理权限,经济、服务等管理事项向下分权;另一方面,在地方政府组织机构的设置上,不强求"上下一般粗",可因地制宜设置机构。除了在涉及公共服务提供方面强调权力分散之外,在涉及管制职能时要加强政府权力的集中,这是改革的一个基本走向。经过若干年的改革,形成一种类似于"元治理"模式的"政府主导下的多方合作"的新公共治理模式,这是一种集中与分散张弛有度的公共治理模式。在这一公共治理模式下,政府要根据政治管理和社会管理两大职能变换其不同角色,在行使政治管理职能时强调"政府主导"和权力集中;在行使社会管理职能时,须扮演合作者、监督者的角色,强调权力分散②。

(2) 在自媒体时代,公共管理者必须不断提升公共管理质量。自媒体时代的到来,使得信息生成和传播模式发生了变化,新时代对于网络信息管理,以及

---

① 陈振明.学科交叉和知识融合视野中的公共治理研究[J].中国行政管理,2022(1).
② 竺乾威.政府主导下的多方合作:集中体制下的治理创新[J].中国行政管理,2022(1).

如何运用网络信息达成更高效的公共管理提出了新要求：首先，自媒体环境下公共管理行为的影响力度大，公共管理主体的行为受到多方主体的监督。当公共管理者出现决策失误时难以在短时间内迅速做出调整，公共管理行为失误所导致的负面影响难以修复。自媒体传播速度快、传播范围广，如何预防以及消除负面信息的影响是现时代公共管理面临的重要问题。其次，公共管理评价的频次增多。自媒体时代，信息传播效率提高，自媒体评价采用不记名模式，各社会主体可对公共管理做出迅速甚至随意的评价，评价的真实性难以保证，容易出现蓄意造谣、误导公众的情况。现时代信息评价效率、密度有了显著提升，给公共管理提出了清除危害社会和谐稳定信息的挑战。最后，由于公共管理的决策参考渠道多，且个体意识不断增强，意见表达方式也增多，在大量的信息传播渠道中辨别信息的真伪、考察信息可信度无疑增加了公共管理的难度。

（3）智能网络时代应特别注重公共信息安全问题。智能网络的发展是一把"双刃剑"，给公共管理既带来了机遇也提出了挑战。智能网络提高了公共管理者的决策能力，让其可以从网络数据中吸收各方面的信息，保障公共管理者充分考量社会各方面因素并做出正确决策；各社会主体通过网络参与到公共事务治理过程当中，有利于公共管理者掌握社会动向和大众需求，提升决策的科学性。智能网络也使公共管理路径更为丰富，一方面，智能网络时代提供了大众参与公共管理的更多路径，保证公共管理者工作公开、透明，受公众监督；另一方面，公共管理者可以收集更为细致全面的参考资料，提升公共服务的质量和水平。然而，在智能网络时代如何处理好公共信息的安全和界限问题还值得研究。信息安全是当今社会所面临的重大挑战，人们在浏览网页时的数据将会被保留，而相关机构对公共信息的收集整理技术具有不确定性，存在公共信息泄露的风险。不同层级的公共管理部门在某些领域的数据信息不兼容，一是因为各层级部门对公共信息建设的资金、科学技术、人才投入程度不同，二是因为其所应用的技术标准不同，导致数据信息难以有效衔接。

（4）有效防控社会风险，充分发挥公共管理的危机治理功能。在经济全球化发展背景下，人类实践导致的全球性风险对人类的生存和发展产生严重威胁。风险社会视角下政府公共管理面临以下挑战：一是风险行政文化有待加强。当前多数政府还没有形成风险意识，仍沿袭传统的常态管理方式，没有清晰理性地认识到社会的各种风险,不仅没做好应对风险的准备,还缺乏及时有效处理风险的能力,风险事件一旦恶化升级为社会危机事件,公共管理工作便更难开展,影响社会稳定。二是缺乏完善的信息管理机制。在网络时代,信息沟通渠道多样,媒体的舆论形式不断增加,而政府部门未形成较为完善的信息管理机制和体系,在危机来临仍习惯于报喜不报忧,隐藏真实信息,这不仅侵害了公民的知情权,且容易造成舆论危机。三是风险防控机制不健全。政府部门尚未健全相关的风险防控机制,缺乏较为完善的风险管理制度,无法预防与治理风险问题,严重时还会发生风险问题[1]。

(5)加强社会主义法治建设,使公共管理活动与法治国家的基本要求相适应。在公共管理活动中,宪法、法律、法规、行政规章乃是管理的基本依据。所有公共管理人员甚至行政相对人都要依法管理和行动,绝不能肆意妄为。在某些情况下,宁可放弃灵活机动的自由裁量权也要尽力避免公共管理人员滥用公共性权力造成对公众利益的损害。从一定意义上说,比没有法律法规更可怕的是缺少敬畏和忠实地履行法律法规的法治精神。在我国,法律法规因人而异、因事而异的现象还时有出现,人治思维、关系社会理念根深蒂固。强化公共管理主体特别是政府的法治意识,加强社会主义法治建设,切实做到有法可依、有法必依、执法必严、违法必究,已成为当前需要解决的基本难题。

(6)下大力气建设一支综合素质高、廉洁奉公的公共管理人员队伍。一个国家公共管理水平的高低和管理绩效的好坏,在很大程度上取决于该国的公共管理人员队伍状况。这是因为,公共管理人员是促进公共部门生产力发展的第一要素,同时,公共管理人员素质的不断提高又是公共部门生产力水平持续提高的基本动力源泉。从整体情况来看,我国公共管理人员特别是公务员队伍的素质与能力在逐步提高,年龄结构日趋合理,但是,这支队伍仍然不能完全满足社会主义市场经济发展和经济全球化及信息化对公共管理的基本要求。当前,随着现代化进程的加快和科学技术的迅猛发展,社会对公共管理的要求越来越高,对政府工作人员和非政府公共组织管理人员的素质与能力提出了更高的要求。因此,加强公共部门人力资源的开发与管理,建设一支能够担当重任、经得

---

[1] B. L. ZAKI, B. GEORGE. New development: policy learning and public management—a match made in crisis[J]. Public money & management, 2022(2).

起风浪考验的高素质的公共管理人员队伍,特别是培养造就一批善于治党治国治军治社会治经济治教育的优秀领导人才,是我们党和国家保持长治久安的根本大计。

总之,社会主义市场经济体制的不断完善和经济全球化、信息化社会的到来既给我国公共管理体制、过程和方式带来了严峻的挑战,也为我国公共管理体制改革和发展带来了机遇。我们应当抓住机遇,迎接挑战,形成与新时代要求和我国经济社会发展相适应的现代化公共管理体制及公共治理模式。

复习思考题

1. 新公共管理运动兴起的主要动因是什么?
2. 中国式现代化进程中公共管理实践有哪些特点?
3. 公共管理学有哪些学科特质?
4. 中国公共管理面临哪些特殊挑战?

第 2 章 公共管理理论的发展

■ **本章学习要点**

- 掌握公共管理主要理论
- 理解公共管理理论发展的内在驱动因素
- 熟悉中国公共管理理论的发展阶段

2.1 西方公共管理理论的演进

关于西方公共行政学科的发展阶段有各式各样的划分方式。有学者从研究范式角度出发划分学科理论。例如，奥斯特罗姆提出"官僚制行政范式"与"民主制行政范式"之分野①；休斯则认为"前传统范式""传统范式""新公共管理范式"的划分更为合理②。有学者从学派的视角对学术理论进行了划分。例如，竺乾威将公共管理理论划分为古典学派、行为学派、决策学派、系统学派等③；谭功荣划分出十三个学派，即科学管理学派、行政管理学派、官僚制度学派、社会学系学派、理性决策学派、系统管理学派、行政生态学派、新公共行政学派、黑堡学派、公共选择学派、新公共管理学派、新公共服务学派、治理学派等④。

---

① 文森特·奥斯特罗姆.美国公共行政的思想危机[M].毛寿龙,译.上海:上海三联书店,1999.
② 欧文·E.休斯.公共管理导论[M].2版.彭和平,等,译.北京:中国人民大学出版社,2001.
③ 竺乾威.公共行政学[M].3版.上海:复旦大学出版社,2008.
④ 谭功荣.西方公共行政学思想与流派[M].北京:北京大学出版社,2008.

第2章 公共管理理论的发展

有学者根据发展阶段提出划分方式。陈振明提出公共管理经历了"传统公共行政学""公共政策分析""公共管理"等时期①;毛寿龙则划分为"官僚制行政""新公共行政""新公共管理""民主制行政"等时期②。

无论以什么样的标准,进行怎样的划分,都难免"挂一漏万"。我们参考了不同的划分标准,采用发展阶段的方式,将西方公共管理理论的演进历程划分为:古典理论时期、科学管理时期、新公共行政时期、新公共管理时期、公共治理时期。每一个时期都有鲜明的理论主张,以及若干具有代表性的学者。他们的理论学说来自对前一阶段学术思想的批判,也来自对当时公共管理实践的回应。

2.1.1 古典理论时期

公共管理学科被公认为起源于1887年美国学者威尔逊所发表的《行政之研究》。在公共行政/管理成立初期,诞生了诸如政治—行政二分法、官僚制等古典理论。这段时间的代表性学者有威尔逊、古德诺、韦伯等人。

2.1.1.1 威尔逊的公共行政思想

伍德罗·威尔逊(Woodrow Wilson,1856—1924)是著名的行政学家,也是杰出的政治家,还被公认为现代行政学开创人。在学术研究领域,威尔逊于1886年获得哲学博士学位,1902年成为普林斯顿大学校长,著有《国会政体》、《行政之研究》、《分裂与统一》、《美国人民史》(五卷本)、《美国宪法政府》等,可谓著作等身。从政治实践来看,威尔逊于1910年当选新泽西州州长,1912年当选美国总统,1916年获得连任;曾于一战之后,以总统身份前往欧洲参加维也纳会议,提出十四点和平原则,并提倡建立国际联盟以协调各国关系。

尽管有学者提出公共管理学科有不同的起源,但是,公共管理学界普遍认为现代行政学起源于1887年威尔逊所发表的《行政之研究》,并且尊称威尔逊为"现代公共行政学之父"③。1983年,美国公共行政学学会(APSA)召开了"百

---

① 陈振明,等. 公共管理学[M]. 2版. 北京:中国人民大学出版社,2017:428.
② 毛寿龙. 西方公共行政学名著提要[M]. 南昌:江西人民出版社,2006:547.
③ J. RABIN, J. S. BOWMAN. Politics and administration: Woodrow Wilson and American public administration[M]. New York: Marcel Dekker, 1984: 212-213.

年议程项目"(The Centennial Agendas Project)纪念会,旨在回顾一个世纪以来公共行政学研究的重大主题,以威尔逊作为创始人的史论得到了权威会议的承认。

威尔逊最主要的贡献在于提出了"政治—行政二分法"。他在《行政之研究》中说道:"首先,政府能够进行什么工作。其次,政府怎样才能以尽可能高的效率及在费用和能源方面用尽可能少的成本完成这些适当的工作";"这就是应该有一门行政科学的原因,它将力求使政府不走弯路,使政府专心处理公务减少闲杂事务,加强和纯净政府的组织结构,为政府的尽职尽责带来美誉。这就是要有这门科学的原因之一"①。"政治—行政二分法"到底该如何解读?有学者提出,威尔逊的主要观点是行政学研究应该注重效率原则,主张向公司管理学习②。有学者认为,威尔逊是希望通过行政和公务员体制的实践与研究实现对政党分肥者的道德革新(Moral Reforms),培养一支大公无私的公务员队伍③。还有学者强调,威尔逊寄希望于通过专业高效的行政系统保障和促进美国的民主传统④。

威尔逊的另一个重要贡献在于:援引并改造欧陆的行政学思想,将其"美国化"。他在《行政之研究》中提出:"不只是形式上或者语言上美国化,而是必须在思想、原则和目标方面从根本上加以美国化。"威尔逊主要的思想来源是德国学者斯坦因所提出的"行政和宪政的二分",以及布隆赤里所提出的"行政与政治的二分"⑤。但是,德国政府发展处于绝对统治阶段,德国行政学接续的是普鲁士的官房学传统。由于美国与德国的政治体制差异较大,所以他提出行政学的"美国化"要遵循三个必须:"必须从内心深处认识美国的制度,必须把官僚制度的毒素排除出去,必须更多地吸入美国的自由空气"。

此外,威尔逊还在文中提出:(1)公职人员的录用应该采用竞争性考试,择

---

① W. WILSON. The study of administration[J]. Political science quarterly, 1887(2).

② R. J. STILLMAN, II. Woodrow Wilson and the study of administration: a new look at an old essay[J]. American political science review, 1973(2).

③ Ibid.

④ B. R. FRY, L. G. NIGRO. Max Weber and US public administration: the administrator as neutral servant[J]. Journal of management history, 1996(1).

⑤ D. W. MARTIN. The fading legacy of Woodrow Wilson[J]. Public administration review, 1988(2).

优录取,这是为了建设"一支在技术上受过训练的文官队伍"。(2)应该提高公职人员的专业素质,"建立一个有文化教养和自立精神的文官制度,有理智有力量开展活动,与公众保持密切联系,进行经常性的公开协商,排除武断和阶级态度"。(3)克服官僚主义,"当行政官僚与人民的共同政治生活隔离的时候,官僚主义就可能存在"。(4)公众舆论监督保持独立的重要性。他认为,"行政管理必须在一切方面都对公众舆论有敏锐的反应"。①

2.1.1.2 古德诺的公共行政思想

弗兰克·古德诺(Frank Johnson Goodnow,1859—1939)是美国著名行政学家、法学家②。从学术研究来看,古德诺1882年毕业于美国哥伦比亚大学,1914年至1928年担任美国约翰斯·霍普金斯大学校长③,著有《共和与君主论》《政治与行政》《比较行政法》《社会改革与宪法》《合众国的行政法原则》等,对美国早期公共行政学做出了令人瞩目的贡献。从政治实践来看,古德诺1900年参与了《纽约市宪章》的起草工作,1913年至1914年间于北京担任中华民国政府的顾问。

古德诺最重要的贡献在于发展了"政治—行政二分法"。他首先澄清了人们对"政治—行政二分法"的误解,指出在现实政治中难以将各部门严格按照"政治—行政二分法"来组织分工:"分权原则的极端形式不能作为任何具体组织的基础。因为这一原则要求存在分立的政府机构,每个机构却只限于行使一种被分开了的政府功能。然而,实际政治的需要却要求国家意志的表达与执行之间协调一致。"④"国家意志的表达与执行之间协调一致",即政治与行政功能相互协调。他指出了达到两者协调的三条路径。第一,政治适当控制行政。关于这种控制,他指出,应局限于对狭义的执行机构的控制;不过他反对过度控制,"把这一必要的控制扩展得太厉害,反而会损害建立这一控制的目的……还会妨碍有效地行使行政功能"⑤。第二,行政的适度集权化。他认为,"地方自

---

① W. WILSON. The study of administration[J]. Political science quarterly, 1887(2).
② 古德诺是美国政治学科的主要创建人,并于1903年成为美国政治学会第一主席。参见何艳玲. 公共行政学史[M]. 北京:中国人民大学出版社,2018:37.
③ 丁煌. 西方行政学说史[M]. 修订版. 武汉:武汉大学出版社,2004:29.
④ F. J. 古德诺. 政治与行政[M]. 王元,译. 北京:华夏出版社,1987:14.
⑤ 同上书:21.

治共同体要与国家(或州)的整体利益保持适当的关系,就不能不受国家(或州)的控制"①。同时,过度集权同样不可取,因为这会侵犯地方自治权,使得地方通过不执行、乱执行来反抗,最终国家(或州)与地方的利益都受到损害。第三,法外调节。在美国,这种调节来源于政党。古德诺认为,正是美国的政党体制辅助了国家意志的表达与执行之间的协调:政党通过自身的团结一致,一方面恢复了立法机构对执行机构的部分控制,另一方面也实现了政治对行政的适度控制与适度的行政集权。

在发展"政治—行政二分法"之余,古德诺还做出了一些其他贡献,比如他为了完全发挥美国政党功能,对美国政府体制改革做出了有价值的探讨:(1)改革美国行政分权的体制,把行政权集中在行政长官手中,使政党可以通过选举胜利而控制政府,从而更好地发挥协调政治与行政的作用。(2)规范政党行为,抑制其非理性扩张,并使其内部管理民主化、法治化。(3)扩大投票制,"更加经常地使用公民投票的方法"②,以弥补"政党提出意志,人民只能支持或反对"的缺陷,让政治主动权重回公民手中,使政党更好地承担公共责任、遵从人民意志。

2.1.1.3 韦伯的官僚制思想

马克斯·韦伯(Max Weber, 1864—1920)是德国著名社会学家、政治经济学家,是一位典型的"百科全书式"学者。韦伯1892年任柏林大学法学讲师,1894年任弗赖堡大学政治经济学教授,1896年任海德堡大学政治学教授,1918年任维也纳大学经济学教授,1919年任慕尼黑大学社会学教授。从学术著作来看,他著有《新教伦理与资本主义精神》《中国的宗教:儒教与道教》《经济与社会》《政治论文集》《国家社会学》等,涉猎颇广又硕果累累。

韦伯在社会学、经济学、政治学等方面都做出了重大贡献,被誉为"组织理论之父",并与卡尔·马克思和埃米尔·杜尔凯姆一起被称为社会学的三大奠基人。

在公共管理领域,韦伯的学术贡献之一是他提出了官僚制(Bureaucracy)理

---

① F. J. 古德诺. 政治与行政[M]. 王元,译. 北京:华夏出版社,1987:33-34.
② 同上书:108.

论。他总结出个人魅力型(Charismatic Type)、传统型(Traditional Type)、法理型(Rational-legal Type)三种权威,并提出与此相应的三种组织形态:"神秘化组织""传统组织"与"合理化—合法化组织"。韦伯指出,基于领导者魅力的"神秘化组织"带有浓厚的"神圣"色彩(个人崇拜),"传统组织"的领导者主要是基于对传统的信仰来控制组织,而"合理化—合法化组织"的基础是法理型权威。建立在理性的法律法规之上的"合理化—合法化组织",即"官僚制"或"科层制",符合现代社会的理性特征,乃是社会发展的必然选择。

在论证了官僚制的必然性之后,韦伯总结了官僚制的特征:第一,合理的分工。明确的、高度专业化的分工有利于组织成员掌握专业技能、提升效率和明确责任。第二,层级化,即具有一个等级与权力一致的组织结构,形成一个指挥统一的权力体系。"由职务等级制原则与上诉渠道原则确立了一种公认的高级职务监督低级职务的上下级隶属体系。"[1]第三,规则化。官僚制组织根据一整套具有合理性、合法性、相对稳定性的规则与程序来运作,这保证了组织具有相应的优越性。第四,有形式正规的决策文书。"对现代官职的管理是以书面文件'档案',以原件或草稿形式保管起来的,一个下属官员班子以各种文员为基础的。"[2]文书也保证了组织运作的稳定性、责任的明确性。第五,非人格化。"总的来说,职务活动与私生活领域也是分离的。公款公物与官员的私人财产同样是分离的。"[3]官僚制组织中公私分明,以法规程序、正式文书规范人的行为,其运作与管理也隔离了情感关系、个人偏好等非理性因素。第六,技术化。专业化的分工要求组织各部门颁行稳定且详细的技术规范要求,配备专家与技术人员,并为成员提供专业培训。"官职的管理,至少是所有专业官职的管理……通常都是以某个专业化的领域的训练为前提","一旦获得正式官职,职务活动会要求官员付出全部工作能力,不管他在官署中的义务工作时间是否已有规定"[4]。第七,合理合法的人事行政制度,包括任人唯贤,职位等级安排合理,劳动契约关系自由,职位分工与权责分明,货币工资制度明确固定、论功行

---

[1] 马克斯·韦伯.经济与社会:第二卷[M].阎克文,译.上海:上海人民出版社,2010:1322.
[2] 同上.
[3] 同上.
[4] 同上.

赏,禁止职位继承、滥用职权,成员行为受纪律约束。尽管如此,韦伯也看到了官僚制的缺点:对创新性的抑制等。

2.1.2 科学管理时期

随着工业革命的持续深入,公共行政实践面临如何提升效率的问题。这段时期,西方世界兴起了科学管理运动,公共管理广泛吸收了企业管理中追求效率的思想。其代表性学者有泰勒、古立克、怀特等。这些学者主张效率优先,而遵循这一路径的研究被认为体现了公共管理理论中的管理主义倾向。

2.1.2.1 泰勒的公共行政思想

弗雷德里克·温斯洛·泰勒(Frederick Winslow Taylor,1856—1915)是著名的管理学家,被称为"科学管理之父"。基于丰富的实践经验与很高的理论素养,他提出了科学管理理论。从学术著作来看,泰勒笔耕不辍,著有《科学管理原理》《科学管理》《计件工资制》《效率的福音》《工场管理》等。从实践来看,泰勒1884年成为费城的米德维尔钢铁厂总工程师,1900年在巴黎万国博览会上获奖,1906年出任美国机械工程师学会主席。

泰勒最令人瞩目的贡献是他提出了"科学管理理论"——以提高劳动生产率为中心的管理思想。该理论的主要内容如下:第一,要有科学依据地制定工人的"日合理工作量",并提出"工作定额原理":统计熟练工人的工作时间,再加上必要的休息时间与延误时间,得到完成一项工作的总时间。第二,挑选"第一流的工人"。只要一份工作对某个工人合适,这个工人就可以成为第一流的工人。第三,企业应该做到操作方法标准化,做到工具、机器和材料标准化及作业环境标准化。第四,通过工时研究和分析,制定出一个定额或标准,采用"差别计件制"给付报酬。第五,泰勒认为劳动生产率的提高既可以为工人带来更高工资,又可以为雇主带来更多经济收益。他提出双方应该从相互指责、对抗转变为互相信任、合作,共同提高生产率。第六,"最优工作法"。他主张摒弃传统的经验工作法,提出由专门的计划部门承担计划职能——负责调查研究、制定标准化操作方法、拟定生产计划、发出指令、验收工作成果和反思改进工作计划;工人行使执行职能——服从命令,听从指挥,遵循标准。第七,传统工长的职业要求很高,普通人难以达到,故应该细化管理分工,让一个工长只承担一种管理职能,在该职能的范围内领导工人;而一个工人将听命于多个工长。这种思想将分工理论应用到了管理部门。第八,高级管理人员只保留对例外、重大事项的决策权与监督权,而把一般的日常事务的决策权与监督权授予下级管理人员,以腾出时间与精力去考虑大政方针与研究用人等①。

2.1.2.2 古立克的公共行政思想

卢瑟·古立克(Luther Gulick,1892—1993)是著名的公共行政学家,具有丰富的理论成果与实践经验。从行政实践来看,古立克于1917年获得马萨诸塞州议会财政与预算程序联合专门委员会的秘书职务,1935年担任美国总统行政管理委员会委员,此后又担任过财政部和军事部部长顾问、美国事业部咨询委员会委员、纽约市宪章修改委员会委员等,是一名杰出的实干家。从学术研究来看,古立克于1931年任美国哥伦比亚大学市政学和公共行政学教授,1933年成为社会科学研究理事会公共服务人才研究委员会的秘书和主任,著有《行政科学论文集》《马萨诸塞州预算的演变》《组织理论评论》《科学、价值观与公共行政》等。

古立克的公共服务任职经历为他带来了许多荣誉,如他1982年以90岁高龄成为公共行政研究所名誉所长,并在一生中先后获得美国国家公共行政研究所的杰出服务奖、美国公共行政学会的25周年荣誉状、德怀特·沃尔多奖等。

古立克辨析了行政部门在政府中的角色,并指出传统的"政治—行政二分法"已经失败,将二分法用于实践将会导致政府的软弱无力与碎片化;应该建立发展一种在政府系统内部充分发挥专家的专业知识的学说,以此来调节政治、政策和行政的关系。因此,他区分了政治家、被任命的政务官员、行政官员和技术专家的角色,同时又提出所有的公共官员的行为都是权限、责任和行为构成的网络,处理权限将迫使官员考虑政策问题。因为许多政策问题可以在基层解决,相应的处理权限也就应该属于基层。而且,任何政策都具有政治属性,行政官员也难以被排除在政策过程之外,所以,行政官员应该主动将专业技术与政治力量、知识技能与公共愿望互相融合。

在批判了传统"政治—行政二分法"后,古立克认为科学仍然无法完全取代

---

① 何艳玲.公共行政学史[M].北京:中国人民大学出版社,2018:44-45.

价值观,行政科学的研究范围应该是研究行动与后果间的关系。一方面,古立克既推崇科学的研究方法,他认为科学方法能够达到"以能力取代无知、以专业人员取代非专业人员、以专家取代杂而不精者、以日益加剧的分化和专门化取代华而不实、以训练有素的行政人员取代训练无素的新手"[①];另一方面,他又意识到过分推崇"专家治理"的潜在危险,指出专家在专业上具有极高话语权,过分依靠专业话语可能带来问题,进而提出要慎重对待专家权威[②]。

此外,古立克还指出,政府不是社会治理中发挥作用的唯一主体,政府存在的目的还在于限制过度自由的行为,提供以合作为基础的社区服务。另外,他还提出行政组织理论,指出需要一个兼具计划与执行权能的行政部门。他支持改革的合理分工,认为将一个组织的单元任务进行分类的依据有目的、工序、委托人(顾客)或物资(物力)、地方(位置)等,并且总结了行政机关的"POSDCRB"七职能,即计划、组织、人事、指挥、协调、报告和预算。

2.1.3 新公共行政时期

20世纪60年代以降,民权运动、越南战争、中东战争导致的能源危机等引发了社会动荡,也引发了学者们对追求效率优先的管理主义倾向的批评,形成了所谓的"新公共行政"理论。特别是,1968年"明诺布鲁克会议"的召开标志着"新公共行政"运动的开始。与效率优先相对,新公共行政推崇公平优先。在理论上,新公共行政批评"政治—行政二分法",认为政治与行政并非决然无关。进一步地,新公共行政提出了诸如公共精神、民主行政、公民参与等理念。这些学说主张都试图缓解追求效率而导致的社会不稳定,试图将"公共性"重新引入公共行政。代表性学者有弗雷德里克森、沃尔多等人。

2.1.3.1 弗雷德里克森的公共行政思想

H.乔治·弗雷德里克森(H. George Frederickson, 1934—2020)是美国著名公共行政学家。从学术研究来看,弗雷德里克森1967获得南加利福尼亚大学博士学位,1977任东华盛顿大学校长,著有《公共行政和公共政策》《新公共行

---

① 转引自丁煌.西方行政学说史[M].修订版.武汉:武汉大学出版社,2004:109.
② 同上书:107-111.

政学》《公共行政的精神》《公共管理的伦理》等著作。弗雷德里克森1979年当选为美国国家公共行政院士，1992年获得美国公共行政学会颁发的德怀特·沃尔多奖，1999年获得美国政治学会颁发的约翰·高斯奖。

弗雷德里克森的主要贡献是他对传统公共行政学的批判与对美国公共行政学的再定位。弗雷德里克森批判传统公共行政学的"效率至上观"，认为其在理论上强调非人性化、客观化的理性效率思想具有将领导控制机械化、交流互动工具化的不足，失去了人性关怀和组织应有的社会价值与责任；在实践上则扩大了实践与目标间的鸿沟，例如指挥统一等思想虽然提升了效率，却未能跟进和指引社会发展，简单的成本—利益分析也未能回应公平等公共责任，甚至加深了社会分配不公等问题。此外，弗雷德里克森还批判了传统的政治—行政二分法，指出这种二分法忽视了政治因素对行政的影响；在二分法的指导下，传统公共行政学重视机关内部技术性问题，却忽视了对重大政策制定与分析的研究，难以回应现实要求、担负学术责任。

弗雷德里克森重新定位了美国公共行政学。他认为，当代公共行政的特征是：第一，地理关系弱化。"目前的趋势是他们同某一特定场所和管辖区域的联系正逐步减少，跨海岸、跨国家、全球化的联系却日益增多。"[①]这导致公共行政的服务对象无法由地域定义，甚至出现地区人民代表无法代表人民的情况。第二，"国家系统间的相互脱节"。问题"外溢"（如跨国犯罪、核污水扩散等）导致某一区域单独控制和管理某些公共事务、解决公共问题的能力相对下降。第三，"公共"一词的词义从仅指代政府延展到包含社会组织，"具有公共特征的机构与私有营利性机构的差别已变得日益模糊"[②]。

弗雷德里克森还指出，当代公共行政学在理论上对环境变化的回应有：第一，新制度主义。"严格地讲，新制度主义并不是一种正式意义上的理论，而是指导公共行政学实证研究和理论建设的一个框架、一种话语和一系列假说。"第二，公共部门的网络理论。"网络管理包括部门之间的合作项目、政府之间的项目管理结构、复杂的合约关系和公私伙伴关系；此外它还包括各种服务传送系

---

① H.乔治·弗雷德里克森.美国公共行政学的再定位[J].李秀峰,王怡,摘译.国家行政学院学报,2003(4).

② 同上.

统。"这一理论关注扁平化、非市场的合作。第三,治理理论。"在国家系统日益分离和脱节的时代,公共行政正努力在治理理论中寻求许多问题的解决办法,如代表性问题、官僚制的政治控制问题、制度的民主合法性问题和网络问题等。"① 而当代公共行政学在实践上对环境变化的回应是"行政联合"。"行政联合是指多个参与者及其行政行为之间的正式或非正式的一系列横向联系和特征,这些参与者是网络化的公共区域中各个单位的代表。"他认为行政联合"消除了与区域边界相关的不平等问题;中央政府可能会促使下级政府实行行政联合"②。

此外,弗雷德里克森还提出要建立新公共行政学,要求提供高质量的公共服务与追求社会公平。对于社会公平,弗雷德雷克森提出:"社会公平包含着对包括组织设计和管理形态在内的一系列价值取向的选择……倡导公共行政的社会公平是要推动政治权力以及经济福利转向社会中那些缺乏政治、经济资源支持,处于劣势境地的人们。"③

2.1.3.2 沃尔多的公共行政思想

德怀特·沃尔多(Dwight Waldo,1913—2000)是著名的行政学家、政治家。1942年获得耶鲁大学博士学位,著有《行政国家》《民主行政理论的发展》等。他于1961年担任美国政治学会副会长,1966担任《公共行政评论》主编,1987获得美国公共行政学会颁发的约翰·高斯奖。

沃尔多与西蒙的"西沃之争"对公共行政学具有重大的启迪意义。在"西沃之争"中,他对公共行政学的学科定位、价值取向与研究方法提出了鲜明的主张。公共行政学的学科定位问题,源于当时社会上"社会科学不是一门真正的科学"的说法。西蒙认为,公共行政学应该开展"价值中立"的事实研究,运用量化研究等方法建立一门"行政科学"。沃尔多则认为科学有广义和狭义之分。科学应该是"关于经验的规律性的系统信息",而不只是"用数学公式表达"的

---

① H.乔治·弗雷德里克森.美国公共行政学的再定位[J].李秀峰,王怡,摘译.国家行政学院学报,2003(4).
② 同上.
③ H. G. FREDERICKSON. New public administration[M]. 2nd Edition. Tuscaloosa: University Alabama Press, 1980: 6-7.

第 2 章　公共管理理论的发展

知识体系;科学不仅要有"价值中立"的实然事实,还要有人文关怀、价值伦理的应然判断。在这个意义上,公共行政也是一门科学。更进一步地,沃尔多认为公共行政不是一门"学科",因为它没有"一套连贯而协调的理论知识",而且即使是物理学,也仍未完全协调相对论和量子力学的矛盾。他更倾向于把公共行政定义为像医学那样的"专业"。

公共行政学的价值取向问题,便是指技术理性与价值理性之间的矛盾。面对当时公共行政学合法性难以确立这一"身份危机",西蒙主张用"效率"确立公共行政学的合法性,沃尔多则认为西蒙这一"效率价值观"具有反民主性:"民主理论发展的一个主要障碍是认为'效率是价值中立的'……由于我们'信奉'民主,所以需要承担某种程度的民主,这类观点损坏了美国社会的根底","并不存在一个可以把价值排除在外的'事实决策'领域。"[1]沃尔多认为"效率"并非价值中立,它在目标—手段链中被目标所定义,亦即在价值的指导下存在。"'我们的目的对我们使用的手段有什么影响?并因此对我们衡量效率有什么影响?'我们需要在根本上重新审视一次目标—手段复合体。"[2]他强调价值高于效率,主张回归美国宪政主义的民主传统,强化公共行政学的公共性。

与沃尔多对西蒙"事实和价值可以二分"的批评相关的,是他对"政治—行政二分法"的批判。他指出,政治—行政二分法割裂行政实践,并缩小了公共行政的边界,因为行政活动本身带有价值性,政策决策、自由裁量权使用与行政反馈都是政治的一部分,具有天然的政治性与公共性。

值得一提的是,沃尔多于1968年发起了著名的"明诺布鲁克会议"。会议指明了公共行政学的发展朝向,为新公共行政运动拉开序幕。第一次明诺布鲁克会议举行于美国锡拉丘兹大学的明诺布鲁克会议中心,此后明诺布鲁克会议每隔20年举办一次,成为美国全国甚至世界级的公共行政学盛会。第一次明诺布鲁克会议的会议成果被弗兰克·马林尼(Frank Marini)集结成《迈向新公共行政:明诺布鲁克观点》一书,其中的观点包括:(1)公共行政要与社会相关联。公共行政要关照社会现实,要关切政策问题、社会问题与官僚行政问题。

---

[1]　D. WALDO. Development of theory of democratic administration [J]. American political science review, 1952(1).

[2]　Ibid.

（2）后逻辑实证论。公共行政学研究要综合逻辑实证主义研究与规范主义研究，既要有事实陈述，又要有价值规范。（3）公共性。公共行政应该通过扩大参与、增强政府部门成员组成的代表性、以服务对象为中心进行运作等，来维护社会的公共利益，体现主权在民等[①]。

2.1.4 新公共管理时期

20世纪70—80年代，西方国家的"福利病"日益加剧，官僚机构膨胀、政府运作效率低下，如何克服"政府失灵"成为时代的难题。西方国家兴起"新公共管理"运动，将私营企业的管理模式引入政府管理，将大量的国有企业私有化，进而"再造政府"。公共管理领域则是涌现出了如奥斯本、登哈特、波兹曼等诸多提倡政府改革的学者，他们普遍主张借鉴企业管理模式、注重顾客需求、引入竞争机制等，以提高政府管理之效率。毋庸置疑，这一研究路径是对早期公共管理中"效率优先"的援引，也构成了对"公平优先"的反思。

2.1.4.1 奥斯本的公共管理思想

戴维·奥斯本（David Osborne，1951— ）是美国著名行政学家、管理学家。从行政实践来看，奥斯本于1992年担任美国重新设计政府联盟的主席，1993年担任美国副总统阿尔·戈尔的高级顾问。从学术研究来看，奥斯本著有《民主实验室》《改革政府：企业家精神如何改革着公共部门》《再造政府：政府改革的五项战略》等。

奥斯本指出，政府应该吸收企业管理方法以提升效率，并提出了"企业家政府理论"。这一理论主要原则如下：第一，政府应掌舵（决策、治理），而非划桨（执行、服务）。"掌舵型组织制定政策，给（公、私）执行机构提供资金，并评估它们的业绩，但是很少自己去发挥执行机构的作用。"[②]

第二，政府应该重视授权而非服务。奥斯本重视社会力量解决问题的积极性，"让官僚主义者控制了公共服务……损害了我们的公民和社区的信心和能力……造成了依赖性"。其实，"社区对其成员的责任关切超过了服务提供系统

[①] 何艳玲.公共行政学史[M].北京：中国人民大学出版社，2018：99-101.

[②] 戴维·奥斯本，特德·盖布勒.改革政府：企业家精神如何改革着公共部门[M].周敦仁，等，译.上海：上海译文出版社，2006：14.

对其服务对象的责任关切","社区比专业人员更了解自己的问题"[①],社区比大型官僚系统更有创造性,社区服务也比购买专业人员的服务花费得更少,因此政府应该多授权让社区提供服务。

第三,在服务提供中引入竞争机制。奥斯本指出,竞争可以提高效率及组织成员的自尊心和士气,迫使垄断组织对"顾客"需要做出反应。他还提出要遏制服务供应商挑选最能赢利的顾客、表面竞争实质垄断等问题。

第四,有使命感,而非照章办事。奥斯本指出,使命感具有让组织效率更高和更有革新精神等优点,因此,"首要的任务是要清除多年积累的规章和过时的陋习的重负"[②]。他建议开展组织改革,如建立支出控制式预算等"有使命感"的预算制度、改革照章办事的人事制度、建立围绕使命的组织文化等。

第五,具备顾客意识。奥斯本将公民比作顾客,要求政府靠拢顾客,聆听顾客的呼声,建立起顾客驱动的政府,提供透明的、从整体上满足需要的、使用方便的社会服务。

第六,预防而非治疗。奥斯本认为,官僚政治的模式让政府专注实干,解决问题,忽视了预防和发现问题,"它们要一直等到问题变成危机。然后才……提供新的服务"。他提出要"用预见治理",政府应该开展设立未来委员会、做战略规划、改变刺激因素等改革。[③]

第七,从层级制向参与、协作的分权模式的改革。奥斯本认为,分权的机构更具灵活性、责任感与士气,因此政府应该建立协作组织关系、重视雇员个人能力、通过参与式管理来分散权力等。

2.1.4.2 胡德的公共管理思想

克里斯托弗·胡德(Christopher Hood,1947—)是英国著名的公共管理学家。他的主要研究领域包括政府行政、监管和公共部门改革,出版了《公共管理的局限》《政府的工具》《数字时代的政府工具》《国家的艺术》等多部著作。

---

① 戴维·奥斯本,特德·盖布勒.改革政府:企业家精神如何改革着公共部门[M].周敦仁,等,译.上海:上海译文出版社,2006:35.
② 同上书:75.
③ 同上书:162-170.

20世纪80年代兴起的公共管理改革运动,其主要的思想是公共部门向民营部门学习。胡德既是"新公共管理"的命名者,也是该理论流派的"执着的批评家"。胡德从实践和理论两个层面着眼,探讨了新公共管理运动的内涵。从实践来看,西方政府兴起的缩减公共部门规模、私有化改革、公共服务外包等趋势明显;从理论来看,新公共管理的理论根基在于新制度主义经济学和公共部门管理主义等。此外,他提炼出了"新公共管理"的七项理论特征:"公共领域的专业化管理;明确的目标与绩效测量标准;强化产出控制;公共部门的分散化;引入竞争机制;对私营部门管理方式的重视;强调对资源的有效利用和开发"①。

同时,胡德是新公共管理的批评者。他对新公共管理的态度并非仅仅是推崇,而是保持了必要的审慎。首先,"新公共管理"改革实践存在明显的全球化悖论:尽管全球化改革的观点非常流行,但不同国家采取的改革措施在风格上存在显著差异。其次,不良改革景象悖论:取得改革成就的国家往往是最初和最激进的改革国家,而一些需要改革的国家却并未启动改革。最后,管理主义悖论:"新公共管理"追求的改革目标是提升管理效率,但实践中"公共部门的管理主义却普遍遭遇了惊人的不受重视的现象"②。

胡德强调了政府内部监管的重要性,认为这是"英国公共管理运动的主旋律"。经过对英国政府内部监管的考察与思考,他归纳出了政府内部监管的四种方式:依靠行政命令的直接监督和控制、政府内部不同部门之间的公开竞争、不可预测的随机性监督、借助群体影响调控个体行为的相互牵制等。以上四种监管方式常常是混合使用的,并不是单独出现③。

胡德还提出了NATO政策工具模式。针对20世纪80年代公共管理改革中的市场化工具,胡德归纳出四大政策工具模式,即NATO政策工具模式:基于信息的政策工具(Nodality-based Instruments)、基于权威的政策工具(Authority-based Instruments)、基于财政的政策工具(Treasure-based Instruments)和基于组织的政

---

① 赵有声,徐扬.克里斯托弗·胡德公共管理思想评议:主题、贡献及启示[J].国外社会科学,2012(4).
② 同上.
③ 同上.

策工具(Organization-based Instruments)。并且,他提出了选择政策工具的四项基本原则:在充分考虑其他替代方案的前提下才能确定工具的选择;充分理解政策工具的环境适用性,做到政策工具与政策任务相匹配;必须在遵循伦理道德的基础上来考虑政策工具的选择问题;要充分考虑使用政策工具的成本,要以最小成本实现理想的政策目标①。

2.1.5 公共治理时期

1989年,"治理危机"(Crisis in Governance)被世界银行用来概括非洲的发展情形;1992年,世界银行发表了《治理与发展》的年度报告。自此以后,治理理论逐步在全球各地流行起来。但也正因为流行较广,其内涵难免宽泛且模糊。该如何定义治理,也成为学者们争议的焦点。1995年,联合国全球治理委员会发表《我们的全球伙伴关系》报告,其中"治理"被定义为公共机构或私人机构管理其共同事务的诸多方式的总和②。当然,不同学者对于如何定义治理也有各自不同的理解,这些不同的理解共同汇集为公共管理新的理论阶段——公共治理时期。在此,我们将重点介绍帕特南、奥斯特罗姆等学者关于治理的论述。

2.1.5.1 帕特南的公共管理思想

罗伯特·帕特南(Robert Putnam,1941—)是美国著名政治学家,著有《使民主运转起来——现代意大利的公民传统》《独自打保龄——美国社区的衰落与复兴》《我们的孩子》等。2012年,他获得美国人文领域最高荣誉奖章"国家人文奖章",2018年被国际政治学会授予卡尔·多伊奇奖。同时,他还是美国科学院院士、英国科学院通讯院士,曾担任过美国政治科学学会会长、哈佛大学肯尼迪政府学院院长。

帕特南的主要学术贡献是发展了社会资本理论。在继承前人对社会资本的研究成果的基础上,帕特南对社会资本给出了自己的定义:"社会资本是指社

---

① 赵有声,徐扬.克里斯托弗·胡德公共管理思想评议:主题、贡献及启示[J].国外社会科学,2012(4).

② Our global neighbourhood: the report of the Commission on Global Governance [R]. Oxford, New York: Oxford University Press, 1995.

会组织的特征,诸如信任、规范以及网络,它们能够通过促进合作行为来提高社会的效率。"①其中,(1)信任是一种典型的"道德资源"。(2)社会规范,尤其是互惠规范,分为平衡的(特定的)互惠和弥散的(普通的)互惠。前者指同时同价平等的交换;后者指交换不发生在同一时间点,回报未来可能的需求这种持续交换关系。二者都可以约束投机行为。(3)公民参与网络,可以加强信任关系、扩大失信损失、加固互惠规范与便利未来合作。因此,社会资本可以促进自发合作、减少背叛和不确定性、解决"搭便车"等问题,提升社会互信,促进社会集体行动。另外,作为一种资本,"社会资本"也可以带来"实现目标"的生产力,它可以通过加强合作来推动集体行动,"普遍的互惠是一种具有高度生产性的社会资本"②;而且越被使用则越多,不被使用则会自发减少。例如"信任"带来多方的合作,而合作带来新的信任;反之亦然。

由于社会资本具有以上特点,所以,充足的社会资本可以通过自身良性循环将社会维持在良性运行状态。"社会资本的性质决定了社会信任的范围、社会合作的质量、公民参与的可能性,进而影响民主制度的绩效。"③社会资本还可以产生更高水平的社会资本;不良的社会资本则会走进恶性循环,不断加深对社会发展的阻碍,让社会进入一种恶性循环状态。帕特南考察了社会资本的生成机制,指出在某个良性运作的社会中,个体嵌入社会网络进行的社会交换会促使其形成正确的利他观与利己观,并且强化互惠规范,因此社会资本的生成在于社会环境。进一步地,因为社会环境的根源在于整个社会系统的发展历史,所以,他认为"造成差别的……是脱胎于历史的社会环境给这些个人提供了一整套不同的机遇和激励"④。

基于对社会资本理论的建构,帕特南探讨了其他相关的社会问题。比如教育方面,为了缩小机会鸿沟、增加社会资本,他提出:(1)实现"工人阶级家庭的

---

① 罗伯特·D. 帕特南. 使民主运转起来:现代意大利的公民传统[M]. 王列,赖海榕,译. 南昌:江西人民出版社,2001:216.
② 同上书:202.
③ 罗伯特·帕特南. 独自打保龄:美国社区的衰落与复兴[M]. 刘波,等,译. 北京:北京大学出版社,2011:2.
④ 罗伯特·D. 帕特南. 使民主运转起来:现代意大利的公民传统[M]. 王列,赖海榕,译. 南昌:江西人民出版社,2001:211.

经济复兴"①,给工人家庭经济支持,提供更具弹性的工作机会,使父母有条件充分照顾子女;(2)促进各阶层家庭杂居,并打造不同层次学校的伙伴关系,"在不同的学校之间实现学生、资金和教师的再分配"②,促进教育资源流动;(3)开展"直接对贫穷社区投资"和"将贫穷的家庭迁移到比较好的社区"③等社区再造行动。

2.1.5.2 奥斯特罗姆的公共管理思想

埃莉诺·奥斯特罗姆(Elinor Ostrom,1933—2012)是美国著名政治学家和行政学家。埃莉诺·奥斯特罗姆著有《公共事物的治理之道:集体行动制度的演进》《社群组织与警察服务的提供》《诚实服务的提供:变革的结果》《美国大城市地区的警察服务》《大城市地区警察之道》等。凭借卓越的学术贡献,埃莉诺·奥斯特罗姆荣获2009年诺贝尔经济学奖,成为第一位获得诺贝尔经济学奖的女性。

埃莉诺·奥斯特罗姆最主要的学术贡献是多中心治理理论。多中心治理理论面向的问题是"公共池塘"资源分配。为解决这一问题,埃莉诺·奥斯特罗姆先从解决集体行动的社会困境入手,指出在自利基础上存在有意向合作者和愿意进行惩罚者这两类人,否定了以往学说中"同质化的理性人"的理论假设,进而提供了集体行动的可能性。在讨论了个体层面的选择后,她开始思考集体行动如何可能的问题——"相互依赖的委托人如何才能把自己组织起来,进行自主治理,从而能够在所有人都面对搭便车、规避责任或其他机会主义行为诱惑的情况下,取得持久的共同收益"④。她提出自主治理的八条设计原则。第一,清晰界定边界:公共资源本身边界和有权提取资源的单位(占有者或用户)应被明确界定。第二,占用和供应规则与当地条件保持一致:占用和供应规则要同当地自然条件与社会条件、规则保持一致,成本和产出、占有和分配要一致。第三,集体选择的安排:集体中的规则由用户共同制定,共同修改。第四,

---

① 罗伯特·帕特南.我们的孩子:危机中的美国梦[M].田雷,宋昕,译.北京:中国政法大学出版社,2017:274.
② 同上书:282.
③ 同上书:292.
④ 埃莉诺·奥斯特罗姆.公共事物的治理之道:集体行动制度的演进[M].余迅达,陈旭东,译.上海:上海三联书店,2000:51.

有效的监督。第五,分级制裁:违约者会受到同级用户和上级管理者两个级别的制裁,对违约者制裁的严重程度会视其违约次数递增。第六,冲突解决机制:要求迅速通过低成本的地方性公共论坛解决内部冲突。第七,对组织权的最低认可:用户设计本组织制度的权利不受政府的挑战。第八,分权制企业(Nested Enterprise):公共池塘的集体使用与更大的社会系统有关,可以多层级的嵌套式企业来开展占用、供应、监督、强制执行、冲突解决和治理等活动。总之,她认为,"这些设计原则能影响激励,使占用者能够自愿遵守在这些系统中设计的操作规则,监督各自对规则的遵守情况,并把公共池塘资源的制度安排一代一代地维持下去"①。

以上述理论为基础,埃莉诺·奥斯特罗姆与丈夫文森特·奥斯特罗姆建构起多中心治理理论——政府、营利部门、非营利部门、公民个体等主体可以在一定的自治契约基础上形成共同的规则规范与秩序安排,共同供给多种类型、多个层次的公共服务并相互制衡。对于多中心治理的制衡性,文森特·奥斯特罗姆曾指出,"'多中心'意味着许多决策中心,它们在形式上相互独立。……各个中心相互之间通过竞争性的关系考虑对方,开展多种契约性和合作性事务,或利用中央机制来解决冲突"②。而对于多中心治理中的秩序问题,他指出,"只要将所有权力中心限制在一个可实施的宪法范围内操作,那么就能保持一个多中心的秩序"③。尽管如此,也有人提出了批判:多中心治理理论容易陷入"无中心"、过度依赖社会资本理论、受制度环境限制严重等困境。

2.2 中国公共管理理论的演进

中国具有几千年的悠久历史,形成了独特的行政文化,蕴含着丰富的行政思想,但是从学科的角度而言,公共管理学科是舶来品。"行政"与"行政学"不

---

① 埃莉诺·奥斯特罗姆. 公共事物的治理之道:集体行动制度的演进[M]. 余迅达,陈旭东,译. 上海:上海三联书店,2000:9.

② V. OSTROM. State administration of natural resources in the west[J]. American political science review, 1953(2).

③ 文森特·奥斯特罗姆. 工艺与人工制品[M]//迈克尔·麦金尼斯. 多中心治道与发展. 毛寿龙,译. 上海:上海三联书店,2000:496.

同,"公共管理"也与"公共管理学"不同。因为公共管理理论深深地植根于"公共性"之中,只有具备了公共空间的市民社会基础,才能出现所谓的公共管理理论。中国直到清末才开始出现社会的公共空间。更关键的是,一门学科成立与否需要是否有大学开设相应的学科专业、是否有成熟的专业教材、是否有相应的学术杂志、是否有相应的学者团体等一系列指标来衡量。所以,对于中国来讲,公共管理学是一门引进的学科,但是在引入之后,其学科发展与中国的政府治理实践结合得越来越紧密,逐步走向本土化。

2.2.1 中国公共行政思想

"行""政"两字的连用较早见于《管子》《孟子》《大戴礼记》等春秋战国书籍。在这些文献中,"行政"一词更多时候是与"天子"相关,主要是为了解释统治者的权力来源,其概念内涵还不具备现代意义上的公共性。这段时期可以称为"天子行政"。此后,随着疆土扩张、分封制转变为郡县制等,内外朝分化,"天子行政"逐渐转变为"臣子行政",即朝廷内设诸多部门,分别负责不同的行政事务,如唐代的"三省六部",当然其他朝代的部门设置都有差异。朝廷内部门设置代表政府组织机构的建成。然而,在古代的治理末梢,还有一群专门从事社会事务管理的人员,俗称"胥吏"。他们通常承担"文书、登记造册、统计、编制等各项专业性活动",多是繁杂的行政事务,可以将此称为"胥吏行政"[1]。

近代,辛亥革命推翻帝制、建立共和,古代行政模式随之消亡。中华民国政府建构了"行政权、立法权、司法权、考试权和监察权"五权分立的组织结构。其中,行政权由行政院执掌,负责政务工作。孙中山提出:"'政治'两字的意思,浅而言之,政就是众人的事,治就是管理,管理众人的事便是政治。"[2]这一论述将"政"与"治"分开,又突出了"政"的"公共性"(众人的事)和"治"的"管理"性。孙中山的这一观点与威尔逊的"政治—行政二分法"有异曲同工之意,已经完全不同于古代传统的行政观点,标志着近代中国的公共行政思想的发轫。除了政府建设和公共行政实践之外,近代中国的公共行政学科的引入和发展也是一条重要的历史脉络。

---

[1] 李瑞昌.中国行政知识体系的传承与发展[J].中国政治学,2020(4).
[2] 孙中山.民权主义:第一讲(三月九日)[M]//黄彦.三民主义.广州:广东人民出版社,2007:86.

2.2.2 公共行政学的引入

早在1897年,梁启超就提出"愿我公卿,读政治、宪法、行政学之书"①。20世纪30年代,中国的公共管理学一时非常兴盛。一些学校开设了相关课程,不仅翻译出版了国外的行政学著作,而且中国学者还编辑出版了多部公共行政学教材②。早期公共行政学科的发展,主要得益于三点:其一,西方行政学的兴起,并经过日本传入中国,正符合中国当时建立一个现代政府之需要;其二,当时的社会对于外来思想较为开放,社会整体的文化氛围有利于新思想的传播;其三,当时存在一批行政研究者,他们追求新知,传播行政思想,为公共管理学科发展做出了不可小觑的贡献③。

从早期行政学教材的编撰可以看出当时公共管理学发展之情况。很多学者认为张金鉴出版的《行政学之理论与实际》是中国人撰写的第一本行政学教材,但实际上江黎康的《行政学原理》出版于1933年11月,早于张金鉴于1935年8月出版的《行政学之理论与实际》,实为第一本由中国人撰写的行政学教材④。在更早的时候,日本学者蜡山正道在1928年出版的《行政学总论》已被翻译为中文出版,一共存在两个中文译本,分别是1930年的罗超彦译本和1934年的黄昌源译本,前者被视为中国最早出版的行政学著作⑤。另外,还有谭春霖在1939年出版的《各国行政研究概况》、甘乃光在1947年出版的《中国行政学新论》等教材。以上这些行政学教材的翻译与撰写,反映了当时中国行政学学科发展的盛况;而且,不少学者称自己教材的编撰参考的主要是美国学者怀特等人的教材,这说明中国早期的行政学科受到同时期的美国行政学发展影响较大。

早期的公共管理研究与当时的公共管理实践结合紧密。有学者对当时的

---

① 梁启超.读《日本书目志》书后[M]//梁启超全集:第一册.北京:北京出版社,1999:129.
② 江黎康.行政学原理[M].上海:上海民智书局,1933;张金鉴.行政学之理论与实际[M].上海:商务印书馆,1935;甘乃光.中国行政学新论[M].上海:商务印书馆,1947.
③ 杨腾原.填补空白还是留出空白?——评《中国早期行政史:民国时期行政学研究》[J].公共行政评论,2017(3).
④ 杨沛龙.中国早期行政学史:民国时期行政学研究[M].北京:社会科学文献出版社,2014:7-8.
⑤ 同上书:8.

相关研究主题进行了梳理,将其总结为"调整行政机构与提高行政效率""文书档案改革""人事行政""财政与财务""央地行政与调整行政区划"五大类。每一类研究主题下面又分有诸多更为细致的研究内容,以"调整行政机构与提高行政效率"研究主题为例,其研究范围包含行政组织、合署办公、裁局改科、行政督查专员制、行政三联制、幕僚长制、分层负责制等(见表2-1)。从这些研究内容可以看出,当时公共管理研究范围广泛且研究视角细致。

表2-1 早期中国公共管理研究主题梳理

研究主题	研究内容
调整行政机构与提高行政效率	行政组织、合署办公、裁局改科、行政督查专员制、行政三联制、幕僚长制、分层负责制等
文书档案改革	文书是行政的工具,公文运行是行政程序的外表;公文方面开始使用标点,档案方面开始使用卡片,改进手续;主张公文使用白话文、简体字;机械化等
人事行政	公务员保障制度、明确行政职责、人事机构、考选、职位分类、考绩、俸给福利制度、干部训练、公务员道德精神等
财政与财务	将全国财政分为中央财政和自治财政,省财政并入中央财政,取消省级预算;日常物品材料的采购与保管中存在的浪费问题等
央地行政与调整行政区划	中央与省的关系、省县关系、县级行政、缩小省区、县政建设实验、新县制、分区设署等

资料来源:杨沛龙.中国早期行政学史:民国时期行政学研究[M].北京:社会科学文献出版社,2014.转引自杨腾原.填补空白还是留出空白?——评《中国早期行政学史:民国时期行政学研究》[J].公共行政评论,2017(3).

值得一提的是,尽管政治社会制度不同,但是当时的一些研究主题对于当下的公共管理研究仍然不乏启发意义。例如,"公务员道德精神""中央与省的关系""分层负责制""县政建设实验"等研究内容对于当下中国的公共管理研究仍然具有一定的启迪意义。

2.2.3 公共管理学的复设

20世纪80年代,随着改革开放的持续推进,中国政府管理的实践亟须借鉴外国先进做法、总结本国成功经验,这些需求呼唤着对公共管理学科的重建。

一方面,随着改革开放的持续深入,中国政府的改革经验、创新做法继续得到系统的总结与提炼。另一方面,当时政府的机构设置仍然存在诸多不合理之处,人浮于事、相互扯皮、效率低下的现象十分普遍,亟须根据科学的理论思想对政府进行改革。时任国务院参事的唐鸿烈就曾指出:"我们的行政管理是比较落后的……既不适应社会主义现代化建设的需要,也不适应经济体制改革的要求。"①

邓小平在1979年的一次讲话中指出:"政治学、法学、社会学以及世界政治的研究,我们过去多年忽视了,现在也需要赶快补课。"夏书章对此做出了积极响应,在1982年1月29日的《人民日报》上率先呼吁:"把行政学的研究提上日程是时候了。"他在文中论证了建设公共管理学科的必要性以及紧迫性:"要搞现代化建设事业,就必须建立和健全现代化管理(包括行政管理)和实行社会主义法治(包括行政立法),这样,我们就需要建立社会主义的行政学和行政法学。"②这一篇文章引起了极大的反响,获得了学界的普遍认同。夏书章身体力行,讲授行政学课程、设置行政学专业、开展行政研究、成立行政学学院。例如,1982年,夏书章在全国政治学讲习班讲授"行政管理"课程,并以讲稿为基础,于1985年出版了改革开放后的第一本行政学教材《行政管理学》③。1986年,作为政治学一级学科中的一个二级学科,行政学正式进入研究生培养的专业目录④。1985年7月,《中国行政管理》创刊,这是新中国成立后创办的第一本研究行政管理的专业刊物,也是中国公共管理学界的顶级刊物之一。该刊由国务院办公厅主管,中国行政管理学会主办,成为联系中国行政管理实务界与理论界的桥梁。1988年10月13日,中国行政管理学会在北京成立,该学会的成立标志着中国行政学作为一个独立学科已获得社会的公认⑤。

伴随着中国加入世界贸易组织谈判的进行,夏书章再一次意识到引进公共管理硕士(Master of Public Administration,MPA)的必要性。他率先提出了引进

---

① 唐鸿烈.建立具有中国特色的社会主义行政管理学[J].中国劳动,1985(3).
② 朱正威,马骏.夏书章与中国公共管理学[M].广州:中山大学出版社,2018.
③ 夏书章.行政管理学[M].太原:山西人民出版社,1985.
④ 陈振明.中国公共管理学40年——创建一个中国特色世界一流的公共管理学科[J].国家行政学院学报,2018(4).
⑤ 刘怡昌,等.中国行政科学发展[M].北京:中国人事出版社,1996:4.

MPA 的倡议,1998 年,国务院学位办启动了 MPA 专业学位的论证;2001 年,正式开设了 MPA 专业学位①。据夏书章本人回忆:"第一批 MPA 试点学校就是 24 个,到了第二年 47 个,第三年就 100 个了,现在 MPA 学位已经很普遍了。"正因为如此,学界尊称夏书章教授为"中国 MPA 之父"②。

以上事件都是中国公共管理学科发展的里程碑事件③。从公共管理学科复设以来,中国的公共管理研究者社群已经形成了以学科期刊为主、各类学术会议为辅的密集交流网络。

2.2.4 公共管理的中国化

对于中国来讲,公共管理是典型的西方之"学",其引进和重建都受到了"渐"与"援"的双重推力。在早期,无论是 20 世纪 30 年代的发轫,还是 20 世纪 80 年代的复设,虽然行政学的引介是出于中国发展的自主需求,但是学科发展主要处于"渐染"阶段。该阶段的主要工作是译介知识,传播思想。此后,中国公共管理对西方公共管理理论更多的是"援引",采用更为务实的态度,基于本国国情有所选择地引入相关理论;与此同时,关于公共管理中国化的呼声越来越高④。

2021 年,习近平总书记在哲学社会科学工作座谈会上强调:"着力构建中国特色哲学社会科学,在指导思想、学科体系、学术体系、话语体系等方面充分体现中国特色、中国风格、中国气派。"这一讲话在中国社会科学界引起了广泛影响和热烈讨论⑤。毋庸置疑,这为包括公共管理学在内的社会科学学科提出了发展方向——学科发展的中国化。就公共管理的中国化而言,要充分地挖掘那

---

① 陈振明. 中国公共管理学 40 年——创建一个中国特色世界一流的公共管理学科[J]. 国家行政学院学报,2018(4).
② 朱正威,马骏. 夏书章与中国公共管理学[M]. 广州:中山大学出版社,2018.
③ 颜昌武. 行政学的本土化:基于中美路径的比较分析[J]. 政治学研究,2019(1).
④ 相关研究参见薛澜,张帆. 公共管理学科话语体系的本土化建构:反思与展望[J]. 学海,2018(1);竺乾威. 公共管理话语体系的本土化建构:比较的观点[J]. 学海,2018(1);颜昌武. 行政学的本土化:基于中美路径的比较分析[J]. 政治学研究,2019(1);李朔严,蒙克. 公共管理的科学化边界与本土化道路:兼论公共管理研究文化视角的必要性[J]. 中国行政管理,2021(11).
⑤ 王永贵,等. 深入贯彻落实习近平总书记在哲学社会科学工作座谈会上的重要讲话精神 加快构建中国特色管理学体系[J]. 管理世界,2021(6).

些具有中国特色的研究主题,通过学界公认的规范化的理论进行阐释,更需要基于这些中国特色的研究主题提炼出具有普适性的理论框架。

学科的本土化是学科发展过程中的一个必然过程。回首美国行政学的发展历程,威尔逊已经深刻地认识到在美国发展公共管理,与欧陆存在巨大差异。但是,威尔逊并不希望更改美国的基本制度与现实国情来引入行政学,因为这无异于"削足适履",正如他自己所言"世界的'做什么'永远应该由美国式的'如何做'所支配"。所以,威尔逊主张美国对德国行政学思想的引进应当对其在五个方面予以"美国化",即"形式""语言""思想""原则"和"目标"。[1] 威尔逊以探索美国行政学的理论基础为旨归,不拘泥于欧陆行政学思想的原意,而是结合本国的特殊历史与具体国情,转化式地解读包括德国在内的欧陆行政学思想。这种"拿来主义"的精神不光需要卓越的智识,还需要一份可贵的自信与勇气,或许这正是近年来中国公共管理学界兴起的行政学"中国化"可以借鉴与学习的。

公共管理的中国化需要有历史、当下、未来三个面向。中国具有历史悠久的治理传统,经历了波澜壮阔的人民革命战争、艰苦卓绝的建国历程、日新月异的改革开放,现在正向民族复兴的伟大目标迈进,以成功解决新时代背景下的基层治理、行政改革、互联网发展、"双控"和"双碳"、参与全球治理等重大的国计民生问题。以上种种议题都蕴含着丰富的公共管理经验,等待着学者们的深度挖掘,以提炼出具有中国气质的公共管理理论框架。

公共管理学科的中国化需要注重历史,在批判历史糟粕的同时,充分挖掘中国传统的治国理政思想。拉德施尔德斯曾言:"过去的知识有助于我们增长见识,并有助于我们深入了解当代行政架构和过程是怎样的,为什么会这样,以及它们的起源。"[2] 中国有历史悠久的行政管理传统,挖掘这些治理经验及其机制,不仅能够增进我们对于历史的认识与理解,还能为我们思考当下的治理问题提供启示。例如,周雪光发现古代帝制时期"官吏分流"的人事制度造成了官僚体制中"官"与"吏"的二元结构,这两个群体具有迥然不同的职业生涯和激

---

[1] W. WILSON. The study of administration[J]. Political science quarterly, 1887(2).

[2] J. C. N. RAADSCHELDERS. Administrative history: contents, meaning and usefulness[J]. International review of administrative sciences, 1994 (1).

励设置。"官"的职业生涯能够跨地区流动,其主要激励在于晋升;"吏"的职业生涯往往难以逾越行政区,其主要激励在于牟利。这种人事体制深刻影响了现在中国公务员群体,形成了所谓的"层级分流"①。同样地,周黎安将中国的上下级关系概括为行政发包制。中国政府的行政发包制体现为:上级拥有正式权威(如人事控制权、监察权、指导权和审批权)和剩余控制权(如不受约束的否决权和干预权),下级拥有执行权和决策权;上下级之间形成财政或预算分成关系,下级的支出能力高度依赖其筹集财政收入或收费的能力;不重视程序和规则,以结果为导向②。这一对当下中国政府层级关系的理论概括也受到了中国古代治理经验的启示。以冯友兰对其父亲任职的描述为例:"县官的收入,无论增加或减少,朝廷是不管的。实际上,朝廷是把这一块地方包给县官了,县官只要把每年规定的银子定额上缴国库,就算尽职了。县官实际上等于一个封君,他所管的一县就是他的'采邑'。所不同于古代的封君者,就是古代的封君把采邑的收入全归自家享受,而县官则必须照定额向国库交银子。在这些地方,可以看出古代分封制的残余痕迹。县官确实像个百里侯。"③这段描述同样适用于行政发包制。我们可以看到,中国政府体制在时间维度上存在着延续性。

  公共管理学科的中国化需要关怀当下,密切关注中国式现代化进程中的重要问题。党的十九大报告提出了"中国特色社会主义进入新时代,我国社会主要矛盾已经转化为人民日益增长的美好生活需要和不平衡不充分的发展之间的矛盾"。这一重大判断为新时代的经济建设、政治建设、文化建设、社会建设和生态文明建设指明了发展方向,这对公共管理研究提出了更高的新要求,也是公共管理学科发展的一次难得契机。中国特色社会主义新时代面临着多方面的治理问题,而公共管理多学科交叉融合、研究方法多样化和集成化的学科特征,能够为众多治理问题提供理论分析。当然,公共管理学科的发展必须"坚持马克思的历史唯物主义和辩证唯物主义作为指导思想,用辩证法和矛盾论等来认识和分析研究中国在公共管理实践中面临的新问题和新矛盾,并聚焦治理

---

① 周雪光. 从"官吏分途"到"层级分流":帝国逻辑下的中国官僚人事制度[J]. 社会,2016(1).
② 相关研究参见周黎安. 行政发包制[J]. 社会,2014(6);周黎安. 行政发包的组织边界——兼论"官吏分途"与"层级分流"现象[J]. 社会,2016(1).
③ 冯友兰. 三松堂自序[M]. 北京:人民出版社,2008:18.

现代化"①。中国的公共管理学者已经具备了本土化的自觉,一些重要议题已经开始了中国化的尝试,并且取得了一定的成绩。例如,路风通过研究取得举世瞩目成就的中国高铁的发展战略,发现技术能力基础和激进创新是中国高铁能够飞速发展的两个重要因素,他的分析否定了"引进、消化、吸收、再创新"是中国高铁技术进步之源的流行说法。这为中国政府能够合理制定产业政策,以及在高新技术领域实现追赶乃至超越提供了决策依据②。又如,郁建兴、黄飚通过对于"最多跑一次"改革的研究,提出了"以民众为中心"是指"在资源有限的前提下,公共服务以民众需求作为设计、供给的核心标准,通过民众与公共服务组织的共同生产,最大限度地实现公共服务供给与民众真实需求相匹配"。"政府中心主义"是各国治理普遍存在的难题,"以民众为中心"能够克服"政府中心主义",为其他国家的治理提供中国经验③。除了高铁产业政策制定、"最多跑一次"改革之外,还有诸如脱贫攻坚、"一带一路"、电子政府建设、基层治理、防疫抗疫等现代化进程中的众多治理议题值得研究与提炼。

公共管理学科的中国化需要面向未来,积极探索基于中国经验的发展模式。《中华人民共和国国民经济和社会发展第十四个五年规划和2035年远景目标纲要》(以下简称"十四五"规划)阐明了未来发展中的国家战略意图、明确了政府工作重点,开启了全面建设社会主义现代化国家新征程。"十四五"规划提出,"统筹推进经济建设、政治建设、文化建设、社会建设、生态文明建设的总体布局,协调推进全面建设社会主义现代化国家、全面深化改革、全面依法治国、全面从严治党的战略布局,坚定不移贯彻创新、协调、绿色、开放、共享的新发展理念"。这为中国公共管理学科本土化指明了研究方向,提出了研究命题。以全球气候变化与可持续发展领域为例。针对气候变化这一重大的全球治理问题,2015年《巴黎协定》的达成,标志着全球气候治理进入一个以国家自主贡献方式协同应对气候变化的新阶段。2020年9月,习近平主席向国际社会作出了庄严承诺:"二氧化碳排放力争于2030年前达到峰值,努力争取2060年前实

---

① 娄成武.新时期中国公共管理学科的特点与发展趋势[J].公共管理与政策评论,2021(4).
② 路风.冲破迷雾——揭开中国高铁技术进步之源[J].管理世界,2019(9).
③ 郁建兴,黄飚.超越政府中心主义治理逻辑如何可能——基于"最多跑一次"改革的经验[J].政治学研究,2019(2).

现碳中和。"这标志着中国开启了"双碳"目标引领下的经济社会发展之路。自此之后,中国政府围绕"双碳"目标出台了一系列的法规和政策,中国公共管理学界针对"双碳"展开了一系列的专题研究,总结了中国在控碳方面的经验与发展模式,为全球气候治理贡献了中国智慧。中国公共管理学应该持续关注公共管理中的"大问题"和有品质的问题,聚焦时代之需和治理之问,为构建人类命运共同体贡献中国智慧。

除此之外,中国公共管理与国际公共管理学界需要在对话中共同发展。中国的公共管理学科源自西方,也受到西方公共管理学界长期且深入的影响。但是,简单地将西方理论运用于分析中国治理情境,存在"水土不服"的困境。所以,中国的公共管理学需要有"面对问题的勇气"。不仅要引进西方公共管理理论,还要结合理论解释中国的公共管理实践,要向国际公共管理学界"讲好中国故事",更要根据中国的公共管理实践提炼出普世性的理论命题[①]。朱旭峰提出要以国家品牌建设为指导,提升中国特色话语体系的"内功"和"外功"。在加强学科话语构建的"内功"方面,中国学者应该从比较的视角出发,思考中国学派的准确定位;注重抽象提炼概念,形成对标识性概念简约而精确的界定;保持观点传播一致性,注重话语场域变化中的潜在偏误。而在加强学科话语传播的"外功"方面,中国学者应该充分理解中外差异,尊重不同制度;广交朋友,保持开放的心态与多方交流;适应时代,积极利用社交媒体促进学科话语传播等[②]。

总之,中国化的公共管理学要求把中国的实际情况、历史文化背景以及实践经验等因素纳入公共管理研究,以便更好地掌握中国国情,更好地研究和解决中国的社会问题。首先,要多研究和深入理解中国政府机构、政治体制、行政体制、经济体制、社会文化等方面的特点,为中国化的公共管理学奠定良好的理论基础。其次,要从中国的实践中汲取有效的经验,不断提高公共管理的科学性、专业性和实效性,使其更好地服务于政府机构、社会和市场等。最后,要重视中国的现实问题,针对中国的特殊环境,研究出更加适合当前经济社会发展的公共管理理论和实践模式。如同美国的公共行政学虽源自欧陆思想,却须完

---

① 马骏.中国公共行政学研究的反思:面对问题的勇气[J].中山大学学报(社会科学版),2006(3).
② 王永贵,等.深入贯彻落实习近平总书记在哲学社会科学工作座谈会上的重要讲话精神 加快构建中国特色管理学体系[J].管理世界,2021(6).

成本土化一样,中国的公共行政学(公共管理学)也不得不面临本土化的问题。这一问题已经得到中国学界越来越多的讨论。学科发展的本土化无法一蹴而就,需要一代又一代的公共管理学人共同努力。

复习思考题

1. 西方公共管理理论的发展经历了哪些阶段?
2. 中国公共管理的发展经历了哪几个阶段?
3. 美国是如何完成公共管理理论本土化的?
4. 中国的公共管理理论本土化可以吸收哪些传统思想?

第3章 公共管理价值

■ **本章学习要点**

- 掌握公共管理价值的一般释义
- 辨析公共管理的目的性价值与工具性价值
- 掌握公共管理价值创造的过程

3.1 公共管理价值概述

公共管理是建立在一定价值观基础上的应用科学①。马克·穆尔(Mark Moore)认为,价值扎根于个人的期望和感知,公共管理者最应该关注的问题是公民通过代议制政府所表达的期望②。因此,公共价值是公民对政府期望的集合,是公众所获得的一种效用。之后,巴里·波兹曼(Barry Bozeman)、吉恩·哈特利(Jean Hartley)、约翰·布莱森(John Bryson)等学者围绕公共价值在公共管理领域中的地位进行了一系列讨论和分析。借用登哈特夫妇所说的,"公共管理者的工作重心不应该放在掌舵或者划桨上,而应是建立具有整合力和回应性的公共组织"③。因此,要对公共管理进行深入的学习和研究,首先就有必要明确公共价值、公共管理价值等概念的内涵与外延。

---

① 顾爱华. 公共管理[M]. 沈阳:东北大学出版社,2002:47.
② 转引自 L. BINGHAM, T. NABATCHI, R. O'LEARY. The new governance: practices and processes for stakeholder and citizen participation in the work of government[J]. Public administration review, 2005(5).
③ R. DENHARDT, J. DENHARDT. The new public service: serving rather than steering[J]. Public administration review, 2000 (6).

3.1.1 公共价值的一般理论

谈及公共价值,人们首先会从政治哲学层面来理解它,认为公共价值是效率、责任、回应性等多重价值的集合体,甚至将其视为一种理想状态或者美好愿景。从某种意义上来看,公共价值追求的是人类生存和生活的公共性特质、品质和境界,是人类对美好生活的向往,但是它并非空洞的主观悬设或承诺[①]。任何理论和术语都会带有时代的烙印,也会被时代赋予不同的内涵。随着社会不断向前发展,公共价值的内涵也日渐丰富。它不再只是公共管理者呼吁的口号和抽象的概念,也不仅仅是多元主体的价值集合,而是逐渐发展为解决现实公共问题的理论指引[②]。

3.1.1.1 相关概念辨析

在公共管理领域,由于概念本身的模糊性以及对实证研究的追求等原因,人们经常把一些名词的内涵混淆,无法准确地体现各概念的本质和意义。因此,在对公共管理价值这一核心概念进行详细阐释之前,有必要先厘清公共价值与价值、公共性等概念之间的区别和联系。

1. 价值与公共价值

价值是一个看似抽象、模糊的概念,但从哲学本质上来看,它并不是一种简单的、一般性的描述,而是具有丰富的内涵和意蕴。它是"值得希求的或美好的事物的概念,或值得希求的或美好的事物本身……价值反映的是每个人所需求的东西——目标、爱好、希求的最终地位,或反映的是人们心中关于美好的和正确事物的观念,以及人们'应该'做什么而不是'想要'做什么的观念。价值是内在的主观的概念,它所提出的是道德的、伦理的、美学的和个人喜好的标准"[③]。它是站在主体的需要、欲望和目的的角度上对客体所进行的描述。当然,这种主体的诉求需要通过主客体之间的双向互动和实践活动才得以满足。例如,我们经常提到的经济领域的"价值"体现的就是企业与消费者之间的互

[①] 袁祖社. 公共价值的信念与美好生活的理想——马克思哲学变革的理论深蕴[J]. 中国社会科学,2019(12).
[②] 王学军. 合作生产中的公共价值失败及其治理[J]. 西北师大学报(社会科学版),2020(4).
[③] 杰克·普拉诺,等. 政治学分析辞典[M]. 胡杰,译. 北京:中国社会科学出版社,1986:187.

动。在私营部门中,企业创造的价值主要来自两个方面:一是消费者支付的高于产品生产成本的经济利润,二是资源配置决定的企业价值。

价值是一个广义上的概念,公共价值则是其中一个分支。公共价值可以被认为是对公民的集体偏好进行协调的基础上生成的价值内容,也可以被理解成效率、经济、效益等市场价值与公平、回应、责任等民主价值的融合①。从主体性的角度来看,在我国公共管理体系中,以政府部门为主导的多元主体共同治理模式是推进国家治理体系和治理能力现代化的重要支柱。虽然在与政府进行合作过程中,私人部门、非营利组织等主体也会协同创造公共价值,但必须承认的是,正因为有政府这一主体及其公共性的存在,才有了公共价值的创造。倘若仅仅由私人组织或者非营利组织来进行服务的供给,最终产生的也许就只是集体价值或者共同体价值,而非涵盖最广大公民的公共价值。

2. 公共性与公共价值

一般而言,公共价值是政治共同体中的全体成员或大部分成员共同选择的价值取向或共同持有的价值观念②。简而言之,公共价值="公共性"+"价值"。对于"公共性"这一概念的界定,学界做过很多有益探索。德怀特·沃尔多将"公共"意义归纳为三个层面:其一,哲学、法学和政治学层面的"公共",是指诸如主权、合法性、普遍福利等;其二,经验层面的"公共",是指某种社会中人们有哪些公共职能与公共活动;其三,常识层面所称的"公共",是指政府所执行的职能或活动③。在哈贝马斯的理论中,公共性或公共领域并不是指行使公共权力的公共部门,而是一种建立在社会公私二元对立基础之上的独特概念,他认为公共是人民超越自身的物质利益而达成理性共识的斗争④。

公共性具有两个来源,即物性和人性。物的公共性是公共价值生成的客观条件,而人的公共理性则是其生成的主观条件⑤。具体而言,物的公共性主要是

---

① J. ALFORD, O. HUGHES. Public value pragmatism as the next phase of public management[J]. American review of public administration, 2008 (2).
② 席恒. 公与私:公共事业运行机制研究[M]. 北京:商务印书馆,2003:9.
③ 彭和平. 公共行政管理[M]. 北京:中国人民大学出版社,1995:5.
④ 哈贝马斯. 公共领域的结构转型[M]. 曹卫东,等,译. 上海:学林出版社,1999:32.
⑤ 汪辉勇. 论公共价值的生成与实现[J]. 广东社会科学,2010(2).

我们在经济学中经常提到的公共物品的非排他性和非竞争性。正因为如此，它才会在满足了主体的需要时产生公共效用，最终形成主体的公共表达以及公共价值。当然，也只有在作为主体的人驱使客体产生这种效能、属性的时候，物的公共性才会存在。换言之，物本身可能并不具备这种属性或者功能，只是人赋予了它这样的意义，它才具有这种价值。按照罗尔斯的说法，公共理性是共享平等公民身份的人的理性，其目标就在于公共善[①]。它以公共辩论为手段、以公共利益为目标，通过公民之间的讨论来寻求共识，建构具有普遍意义的价值规范。从某种意义上来看，公共理性可以被视为动态的公共价值，那么公共价值自然就是公共理性在价值层面的体现。由此可见，公共性主要表现为引导公共组织及其工作人员的价值理念和服务意识，要求他们在公共管理和公共政策过程中充分考虑公民的诉求、促进社会的长期发展等[②]。

3.1.1.2 公共价值的界定

哈佛大学马克·穆尔教授打开了公共价值系统研究的大门，展现了公共价值在政府治理过程中的核心作用和影响。波兹曼、约翰·贝宁顿(John Bennington)和蒂莫·曼恩哈特(Timo Meynhardt)等学者亦试图从不同角度理解公共价值。哈特利对公共价值的相关概念进行了总结和归纳(见表3-1)。穆尔作为公共价值研究的先驱者，倾向于从管理主义的角度来探讨政府治理问题，认为政府不仅要关注组织内部的运行，还需要重视组织与外部环境之间的互动及其建构的合法性支持。贝宁顿认为穆尔的研究并未对公共价值的本质进行透彻的分析，他认为公共价值研究的两个重要问题应包括公共价值是什么和什么会给公共领域带来价值增量，强调公众之间进行民主辩论、最终达成共识的过程。波兹曼的研究则聚焦于探究公共价值的本质。在他的研究中，公共价值创造的主体不仅包括政府，还包括公民、私人部门、非营利组织等。公共价值是建立在权利、社会责任和政府规则基础上的一系列价值集合。与这三位学者的研究视角不同，曼恩哈特则从微观个体角度来分析个人的心理需求对公共价值创造的影响，认为公共价值应当更加关注个人与价值创造主体间关系。

---

① 约翰·罗尔斯. 政治自由主义[M]. 万俊人，译. 南京：译林出版社，2000：233.
② 孙柏瑛. 公共性：政府财政活动的价值基础[J]. 中国行政管理，2001(1).

表 3-1　关于公共价值的主要界定

公共价值理论的主要概念	穆尔	贝宁顿	波兹曼	曼恩哈特
公共价值	由公共组织中的公共管理者创造且有价值增量的活动	有争议的民主实践，它具有两个维度：公共价值是什么、什么会给公共领域带来价值增量	多元主义下的公共价值（社会中关于主要公共价值的规范性共识）	评估一个主体（个人、团队）和一个不可知的社会实体之间的关系价值
公共	多重利益相关者，包括公民、纳税人和服务使用者	多数人	与一个社会相当的实体	公民个体对集体（公共物品）的理解
价值	对社会有价值的成果	一个评判促成公共领域内政治、经济、社会、文化和环境发展等因素的连续过程	对社会运转非常重要的一系列价值；建立在权利、社会责任基础上的规范性价值	建立在个人心理需求的基础之上

资料来源：J. HARTLEY, et al. Leadership for public value: political astuteness as a conceptual link[J]. Public administration, 2019（2）.

学者们从不同角度对公共价值的本质进行了分析，但对于"何为公共价值"这一问题始终未能形成共识，或许也不可能形成统一认识。我们认为，公共价值是对公民意愿表达中形成的集体偏好进行协调、整合而生成的价值内容，本质上是通过政府部门提供公共服务或公共产品的过程合法性与结果效率性来实现，使政府部门的公共服务或公共产品供给能满足公众的根本需求。具体可从以下四个特征来理解公共价值的内涵：

（1）公共价值具有主体性，是公民关于需要和诉求的表达。事物是否具有价值一般由主体进行判断。公民关于公共价值的观点是现代政府治理理论的核心[①]。简言之，在政府治理过程中，政府的主要职能在于为公民提供公共服

---

① B. BOZEMAN. Public values: citizens' perspective[J]. Public management review, 2018（1）.

务,如果政府可以满足公民的需求则被认为是有价值的;反之,若无法实现公民的需求则被认为是无价值的。与公共价值的主观性不同,主体性不仅要求体现公民诉求的表达(主观性),还要将其转化为政府治理的奋斗目标和评价政府行为的指标(客观性),使公共价值贯穿政府过程的始终,从而实现价值主观性与客观性的整合。

(2) 公共价值具有创造性,是客体满足主体需求、主客体双向互动的过程。公共价值并不是从来就有的,也不会主动转化为公共政策或者政府行动来满足多元主体的需求,而是由政府、公民、市场等主体相互配合、协调而创造出来的。随着公民等主体在政府治理中发挥着越来越重要的作用,合作治理、合作生产等理念逐渐被政府所接受。因此,将公共表达转化为公共政策或者政府规范是实现和创造公共价值的重要基础。需要注意的是,在转化过程中,要尽量保证政府回应的是"客观"的民意,而非他们所感知到的民意[①]。唯有实现主客体之间的良性互动,才能更好地实现公共价值的增量。

(3) 公共价值具有时空动态性,会随着公民需求和政府治理模式的变化而发生改变。在不同的政府管理模式下、不同的社会发展时期,公共价值并非一成不变,而是会随之发生改变。当某一个目标达成后,社会又会产生新的需求,进而不断产生"应该"的根据和意义。比如,在科学管理主义的影响之下,行政效率成为公共组织遵循的首要原则和价值。但是,物极必反。随着这种管理模式的弊端日益凸显,很多学者试图重新唤起实践者和研究者对民主或公平价值的关注。由此可见,公共价值是一个动态、发展的概念。

(4) 公共价值是基于公共利益而对公共组织及其行政人员进行评价的普遍规范和价值尺度。对于政府及其工作人员而言,建设为人民服务、让人民满意的政府是他们的追求和工作原则。实现和创造公共价值以实现公共利益为落脚点和主要目标,但是仅仅将其作为一个目标而忽略其实现的过程也是不可取的。因此,从公众的实际需要和公共利益出发来设计、执行和评估管理或政策活动对于实现政府的宗旨是必要的。然而,从微观个体的角度来看,个人利益与集体利益、公共利益之间的矛盾冲突却在时刻影响着政府管理的过程。如

[①] 王军洋,胡洁人.当代中国政府回应性的逻辑:基于历史与现实的分析[J].社会科学,2017(12).

何培育公共行政人员的公共精神,实现其个人价值与公共价值的有机融合,是公共部门人力资源管理中面临的主要难题。

3.1.2 公共管理价值释义

从学术角度考察,公共管理价值理论既难以从中国公共管理传统中找到概念的表述,又难以从当代西方管理学理论中寻找可资借鉴的成分,其理论研究有待进一步拓展与深入。要全面理解公共管理价值的内涵和外延,就必须从以下三个方面予以分析:

(1) 公共管理内在机制的状况。公共管理内在机制是指公共管理内在要素、结构、功能及其相互关系。公共管理作为调控社会关系的一种事物形态,总是表现为一种特殊的有机系统,而这一有机体的状况是公共管理具有价值属性的客观条件。从某种意义上讲,公共管理价值也正是公共管理内在机制的要素、结构、功能的反映。当公共管理介入社会运行并与人发生联系后,公共管理内在机制的状况直接影响公共管理价值的实现、发展与创造。

(2) 人对公共管理的要求。人对公共管理的要求是指作为主体的人对公共管理提出具体的愿望和条件,并希望得到满足和实现。在不同的社会阶段与社会发展进程中,人对公共管理的要求的具体内容是不同的,因而公共管理价值具有时代性、社会历史性特征。公共管理作为价值的客体与一般价值论中提及的"自然客体"有所不同。公共管理价值的对象性受客体创造者和运用者的有目的活动所影响和约束。人参与公共管理是为了借助公共管理实现自身的愿望,因而会不断向公共管理活动提出要求。人在满足了基本的需求之后,会追求更高层次的需求,而高级需求的追求与满足往往能为公众和社会带来较大的社会效益[①]。

(3) 公共管理实践。公共管理的内在机制是形成公共管理价值的客观条件。要使这种静态的客观条件成为现实,就必须进行公共管理社会实践。这个过程一般通过两种途径来实现:一是通过有关主体对公共管理原则、精神、制度的坚守与执行和公民服从公共管理的行为来实现。这是公共管理作用于人并

---

① A. H. 马斯洛. 动机与人格[M]. 许金声,等,译. 北京:华夏出版社,1987:116.

满足人的需要的过程。二是人对公共管理的评判、反思、修正和变革。这是人作用于公共管理的过程,是人对公共管理的改造。在这两种趋向的交叉结合中,公共管理价值整体得以形成。

公共管理价值包含以上三个不可分割的要素,任何一个要素都不能单独构成公共管理价值。唯有综合考察这三个方面的内容,才能得出正确的定义。基于此,我们认为,公共管理价值是公共管理的内在机制在实践中对人的公共管理需要的满足①。具体而言,它有如下三个特点:其一,公共管理的内在机制是公共管理价值形成的基础。公共管理的内在要素、结构、功能、属性、作用等是公共管理价值形成的前提,没有公共管理的这些要素,就谈不上公共管理价值。其二,人对公共管理的需要是公共管理价值形成的主体要件。没有人对公共管理的要求,就不会产生公共管理,更谈不上公共管理价值。其三,它强调在公共管理实践中,人的作用使得公共管理活动逐渐满足人的需求。这是公共管理价值的核心所在。实现公共管理价值的途径,只能是人的公共管理实践。实践使人的需要与公共管理相结合,完成公共管理主体化、主体公共管理化的过程。总之,公共管理有无价值的关键在于公共管理是否与人的需求相适合、接近或一致。如果此两者是相适合、相接近、相一致的,我们就说它是有价值的;反之则认为它是没有价值或价值不高的。

3.1.3 公共管理价值体系

价值体系作为流动的历史形态,存在于社会历史的发展、演进和积淀之中②。它又被称为价值系统,是"一个人所持的或一个团体所赞同的一组相关价值"③。具体而言,它具有三个基本特征:

(1) 从价值属性来看,公共管理价值体系是由一组与公共管理原则、精神及其实施相关的价值所组成的系统。它所包含的各种价值是与公共管理直接相关的价值,而不是也不可能是所有价值。爱情、友谊、虔诚以及谦逊的美德和高雅的审美情趣都是美好的事物,也都是价值的存在形态,但它们并不具有(至

---

① 李金龙,唐皇凤. 公共管理学基础[M]. 上海:上海人民出版社,2008:38.
② 李从军. 价值体系的历史选择[M]. 北京:人民出版社,2008:66.
③ 杰克·普拉诺,等. 政治学分析辞典[M]. 胡杰,译. 北京:中国社会科学出版社,1986:187.

少在通常情况下并不具有)公共价值的意义。因此,它们可能是道德意义上的或美学意义上的价值体系的组成部分,但不是公共管理价值体系的组成要素。根据戴维·罗森布鲁姆等人理解公共行政的三个途径①,我们认为,公共管理价值体系主要由三个方面的价值理念构成:"3E"(效率、效能及经济)、成本—效益等管理价值,代表性、回应性和责任性等政治价值,以及公平、公正、正当程序等法律价值。

(2)从价值主体上看,公共管理价值体系主要是由占统治地位的社会集团所持有的一组价值形成的系统。公共管理价值体系是群体现象,而不是个体现象。个人可以有自己独特的价值目标或价值观念,但公共管理价值体系并不是每个人所持有的价值的简单加总,而是占统治地位的价值目标和价值观念的权威式表达,即通过组织政府与行使公共权力而构成的权威性价值系统。因此,在阶级社会中,公共管理价值体系不可避免地带有阶级性;在阶级矛盾比较缓和时,这种权威性的价值体系主要反映为全体社会的管理秩序与公共利益,具有较高程度的开放性与社会性。现代公共管理主要是以政府为中心的多元主体治理系统,所以政府管理的利益实现在公共管理价值体系中仍然占据着主导地位。

(3)从价值体系的结构来看,公共管理价值体系主要由公共管理目的性价值、工具性价值和价值创造等三种要素组成,涉及公共管理过程中"为什么"与"怎么做"两个关键问题。在公共管理学研究中,公共管理价值在结构上的含义会因使用方式和视角不同而具有如下区别:

其一,目的性价值。公共管理的目的性价值是指公共管理在有效运行与社会实践中能够增加和创造的那些价值,如经济效益、效率、公平、正义、民主等,这些都是值得珍视的基本价值。公共管理发挥实践作用的目的就在于对这些有价值的事物予以保护并促进其价值增加。这些价值构成了公共管理追求的理想与目标,因此可以称之为公共管理的目的性价值。

其二,工具性价值。公共管理的工具性价值是指公共管理为了满足主体的需要,通过各种形式的公共管理实践并借助科学的方法和技术手段所展现出来

---

① 戴维·H.罗森布鲁姆,罗伯特·S.克拉夫丘克,德博拉·戈德曼·罗森布鲁姆.公共行政学:管理、政治和法律的途径[M].5版.张成福,等,校译.北京:中国人民大学出版社,2002:40-41.

的执行一定职能的系列价值。工具性价值是通过有效地组织和调配资源,为最终实现主体所期望的公共管理价值状态服务,所以这种价值是现实的。同时,工具应该是一个过程,是不断运动着的。它不仅仅是被动地服务于主体需要,更是主体实现公共管理价值的一个主动环节,具有创造性。

其三,价值创造。公共管理实践创新的根本是价值观念的变革,其最终目标是创造公共价值;从价值创造的视角来理解公共管理实践活动不仅能够丰富公共管理理论研究,还可以为实务工作者提供有益的战略引导和建议。对公共部门来说,一个有益于公共管理价值创造的策略必须聚焦组织与外部环境之间的相互作用,了解什么是有价值的以及如何利用组织资源来应对挑战等[1]。

综上所述,公共管理价值主要包含目的性价值、工具性价值和价值创造三个部分。其中,目的性价值在整个公共管理价值体系中居于突出地位,是一定阶段或者情境下价值观念的集合,反映着公共管理实践所追求的根本价值遵循和价值理想;工具性价值是保障目的性价值得以有效实现的必要条件,离开了工具性价值,目的性价值并不一定能够实现;价值创造则是实现目的性价值与工具性价值的具体操作和运行机理,也是实现双重价值有机融合的重要保障。

3.2 公共管理的目的性价值

任何一种现代管理,在进入管理活动之初,首先必须确立起目的性价值[2]。公共管理活动中的主客体关系是复杂的,这种复杂的主客体关系决定了公共管理中价值的多样性,但在这多样的价值背后,却有一种统摄性的、总体性的价值。它代表着价值体系的总方向和总特征,对于其他处于从属地位的价值起着统率作用[3]。作为现代社会治理方式,公共管理是以政府为核心的公共组织为了有效提供公共物品和公共服务、促进公共利益最大化而从事的公共事务管理活动。它不同于传统的公共行政,也异于声势浩大的新公共管理。传统公共行

---

[1] M. MOORE. Recognizing public value [M]. Cambridge, Massachusetts: Harvard University Press, 2013: 7-12.
[2] 夏书章. 现代公共管理概论[M]. 长春:长春出版社,2000:119.
[3] 刘祖云. 论我国公共行政价值的三大问题[J]. 长白学刊,2005(2).

政、新公共行政乃至新公共管理的终极目的性价值，或是追求效率，或是追求企业化导向，而现代公共管理的核心目的性价值应当是公共利益的实现。

3.2.1 公共管理目的性价值的演变

西方公共管理目的性价值的演变经历了四个主要时期：其一，效率至上的传统公共行政时期；其二，以公平为主的新公共行政时期；其三，市场导向的新公共管理时期；其四，公民导向的新公共服务时期。

效率至上的目的性价值始于20世纪西方工业革命的高峰期和现代化进程的关键阶段，以威尔逊、古德诺的政治与行政二分理论、韦伯的官僚层级理论和泰勒的科学管理理论为基础，强调"行政科学中（无论是公共组织还是私人组织的行政）基本的'善'就是效率"[①]。从其本质来看，"行政科学的基本目的就是以最少的人力和材料的消耗来完成手头上的工作，所以效率是行政管理的价值尺度中的头号公理"[②]。在现实需要、组织保障和管理方式的合力下，行政学暂时放下了公平，而以效率为核心价值理念。政府对经济利益的苛求与企业对经济利益的图谋同等重要，摆脱经济困境与追求经济效益成为公共行政的主要目标。然而，20世纪60年代末到70年代初，以美国为代表的西方国家连续发生了一系列的经济、社会和政治危机，人们把一切社会问题的根源都归结于这种效率至上的行政模式。

以公平为主的目的性价值肇始于20世纪40年代开始的西方工业革命。随着整个社会工业化水平的提升，公共管理中的民主思想、公平分配理念逐渐苏醒。亚历山大·汉密尔顿（Alexander Hamilton）、托马斯·杰弗逊（Thomas Jefferson）等人以民主理论为基础，提出了社会公平、代表性、响应、参与等价值观。这些学者认为，在追求理性效率的过程中，组织出现了一种"去人格化"（Depersonalization）以及"主体客体化"（Objectification）的趋势[③]。新公共行政旨在为公共行政研究寻求一种与以往不同的，或至少是补充性的基础。其后，

---

① L. GULICK. Science, value, and public administration[J]. International journal of public administration, 1998 (2).

② 陈振明. 从公共行政学、新公共行政学到公共管理学——西方政府管理研究领域的"范式"变化[J]. 政治学研究, 1999(1).

③ 罗伯特·B. 登哈特. 公共组织理论[M]. 5版. 扶松茂, 丁力, 译. 北京：中国人民大学出版社, 2011: 90.

乔治·弗雷德里克森较为成熟地提出了以公平为核心的基本目的性价值,倡导"一种更强大的行政或执行的政府"。他强调公共行政的核心价值在于社会公平,在于促进市民社会所拥有的、以社会公平为核心的基本价值,寻求变革原有体制的更灵活的新型社会制度,提升公共行政中的回应性和参与性,进而纠正现存社会价值与政治价值分配过程中的失衡[1]。然而,对于如何在坚持公平的前提下兼顾效率、实现公平与效率的统一,在理论上和实践中都是一个难题。

市场导向的目的性价值产生于20世纪90年代初的新公共管理。其核心是寻求以市场为基础的、竞争驱动的方法来取代传统以规则为基础的、权威驱动的过程[2]。英国学者罗兹在胡德的基础上,将公共管理价值目标归纳为"3E"(经济、效率和效能)。美国学者戴维·奥斯本和特德·盖布勒(Ted Gaebler)更是积极主张运用私人企业的管理模式来重塑政府,并为具有企业家精神的公共管理者提供了"十大原则"来进行大规模的政府改革。他们不仅强调要引进新技术,还推行了一套新的价值观,将分权、放松管制、委托等管理方式作为医治公共管理机制僵化痼疾的一剂良药。"让管理者来管理",将私营部门管理的有效模式引入公共管理实践,才能使公共管理走向"善"的归宿。在世界各国政府改革经验的基础上,新公共管理在思想上的合理性逐渐形成并日益强大。然而,很多学者也对作为这一理论精髓的企业家政府理论提出了尖锐的批评。

公民导向的目的性价值开始于21世纪初的新公共服务,它是对新公共管理理论的进一步反思和发展,也是对新公共行政的民主价值的继承和发扬。登哈特夫妇指出,"当我们急于掌舵时,也许我们正在淡忘谁拥有这条船",凸显了其以公民为中心的价值导向[3]。他们试图唤起行政官员对那些被新公共管理理论中"政府应当像企业一样运作"的模式所掩盖的民主价值的重新关注[4]。新

---

[1] 丁煌.西方行政学理论概要[M].北京:中国人民大学出版社,2005:258-259.

[2] D. KETTL. The global public management revolution[M]. 2nd Edition. Washington D. C.: Brookings Institution, 2005: 3.

[3] 珍妮特·V.登哈特,罗伯特·B.登哈特.新公共服务:服务,而不是掌舵[M].丁煌,译.北京:中国人民大学出版社,2004:21.

[4] J. DENHARDT, R. DENHARDT. The new public service revisited[J]. Public administration review, 2015 (5).

公共服务建立在两个基础之上,即提升公共服务的价值和尊严、重新主张公共行政的重要价值观。他们认为,作为政府拥有者的公民,应当为了追求更高的"善"的价值观参与到公共事务中。奥弗林[1]和布莱森等[2]学者更是将公共价值管理或治理视为一种超越新公共管理理论的新范式,用以解释现代公共管理或公共政策问题。虽然诸多学者批判该理论过于理想化而难以应用到具体实践之中,但是理论是用于指导实践的,恰恰是这种具有前瞻性的理论指导着政府治理实践向更好的方向发展。

从上述分析可以看出,传统公共行政、新公共行政和新公共管理的产生和形成均受到工商企业管理科学的影响,其目的性价值打上了科学管理理念的深刻烙印,核心价值与终极追求均指向效率[3]。这三种范式的公共管理目的性价值以效率为核心,客观上也有利于实现对社会事务的管理,具有一定的历史合理性。但是,过度强调效率会导致公平、正义等民主价值的缺失,进而偏离民主和社会正义。也就是说,愈是形式上合乎理性,就愈加损害实质正义。因此,新公共服务在吸收了民主公民权、组织人本主义等理论的基础上,强调公民在政府治理体系中的主体性地位和价值,倡导服务于公民。接下来出现的新公共治理、公共价值管理等理论也强调公共管理的公共性和服务性的内在本质,将公共利益确认为自身的核心目的性价值,将实现公民权、合法性、民主、责任等公共精神和公共利益作为其最高追求。

3.2.2 公共利益的含义

关于公共利益这一目的性价值的界定,在学术界从来都是见仁见智。学者们对于何谓公共利益、现实社会是否存在一种符合每一个人或多数人共同利益的公共利益,并没有"普遍一致的标准和意见"[4]。根据《辞海》之解释,"公"与"私"相对,意指"属于国家或集体的,公共和共同",或者是"公平和公正,公务

---

[1] J. O'FLYNN. From new public management to public value: paradigmatic change and managerial implications[J]. Australian journal of public administration, 2007 (3).

[2] J. BRYSON, B. CROSBY, L. BLOOMBERG. Public value governance: moving beyond traditional public administration and the new public management[J]. Public administration review, 2014 (4).

[3] 余敏江. 论公共管理价值生成的宪政基础[J]. 理论与改革, 2004(6).

[4] 查尔斯·E. 林布隆. 政策制定过程[M]. 朱国斌, 译. 北京:华夏出版社, 1988:29.

和公事"等①。而在《现代汉语词典》中,"公共"意为"属于社会的,公有公用的"②,其语义强调多数人共同享有或公开的共同使用。英文的"public"是指"公众的,与公众有关的",或是"为公众的、公用的、与政府有关的"。可见,公共性指的是一种共有性、共享性和共同性,而非私有性、排他性和差异性。

相对而言,沃尔特·李普曼(Walter Lippman)对公共利益的界定常被人提及。他认为,公共利益与私人利益和特殊利益既相互关联,又有区别;公共利益被推定为人在仔细观察、理性思考以及无私、仁慈地行动之下的选择③。从这一概念界定中,我们既可以看到理性选择的成分,又能看到道德层面的内容,足以说明公共利益是一个具有多重内涵和意义的概念。克拉克·科克伦(Clarke Cochran)从四个层面对此进行了阐释④:(1)规范理论下的公共利益是一种评估特定公共政策的道德标准,也是维持政治秩序所追求的、建立在"共同善"基础之上的目标;(2)废止理论则直接否定了公共利益的意义,认为公共利益只有在它能够在决策过程中产生可测量的数据时才是一个有效的概念,这是那些宣扬政治科学化研究的学者所秉持的观点;(3)过程理论将公共利益视为决策过程中重要因素,并将其归纳为三种模式,即集合模式(公共利益是个人利益的集合)、多元利益模式(公共利益是不同利益之间相互妥协的结果)和程序模式(协调利益和增进公平的流程);(4)共识理论强调公共利益的广泛性,认为它超越了个人利益和特殊利益,但并不要求普适性的公共利益。

我们认为,所谓公共利益,是指在一定时空条件下,与一定人们共同体多数成员普遍且密切关联的社会需要与需求。具体可从以下四个方面理解其内涵:

(1)公共利益是一定时空条件下的共同利益。公共利益是指在特定的社会历史环境下,从私人利益中抽象出来且符合政治共同体中全体或大多数成员的价值诉求,然后通过公共程序实现的"共同善"。它在时间条件方面表现为历史阶段性。在古代,世界各国主流意识形态以皇权、王权、神权与分封制为核心,人们的共同利益打上了奴隶制和封建制的历史烙印。近代资本主义社会以

---

① 陈至立.辞海[M].7版·彩图本.上海:上海辞海出版社,2020:1031.
② 中国社会科学院语言研究所词典编辑室.现代汉语词典[M].7版.北京:商务印书馆,2016:451.
③ W. LIPPMAN. The public philosophy[M]. Boston:Little, Brown & Co., 1955:42.
④ C. COCHRAN. Political science and "the public interest"[J]. The journal of politics, 1974(2).

"天赋人权"和"人民主权"为口号,确立了资本主义意识形态条件下人们的共同利益观。现代以来,市场经济条件与计划经济时代下的公共利益观自然也不相同。此外,公共利益在空间条件下表现为社会地域性。不同的地域可能有不同的政治制度、不同的经济发展水平、不同的文化背景、不同的宗教信仰和风俗习惯①。这些不同的环境会孕育不同的价值体系,源自价值判断的公共利益自然具有不同的内容。

(2) 公共利益是一定人们共同体多数成员的普遍利益。人们共同体是指基于共同的社会关系而结成的社会群体,其成员有着"共同的理解,共同的预期、行为规则、目标、利益、价值和关切,以及那些是我们以一种有意义的方式彼此交往和互动并说明我们是社会的人的特征的东西"②。这种具有广泛社会性基础的公共利益,对一定人们共同体所有或多数成员而言,具有社会共享性,即非排他性、非竞争性和非营利性。公共利益以人们共同体为主体,与多数人或大众普遍密切关联,涉及共同体特定多数人、多数群体的利益。公共利益与特定共同体多数行为主体联系起来,从选择、综合、分配和落实诸环节,确保公共性的凸显和实现。

(3) 公共利益是反映社会需要与需求的社会利益。正如古希腊思想家伊壁鸠鲁所言,自然赋予人追求快乐的欲望,每个人必须不顾一切地追求自己的利益③。人类社会形成后,安全、自由、财产、幸福等成为社会成员的普遍需要,人的全面发展成为人们共同体的终极需求。在这些目的性价值中,善良、美德等属于个人的价值需求,财产权、人权、政治自由权等属于法学和政治学领域中人们的价值需求。而公平、公正、公开等公共价值作为一切社会科学的分析对象,更构成公共管理的目标指向,因此,社会对这些目标的需要与需求便成为当代公共管理中的公共利益价值。

(4) 公共利益是一个包含价值选择的概念。价值是对待事物的思想态度,价值选择是对思想态度的确定,公共利益既是价值选择的结果,又是价值选择

---

① 胡鸿高. 论公共利益的法律界定——从要素解释的路径[J]. 中国法学,2008(4).
② 贝思·J. 辛格. 实用主义、权利和民主[M]. 王守昌,等,译. 上海:上海译文出版社,2001:70.
③ 伊壁鸠鲁,卢克来修. 自然与快乐:伊壁鸠鲁的哲学[M]. 包利民,等,译. 北京:中国社会科学出版社,2004:32.

的目标。在人类社会价值发展的进程中,公益思想形成和成熟之前,公共利益的价值选择并非完全理性和自觉的。与事实性概念的客观性不同,公共利益因为包含价值因素而具有主观色彩,但其又不是纯粹的主观判断,而是以在社会中业已形成的、得到公认和尊重的传统、道德、思想、意识等为基础的主观评价。从行政人的角度来看,为了彻底地贯彻公共利益原则,行政人在内在德性修为上,必须力求达到罗尔斯的"无知之幕"环境中的抉择者的心境:面临各种可能涉及自己的价值分配活动时,把自己的利益放在一边,抵制各种诱惑或威胁[①]。可以说,"公共利益"是实现价值认同的前提,但具体利益是否真正归属于"公共利益"仍是一个价值选择的问题。

3.2.3 公共利益的实现机制

公共利益价值目标的实现是现代政府治理中的核心命题。它是公共选择和复杂行动的结果,其关键问题包括:如何有效识别公共利益需求;如何聚合和协调社会共同体成员之间多样化乃至相互冲突的利益诉求;如何保障达成的利益共识转化为行动,并防止集体行动中的机会主义行为等。可以说,公共利益的实现是一个"识别—吸纳—确认"的循环过程,以求将个体化、分散化的个人利益需求转化为基于理性共识的、制度化的公共利益,共同助力于维护人民群众的根本利益、实现以人民为中心的公共治理理念。

3.2.3.1 公共利益的识别机制

公共利益的识别是实现公共利益的逻辑起点和基础[②],以感知和理解公众所表达的个人利益需求,了解他们真正关心什么,从而更好地予以回应。随着社会主义市场经济的快速发展以及公民意识的觉醒和增强,建立在经济绩效基础上的政府合法性逐渐暴露出弊端,难以支撑起现代国家的可持续发展。作为公共利益的实现者和维护者,政府应当始终致力于了解公众所思、所想、所求,以形成更具组织化的共同利益。因此,在公共管理和公共政策过程中,各级政府应当将民意调查、满意度调查、听证会等诉求征集渠道与现场及网络投诉、举

---

① 李春成.公共利益的概念建构评析——行政伦理学的视角[J].复旦学报(社会科学版),2003(1).
② 王学军,韩志青.从测量到治理:构建公共价值创造的整合分析模型[J].上海行政学院学报,2017(6).

报、建议等自下而上的诉求表达途径有机结合起来,赋予公众发声的机会和空间,鼓励并帮助他们承担起服务促进者、价值共创者的责任。

同时,政府要精准感知公众的利益需求,达到理解和识别公众利益的目的。从认知语义学上来看,感知者的识解是一种理解和建构概念结构的能力,意味着表达者所表述的意义并非静态的,而是一个动态的主观构建问题①。个人所表达的利益诉求并不能够直接构成公共利益的内容,还需要公共管理者和行政人员重新解读公众所传达的话语意义,通过自身的加工、处理,将这些利益需求转化为可理解的信息,尽可能精准地感知公众的显性需求、激活其隐性需求,形成对公共利益的基本认知和理解。

3.2.3.2 公共利益的吸纳机制

从表现形式上来看,公共利益并非个体利益需求的简单加总,个体化的表达也很难实现公共利益的增进。了解了个人的利益需求并不意味着公共管理者和行政人员就可以将他们的诉求直接嵌入政府治理;唯有那些为公众和政府所认可并达成共识的公共利益才能成为公共管理和公共政策的价值遵循及道德原则。

公共利益的吸纳是实现公共利益的核心,主要包括公共利益的聚合和权衡。一方面,要充分依托既有的制度化平台、12345 服务热线、互联网等多种渠道聚合公众利益需求,使个体的感性诉求转化为多数人的理性需求。虽然有可能因公众的无知和贪欲、行政人员的非专业性等问题而出现"聚合失灵"②,但这种聚合的确可以提升公共决策的民主化、科学化和法治化水平,是走向民主治理的必经之路。另一方面,要协调好公共利益之间的矛盾和冲突。公共利益的权衡是实现公共利益的关键步骤之一,需充分考虑两个问题:一是从目的性价值本身出发,探讨政府如何判断这些利益需求的轻重缓急,如何处理短期价值与长远价值之间的关系等重要问题;二是基于多元利益相关者的需求,分析如何应对专业化分工与组织整合之间的张力,如何平衡多元主体之间的利益需求等,以形成最终的利益共识。唯有如此,才能为推进政府治理体系现代化提供更具针对性的参考和指导。

---

① 钟罗庆.认知语言学的本土化:体认语言学[N].中国社会科学报,2022-04-19(3).
② 布赖恩·卡普兰.理性选民的神话:为何民主制度选择不良政策[M].刘艳红,译.上海:上海人民出版社,2010:10-13.

3.2.3.3 公共利益的确认机制

公共利益的确认是实现公共利益的保障和支撑。在吸纳公众的个人利益需求的过程中,政府所获取的原初民意只是个人对某些特定问题的主观认知或者意见主张,仅能反映公众普遍关注的问题和强烈诉求,而不能提供系统、完整的政策方案供领导者直接参考。因此,还需通过制度化的方式将整合后的公共利益嵌入公共决策,实现行政运行机制与社会机制的有机融合,用基于理性共识的公共利益来指导和推进现代政府治理实践。

从新制度主义的视角来看,公共利益的确认主要包括三个维度的要素:规制性确认、规范性确认和文化—认知性确认①。首先,规制性确认强调制度对主体行为的控制与约束作用,是维持当前市场秩序和社会秩序的重要内容。规制性确认虽看似是禁止或者制约行为主体的行为,但从另一个角度来看,它也是在保障行为主体的权利不受非法侵犯。其次,规范性确认关注制度所产生的支持和赋能作用,即如何将其内化为行动主体所遵从的价值观念和道德基础。其内核在于促使行动主体真正愿意在组织运行过程中遵守各项制度规则,也能因此获得回报②。最后,文化—认知性确认是最深层次的认同,强调组织和行动主体在社会系统中的相互建构,尤其是行动主体的文化、思想观念与组织制度所要传达意义的一致性③。它具有内生性,意味着公共管理者和行政人员在潜移默化中接受了公共利益体系的形塑,并通过重复的行动模式逐渐将其习惯化和客观化。

3.3 公共管理的工具性价值

不同社会形态、不同历史阶段,人类社会的具体组织模式存在区别。奴隶社会和封建社会的管理工具主要是统治,可谓统治型社会组织模式;资本主义

---

① W. 理查德·斯科特. 制度与组织:思想观念与物质利益[M].3 版.姚伟,王黎芳,译. 北京:中国人民大学出版社,2010:58.
② A. STINCHCOMBE. On the virtues of the old institutionalism[J]. Annual review of sociology, 1997 (1).
③ 相关研究参见 J. MEYER, J. BOLI, G. THOMAS. Ontology and rationalization in the western cultural account[M]//G. THOMAS, et al. Institutional structure: constituting state, society, and the individual. Newbury Park, C. A.: Sage, 1987: 12-37.

社会与社会主义社会的计划经济时代主要是管理,可谓管理型社会组织模式。无论是统治还是传统意义上的管理,都与现代公共管理的内涵和实质相距甚远。现代公共管理组织形态不但存在管理的传统工具性价值,又发展了服务这一工具性价值,是管理与服务并重且共同发展的有机统一。

3.3.1 公共管理工具性价值的演变

人类社会的阶级、国家产生后,社会组织手段随即产生。奴隶社会与封建社会是统治型社会组织模式的典型载体。在当时的历史条件下,国家为君主、帝王、贵族的私产,奴隶主或封建主阶级统管国家事务和社会公共事务。国家和社会的一切事务均为实现和维护统治秩序及统治阶级利益展开:政治上采用奴隶主阶级、封建地主阶级专政,人民无任何政治权利可言;经济上实行土地私有和残酷的经济剥削;运用奴隶与封建的等级制度与分封制度,扩大统治的社会基础。同时,统治者强化以下两类措施:一是,运用严刑峻法镇压反抗,威慑民众;二是,运用宗教、神学、礼教、道德钳制思想,麻醉人民。所有这些措施都是为了维护奴隶主阶级、封建地主阶级的阶级利益和等级秩序,实现阶级剥削和阶级统治,其反动性与腐朽性不言自明,必然为发展的历史和革命的人民所埋葬。

近代资本主义社会以来,现代意义上的公共行政诞生。无论是传统公共行政条件下坚持效率至上的社会管理,还是以公平为主的新公共行政的社会管理,抑或是后来的以企业化为导向的新公共管理运动都强调社会组织模式的管理性质。在这种管理型公共行政模式下产生了基于工业化大生产的稳定的官僚制管理组织和科学的管理主义,在社会层面注重严格的、复杂的各种规则和纪律,强调非人格化的行政程序,专注于理性的、合法的等级权力和社会物质生产高效率运作。管理型的新公共管理模式强调新管理主义的现实运用与实践指导作用,意图将私人部门和工商企业的管理方法应用于公共部门;主张用管理取代行政、用市场取代官僚,在政府部门内部引入市场竞争机制,关注绩效与业绩评估,实现以市场为导向的管理。管理型社会组织模式不但在资本主义社会的经典时期反映最为完整,而且在社会主义社会条件下也有突出的表现,如社会主义制度下的苏联和计划经济时代的中国,其行政管理领域的法律,甚至就被定义为"管理法"。

在管理型社会组织模式下,官僚制的实践使政府内部产生惰性,丧失进取心,造成社会资源的浪费和行政运行的低效。新管理主义强调市场导向,模糊了政府与企业、公共部门与私人部门、公共利益与私人利益的界限,导致了社会组织模式公共性的缺失。更为突出的是,单一的管理模式使公共行政的价值目标局限于效率、公平及其相互关系。效率的工具价值与公平的实质价值是一种零和博弈关系。不同社会以及不同发展时期,政府会确定不同发展观,或是效率优先,或是公平优先,二者总难达到和谐发展状态。要解决管理型社会组织模式下的效率与公平矛盾,突破管理型社会组织条件下的种种局限,就必须寻找高于效率与公平的公共管理目的性价值,强化社会组织工具的公共性质。前者的解决办法是从效率与公平问题本身跳出来,把二者置于公共管理的核心目的性价值之外,确立更高层次的公共利益作为现代公共管理的终极目的性价值。后者的解决办法是,基于公共管理的公共属性,赋予公共管理服务性质,强调以政府为核心的公共组织本质上是一种为公众和社会共同体利益服务的组织,其职能主要是满足公共需要和实现公共利益。

在现代世界,不论是西方资本主义诸国,还是社会主义市场经济时代的中国,均在沿袭管理这一社会组织工具的同时,发展了服务这一社会组织工具。尤其是受新公共服务、新公共治理等理论思想的影响,公共管理越来越强调构建管理与服务并立、并重且共同发展的社会组织模式,谋求在实现公共管理的管理与服务工具性价值的基础上,有效并最终实现公共管理的目的性价值——公共利益。

3.3.2 公共管理工具性价值的内涵与表征

德国社会学家马克斯·韦伯在《社会学的基本概念》中率先提出并详述了"工具理性"与"价值理性"的界定与差异。他认为,工具理性是指"通过对周围环境和他人客观行为的期待所决定的行动,这种期待被当作达到行动者本人所追求的和经过理性计算的目的的'条件'或'手段'"[①]。同样,在公共管理中,工

---

① 马克斯·韦伯.社会学的基本概念[M].顾忠华,译.桂林:广西师范大学出版社,2005:31-32.

具性价值主张"按照企业管理的原则与价值取向来对公共组织进行管理,试图通过科学化、技术化的管理来实现政府目标,效率中心、技术至上、价值中立是其核心内容"①。"通过缜密的逻辑思维和精密的科学计算来实现效率或效用的最大化"②是工具性价值取向的目的。可以说,公共管理蕴含的价值是由多个层次构成的,体现的是目的性价值与工具性价值的有机统一,而工具性价值则是实现公共利益这一目的性价值的重要手段和必要方式。

通常来说,公共组织是以实现公共利益为目的,运用公共权力对社会实行管理,提供公共服务,承担公共责任的公法人组织。政府作为典型的公共组织,行使人民赋予的行政权力,执行国家意志,代表国家处理政务,在社会管理中发挥着重要的作用,是社会的主要管理者和领导者。它主要通过经济调节、市场监管、社会管理、公共服务、生态环境保护等实践活动来汇聚政府、市场、社会等各方利益,提高各治理主体参与公共事务的能力,从而形成多元主体共同治理、共创公共价值的局面。具体而言,现代公共管理工具性价值主要表现在以下三个方面:

(1) 坚持高效性价值取向,是实现公众期望、利益的基础性保障。效率体现了公共管理工具理性追求,是度量公共管理有效性的重要标尺。尽管在现代治理的语境下一改"工具拜物教"式的效率观念,但是效率仍然是公共管理的固有价值追求,不逊于民主价值③。一方面,坚持高效性价值取向能够满足市场、公众最直接的服务期望和需求,一定程度上化解政府与市场、政府与公众之间的矛盾和冲突,实现信息在多元主体之间的流通和共享。另一方面,它有利于实现政府各职能部门之间的高效率沟通,通过流程标准化、事项精简等创新实践保障政府内部信息共享渠道的畅通。2023年12月,李强总理在国务院第五次专题学习时强调要推出更多"高效办成一件事"的好做法。"高效办成一件事"已经成为优化政务服务、提升行政效能的重要抓手。当然,现代公共管理追求的应是民主价值、关系互动基础上的效率。

---

① 丁煌,张雅勤. 公共性:西方行政学发展的重要价值趋向[J]. 学海,2007(4).
② 董礼胜,李玉耘. 工具——价值理性分野下西方公共行政理论的变迁[J]. 政治学研究,2010(1).
③ G. DE GRAAF, H. PAANAKKER. Good governance: performance values and procedural values in conflict[J]. American review of public administration, 2014 (6).

(2) 坚持经济性价值取向,是推进经济社会高质量发展的需要。习近平总书记在党的二十大报告中强调,"贯彻新发展理念,着力推进高质量发展,主动构建新发展格局"。由此可见,新时代我们所提倡的经济性价值更为注重高质量和高效能发展。对经济性的评价,重点在于对行政成本的识别与测量。它不仅有关于金钱或其他有形的资源,还涉及时间、生产能力或合法性等。在公共管理过程中,行政成本主要涉及四个方面:建立关系、信任、标准、承诺的时间成本;获得和强化政府的合法性、实现预期目标投入的资源;接受正式或非正式的"游戏规则"所花费时间以及新成员与原有成员间的信任关系构建;识别和承诺实现价值目标相关投入等[①]。对于有形的成本,可以通过每单位产出所耗成本进行测量。对于获得和维持合法性、构建关系、价值目标识别和确认等行为所引发的成本,则可以通过投入的时间与资金或利益相关者的主观感知度调查等方式进行测量。

(3) 坚持便捷性价值取向,是构建人民满意的服务型政府的工具。便捷性价值取向是坚持党建引领、提升政府治理效能的具体体现。"以人民为中心"的发展理念要求各级政府以人民的根本利益为出发点和落脚点,想人民之所想,思人民之所思,尊重公众的知情权、参与权、表达权和监督权。它具体表现在两个方面:一是公众能便捷快速地获取政府信息资源,并利用这些资源有效地参政、议政,发挥其在公共管理过程中的主体性地位和作用;二是政府应当积极推进政府信息公开制度,主动向公众公开政务服务、投诉举报渠道等相关信息。通过政府与市场、社会等主体之间的常态化互动和沟通,更好地推进公共管理主体的公共价值实现与创造。为公众提供便捷的服务是政府和其他公共组织的重要职责,也是公共管理运行的中心环节,是实现公共利益的可靠手段。

3.3.3 公共管理工具性价值与目的性价值的冲突及整合

公共管理工具性价值与目的性价值二者之间是辩证统一的,即目的性价值为实现工具性价值指明方向,避免工具和技术支配人类、控制社会;工具性价值则为目的性价值的实现提供现实依据及技术支持。然而,在公共管理实践中,

---

① 孙斐.基于公共价值创造的网络治理绩效评价框架构建[J].武汉大学学报(哲学社会科学版),2017(6).

很多工具性价值转变为公共管理的最终价值,出现了人们所熟悉的目标置换。尤其是21世纪以来,公共管理中信息化、网络化、智能化的多重嵌入试图消解传统科层制备受诟病的窘境,但是解构科层制的愿景却又陷入科层制伦理悖论,即以公共部门为主导的技治主义削弱了民主参与,可能会固化传统的治理弊端①,随之而来的就是工具性价值快速膨胀,严重挤压目的性价值的空间,继而吞噬目的性价值。因此,如何实现工具性价值与目的性价值间的协调与整合便成为公共管理者必须着重思考的问题。

3.3.3.1 公共管理价值冲突的根源:价值的多元性

公共部门的公共性质带来了目标的多元性,目标多元性又意味着不同目标之间的选择和权衡,这种选择在一定条件下就会演化成价值冲突②。价值的多元化之所以成为价值冲突的根源,主要在于其具有的两个特征:价值的不可兼容性和价值的不可通约性。

1. 价值的不可兼容性

价值的不可兼容性主要指治理主体在追求特定价值的过程中不可避免地会限制其实现其他价值的能力③。这似乎已经成为公共管理者在日常工作中经常需要应对的问题,尤其在行政体制改革的过程中,不同公共管理价值之间的跷跷板效应表现得更为明显。从本质上而言,不同价值间的不可兼容性并非源自外界环境的影响,而是价值之间内在的矛盾和冲突。例如,在我国工业经济快速发展的过程中,经济价值与生态价值之间固有的矛盾就成为地方政府决策过程中所面临的重要问题。是坚持引进污染企业然后进行治理,还是为了保护环境而搁置经济发展?是否能实现经济价值与生态价值之间的平衡呢?这均需要公共管理者做出审慎思考和艰难权衡。

政府职能部门内部存在着责任冲突。在执行政策的过程中,各部门各自有明确的职责和义务,理应各就其位、各司其职,不致产生过多矛盾。然而,随着

---

① 翟云.数字政府替代电子政务了吗?——基于政务信息化与治理现代化的分野[J].中国行政管理,2022(2).

② 周志忍.公共性与行政效率研究[J].中国行政管理,2000(4).

③ M. SPICER. Value pluralism and its implications for American public administration[J]. Administrative theory & praxis, 2001 (4).

公众对公共服务需求的增长,传统的政府管理者角色已无法适应现代治理的需要。这就要求政府及时调整自己的角色,并清晰地认识到其不仅是管理者,更是服务者。然而,这两种角色所蕴含的价值理念却存在着某种内在矛盾。在地方政府治理过程中,从管理者的角度来看,其工作的核心是运用各种政策工具提高行政效率;从服务者的角色出发,其重心应在于进一步回应和满足市场、社会等主体的需要,实现政府与市场、社会之间的关系重塑。然而,提高政府的回应性有可能导致政府短期内的无效率,进而引发公共管理价值间的冲突。

2. 价值的不可通约性

不可通约性这一概念最先出自库恩的《科学革命的结构》一书。在他看来,没有任何范式能够解决全部的问题,每个范式都或多或少符合自身预设的标准,但很难满足其他范式的标准[1]。或者说,很难将每个范式放到同一标准下进行比较,衡量其价值。具体而言,可从三个方面来阐释价值的不可通约性:没有哪一种工具能够用于测量相互冲突的价值;如果发生冲突,也没有合理的、令人信服的方式解决这些问题;价值之间并不存在优劣之分,也并不一定被视作平等的。因此,如果无法用某种方式来衡量两种价值谁更重要或更应被选择,那么这两种价值之间便是不可通约的。

关于金钱与友情的抉择问题经常被用来解释价值的不可通约性。约瑟夫·瑞兹(Joseph Raz)认为,只有那些认为友情和金钱之间无法进行比较,也不存在孰优孰劣的人才会拥有朋友;同样,也只有那些认为金钱和友情不可以进行交换的人才能拥有友情[2]。价值的不可通约性大抵就体现如此。如果需要在花时间维系友情和花时间赚钱之间做出选择,其实是难以进行衡量的。在公共管理过程中,类似的情况也经常出现。出于效益最大化的考虑,公共管理者可以做出最优的选择,但这种行为有时会导致违背其追求的目的性价值[3]。然而,这既是挑战,也可能是机遇。当价值冲突发展到一定阶段,或许会引发政府改革或创新,进而打破现有制度的束缚,实现目的性价值与工具性价值之间的平衡。

---

[1] 托马斯·库恩. 科学革命的结构[M]. 张卜天,译. 北京:北京大学出版社,2003:104-110.

[2] J. RAZ. The morality of freedom[M]. Oxford: Oxford University Press, 1988:352-354.

[3] M. WALZER Political action: the problem of dirty hands[J]. Philosophy & public affairs, 1973(2).

3.3.3.2 公共管理价值的整合

学者们尝试着从普遍性视角(Universal Approach)、利益相关者视角(Stakeholder Approach)和制度视角(Institutional Approach)等三个视角来实现公共管理价值之整合。

从普遍性视角来看,公共管理价值是确定的、绝对的,政府必须保护这些价值的实现。这一视角意味着公共管理价值间的冲突是一种零和博弈,即一种价值的实现必然以另一种价值的缺失为代价。服务质量、公平和责任性等目的性价值是自然法赋予人的权利,政府有义务对其进行保护[①]。当这些目的性价值与工具性价值产生矛盾时,公共管理者理应通过合理的手段首先维护这些公共管理价值的实现。但是,这种方法总是需要实践者在价值之间进行优先性排序,而如何进行衡量和选择是公共管理中一直以来都难以取舍和回答的问题[②]。

从利益相关者视角来看,公共管理价值冲突反映的是政府、市场和社会之间价值诉求的差异,这在公私合作关系领域的表现较为明显。有研究指出,在国家转型过程中,多元主体之间主要面临三种价值冲突,即政府与市场之间的价值冲突、市场与民间社会的价值冲突以及政府与民间社会的价值冲突[③]。多元主体存在的不同价值取向使得政策制定过程中存在着难以避免的价值冲突,即公共部门所追求的"目标"价值与实现这些目标的"工具"价值之间的冲突。这就要求政府不断识别价值行程中不同利益相关者的作用,并做出相应的判断和决策。

从制度路径来看,价值形塑于特定的组织环境和文化背景之下,所以公共管理价值冲突也会由于组织、国家、制度环境和历史因素不同而存在差异。加尔特·德格拉夫(Gjalt de Graaf)在这一领域的研究颇丰。在最新研究中,德格拉夫与阿尔伯特·梅杰尔(Albert Meijer)发现,处理效率与效益之间的冲突、效益与法制性之间的冲突、效率与参与之间的冲突以及法制性与透明性之间的冲

---

① J. KOPPENJAN, M. CHARLES, N. RYAN. Editorial: managing competing public values in public infrastructure projects[J]. Public money & management, 2008 (3).

② Z. WAL, G. GRAAF, A. LAWTON. Competing values in public management: introduction to the symposium issue[J]. Public management review, 2011 (3).

③ 何文盛. 转型期我国公共价值冲突的内涵辨析、机理生成与治理策略[J]. 南京社会科学, 2015 (4).

突是公共管理者遇到的主要难点问题①。公共管理价值既不是既定的，也不是来源于谈判过程的。对于公共管理价值的整合，制度视角假设应当结合制度实践和所涉及的价值系统，如此才能更好地实现工具性价值与目的性价值之间的有机统一。

3.4 公共管理价值创造

3.4.1 公共管理价值创造的理论基础

价值创造是私人部门战略管理的重要主题之一。在传统的产品主导逻辑下，生产者是价值链中唯一的价值创造者，他们在交易过程中实现价值增值；消费者被视为价值的消耗者或者"毁灭者"②。但是，随着消费者在市场中发挥着越来越重要的作用，他们逐渐通过与生产者之间的互动和合作对价值创造产生影响。有学者将价值共创理论的发展演变划分为三个阶段，即思想启蒙阶段、价值共同生产阶段和价值共创阶段③。其中，拉斐尔·拉米雷兹（Rafael Ramirez）提出了"价值共同生产"这一概念，认为消费者可以参与到价值生产过程中，让生产者充分考虑他们的意见和建议，从而凸显价值共同生产的合作特质④。公共管理价值创造主要是基于消费者体验视角的价值共创理论和服务主导逻辑的价值共创理论进行阐释的。

3.4.1.1 消费者体验视角的价值共创理论

在传统的企业主导模式下，企业对生产什么样的产品或者提供什么样的服务具有决定性的作用。消费者体验视角的价值共创则强调消费者与企业之间的平等关系。消费者越来越积极地参与到市场活动中并对其施加影响，从而在与企业的互动过程中共同创造价值；市场则成为消费者、企业等主体进行对话

---

① G. GRAAF, A. MEIJER. Social media and value conflicts: an explorative study of the Dutch police[J]. Public administration review, 2019 (1).
② R. NORMANN, R. RAMÍREZ. From value chain to value constellation: designing interactive strategy[J]. Harvard business review, 1993 (4).
③ 司文峰,胡广伟. 电子政务服务价值共创实现内容、过程及资源要素分析[J]. 情报杂志,2018(1).
④ R. RAMÍREZ. Value co-production: intellectual origins and implications for practice and research[J]. Strategic management journal, 1999 (1).

和互动的场所①。

基于消费者体验的价值共创具有两个核心观点:(1)共同创造消费体验是企业与消费者进行价值共创的基础。企业通过优化体验环境、建构体验网络使消费者能够获得个性化的消费体验,而消费者的参与则能够为企业带来更多消费者需求、偏好等信息,为企业的战略规划提供更多有价值的参考。消费体验的形成过程是企业和消费者共创价值的过程,也是二者相互塑造的过程②。(2)企业和消费者之间的互动是价值共创的关键。从某种意义上来说,价值共创意味着企业和消费者以平等的地位开展互动与合作,而不是相互取悦,所以企业的最终目的并不是简单地使消费者满意,而是在互动过程中共同创造价值。普拉哈拉德和拉马斯瓦米还构建了 DART(即对话、机会、危机评估和透明性模型)来理解价值共创的过程③。将这四个要素进行有机融合能够帮助企业更好地构建与消费者之间的合作关系,进而实现价值共创的目标。

3.4.1.2 服务主导逻辑的价值共创理论

瓦戈和鲁什是服务主导逻辑的价值共创的主要倡导者。他们认为,消费者并不是产品的被动接受者,而是价值的共同创造者,可以参与到整个价值链和服务链之中④。与消费者体验视角下价值共创存在于价值形成的任何阶段这一主张不同,服务主导逻辑下的价值共创强调它仅存在于消费者的使用和消费过程中。也就是说,价值的感知和确定建立在产品使用价值(Value-in-use)基础上,而不是只植根于企业的产出中。在这两位学者看来,服务主导逻辑的价值共创通常以消费者为中心,受市场力量的驱动,通过获取消费者的反馈来满足他们个性化、动态化的需求,从而重新界定和创造价值。

为了更好地理解服务主导逻辑下的价值共创,他们进一步提出了十个基本假设:专业能力和知识是经济交换的根本要素;间接的交换掩盖了经济交换的

---

① C. PRAHALAD, V. RAMASWAMY. Co-creation experiences: the next practice in value creation[J]. Journal of interactive marketing, 2004 (3).
② 武文珍,陈启杰. 价值共创理论形成路径探析与未来研究展望[J]. 外国经济与管理, 2012 (6).
③ C. PRAHALAD, V. RAMASWAMY. Co-creating unique value with customers[J]. Strategy & leadership, 2004 (3).
④ S. VARGO, R. LUSCH. Evolving to a new dominant logic for marketing[J]. Journal of marketing, 2004 (1).

本质,即以服务换服务;产品是服务供给的分配机制;知识是竞争优势的根本来源;所有的经济都是服务经济;消费者是经济交换过程中的价值共创者;在价值共创过程中,企业一般提出价值主张或者意见,消费者则负责界定价值并参与其中;服务主导的观点以消费者需求为导向,并关注关系在其中的重要性;组织存在的目的在于整合微观专业知识和技能,并将其转化为市场所需要的复杂服务;价值总是由获益者以独特的现象学方法决定[1]。他们认为:经济交换的本质是以服务交换服务,所有的金钱、产品、组织等都只是交换的媒介或者工具;服务也并非传统意义上企业为消费者所提供的服务,而是企业、消费者等主体通过契约、过程和表现等手段,运用自身的知识、技能等操纵性资源来实现自身或者其他相关主体的利益的过程。也就是说,消费者参与服务交换,对企业所提出的一些价值主张做出反应,并在相互建构中共同创造价值[2]。

随着合作生产在公共管理领域的广泛应用,很多学者开始关注公共管理中的价值共创问题。奥斯本等学者就基于公共服务主导逻辑对共同生产和价值共创问题进行了深入探讨,认为公共部门应当以公民需求为导向,与公民共同创造多元价值[3]。在公共管理领域,价值共创理论同样为其发展演进提供了重要的启示,主要体现在以下三个方面:(1)公共管理价值共创是公共管理的最终目标,存在于公共管理和公共政策的每个环节之中。从公共管理价值识别到公共管理价值支持,再到公共管理价值冲突与协调,政府与公众都在通过多种形式的合作提升共同治理的质量和水平。(2)重塑政府与企业、政府与公众的关系是公共管理的重要任务。这就要求在实现政府职能和角色转变的同时,鼓励公众主动参与其中并承担相应的责任,从而优化政企和政民关系,共同创造公共管理价值。(3)政府、市场、社会等主体之间的互动是公共管理价值共创的关键。在公共管理过程中,各主体都能通过自身拥有的资源和能力影响公共政策过程,并对公共管理价值共创的全过程产生影响。

---

[1] S. VARGO, R. LUSCH. Service-dominant logic: continuing the evolution[J]. Journal of the academy of marketing science, 2008 (1).

[2] A. PAYNE, K. STORBACKA, P. FROW. Managing the co-creation of value[J]. Journal of the academy of marketing science, 2008 (1).

[3] S. OSBORNE, Z. RADNOR, K. STROKOSCH. Co-production and the co-creation of value in public services: a suitable case for treatment? [J]. Public management review, 2016 (5).

3.4.2 公共管理价值创造的含义

随着政治、经济、社会等环境的变化,"公民本位"的理念逐渐回归到公共管理和公共政策领域中。作为治理主体的政府开始主动与公民、市场、社会组织等开展合作,不断地寻找、确定并最终创造公共管理价值[①]。"创造"一词更着重强调治理主体的主动性,他们不仅要运用多种方式达成设定的目标,而且还要在治理过程中不断地识别、选择和权衡"怎样做才是有价值的"。我们认为,公共管理价值创造是以政府为主导的主体优化公民需求和意愿的表达与整合机制、识别公共管理价值,并通过整合政府内外部资源和支持力量,实现公民需求与政府供给之间的动态平衡,从而构建新型的政府与社会、政府与市场关系,实现公共利益的过程。具体可从以下三个维度对其内涵进行解读:

(1)公共管理价值创造是对政府与市场、政府与社会关系的重塑。随着政治、经济等因素的变化,传统的政府大包大揽的运作模式已然无法满足公民日益多样化、动态化的服务需求,以政府为主导的多元治理模式才是现代治理的不二之选。公共管理价值创造需要重视两组关系的构建:一是政府与市场的关系。随着政府职能的转变逐渐深化以及企业在政府治理中的影响力日益增强,政府的注意力应当逐渐转向如何更好地为企业提供公共服务、如何更好地释放市场活力等方面。合同外包、公私部门伙伴关系等成为近年来政府与市场关系转型的重要表现。二是政府与社会的关系。提供以人民为中心的公共服务是服务型政府建设的核心要求和关键任务。公共管理价值创造并非政府能够独立完成的,它需要建立在公众需求和意愿表达的基础上。因此,在公共管理价值创造的过程中,政府应当积极与公众、私营部门、社会组织等主体交流和对话,并建立起常态化的沟通机制,实现包容式创新发展。

(2)公共管理价值创造是目的性价值与工具性价值在公共管理领域的耦合和统一。在科学管理运动之后,工具性价值在公共管理领域发挥着越来越强势的作用。它被认为是破除传统官僚制痼疾、摆脱繁文缛节、提高政府行政效

---

① T. POISTER, J. THOMAS. The wisdom of crowds: learning from administrators' predictions of citizen perceptions[J]. Public administration review, 2007(2).

率并凌驾于其他价值之上的核心原则。然而,在工具性价值日益膨胀的同时,也是目的性价值日渐衰微之际[①]。这种过分强调机械式运作的管理模式无疑会招致那些青睐民主行政理念的学者和实践者的质疑与抨击。最好的政府治理方式其实取决于包括创造的价值、社会背景、工作的本质等在内的环境因素。因此,只有真正立足于"为什么"这一关涉价值的根本问题,并将其贯穿政府治理的过程之中,才能更好地实现目的性价值与工具性价值的融合。

（3）公共管理价值创造是对公共管理价值进行识别、选择、博弈、管理的过程。它既关注作为集体偏好的表达的公共管理价值本身,也包括政府的投入、行政过程、产出及其社会影响等要素的结合[②]。公共管理价值创造的基础是在与公民的互动中发现和识别公共管理价值,然后在公共服务系统中通过整合部门力量对这些公共管理价值进行选择、权衡和管理,进而实现公共管理价值的增值。反过来,政治环境的不断变化也会要求公共管理者不断地寻求创新和变革。政府的运作机制、结构或制度安排以及战略思想等因素的改变会相应地改变组织所创造的价值。要保证政府创造的价值与公民的价值偏好基本符合,就需要及时协调行政系统内部的利益冲突,寻求稳定的合法性基础。

3.4.3　公共管理价值创造的过程

公共管理旨在通过组织的主动行为解决公共问题,满足公众需求,构建多元治理主体间的信任和合作关系,以最终达成创造公共管理价值的根本目标[③],而作为目标的公共管理价值创造则贯穿了公共管理和公共政策过程的始终。我们主要从公共管理价值的识别、公共管理价值的支持和公共管理价值的评估这三个维度来回答"如何创造公共管理价值"这一问题。其中,公共管理价值识别是价值目标的确定过程,公共管理价值支持是获取合法性支持的重要力量,公共管理价值评估则是公共管理价值创造效果的反馈。

---

① 易显飞. 技术理性的历史进路[J]. 东北大学学报(社会科学版),2009(4).
② J. BRYSON, B. CROSBY, L. BLOOMBERG. Public value governance: moving beyond traditional public administration and the new public management[J]. Public administration review, 2014 (4).
③ 朱德米,刘小泉. 国外公共部门协同创新研究及对我国的启示[J]. 南京社会科学,2017(3).

3.4.3.1 公共管理价值识别

要达成公共管理价值创造这一目标,公共管理者和行政人员首先要根据公众的价值需求,识别出他们所应追求的公共管理价值,即回答两个基本问题——如何整合公众的价值需求以及公共管理价值由哪些内容构成,并以此作为公共管理实践活动的起点。通常,识别公共管理价值需要从以下三个方面着手:一是鼓励公众表达自身的价值诉求,将公众个体化的价值需求整合为组织化的价值需求;二是通过对政府、市场、社会等多元主体意见的反复探讨和融合,形成对公共管理领域的整体性价值需求的共识;三是将整体性价值需求上升为公共管理价值目标,并以政策文本的形式表现出来。也就是说,通过公众价值需求的表达和整合机制,将零散、模糊的个体性价值需求最终转化为清晰、明确的整体性公共管理价值,通过制度化的政策文本确定公共管理价值清单,以指导实践的发展。虽然建立一个全面且内部相互独立的公共管理价值集合仍具有很大的难度[1],但是凝练出一个较为科学、合理的公共管理价值清单也是对公共管理价值问题的有益探索。

3.4.3.2 公共管理价值支持

在确定了公共管理价值目标之后,只有获得足够的政治支持才能得到创造公共管理价值所需的人力、物力、财力、信息等资源,在它们的共同作用下,公共管理者才可能实现其最终目标[2]。阿尔蒙德和鲍威尔认为,如果公民发自内心地认为遵守规则是应该的,而不是因为它可能带来的惩罚后果而选择遵守相关制度和法规,那么这个政治权威就具有合法性[3]。这种观点将合法性视为公众对政治系统的认同和支持,是当前社会对合法性最普遍的认知。在公共管理过程中,这种基于公众自愿认同而形成的合法性基础同样非常重要。地方政府作为直接为公众提供服务的机构,更有机会通过近距离的接触和交往与公众产生某种情感联系和认同,进而巩固地方政府进行公共管理价值创造的合法性基

---

[1] 孙斐,黄卉.公共价值的类型、关系与结构研究[J].甘肃行政学院学报,2015(6).
[2] 马克·穆尔.创造公共价值:政府战略管理[M].伍满贵,译.北京:商务印书馆,2016:147.
[3] 加布里埃尔·A.阿尔蒙德,小G.宾厄姆·鲍威尔.比较政治学:体系、过程和政策[M].曹沛霖,等,译.上海:上海译文出版社,1987:35-36.

础。尤其在推进政府治理体系与治理能力现代化的进程中,"互联网+政务服务"改革、数字政府建设等改革与创新举措并非依靠单一部门能够推进的。这些创新实践涉及多个职能部门之间的利益博弈与协调,还需要来自上层政府的支持,以对相关职能部门施加压力,减少传统官僚体制和原有制度的约束,为共创公共管理价值扫除部分障碍。

3.4.3.3 公共管理价值评估

随着治理概念的发展,人们对治理的理解逐渐由强调技术性、工具性等要素转变为倡导其价值性、目的性内涵。治理,尤其是良治,最终就是要以实现一系列公共价值为己任。因此,公共管理价值评估逐渐成为公共管理价值创造的重要环节。它意味着对公共价值创造的程度以及在公共服务供给过程中产生的公共管理价值损失的测度,以完善公共管理价值的实现机制,并在管理层面促进对公共管理价值优先级的权衡,最终推动公共管理价值的改进[①]。现有研究构建了以公共管理者和以公众为中心的公共管理价值创造评估体系,从个体价值、组织价值和社会价值层面提出了不同情境下的评估内容和维度。以已有研究为基础,公共管理价值评估框架如何平衡公共管理者和公众间的潜在价值冲突,并发展出有利于公共管理价值创造的指标结构和体系,还有待深入挖掘。此外,现有的评估方法以问卷调查、结构性或半结构性访谈为主,随着大数据技术的广泛应用,如何通过新兴技术手段获取公众对公共服务的评价信息,利用机器学习等更为客观的方法对公共管理价值进行评估,相关研究还有待进一步深化。

复习思考题

1. 简述公共管理价值的内涵及其特征。
2. 厘清公共管理目的性价值和工具性价值的内涵与外延。
3. 简述公共管理目的性价值与工具性价值冲突的根源及其整合。
4. 结合我国政府治理实践,谈谈如何创造公共管理价值。

---

① 王学军,陈友倩. 数字政府的公共价值创造:路径与研究进路[J]. 公共管理评论,2022(3).

第 4 章 公共组织

■ **本章学习要点**

- 组织与公共组织的概念与特性
- 组织理论的发展历程
- 理性、自然与开放系统视角下的组织理论
- 公共组织结构设计与实践
- 公共组织的过程与结果

4.1 公共组织概述

4.1.1 组织的概念与特性

组织可能是现代社会最为突出的特征。回溯中国、希腊的古代文明,那时就已经有组织的存在,而在如今的现代工业化社会,组织已经遍布我们的周围,社会的运转和发展也都离不开它们。那么,作为人类社会最普遍的一种现象,组织的含义到底是什么?特性有哪些?学者们从不同角度,运用多种方式去探寻并尝试解释组织,我们综合选取各时期从事组织研究的代表学者的观点,从静态、动态、生态、心态四个层面对组织的概念加以分析。

4.1.1.1 组织的概念

"组织"一词最初的意思是将丝麻编结起来制作布帛,《礼记·内则》中有

"织紝组纫"之说,《吕氏春秋·先己》中有注:"夫组织之匠,成文于手"。在英语中,"Organon"一词源自希腊文,除了编织物之意,还有工具、手段等意思。根据《牛津英语词典》,1873年之前,组织一词主要被用来说明生物学范畴内的组合状态,现有应用最为广泛的被译作"组织"的单词"Organization",恰是从"Organ"(指生物器官)一词发展而来的。1873年,英国哲学家赫伯特·斯宾塞(Herbert Spencer)将"组织"一词引入社会科学,将其含义拓展为已经组合的系统或社会。此后,管理学、经济学等多门学科逐渐引入这一概念,为组织赋予更多的现代意义。可见,在中英文的词源意义上,"组织"最初都并非相对人而言的,后来随着社会生活的复杂化,人们基于其本意加以引申,"组织"一词成为描述人类社会历史进程中的特定的群体结构及其运作方式的重要概念。

然而,存在于人类社会中的"组织"遍布各行各业,构成与运作复杂,致使组织研究难以形成统一的概念体系,学者们对组织概念的界定也各有侧重。然而,组织学的理论在抽象层面上的定位具有足够的一般性,足以解释不同领域和类型的组织活动的形式与功能。例如,切斯特·巴纳德(Chester Barnard)在《经理人员的职能》中定义正式组织为"经过自觉协调的、两个或两个以上的人的活动和力量所构成的系统"[1]。W.理查德·斯科特(W. Richard Scott)分别从理性系统视角、自然系统视角及开放系统视角对组织进行界定。从理性系统视角来看,可以将组织视为寻求特定目标的、高度形式化的集合体;从自然系统视角来看,可以将组织视为由一致或冲突而产生的,但始终寻求生存的社会体系;从开放系统视角来看,可以将组织视为在环境的巨大影响下,有着不同利益关系的参与者的联合[2]。这些关于组织的定义,能够从一般意义上解释组织的某些一般规律。

综合考虑学术界的代表性观点,我们将组织定义为:组织是存在于一定社会环境之中,拥有相对具体目标追求的、相对高度正式化的、能与外界进行资源交互的开放的集合体。

---

[1] 切斯特·巴纳德.经理人员的职能[M].王永贵,译.北京:机械工业出版社,2007:55.
[2] W.理查德·斯格特.组织理论:理性、自然和开放系统[M].黄洋,等,译.北京:华夏出版社,2002:27.

4.1.1.2 组织的特性

组织具有静态、动态、生态、心态四个层面的特性。对四个层面组织特性的把握,能够对组织形成全面认知。

1. 静态层面

组织是人们为实现具体的目标追求,按照一定形式组织起来具有特定的结构与活动方式的集体,静态层面的特性主要表现为组织的结构和特征的稳定性,这包括组织的层级结构、部门划分、职责分配以及规章制度等。詹姆斯·马奇(James G. March)和赫伯特·西蒙(Herbert A. Simon)强调,"组织是互动人群的集合体,是社会中任何类似于集中合作体系中最庞大的集合体……在组织中,高度专门化的结构与协作使得单个组织单元成为社会学上的个体"①。静态层面的组织特性体现了其有序性和规范性,为组织成员提供了明确的行为指南和工作框架。这种稳定性有助于组织维持其日常运作和秩序,确保各项任务得以有效执行。

2. 动态层面

组织是互动的个体的集合,动态层面的组织理论主要关涉组织的行为和过程,强调组织的变革和适应性。组织作为一个不断行动着的开放系统,需要不断调整组织内部的诸如指挥、协调、决策、沟通等行为及过程,以应对外部环境的变化。一个具有动态特性的组织能够迅速识别外部环境特征,进而灵活地调整组织战略、优化资源和职能配置,以应对不断变化的挑战。

3. 生态层面

生态层面的组织特性主要强调组织与外部环境之间的相互关系和影响。组织并非一个封闭系统,而是一个能够与外部环境交互的开放系统,环境支持、决定和影响着组织。在某种程度上,组织与"外部"环境要素的联系甚至比它与"内部"要素之间的关系更为密切与重要。生态特性体现在组织的开放性、合作性和共生性上。一个具有生态特性的组织能够积极寻求与其他组织的合作机会,共同应对挑战、分享资源,实现互利共赢。同时,组织还需要根据情景、环境

---

① 詹姆斯·G. 马奇,赫伯特·A. 西蒙. 组织[M]. 原书第 2 版. 邵冲,译. 北京:机械工业出版社,2013:4.

的变化而变化,实行权变管理,即组织的产生、成长、发展、行动、变革都会受到外部环境的影响。

4. 心态层面

组织是两个或两个以上的人之间有意识的协调活动或系统,组织内部人与人之间存在心理、精神、意识上的互动,且这种互动是不断变迁的,心态层面的组织特性关涉的是组织成员的心理状态和行为模式。组织文化、领导风格、沟通机制等因素对组织成员的心理和行为产生潜移默化的影响。心态特性体现在组织的凝聚力、士气、信任度和满意度上。一个具有积极社会心理特性的组织能够让工作人员有归属感,并激发他们的工作热情,提高员工的忠诚度和工作效率,增强组织的整体效能。

4.1.2 公共组织的概念与特性

在社会生活中,复杂多样的组织承担着各不相同的使命,因此具有不同的功能与特性。以实现自身利益最大化为首要目标的组织即为私人组织,与此相对的即为公共组织。公共组织区别于其他组织的最核心的特质即公共性。

4.1.2.1 公共组织的概念

公共组织是组织中最重要且具有自身独特性的组织类型,其在与私人组织对比时更能彰显"公共性"的特质。公共组织与私人组织最大的不同在于,公共组织的首要目标是服务公共利益,具有非营利性的特征。因此,界定公共组织与其他组织要解决的最基本的问题就是所谓的"边界",即对于"公共"与"私人"的思考。

公共组织是指依法成立,以管理社会公共事务、提供公共产品和服务、维护社会公共利益为宗旨,行使法定的或授予的公共权力,其运作过程受到法律及行政法规约束,且资源主要来源于公共财政或税收的组织实体。这些组织在社会生活中扮演着重要角色,旨在满足公众需求,推动社会进步与发展。公共组织不仅包括政府机构,还包括各类非营利性组织,它们共同构成了现代社会公共管理的基础。

4.1.2.2 公共组织的特性

公共组织最大的特性是以追求公共利益为首要目标。其除了具有一般组织与管理的共同特质以外,与私人组织相比,公共组织具有以下特性:

（1）公共组织的首要价值取向是追求公共利益。这是公共组织区别于其他组织的核心特征，各种行政措施的制定和推行都是为了给社会公众提供服务，保证社会的公平正义，让全体人民共享发展福祉。

（2）公共组织运行受到更多的监督。公共组织的一切活动必须在宪法或明确的法律法规下开展。私营企业虽然也需依法而行，但规范和约束其行为的法律是在特定的领域内。相比于私营组织所适用的法律，公共组织所要遵循的法律具有普遍且集中的特征，并且缺乏法律的授权公共组织就无法开展行动。因此，公共组织受到公共监督。公共组织作为具有政治代表性的组织，在运行中必须考虑公众舆论与监督，这种来自外界的严密监督能够保证公共组织真正代表民意和依法行动。

（3）公共组织之间、公共组织与其他主体间具有相互依存性。不同的公共组织之间是相互协调与配合的，它们的运作需要考虑政府间的网络关系。同时，公共组织还需要考虑与其他主体的关系，如社会公众、私营组织、其他团体等。这种情况一定意义上代表了政治权威的分立与多主体间相互制衡，这就需要公共组织不断调和与其他主体间的关系，以顺利推进公共组织的运行。

（4）公共组织具有高度的政治性考量。公共组织及其相关运作是发生在特定的政治话语体系中的，其经济、文化、社会的相关政策制定都具有政治性考量。即使专业化的政府工作人员按照标准处理相关公务，其处理过程与结果也都有政治性的影响与意蕴。

（5）公共组织目标的模糊性。不同于私营企业可量化的利益目标，公共组织以追求并创造公共利益为首要目标，具有高度的抽象性与模糊性。对公共利益这一目标的追求似乎只是公共组织身份的一种代表符号，因为公共组织的服务对象差异性较大，所以目标不仅具有模糊性且难以测量，而且多重目标间存在着冲突。

（6）公共组织的行为具有强制性与垄断性。公共组织是服务的提供者，同时也是公共权力的掌握者与行使者，其行为及活动本身具有强制性，如税收就具有强制性。二是具有独占性。因为部分公共物品具有非排他性与非竞争性，很少会有私人组织愿意提供，所以公共组织在公共物品和公共服务的提供中几乎是唯一的承担者，具有垄断性。

4.2　组织理论的历史与视角

4.2.1　组织理论的历史发展

围绕组织开展的研究以及研究所产生的成果及理论体系可称为"组织理论"。从时间顺序来看,组织研究大致经历了古典组织理论、行为科学组织理论和现代组织理论三个阶段[①]。

20世纪初至40年代是第一阶段,为古典组织理论发展与盛行的时期。20世纪伊始,工厂制度的普及与发展使得管理学作为一门新兴学科出现,组织很快成为学者们关注的对象。古典组织理论以科学管理理论为开端,侧重对组织结构、组织管理的一般原则进行分析,研究的主要内容包括组织的结构、目标、效率、决策制定、层级划分、分权与集权等。该时期主要的学者及其代表理论有:泰勒的科学管理理论、马克斯·韦伯的官僚制理论、亨利·法约尔(Henri Fayol)的一般管理理论、林德尔·厄威克(Lyndall Urwick)与卢瑟·古立克的组织设计理论等。需要强调的是,泰勒的科学管理理论发端于企业组织,但是他的理论中蕴含的管理思想对公共组织管理产生了深刻的影响。1937年美国学者古立克与英国学者厄威克在《管理科学论文集》中发表论文《组织理论概述》,首次提出了"组织理论"的概念,使得各种针对组织的研究找到了归宿。

20世纪40年代至60年代是第二阶段,为近代组织理论的形成与发展时期。20世纪30年代以后,组织理论的研究重点转向了行为科学,产生了对人际关系的研究。行为科学理论不同于传统组织理论研究所具有的静态特征,侧重对组织、组织中人的行为及其活动过程进行研究,关注个体与群体的行为、活动,探究个体与个体、个体与群体间的关系,探讨组织沟通、成员参与、成员激励、组织领导等内容。这一时期的学者及其代表理论有:乔治·埃尔顿·梅奥(George Elton Mayo)的霍桑实验、巴纳德的协作系统理论、怀特的人际关系理论、古尔德纳(A. W. Gouldner)的冲突模型、亚伯拉罕·马斯洛(Abraham Harold

---

[①] 朱国云.组织理论:历史与流派[M].2版.南京:南京大学出版社,2014.

Maslow)的需求层次理论、道格拉斯·麦格雷戈(Douglas M. McGregor)的 X 理论和 Y 理论、弗雷德里克·赫茨伯格(Frederick Herzberg)的双因素理论等。20世纪 50 年代,有关组织的研究迅猛发展,除了上述学者及组织理论,还形成了相关学派,如社会决策学派、决策理论学派、系统管理学派、经验主义学派等,组织理论研究进入了科学决策、系统科学的阶段。在这些理论中,管理与组织的关系又发生了变化,管理成为组织的一种职能或手段,且管理是以组织为基础的。可见,组织概念的外延得到了扩展延伸,组织不再简单地被视为一种过程概念,而是成为一个可研究的实体,这推动着现代组织理论的诞生与发展。

20 世纪 60 年代至今是第三阶段,为现代组织理论时期。这一阶段的组织研究随着新兴的社会文化、信息技术环境的变化而不断多元化。20 世纪 60 年代开始,相关研究更多关注组织环境、组织设计与结构、组织发展周期、组织的创新与变革、组织内部文化等内容。80 年代以后,有关是否需要利用市场机制来管理企业、组织间关系、战略联盟、虚拟组织等成为组织理论的研究重点。90 年代之后,信息技术的发展和新经济业态的兴起不断催化着组织内部的动态变革,组织领域随之产生新的研究范式。这一时期的理论研究及代表学者呈现多元化趋势,主要有保罗·劳伦斯(Paul R. Lawrence)的权变理论、迈克尔·汉南(Michael Hannan)和约翰·弗里曼(John Freeman)等人的组织生态学、约翰·梅耶(John Meyer)的制度理论、彼得·圣吉(Peter Senge)的学习型组织理论、理查德·霍尔(Richard H. Hall)的组织效能理论等,还包括系统学派、资源依赖学派、新制度学派等。现代组织理论及其相关研究不仅注重组织内部问题的研究,更关注到组织外部、组织内外动态平衡调整的问题。

4.2.2 组织理论的三个视角

不同于传统的简单依照时间顺序对组织理论及其流派进行划分的方式,我们借鉴著名组织理论学家、斯坦福大学组织研究中心创始人斯科特教授对于组织理论的划分标准,即理性、自然、开放系统的理论分类框架[1]对组织理论进行分类介绍。

---

[1] W. 理查德·斯科特,杰拉尔德·F. 戴维斯. 组织理论:理性、自然与开放系统的视角[M]. 高俊山,译. 北京:中国人民大学出版社,2011.

4.2.2.1 理性系统视角的组织理论

1. 理性系统视角的基本特征

从理性系统的视角出发,组织是为了实现特定目标而存在的一种工具,组织及其内部成员的行为是有目的的协调行动。理性的一般含义是能够识别、判断、评估实际理由,以及使人的行为合乎特定目的等方面的智能。在这里,理性的定义则是狭义的,可称之为技术理性或功能理性,指一系列有组织的行动以最高效率达到既定目标的程度。该视角的组织理论所包含的术语诸如信息、知识、效率、设计、控制、绩效等,体现着对组织内部个体行为者认识和动机上的约束。

理性系统视角具有两大基本特征:一是目标的具体化。这意味着组织的目标设置是明确的,以便为组织成员提供清晰的行为方向和行为准则。这种具体化的目标不仅有助于指导组织成员的日常工作,还在组织结构设计中起到了关键的引领作用。二是结构的正式化。这是理性系统视角组织理论的重要特征之一,它涉及通过标准化、规范化和形式化的手段来使组织行为更加明晰和可预测,有助于确保组织成员在理性的条件下完成组织任务,从而提高组织的效率和稳定性。该视角下具有代表性的组织理论有泰勒的科学管理理论、法约尔的一般管理理论、马克斯·韦伯的官僚制理论、西蒙的行政行为理论等,本书选取官僚制理论进行阐述。

2. 代表理论:官僚制理论

马克斯·韦伯为官僚制理论的奠基人,他在《经济与社会》中提出这一"纯粹而高效"的理性组织模式,认为官僚制是现代社会进行合法性统治必不可少的要素。韦伯所定义的理性官僚主义是时代的产物,体现了德国式的社会科学与美国式的工业主义的融合。

官僚制理论的产生基于以下条件:

第一,政治与行政的分离是官僚制理论产生的前提。1887年伍德罗·威尔逊发表了《行政之研究》,提出政治与行政相分离的思想,这为韦伯的理性官僚制提供了理论层面的重要基础。

第二,科学管理运动为官僚制理论的产生提供了实践依据。20世纪初,泰勒领导的科学管理运动将管理的重点从尊崇个人经验主义、人格化转向了科学化、理性化和专业化,强调制度化和程序化的管理,要求遵循科学分工原则等,这为理性官僚制理论的构建提供了铺垫和实践经验。

第三,文官制度的确立是官僚制理论产生的现实基础。19世纪60—70年代,英美两国确立了文官制度,也即公务员制度,西方大多数国家很快相继建立起文官制度。理性官僚制理论的产生可以说是通过文官制度的建立与发展而从理论走向实践。文官制度的确立带来了以法制化、专业化、职业化、政治中立、政务官与事务官分离等为主要特征的新的管理原则,这些为官僚制理论的构建奠定了基础。

马克斯·韦伯认为,任何一种组织都必须以某种形式的权威作为基础才能实现其目标。他运用"理想类型"的研究方法以及组织社会学的研究视角,对理性官僚制进行严谨且精细的建构,划分了三种权威类型,即传统型权威、个人魅力型权威、法理型权威,在此基础之上,将社会组织划分为三种,即传统组织、神秘化组织、合理化—合法化组织。这三种权威类型都具有统治的合法性,都具有不同的权威基础与特征。

第一种是传统型权威。以某种古老的且不可侵犯的和执行这种权力的人的正统性为依据,这种权威的典型代表是家族制和世袭制。这种权威形式下,统治的权力归属于个体一人,而权力的来源是继承或者来自更高权力所有者的授予。因此,传统型权威的合法性是建立在长期以来形成的传统风俗和习惯之上,权威会随着时间的推移而得到加强和巩固。与传统型权威相对应的是传统组织,组织成员之所以服从统治者是因为其占据着某种特定的、神圣不可侵犯的职位,统治者依据个人好恶、血缘亲疏进行管理。这类组织具有强烈的守旧性,权力集中且行使不规范,缺乏专业化的行政管理制度。

第二种是个人魅力型权威,又称克里斯马型权威。它建立在超凡脱俗的个人魅力、非凡的品质、个人英雄主义等基础之上。这类权威的合法性根据是领袖人物的个人魅力与追随者的服从和忠诚,具有盲目性与非理性的特征。与个人魅力型权威相对应的是神秘化组织,组织基于领导者的超凡魅力而产生。组织具有非理性、非专业性,因为组织运行基于对领袖的绝对服从,依靠的并不是规章制度,所以组织未设定相应的规章制度。组织具有不稳定性,一是领袖人物需要不断通过一些英雄之举来获得追随者的服从,但这很难持续,二是随着领袖人物个人的生命终结或发生重大变故,组织会发生巨大震荡和混乱,因而组织的统治具有不稳定性与非长久性。

第三种是法理型权威,即合法且理性化的权威。法理型权威统治的基础是目标合理性,要求政策、规章等都遵循法律规定,各种社会关系以及由社会关系构筑的社会结构都基于法律的安排,受到法律的束缚,具有"非人格化"的特征。与之对应的是合理化—合法化组织,又称科层制组织。组织的基础是形式正规的法律制度以及组织所有成员对于法律的严格遵循。科层制组织以理性化为基础,实现专业化的分工,组织具有高度的规则化,所有行为都依据相应的规则和程序进行。

马克斯·韦伯在提出理性官僚制的组织理论模型时,并未给出直接的、详尽的概念及定义,而是通过对官僚制组织所具有的原则与特征进行描述,以展现官僚制理论的核心内容。其基本特征包括合理的分工、层级化、规则化、形式正规的决策文书、非人格化、技术以及合理合法的人事行政制度。

4.2.2.2 自然系统视角的组织理论

1. 自然系统视角的基本特征

自然系统视角的组织理论重视组织内部的行为结构,认为组织并非仅仅是为了实现特定目标而设计的工具,而应更多地被看作一个具有自身属性和特征的社会群体。彼得·M. 布劳(Peter M. Blaw)认为,"以纯粹的理性技术准则管理社会是不理性的,因为其忽略了社会行为非理性的一面"①。在对理性系统模型的不足进行批判的过程中,自然系统视角得到了发展。

自然系统视角的基本特征如下:

其一,强调组织的一般属性而非特殊属性。理性系统模型的支持者认为,组织是为了实现特定目的而有意构建的集体,强调组织与其他社会系统所不同的特殊属性。自然系统视角的理论家并不否认理性系统视角的核心观点,但其更加强调组织与其他社会系统所共有的属性。组织首先是一个适应环境以求生存的社会群体,这种适应性使得组织能够随着外部环境的变化进行自我调整。

---

① P. M. BLAU. Bureaucracy in modern society[M]. New York: Random House, 1956: 61.

其二，强调组织目标的复杂性。组织的目标并非单一和明确的，而是由多个相互关联、相互影响的目标所组成。

其三，强调组织中存在"非正式结构"，如人际关系、非正式沟通网络等，这些非正式结构对组织的运作和绩效具有重要影响。

其四，强调组织是具有"自生性"特点的有机体。组织并不仅仅是实现特定目标的工具，而是一种不断调适自己以在所处环境中存续的社会群体。相比于组织的规范结构，自然系统视角更加关注组织的行为结构，采用有机化的发展模式。

其五，强调组织中人的"社会性"。组织应对个体参与者的价值观、情感、抱负等内容更为重视。人际关系学派即最为典型的代表，将组织视为参与者结构化了的需要和动机得以展示和实现的结果。总之，自然系统视角的组织理论强调组织的自然属性和自我生长过程，以及个体心理要素在组织运作中的重要作用。

2. 代表理论：人本主义的组织理论

自然系统视角下具有代表性的组织理论是人本主义的组织理论。20世纪30年代，随着社会文化环境的复杂化，以科学管理理论、官僚制理论为代表的古典组织理论难以解决现实中有关"人"这一重要个体的问题，尤其是古典组织理论基于的"经济人假设"及其"非人格化"，开始受到质疑。这一时期，人们随着教育程度的加深，意识到个体不仅仅是为了工作而工作，开始重视个体在组织中的社会关系。在此背景之下，更加注重个体——人这一要素的人本主义组织理论应运而生。

人本主义的本质是回归"人"本身，强调人的主体性，出发点和目标都着眼于人。人本主义的组织理论是以社会心理学、行为科学的理论与研究为基础，聚焦于组织中的"人"，对人的需要、行为、动机、人际关系等进行分析的理论。其研究范围包括但不限于组织中人的社会心理因素、行为动机、激励方法、人际关系等。人本主义的组织理论承认古典组织理论提出的一些管理的基本原理，进一步发展了有关组织内部的"人"的研究，具体有梅奥的人际关系学说、巴纳德的组织协作系统理论、马斯洛的需求层次理论等。

第一，是梅奥的"人际关系学说"。该学说的主要内容：一是组织中的人是

"社会人"而非"经济人"。梅奥通过霍桑实验发现,组织中的人会受到集体的影响,他们不是只关注金钱收入,还有对人与人之间的感情、安全感、归属感等心理层面的需求。二是组织中存在"非正式组织"。即组织成员在一同工作的过程中,会因相互的接触自然搭建人际关系,激发共同的感情,从而形成一种被公认和服从的准则或习惯,非正式组织由此构成。非正式组织对组织的生产效率会产生重要的影响,因为非正式组织会从感情逻辑上更加深入地对组织成员产生影响。三是提高组织生产效率的关键是回应组织成员的社会期望,激发并提高他们的士气。霍桑实验表明,工作士气的提高能够有效促进生产效率的提高,而士气则与组织成员的安全感、归属感等社会心理需求的满足有关。四是要运用新的领导方法,来满足组织成员心理层面的需求,提高士气,如给职工参与决策的机会,允许下级向上级提意见等。梅奥的霍桑实验与其创立的"人际关系学说",强调组织对于人的关注,否定了古典组织理论对于人的假设,阐明人是主动的、处于社会关系中的重要个体。

第二,是巴纳德的组织协作系统理论。首先,巴纳德强调组织内部人的动机具有复杂性,他将正式组织定义为"人们自觉的、有意识的、有目的的一种协作"。他认为个体的参与是协作的前提,因此为了组织能够获得成效,需要对个体的需求进行回应和满足。巴纳德首次将正式组织与组织中个体的需要相结合。其次,巴纳德提出非正式组织理论,重视组织中的非物质、非正式、人际关系等,认为所有的组织内部除了正式组织之外,还存在着非正式组织。非正式组织会对组织产生一定的压力,也为组织带来重要的思想文化影响,是任何组织都应重点关注的。

第三,是马斯洛的"需求层次理论"。根据行为科学,人的行为都基于一定的动机,而动机则根源于人们的各种需求。从某一需求出发,为实现这种需求而采取行动,继而为满足新的需求进行新的行为过程,是一个持续性的激励过程。马斯洛认为,人类存在着两种需求,一种是根据生物谱系上升方向不断减弱的本能或冲动,为低级需求或生理需求;另一种是伴随着生物进化而不断显现的需求,为高级需求。这些需求具有不同的层次,人在不同阶段对这些潜藏着的需求有不同的迫切程度,马斯洛将人的需求划分为五个层次:生理需求、安全需求、社交需求、尊重需求、自我实现需求。该理论有两个重要的观点:第一,人的需求与他所得到与缺少的相关,只有还未得到满足的需求才会对人的行为产生激励作用。第二,人的需求具有层次性,某一层次的需求实现后,更高层次的需求才会出现。

人本主义组织理论的核心观点主要有以下五点:

(1)人具有社会性。与古典组织理论提出的"经济人"假设不同,人本主义组织理论认为人并非完全利己的"经济人",人会受到社会环境和个人心理的影响,社会是基于各种人际关系才能有效运转,因此提出了"社会人"假设,强调人的社会属性。

(2)组织是动态平衡的系统。人作为有自身偏好、思想和意识的个体,进入组织后,不仅要参与到正式组织的人际关系中,还有众多的非正式往来。不同个体间因出身、社会环境的不同而具有巨大的差异,因此会产生不同程度的冲突。组织具有调节并解决成员冲突的功能,组织成员也通过不同方式方法来推动组织实现目标,个人与组织间存在动态调节的关系。

(3)重视非正式组织的影响力。组织中不仅存在着正式的职责关系结构,伴随着个体成员的相互交往,组织还会受到来自非正式组织的影响,这种影响存在于上下级、同级以及跨层级之间。这种非正式组织的影响主要表现为对成员的情绪、心理状态的影响。非正式组织没有固定的结构与模式,是一种基于某种环境和任务形成的人群集合体,会对组织产生重大影响。

(4)关注组织中人的心理要素。人的行为实际上是其心理及内部动机的映射。人本主义组织理论强调对人心理要素的关注,重视组织内部成员的需求。因为人具有社会属性,除基本的生理需要外,还有社会需要和心理需要。因此组织进行构建与设计时,应对成员的价值偏好、兴趣爱好、工作丰富程度、人际关系、组织沟通等进行考量。

(5)强调组织的沟通功能。人处于组织中,就会处于正式抑或非正式的多样化交往模式中,这也意味着组织中人员的交往不仅基于正式的规章制度、权责关系,也要注重诸多非正式的充满心理、感情色彩的社会关系,这些交往模式通过沟通搭建人与人之间的桥梁。

必须提出的是,人本主义组织理论和古典组织理论两者都具有一定的封闭性,都在组织内部进行探讨,没有将组织与外部环境联系起来。

4.2.2.3 开放系统视角的组织理论

1. 开放系统视角的基本特征

开放系统观点认为,组织可以被视为自我调节的系统,同时也是复杂性更高的系统。开放系统视角的组织理论对组织与环境之间的相互依赖关系给予充分的关注,强调组织是一个与外部环境进行物质、能量、信息交换的开放系统。在开放系统视角下,组织不再是一个封闭、静态的结构,而是一个动态、适应性的系统。

开放系统视角的组织理论强调以下几点:一是动态性与适应性。组织是一个动态变化的系统,它会根据外部环境的变化来调整自身的结构、策略和行为,以适应不断变化的外部环境。二是边界的渗透性。组织可以与外部环境进行物质、能量和信息的交换,从而获取必要的资源、信息和支持,同时也能够将自身的成果和影响输出到外部环境中。三是内外部因素的相互作用。组织的内部结构和功能与外部环境密切相关,内部因素(如组织结构、文化、战略等)和外部因素(如市场环境、政策环境、技术进步等)相互作用,共同影响组织的运行和发展。四是系统的整合与协调。组织作为一个系统,需要实现内部各部分的整合与协调,包括不同部门之间的合作、资源的合理配置、信息的有效传递等,以确保组织能够高效地实现其目标。

2. 代表理论:网络型组织理论

进入到20世纪80年代中期,社会发生急剧变化,网络型组织理论产生的条件相对成熟。

其一,信息技术与电子网络的普及与运用,推动公共组织在信息传递、组织沟通、结构重塑等方面进行根本性的变革。组织内外的信息传递、沟通协作逐渐向线上迁移,数字化空间的运用突破了物理空间的局限,并伴随着多点间的非线性沟通,组织的网络关系逐渐形成。

其二,非营利组织和市民社会日益壮大,不同组织间的界限逐渐被打破,多元主体参与治理公共事务的意识提高,公共管理逐渐趋向一种有效互动的合作模式。传统的直线型组织结构与单链条的信息传递渠道使得组织效率低下,无法满足快速变革的时代需求。强调多元化主体在开放的领域内采取非线性方式共同管理公共事务的网络型组织受到了理论界与实务界的关注。

其三，企业领域的先行实践。企业领域先行在组织结构与资源整合方面进行系列调整。在结构层面，压缩管理层级，推动组织管理扁平化，将按照原有垂直路径传递的信息扩散到水平层级上，搭建扁平化的内部网络实现信息与知识的迅速传播。在资源整合方面，众多企业通过购买、联合、兼并、外包、特许经营等方式，发展"增值伙伴关系"，构建广泛的资源整合网络。

其四，丰富的理论基础。经济学与管理学领域的相关理论为网络型组织的产生与发展奠定重要基础，如交易成本理论、企业竞争战略理论等，试图从经济学层面为企业寻求一种成本最低、竞争优势最强的制度和结构安排。管理学领域的政策网络理论、多中心治理理论、社会资本理论等，都是在深化与发展治理理论的基础上探索新型治理模式。

网络型组织被认为是在公共组织管理中，为面对复杂的外部环境，基于共同目标与价值取向，以实现组织创新性发展的制度安排，而产生的一种全新的组织模式。它并非层级节制的科层组织，也不同于市场组织，可以认为是一种"准市场组织"。网络型组织具有统一的规划与明确的目标、动态性的分工、合作竞争观念、灵活的分工协作系统、扁平的组织结构、一体化的职能，在提高组织内部效率的同时，发展与外部组织网络联结的优势。需要注意的是，信息技术在网络型组织中发挥着非常重要的作用，具有交互作用的网络能够让各实体间实现信息交互与能力互补。

网络型组织的特征如下：

第一，多元化的参与主体，强调利益相关者合作共赢。网络型组织是以市场机制与社会机制来协调网络节点上各实体间的关系，他们之间存在较明确的分工协作，每一主体都尽其所能，所有网络节点上的利益相关者都通过一定的制度安排和技术支持参与治理，形成双向或多向互动。

第二，灵活性、动态性。网络型组织在运行过程中，不仅通过制定制度、规范、契约等方式进行管理，协调多元主体间关系，同时又因组织具有动态性、复杂性而通过灵活机动、多层次的沟通来应对随时可能出现的复杂问题和潜在冲突。

第三，分权化。包含多种组织形式及其构成的网络，具有扁平化的组织结构，组织边界具有模糊性，网络节点及其联结方式具有多样性与层次性，权力与权威分散,信息流动速度快。

第四,重视隐性契约的作用。隐性契约即限制进入、共认价值、信任等。限制进入能够有效控制组织协调成本,将合作伙伴控制在一定数量之内,能够保证与每一主体间的有效互动与协调。共认价值是组织赖以存在的基础与核心,是在意识形态、文化认同等领域进行的广泛共享。

第五,技术支撑。网络化组织更加强调借助先进的信息技术实现高效的组织管理和事务治理,需要借助新一代信息技术搭建强有力的支撑平台,构建更加紧密的网络伙伴关系。

4.3 公共组织的结构

4.3.1 公共组织结构设计原理

组织结构是表明组织内各部分的排列顺序、空间位置、聚散状态、沟通联系以及它们的相互关系的一种模式。公共部门的组织结构通常与韦伯提出的科层制组织结构特征相关,包括专业分工、权力等级、权责关系、业务流程、规则程序、差异化奖励等。一个完整且适宜的组织结构,不仅能够合理划分组织内部成员的权责关系,还能进行有效的沟通与协调,能够实现组织目标,促进组织发展。因此,组织结构设计对于组织至关重要。

4.3.1.1 组织结构设计变量

影响组织结构设计的因素与变量众多,理查德·达夫特(Richard L. Daft)将众多变量划分为两大类——结构变量与情景变量[1]。这两类变量在组织结构设计的不同方面产生影响,它们相互作用并不断调适,推动组织结构的完善与优化。

1. 结构变量

在对组织的研究中,结构性维度是影响组织结构设计的重要方面,结构变量提供了描述组织内部特征的标尺,是对组织进行测量或比较的基础。

---

[1] 理查德·L.达夫特.组织理论与设计[M].9版.王凤彬,等,译.北京:清华大学出版社,2008:19-22.

（1）正规化。它是指组织中书面文件的数量,包括工作程序、职务说明、规章条例、政策手册等。通常可以对组织内部的文件数目进行清点统计来预估和衡量组织的正规化程度。大型组织往往具有较高的正规化程度,因为它们更依赖规章、程序等书面规定进行标准化的管理和控制。相对应地,小型组织则往往通过管理者个人进行管理,正规化程度较低甚至可以视为非正规化。

（2）专业化。专业化是组织的任务分解为各项独立工作的程度,即组织内部的劳动分工程度。专业化程度高,意味着员工个体的分工越精细,反之,则代表员工个体的工作范围宽泛。专业化可以通过组织内部岗位、职务数量的多少进行简单衡量。

（3）职权层级。这一变量描述的是组织中的纵向管理层级与横向管理幅度。纵向的管理层级可以直观地通过组织结构图上的垂直线段加以表示,横向的管理幅度是指某位主管直接管理的下属人数。两者相关联,当职权层级多时,管理幅度会变窄;当职权层级缩减时,管理幅度会拓宽。

（4）集权程度。这一变量涉及组织内部权力的配置。集权程度是指有权做出决策的层级高低。当决策权集中在高层时,组织就是集权化的;当决策权集中在较低的组织层级时,组织就是分权化的。

（5）职业化。职业化指组织内部员工受正规教育和培训的程度。当组织内部员工需要通过长时间的培训才能胜任工作时,那么这项工作被认为是高度职业化的,同时也可以认为该组织也具有高度的职业化。

（6）人员比例。该变量是指人员在各职能、部门中的配置,包括管理人员比例、事务人员比例、专业职能人员比例、间接与直接劳动人员的比例等。可以通过各类不同专业人员的数量除以总人数计算人员比例。

2. 情景变量

情景变量能够反映组织的整体特征,如组织规模、技术、环境和目标等,描述了影响和决定结构变量的组织背景。

（1）组织文化。组织文化是指组织内部所有人员共同享有并遵循的价值观念、思想认知和礼仪规范等有关意识形态的内容。组织内部的价值观念会潜移默化影响组织整体的氛围,不仅对组织成员的行为产生影响,还会影响组织的绩效和发展。组织文化并不需要书面化的文字说明,可以通过对组织人员穿着、口号、礼仪、环境等进行了解。

（2）环境。这一情景变量是指组织外部的所有要素。组织的发展离不开与外部环境的交互,外部环境中的其他主体往往会对组织产生不可估量的影响。

（3）目标和战略。目标和战略是组织区别于其他组织的关键。目标是组织追求的核心要义,常以书面方式陈述出来;战略则是为实现目标采取的行动计划,是组织基于环境要实现组织目标而进行的资源分配与活动方案的描述。

（4）组织规模。组织规模是指组织的大小,主要以组织的参与者,即员工人数来衡量。既可以衡量整个组织的规模,也可以聚焦于其中的特定部分,如某一业务部门。组织规模是组织设计的基本因素,会对组织的正规化、专业化、集权程度等结构变量产生影响。

（5）技术。技术是指组织将投入转换为产出所使用的工具、工艺方法和机械装置。组织技术是一种输入转化为输出的机制,且主要受组织内部任务的影响。技术包括硬件设施,也包括数字信息技术、互联网运用等。

结构变量与情景变量相互影响、相互依存,为研究组织提供了重要的线索,通过这些变量能够衡量和分析组织的具体特征,并进行合理的组织结构设计。组织结构设计是为了有效实现组织目标所进行的组织分工协作、权责划分等安排过程,它不只是一张正式的结构图表,而是能助力组织围绕其核心目标搭建一套行之有效的组织管理体系。

4.3.1.2 组织结构类型

在实践中,每个组织及其结构都因其特定的使命、环境、文化等因素而展现出独特的形态。然而,从抽象的理论层面来看,尽管组织结构的细节千变万化,其整体架构仍可归纳为几种典型的传统公共组织结构、形式,它们各自具有鲜明的特点和适用场景。随着组织理论和实践的不断发展,还出现了一些基于上述传统结构类型发展而来的新型组织结构类型,如虚拟型组织结构、网络型组织、任务型组织结构等。这些新型组织结构类型更加注重组织的开放性、灵活性和创新性,以适应日益复杂多变的外部环境。

1. 传统公共组织结构类型

（1）直线制组织结构。直线制组织结构是一种简单的垂直领导的结构形式,组织中权力沿着组织结构从顶层向基层流动,每一层级的领导者都对其直接领导的下级具有命令权,职位、权责自上而下垂直分布,处于横向同一层级的机构与人员无任何领导关系,所有要素沿着垂直线上下传递。

(2) 职能制组织结构。这是在公司管理经理之下,设置专业分工的职能机构,配备专业的职能人员,并授予相应的职权的组织结构。这些职能机构与人员在协调与上级关系的同时,也有权力在其业务范围之内对下级单位及下级人员进行指挥、监督、协调、控制等管理。

(3) 直线参谋制组织结构。在直线制组织结构基础上,在组织最高领导者下设立具有专业能力的参谋部门,以实现高位统一领导与专业化管理相结合的结构形式。该结构主要是以直线制结构为主线,以参谋制为补充。在该结构中,参谋只有建议权,没有决策权,主要起咨询与帮助的作用,其建议需要得到最高领导者的授权才会生效。

(4) 事业部制组织结构。这类组织结构又被称为分权组织,主要体现为集中领导下的分权管理。事业部制组织结构要求组织按照产品、业务、部门、地区等要素划分为若干事业部,事业部可以是部门,也可以是分公司。各个事业部独立运营、单独核算,组织内部的最高管理者仍然保留对事业部的人事、财务、监督等的决策权力。事业部是组织最高权力下设的一个具有相对独立性质的管理部门,是一种集中决策、分散经营的组织结构形式。

(5) 矩阵式组织结构。矩阵式组织结构就是将按照职能划分的部门与按照单个项目划分的小组结合起来。该组织结构主要的特征是每一业务单元都有两条管理线,一条是职能管理线,一条是项目管理线,业务单元内的组织成员要受到项目小组与职能部门的双重领导。这种组织结构的形式是固定的,其中的人员可以变动,项目开始组织形成,项目结束组织解散,适用于复杂情况下的一些临时性的工程项目。

2. 新型公共组织结构类型

(1) 虚拟型组织结构。虚拟组织是指组织通过合同外包等形式,聘请外部专业组织来承担组织内部的一些业务,同时保留总部的核心人员与组织力量主要负责制定组织战略以及协调各种承包关系的组织形式。这是一种开放式的组织结构,组织只保留了发挥核心职能的人员与部门,将其他执行职能虚拟化,通过与外部主体形成动态联盟实现组织目标。这种结构具有高度的灵活性,并能够通过合作来共享其他组织的优势资源。

（2）网络型组织结构。网络组织是一个可识别的多重联系与多重结构的系统，具有高度的自组织能力，是具有动态开放性、创新性和边界模糊性的组织。这种结构主要以契约为基础，具有灵活性的网络节点，可以根据组织发展需要与其他任何外部主体产生或中止合作，几乎可以算没有边界的组织形态。在网络型组织结构下，传统组织的中间管理层级被大幅压缩甚至取消，管理的幅度增宽，组织内部的沟通与协调增强，组织的弹性与对外界的反应能力极大提高。

（3）任务型组织结构（团队型组织结构）。这类组织结构主要是为了完成某些特定任务而建立起来的，主要的特点就是任务导向，围绕工作任务、工作流程而设计，不再依照职能部门、组织层级等传统结构来划分组织员工。任务型组织结构主要有单一任务型、多元任务型、延展任务型三类，面对快速变化的外部环境充分发挥积极作用。

4.3.2 国内外政府组织结构实践

政府组织是最重要、最典型的公共组织。在治理实践中，组织结构设置往往并非单纯遵循理论上的基本形态，而是呈现出更为复杂且多元化的态势。这主要是因为组织所面临的内外部环境的多变性和复杂性，要求组织结构必须能够灵活应对，充分利用各种基本形式的优点，以扬长避短，实现最佳治理效果。

4.3.2.1 国外的政府机构设置

1. 国外的政府部门设置

（1）美国总统制下的政府部门设置。

美国的行政系统在总统的领导下进行工作，其中最核心的三个组成部分是总统办公厅（办事机构）、行政部门和独立机构。

美国总统办公厅下辖多个办公室，主要职能是协助总统处理高优先级事项，如管理日常事务、传达总统信息、提供信息和政策建议、协调政策、处理联邦预算等。

美国的行政部门共有 15 个，一般称为部，是联邦政府的主要组成部分。美国实行同类职能归并的大部制，因而每一个部的职责范围都十分宽广，规模庞大，其工作人员占到整个联邦政府员工的70%以上[①]。一些部门内部遵循参与式原则，存在大量具有一定自主权的司局，又被称为事业部制。

除15个部以外，美国还有数量庞大的独立机构在公共管理中发挥着与行政部门不相上下的作用。这些独立机构可以分为两类：一类是独立于总统而直接隶属于国会的独立机构，如劳资关系委员会；另一类是独立于大部门而隶属于总统的独立机构，如食品药品监督管理局。这两类独立机构的地位、职权、经费等都有法律保障，总统和行政部门难以通过行政手段直接施加较大影响，最大程度地确保了它们的独立性（见图4-1）。

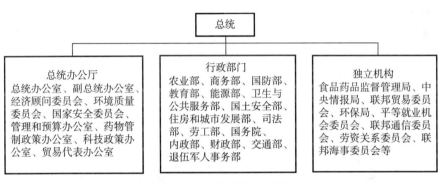

图4-1 美国联邦政府示意图

资料来源：Branches of the U. S. government［EB/OL］.［2024-06-06］. https：//www.usa.gov/branches-of-government.

（2）英国内阁制下的政府部门设置。

英国中央政府的部级部门是英国政府中最重要的综合性机构，一般由一位内阁大臣负责，并由数名国务部长予以辅助，他们属于政务官，与首相保持一致。每个部均有一名资深公务员掌管部门日常事务，属于事务官，保持政治中立，其任期不受内阁影响。

非部级部门，通常由议会依据法律设置，主要承担监管与检查等职责。这些部门的职权经过法律确认，受法律保护，以确保其工作的权威性与合法性。在经费问题上，这些部门需提交预算申请至财政部门，最终由议会做出决策。

---

① 詹姆斯·麦格雷戈·伯恩斯，等. 民治政府——美国政府与政治［M］. 20版. 吴爱明，等，译. 北京：中国人民大学出版社，2007：403.

至于领导者的选任,不是由与首相保持一致的政务官担任,而是由政治中立的高级事务官担任,这一机制确保了非部级部门在执行职责时具有一定的独立性,能够客观公正地履行监管与检察职责。

执行局是政府部门出于一定专业目的而设立的执行机构,在政府部门做出决策后负责执行并提供相应的服务,受所属部门的监督。执行局的设置体现了英国部门权力结构的典型特征,遵循的是一种市场化的逻辑,后面会详细介绍。

非部门公共机构并不隶属于政府部门,在运作上具有较强的独立性,但仍然需要对部门首长负责。根据其工作性质,一般分为四类:一是执行类,负责特定领域决策的执行工作,如环境署;二是咨询类,负责向部门首长提供专家建议,如动物饲料咨询委员会;三是仲裁类,属于司法系统的一部分,对特定的法律事务具有管辖权,如竞争上诉法庭;四是独立监督委员会,设立在各地监狱中,负责监督监狱的运行和囚犯的待遇(见图4-2)。

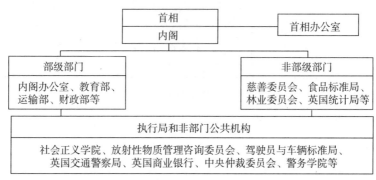

图 4-2 英国政府示意图

(3)瑞士委员会制下的政府部门设置。

瑞士的最高行政机关为联邦委员会,由7名委员构成,每名委员担任一个部的部长,7个部分别为:外交部,内政部,司法与警察部,国防、民防与体育部,财政部,经济事务、教育与研究部,联邦环境、运输、能源与通信部。在此基础上,委员会组建了多个3人小组,负责处理跨部门的内政、外交、经济等事务[1]。瑞士议会每年从7名委员之中选择1人担任主席,对外代表国家,享有部分礼

---

[1] Die sieben mitglieder des bundesrates[EB/OL].[2024-06-06]. https://www.admin.ch/gov/de/start/bundesrat/mitglieder-des-bundesrates.html.

仪和形式上的权力。但在制定决策方面,主席并不拥有超越另外6名委员的权力,一切重要问题都要由联邦委员会集体讨论决定。

2. 国外的政府部门内部组织结构

(1) 美国联邦政府部门的"总部+分部"组织结构模式。

美国政府部门内部结构是"总部+分部"组织结构模式,其典型特征就是大部门内部存在大量具有一定自主权的职能司局(即分部)。以美国交通部的组织机构设置为例(见图4-3),整个部门被划分为包含部长、副部长、部长办公室在内的总部,以及12个依法设立的局(即分部)。总部在部长的领导下,掌握宏观决策和综合监督的权力,负责交通运输政策、部门预算等重要问题的协调和决定,且监督各司局的工作以确保政策的落实。分部则负责执行决策层制定的宏观政策,并因此获得了执行自主权以及衍生而来的具体政策的决策自主权。各分部的权力源自法律或者部长的授权,自身职能完整且拥有独立的人事和财务管理权,因而具有较大程度的独立性,实现了决策与执行的有限分离。

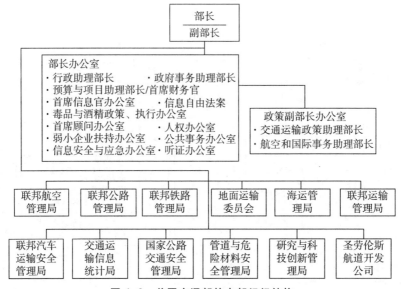

图4-3 美国交通部的内部组织结构

资料来源:杜倩博. 大部制的权力结构:机构合并与分立相融合的内在机理研究[J]. 公共行政评论,2012(6).

(2) 英国政府部门的执行局组织结构模式。

这种组织结构模式的特点是在部门内部设立掌握相应事务执行权的执行局,从而将部门分割为掌握政策目标设定权的核心部(执行局以外的部分)和负责执行政策的执行局,核心部与执行局之间通过签订合同这一市场化的方式进行合作,体现出了一定程度上的公共服务市场化理念。以英国运输部的组织机构设置为例(见图4-4),由该部内阁大臣(部长)、国务部长、政策组主管等高级官员组成的部门管理委员会在4个政策组的普通部门和首席咨询官及私人办公室的协助下集中掌握该部重要政策的决策权力,构成该部门的核心部。核心部做出决策后,通过与政策组下设的公路局等5个执行局签订绩效合同将政策执行权外包出去。执行局在预算和日常运营上独立于核心部,在政策执行上拥有较大的自主权;核心部对执行局的监督主要通过以绩效评估、考核为代表的结果控制来进行。在执行局组织结构模式下,英国政府决策权与执行权之间的关系更近似于一种平等的"委托—代理"关系。

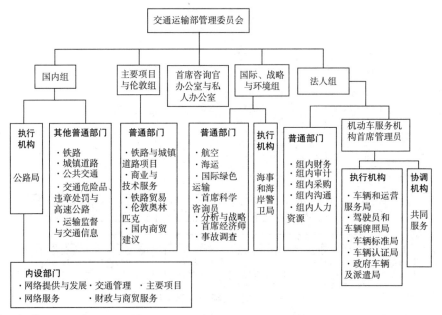

图4-4 英国运输部的内部组织结构

资料来源:杜倩博.大部制的权力结构:机构合并与分立相融合的内在机理研究[J].公共行政评论,2012(6).

第4章 公共组织

(3) 日本政府部门的"职能司局+外局+独立法人"组织结构模式。

这种组织结构模式的特点是设置部门、机构多样化,在内阁各部既有内设的职能司局,同时设有外局、独立行政法人和地方派出机构。日本政府部门内设的独立行政法人是具有独立法人地位的公共机构,承担除行政、监管以外的职能工作,如咨询、技术、服务等①。以日本的农林水产省为例(见图4-5),该省设置5个职能司局,3个部属外局,以及6个独立行政法人和地方派出机构。其中,内设司局负责该省的核心业务。外局一般以厅命名,是省领导下的、相对独立的职能机构,外局具有一定的执法权和行政许可权,并可以自身名义对外行使权力,其地位比内设司局高半格。地方农政局等地方派出机构负责处理与地方相关的业务。独立行政法人依然隶属于各部门管辖,主要承担部分政府无必要直接管理但不能完全放手的公共事务。

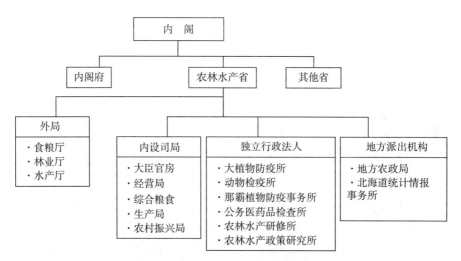

图 4-5 日本农林水产省的内部组织结构

资料来源:沈荣华. 国外大部制梳理与借鉴[J]. 中国行政管理,2012(8).

4.3.2.2 中国中央政府机构设置

1. 中国中央政府部门设置

根据宪法规定,中华人民共和国国务院即中央人民政府,是最高国家权力

---

① 沈荣华. 国外大部制梳理与借鉴[J]. 中国行政管理,2012(8).

机关的执行机关,是最高国家行政机关。从机构组成来看,国务院主要包括七部分:

(1) 办公厅。最主要的职责是协助国务院领导处理日常事务,因而其机构性质具有秘书性、参谋性、协调性的特点。国务院办公厅还负责全国政府信息公开工作并管理国家信访局。

(2) 组成部门。国务院由总理、副总理、国务委员、各部部长、各委员会主任、中国人民银行行长、审计长、秘书长组成。国务院组成部门共 26 个,其设立、撤销或者合并,经总理提出,由全国人民代表大会或全国人民代表大会常务委员会决定。国务院组成部门实行部长(主任、行长、审计长)负责制。

(3) 直属特设机构。目前只有一个,即国务院国有资产监督管理委员会,其主要职能是对国有资产进行管理、监督,具备行政主体资格。

(4) 直属机构。国务院直属机构共 14 个,主管国务院的某项专门业务,大部分具有独立的行政管理职能,因而具备行政主体资格,但机构的设立、撤销与合并由国务院决定,其负责人不是国务院组成人员。

(5) 办事机构。机构改革后,国务院办事机构只有 1 个,负责协助国务院领导处理专门事项,一般不能以自己的名义行使国家职权,不具备行政主体资格,其设立、撤销与合并由国务院决定。

(6) 直属事业单位。一般而言,事业单位不具有行政职能,不列入政府序列。但是这 7 个事业单位具有特殊性,负责的事务特别重要,从而进入了政府序列。

(7) 部委管理的国家局。部委管理的国家局共 17 个,负责管理部委内部相对完整、具有高度专业性的事务,以组成部门名义或由组成部门授权国家局行使行政管理职能,因而在一定条件下具备行政主体资格,其设立、撤销与合并由国务院决定。

2. 中国中央政府部门内部机构设置

中国中央政府部门一般由领导班子、内设机构(即部门机关)、直属机构、派出机构等构成。

各部委实行部长(主任、行长、审计长)负责制,部长(主任、行长、审计长)是该部委各项政策的最终决定者和负责人;部委内部设有多名副部长(副主任、副行长、副审计长),在各自的分管领域协助部长(主任、行长、审计长)进行决策;此外,由于我国是中国共产党领导的社会主义国家,各部委内部的党组成员同样是部委领导班子的组成部分,负责党的相关政策在该部委的落实。

内设机构的编制规模一般较小,但与领导班子一同构成部委的机关,承担着本部委主要政策的协调和制定、预算的规划与落实、人员与业务的监督等重要工作。内设机构可以划分为四类:业务类内设机构,负责行使该部委主要的公共管理职能,例如生态环境部大气环境司一般具有一定的执行自主权和决策建议权;监督类内设机构,负责对本部委以及下级机构的工作人员纪律和业务执行情况进行考核督查,如驻部纪检监察组;决策支持类内设机构,负责为本部委的政策制定提供支持和辅助,包括政策建议、文件起草等工作,如办公厅、生态环境部法规与标准司等,这类机构一般拥有决策建议权;综合控制类内设机构,主要负责机关内部的后勤保障工作,如人事、财务等事项的管理,对部委的正常运转起到支持与保障作用。

除了领导班子和内设机构之外,部委的另一个基本组成部分就是部委直属机构,可以分为四类:公共服务提供类,为市场、社会、民众提供业务范围内的服务,具有一定的市场化特征,如中国环境出版集团有限公司;内部服务提供类,其职能与综合控制类内设机构相近,主要为部门的正常运转、人员培训等事务提供支持保障,如机关服务中心;监管类直属机构,主要承担职能范围内的监督管理工作,对经济、政治、文化、社会、生态环境等方面的具体情况进行监测、管理,是政府职能转变的重点领域,如生态环境部环境应急与事故调查中心;政策研究类直属机构,一般承担政策建议、人才培养、业务规划等工作,包括各类研究院所、学校等,如中国环境科学研究院。此外,派出机构也是部委的常见组成部分,是部委根据实际需要,针对某项特定行政事务而设置的工作机构,例如松辽流域生态环境监督管理局。

最后,一些国务院组成部门内部还存在一类特殊的机构——部委管理的国家局,例如交通运输部管理的中国民用航空局。部委管理的国家局具有完整的职能体系和相对独立性,它们得到了法定的授权,具有行政主体资格,在资金、财政、物资和人事管理上都有一定的权限。部委对国家局的管理更多的是通过行使制定发展规划、宏观政策等宏观"决策权"来实现的,而国家局在宏观政策指导下可以行使微观政策制定权和执行权。

4.4 公共组织的过程

4.4.1 公共组织过程概述

事物发展要经过的系列动态程序就是过程。组织过程即组织为实现目标所进行的管理实践的有机集合,即组织管理过程。依据现代管理学对组织过程的定义,它是指运用一定的管理体制,管理主体遵循管理原则、运用管理方法来实现组织目标的活动过程。法约尔在《工业管理与一般管理》中提出了组织管理的五项职能,即"计划、组织、指挥、协调、控制"。这一从职能视角出发对管理下的定义可以看作最早对组织过程的描述。古立克与厄威克在法约尔五项职能论的基础之上,进一步细化,提出了"计划、组织、人事、指挥、协调、报告、预算"七种职能。这些对于管理职能的经典研究揭示了组织管理过程的实质,就是基于组织管理活动的实践经验,通过对主要环节及其关系的理性总结而设计出来的组织活动运行流程。

公共组织过程就是基于一定的管理体制,公共组织主体遵循公共管理的基本原则,运用公共管理方法行使公共权力,以实现组织目标的活动过程,是由一系列组织管理活动所构成的动态系统。具体来说,公共组织过程包括组织、领导、指挥、协调、决策、执行、监督、沟通、评估等。我们将公共组织过程划分为公共政策过程、战略过程、业务流程、项目管理过程、变革过程这五种类别。

4.4.2 公共组织过程分类

4.4.2.1 公共组织政策过程

公共组织决策、公共组织执行与公共组织监督构成公共组织政策过程。公共组织决策是政策过程的开端,也是公共组织执行的基础,同时是公共组织监督的依据;公共组织执行是公共组织政策能够落地的现实条件;公共组织监督是公共组织执行能够按照决策目标有效运行的保证。这三者构成完整的公共组织政策过程,形成封闭式的管理循环。

1. 公共组织决策

根据达夫特 1996 年对组织决策的定义,组织决策就是识别并解决问题的过程。① 具体包括两个阶段,一是识别公共问题,二是解决公共问题,即组织为实现目标,制定各种可供选择的方案并决定采取哪种方案的过程。公共组织决策则是指公共组织基于政策与法律法规,聚焦于公共管理中出现的问题,设计并选择解决方案的活动。公共组织决策在公共组织中发挥着重要的作用,是公共组织过程的首要环节和各项管理职能得以发挥的基础,公共组织管理过程中所遇到的各种问题,都需要科学的组织决策。

与私人组织等其他组织的决策相比,公共组织决策具有以下特点:(1)公共组织决策主体是具有管理国家公共事务的资格与掌握公共权力的公共组织及其工作人员。(2)公共组织决策内容可以涵盖整个国家和社会范围内一切公共事务,社会生活各个领域的公共事务的管理都与公共决策息息相关,如国防政策、财政税收政策、产业发展政策等等。(3)公共组织决策代表和反映的是社会公众的利益与国家的意志。(4)公共组织决策具有明确的生效依据与约束范围。公共组织决策代表着国家意志与公共利益,依据国家法律法规确定,具有合法性。因此,公共组织决策的约束范围非常广泛,其决策方案公布后,具有普遍性的约束力。

基于以往的管理实践,公共组织的决策过程主要包括四个阶段:一是问题识别,锁定决策目标。公共组织决策问题是能够被主体感知和识别,并需要采取必要行动加以解决的、会对社会产生广泛影响的问题。然后确定决策的核心目标。二是设计并构建解决方案。通过广泛的社会调研确定若干解决方案。三是对比评估,选择最优方案。需要公共组织主体综合评估备选方案,选择最优方案。这一步非常关键。四是局部试点,完善已有方案。通过局部试点的反馈,对已有决策进行修正与完善,弥补遗漏、修正不足。

2. 公共组织执行

公共组织执行是公共组织及其工作人员依法落实公共组织决策,将决策的预期目标转化为现实的活动的集合。公共组织执行的基础和依据是公共组织

---

① 理查德·L.达夫特.组织理论与设计[M].9 版.王凤彬,等,译.北京:清华大学出版社,2008:531.

决策,执行过程终结于组织决策目标的实现。公共组织执行具有以下特点:(1)明显的目标导向。公共组织执行的目标是实现组织决策。(2)现实性。通过具体的步骤和实际行动来落实相关政策,是一种实施性质很强的活动。(3)具体性。公共组织进行政策执行的时候面对的都是具体的、实在的现实场景,需要将执行过程具体化,推动政策与现实的结合。(4)强制性。公共组织执行基于公共权力,以贯彻、落实公共组织的决策为目标,因此执行手段与方式具有一定强制性。

公共组织执行过程包括准备、实施和评估三个阶段。首先,准备阶段分为制定执行计划活动与一般准备活动两个方面,通过深入了解决策的内涵与实质,结合实际情况,制定执行计划。在此基础之上,做好思想和物质准备、组织与人员准备,为决策的实施创造有利条件。其次是实施阶段。在公共组织执行的主体阶段,需要确立指挥中心对公共组织执行的过程、步骤、战略进行严格规划,还需要完善的工作制度保障执行过程顺利进行,同时通过监督对执行情况进行动态调整。最后是公共组织执行评估阶段。这一阶段对先前的执行情况与成效进行评价和总结,一部分在执行过程中进行,另一部分是对执行效果的评定。

3. 公共组织监督

公共组织监督是指除公共组织本身以外的其他组织和个体对公共组织及其工作人员在公共管理中的行为、活动进行监察和督导。公共组织监督主体包括政党、立法机关、司法机关、社会组织、公众舆论等,以及时发现并纠正公共组织在进行公共管理的活动和过程中的失误及不合理行为,是维持公共管理活动有序运作的一股强大力量。公共组织监督主要有以下特征:(1)对公共组织进行监督的主体多元化,不仅包括行政主体,还有社会主体的加入,涵盖国家党政机关、社会组织、公民个人等。(2)公共组织监督对象是公共组织及其工作人员,他们具有双重身份,不仅是监督对象,也是监督主体。(3)监督范围宽、内容广。如对各类公共组织活动的合理性、合法性的监督,对各级各类公共组织人员素质、职业道德、办公效率、遵纪守法状况的监督等,即一切涉及公共管理的内容都能成为监督对象。(4)监督过程公开透明。公共组织监督所依据的相关法律法规、政策都是公开发布的,且要求事务公开、结果公开。(5)整个公共组织监督是依法进行的,其程序与机构是依法设置的,权力是法定授予的,活动是依法进行的,而且出现不当情况会追究法律责任。

监督主体在对公共组织进行监督时主要采取预算、决算与审计、听取工作报告与相关汇报、申诉与控告、质询、弹劾等方式进行,依法监督,防止权力的滥用,保证国家机器正常运转、巩固国家政权,最大程度地维护社会公共利益。

4.4.2.2 公共组织战略过程

"战略"一词源于军事领域,用以指代在军事战争中指挥者基于现实情况所制定与实施的具有全局性、长远性、纲领性的政策、方针、规划。进入20世纪以后,企业管理领域引入战略的思想,并将其定义为企业所明确的长期目标、选择的行动路径并为实现这些目标进行资源分配的动态过程[①]。面对日益复杂、动荡、多元的外部环境,公共组织需要运用战略管理的思维对自身的生存与发展进行审视。公共组织战略过程即公共组织进行战略管理的过程,我们将公共组织战略管理定义为公共组织在决策、执行与监督具有全局性、纲领性、长远性的组织目标、方针与政策的活动中,通过分析组织内部的优劣势,厘清外部环境的机遇与挑战,选择一定的策略、技术与手段以更好地实现公共利益的过程。这一过程包括战略分析、战略制定、战略实施与战略监督四个部分。公共组织战略管理会对组织能否实现目标产生重要影响,具体会影响到组织的计划、指挥、协调等各项职能。

公共组织战略管理除具有一般战略管理的特征外,还具有以下特性:(1)公共性。公共组织战略管理的主体为公共组织,其核心目标是维护并实现公共利益,因此公共组织战略是为了实现公共目标、提供公共服务而制定的,具有强烈的公共性质。(2)强制性。公共组织战略管理是代表国家行使公共权力,代表公共利益,具有公共行为倾向,所以它具有强制性,不会因为个别或少数群体而轻易改变。(3)目标的模糊性。公共组织所处政治环境具有高度复杂性,所要处理的社会问题具有不确定性,在外部环境不断施加影响的情况下需要兼顾多元利益集团,所以公共组织通常具有众多模糊的、不断变化的目标。

基于上述特性,公共组织需要在战略管理过程中运用恰当的措施来确保战

---

① 丁宁.企业战略管理[M].4版.北京:清华大学出版社,2019:3.

略目标的实现。第一,在战略分析阶段,运用诸如 SWOT 等战略分析工具进行战略分析时,需要考虑公共权力、财政预算、多元利益集团的需求与影响力,并在外部环境中着重考虑政治形势。第二,在战略选择阶段,公共组织应基于战略分析中了解到的内部优劣势、外部机遇与挑战的具体情况,综合考虑和比较多个备选方案,在评估备选方案时要尽量规避战略模糊性与多主体作用的影响,考虑公平与效率,实现科学决策。第三,在战略实施阶段,要将公共组织的特殊性考虑进来,灵活应对可能发生的危机情况,并与第四阶段的战略监督相结合。第四,在战略监督与评估阶段,要保证每一环节都有多元主体参与监督,确保目标有效实现。

4.4.2.3 公共组织业务流程

公共组织业务流程重点关注组织的流程再造。公共组织业务流程再造是在引入现代企业业务流程再造理念的基础上,关注公共利益与公众需求,对公共组织原有的组织结构、业务流程进行全面、彻底的重组,以促进公共组织更有效率地运行。公共组织流程再造的目标在于通过组织结构、业务流程的重组来提高组织运行绩效,具体体现为:(1)业务流程再造的目标指向是构建一个具有公共服务精神的公共组织。以服务对象为核心,转变传统的以"自我为中心"的管理理念与技术方法,将实现公共利益、满足社会公众需求作为核心目标,因此流程设计、结构优化都以满足服务对象的需要为出发点和核心。(2)重点关注组织流程,强调系统性、整体性的流程优化。业务流程再造意味着一切工作围绕"流程"进行,而非先前的以专业的职能部门为中心,整合破碎、重复的流程和活动,强调组织内部业务、信息、流程、服务等的沟通与协同,注重整体流程的系统性优化,以实现整体最优为目标,强调流程中每一环节都实现最佳优化。(3)提供"一站式"服务,公共组织业务流程再造要求以供给公共服务为核心,以公共组织能否直接面对服务对象为界限,分为前台与后台。前台直接面对服务对象提供服务,后台为前台提供服务支持,前后台间存在着"供给—被供给"的关系,以服务为核心相互连接,为公众提供以"服务链"为连接基础的"一站式"服务。(4)追求有机化的组织结构。伴随着业务流程优化,公共组织追求一种具有动态性、灵活性和适应性的组织结构,以实现管理层级的扁平化、部门弹性化、开放性与动态适应性。

公共组织业务流程再造并非简单地重组组织内部工作流程,也不是单纯地运用信息技术实现部门联通,而是公共部门的服务理念、核心追求、治理准则、行为模式、体制机制的整体性重塑,不仅涉及公共组织内部机构间的沟通与互动,还有与社会组织、社会公众之间的联通。政府流程再造可以划分为准备阶段、项目规划与启动阶段、分析评估阶段、新的流程规划阶段、实施阶段、检测评估阶段等[①]。

4.4.2.4 公共组织项目管理过程

公共组织处于瞬息万变的社会环境中,其任务已经由重复性、简单化的任务为主转变为独特性、复杂化的任务为主,这些任务都具有项目的特征。在此背景下,公共组织的任务大多以项目形式进行报批,与之相对应的任务分工、资源配置、评估反馈等都以项目形式进行管理。公共组织项目主要针对某一特定目标,涵盖不同领域,如经济、农业、国防、文化、科技等。

公共组织项目管理是指以公共组织为管理主体,依据法律法规对项目的全过程进行管理,包括前期调研、研究设计、项目审批、立项、项目实施、项目监督与评估等,保证公共组织项目顺利运行的过程。

从项目生命周期进行过程划分,公共组织项目管理过程主要有规划立项、项目实施、评估监督、项目维护四个阶段。规划立项阶段主要关涉获取有关许可及主管部门对项目可行性研究报告的批复,确定项目具体建设方案、投资方案等细节。项目实施阶段是项目建设的实质性阶段,主要包括勘察设计、建设准备、工程施工、生产准备、竣工验收等一系列工作。评估监督阶段主要包括项目进度跟踪与控制、预算控制、质量控制与风险监控等。项目维护阶段主要包括制订维护方案、实施维护管理工作等以保证项目在竣工验收后能够正常运行和持续发展。需要注意的是,项目管理过程的四个阶段并不是严格区分的,有些阶段可能会交叉重叠,这与项目管理的具体实施有关。

4.4.2.5 公共组织变革过程

变革是指将事物中旧的、不合理的、不符合现实发展的部分改变为新的、与

---

① 金竹青.政府流程再造:现代公共服务路径创新[M].北京:国家行政学院出版社,2008.

客观实际相匹配的部分。随着经济全球化、数字化技术发展,各类组织都处于不断的变革之中,公共组织也在不断地进行动态化的变革,如职能转变、部门结构调整、组织制度完善、技术手段创新、组织理念更新等等。公共组织变革就是指公共组织基于组织环境的变化,在组织与现实出现不适配时及时地调整战略决策、组织结构、方式手段、文化理念等,以促进组织发展的过程。公共组织变革是公共组织发展的过程与表现。

采取何种方式进行公共组织变革,对变革的成败会产生重要的影响。根据组织内部需求、外部环境,变革一般有以下几种方式:一是计划式变革。运用系统观解决组织发展中出现的问题。先由决策者构思初步方案,然后由公共组织成员共同细化、修改并确定解决问题的最终方案,最后落实。这种变革方式能够对组织成员的战略意识进行培训,对组织长期发展有促进作用,而且成员有一定思想准备,变革阻力较小。二是渐进式变革。这种方式以某些容易解决的部分为切入口,遵循稳中求变、积小变为大变的原则进行,整体具有审慎性。这种变革的过程具有较高的可控性,不会在组织中产生较大的动荡,但花费时间长,不适合具有迫切性的要求。三是突变式变革。在短期内完成公共组织的重大变革,包括职能翻新与结构重组。这种变革方式能够在较短时间内快速实现变革目标,但变革阻力较大。

公共组织变革过程一般会按照一定的程序和步骤进行:第一,需要管理者对公共组织变革需求有正确的认知,不仅要了解变革的重要性,还要了解组织在何种情况下需要变革。第二,公共组织诊断。这是指公共组织管理者与相关领域专业人员基于科学理论、方法,分析组织现状,并通过调查研究找到组织存在的问题,提出具有可行性、针对性的变革方案。第三,确定公共组织变革目标、确立具体方案并进行选择。首先确立目标,包括长远目标与短期目标、期望目标与实际目标,通过确立变革方案将目标具体化。第四,实施公共组织变革方案。在恰当的时机发动变革,通过一定的方式在组织内部形成促进变革的气氛。在实施变革过程中,动态地匹配相关的人力、物力、财力,出现不合理的地方及时调整。第五,公共组织变革评估。通过评估来检验公共组织变革的预期目标是否达成,总结变革的成效。

复习思考题

1. 简述组织与公共组织的特性。
2. 阐述组织理论的发展阶段与内容。
3. 解释公共组织结构设计变量。
4. 叙述公共组织过程及其分类。
5. 结合信息技术探讨如何优化公共组织过程。

第 5 章　公共领导

■ **本章学习要点**

- 领导的概念
- 领导者行使权力
- 公共领导理论
- 公共领导者素质
- 领导效能

5.1　公共领导概述

5.1.1　公共领导概念

5.1.1.1　公共领导的含义与属性

领导的概念不仅包含领导者的含义,更包括影响被领导者的过程。领导是一种行为过程,是指领导者根据领导环境和被领导者的实际情况确定一定的目标和任务,通过示范、说服、命令、竞争与合作等途径获取和动用各种资源,引导、影响和规范被领导者,实现组织目标的行为互动过程。简言之,领导是在一定的环境下,为实现既定目标,对被领导者进行统御和指引的行为过程。这种行为过程是人类自觉的社会实践活动,也是永恒、特殊和重要的实践活动。公共领导一般指公共行政领导,是指在从事公共管理的政府部门及非政府公共机构中依法担任领导职务,行使法定领导权力并负有相应领导责任的个人和集体①。

领导的概念具有五个层次。第一,作为个人层次的领导概念。该领导概念更多是强调领导者与被领导者的不同,强调领导者拥有自信、诚实可靠、热情等独特的品质。第二,作为二元层次的领导概念。这一领导概念更多强调领导者与被领导者之间的合作、信任关系,即领导者使被领导者感受到鼓励和支持。第三,作为团队层次的领导概念。此领导概念更多强调如何带领一群人实现组织的目标。第四,作为组织层次的领导概念。这更多强调组织在竞争中获胜需要依靠领导。第五,作为政治层次的领导概念。这种意义上的领导概念更多强调政治意识、价值观等领导者的个人特质。

从领导的性质看,领导具有自然属性和社会属性双重属性。领导的自然属性是领导的一般属性,具有永恒性,在各种社会经济形态下都存在,是所有领导所共有的,指领导活动中的指挥和服从关系的属性。这种自然属性表现为带领、引导、激励、指挥、协调被领导者的思想、认识和行动。而领导的社会属性是指由社会生产方式决定的领导者和被领导者之间的经济、政治等利益的对立或一致关系的属性。这种社会属性体现立场、意识形态和服务目的。领导的本质主要是社会属性所决定的。社会属性制约着自然属性,决定着社会活动中领导者的产生方式。领导的自然属性和社会属性之间的关系是领导在带领、引导、激励、指挥、协调中,体现出的立场、意识形态和服务目的的异同。

在组织中,领导可能扮演名义领袖、发言人、谈判者、教练、激励者、团队创造者、团队实践者、技术问题的解决者等角色②。

5.1.1.2 领导与管理的区别

领导与管理都是领导科学的重要概念。"领导者也管理,管理者也领导,但这两种行为并不一样。"③从狭义来看,管理更强调对决策的执行,领导更强调对

---

① 朱立言,李国梁. 行政领导学[M]. 3版. 北京:中国人民大学出版社,2015:50.
② A. J. DUBRIN. Leadership: research findings, practice and skills[M]. Delhi: Dreamtech Press, 2008: 9-13.
③ B. M. BASS. Bass & Stogdill's handbook of leadership: theory, research & managerial applications[M]. 3rd Edition. New York: Free Press, 1990: 383.

决策的制定。从广义上来看,管理既包括对决策的执行,也包括制定决策;领导既包括决策制定,也包括对决策的执行。管理是管理者在合法的、有报酬的和强制性权力的基础上对下属发出命令的行为。领导可能建立在合法的、有报酬的和强制性权力的基础上,但更多的是建立在个人影响力和模范作用的基础之上。

因此,领导和管理看似属于相同的概念,但实际上却存在根本性的差异。第一,权力来源不同。管理的权力由组织赋予,领导的权力取决于追随者的意愿,即被领导者的追随和服从。第二,两者职能不同。管理是计划、预算、组织和控制某些活动的过程,表现为一套看得见的工具和技术。领导更多地表现为人的方面,具有人文特征,表现出多才多艺和灵活性,是科学和艺术的统一。第三,两者的功能不同。管理是维持秩序,重点在于把事情做对,正确地执行决策,一般只能发挥员工60%的能力。领导则是带来变革,做正确的事情,领导可以把员工其余40%的能力发挥出来。第四,两者要求人的素质不同。管理角色是一种专门化的、职业化的职务。而领导角色所需要的素质结构更为复杂,除了职业化的要求外,还需要人际沟通能力、表达能力等。第五,两者的成长途径不同。管理者可以通过专业培训培养。而领导者不仅需要培养,更需要在实践中竞争成长。真正的领导者都是在竞争中锻炼出来的,绝不是培养出来的。我们常说的培养领导者更多意义上是增加领导者的锻炼学习机会,而成为合格的领导者则需要领导者在竞争中不断锤炼。

5.1.2 公共领导权力

权力是指一个人影响他人的能力。韦伯认为,权力是一个人或几个人所拥有的机会,这些机会使他们通过集体行为,甚至是在他人反对的情况下,实现自己意志的可能性[1]。权力是一种影响他人做某件事的力量。这种力量可能是强制性的,也可能是来自公共领导者自身的人格感召力,表现为下属的自愿服从和自愿归依。

权力分为正式权力和非正式权力。正式权力又称法定权力,也可以称为职

---

[1] 马克斯·韦伯.社会学的基本概念[M].胡景北,译.上海:上海人民出版社,2005:89-90.

务权力或位置权力,是为了履行职务所规定的职责而赋予领导者对人或物的支配权。这种权力往往由合法权、奖赏权、威胁权、信息权等构成,是组织有关制度规定的正式权力,被组织、法律、传统习惯或常识所认可。非正式权力是与职务无关的权力,依赖于领导者个人的某些特质,主要包括专长权、参照权等权力。

5.1.3 领导要素

领导活动是领导者、被领导者、领导环境、领导手段和领导目标五个基本要素相互作用的活动过程,具有多因素性、多功能性、高度的综合性、鲜明的人文特点等特征。其中领导者、被领导者和领导环境是领导活动有效进行的必要条件。

领导者是指社会共同活动中,在一定的职位体系中担任一定领导职务的个人或集体,是职务、权力和责任的统一体。领导者扮演拥有职权、负有责任、提供服务、富于创新等多重角色,通过对组织成员的影响力和组织赋予的权力,组织群众完成任务。领导者是领导活动的最主要的主体,是领导活动的核心,对领导活动的成败起着关键作用。

被领导者也称追随者,是在领导者领导下进行活动的个人或群体。被领导者是领导者领导活动的主要对象,同样也是领导活动的主体,在领导活动中居于基础地位,是领导活动能够顺利完成的重要因素。被领导者在领导者的领导下,按照领导的意图,为实现组织目标而从事具体实践活动,具有服从性、受动性、对象性、源泉性、不担任职务或担任较低职务的特点。

领导环境是指除领导者自身因素以外,影响领导活动的所有条件,包括自然条件,政治、经济、文化、科技等社会条件,组织的基本状况,被领导者的综合素质等。领导环境是领导活动顺利进行的前提,任何领导活动都是在一定的自然环境和社会环境中进行的。领导者应该利用自己掌握的权力去营造良好的领导环境。

5.2 公共领导理论

5.2.1 马克思主义的领导理论

马克思、恩格斯不仅是无产阶级领导实践活动的积极参与者,也是无产阶级领导理论的创始人。无产阶级的领导最根本的性质是无产阶级的政治统治。无产阶级领导的基本任务是推翻资产阶级的统治,由无产阶级夺取政权①。党的领导是无产阶级领导的最高表现,无产阶级的领导必须由党的领导来实现。无产阶级领导者的本质是人民群众的公仆,是为绝大多数人谋利益②。列宁进一步发展了马克思主义的领导理论,提出无产阶级政党领导体制应采取民主集中制的组织原则,实行集体领导。

  毛泽东领导理论发展了马克思主义的领导理论,指出无产阶级领导活动的根本宗旨是全心全意为人民服务。毛泽东提出,领导活动的工作路线是坚持群众路线,思想路线是坚持实事求是,并特别指出领导者的责任归结起来就是出主意和用干部两件事③。在领导艺术方面,提出统筹兼顾、抓主要矛盾、学会弹钢琴、把握工作主动权等领导方法。邓小平领导理论继承和发展了毛泽东思想,提出领导就是服务的重要思想,并在《党和国家领导制度的改革》中提出了一系列改革措施。邓小平还提出接受群众监督,不搞特殊化,依法从事领导活动等重要观点。此外,邓小平特别重视领导者的政治素质,指出"到什么时候都得讲政治"④。江泽民十分重视领导者的政治素质,指出领导干部一定要讲政治,这里的政治包括政治方向、政治立场、政治观点、政治纪律、政治鉴别力、政治敏锐性⑤。他还提出"三严""四自",即对领导干部要严格要求、严格管理、严格监督,而领导干部自己要自重、自省、自警、自励。胡锦涛强调"必须坚持不懈地加强领导干部党性修养,使各级领导干部始终保持共产党人的政治本色,发扬党的光荣传统和优良作风,树立和坚持正确的事业观、工作观、政绩观"⑥。2015年7月1日,习近平总书记在中央全面深化改革领导小组第十四次会议上的讲话指出:"领导干部是否做到严以修身、严以用权、严以律己,谋事要实、创业要实、做人要实,全面深化改革是一个重要检验。"

---

  ① 中共中央马克思恩格斯列宁斯大林著作编译局.马克思恩格斯选集:第1卷[M].北京:人民出版社,2012:413.
  ② 同上书:411.
  ③ 毛泽东.毛泽东选集:第2卷[M].北京:人民出版社,1991:527.
  ④ 邓小平.邓小平文选:第3卷[M].北京:人民出版社,1993:166.
  ⑤ 江泽民.论党的建设[M].北京:中央文献出版社,2001:186.
  ⑥ 胡锦涛在十七届中央纪委三次全会上强调:加强领导干部党性修养弘扬良好作风 继续推进党风廉政建设和反腐败斗争[J].领导科学,2009(3).

5.2.2 中国传统领导理论

中国传统社会的领导思想是几千年领导活动的经验总结,内涵丰富,其中较为重要的有民本思想、富国强民思想、教民化俗思想等。民本思想是贯穿中国传统社会领导实践的重要思想。孔子提出的"君以民为本",孟子的"民贵君轻"论,荀子提出的"君舟民水",柳宗元提出的"吏为民役",朱元璋奉行的"安养生息"论等,都不同程度体现了民本思想。富国强民思想也是中国传统社会中重要的领导思想。"治国之要,首在富民。"孔子主张"使百姓足",管仲主张"凡治国之道必先富民",商鞅主张"上藏",韩非子主张"蓄王资",荀子主张"上下俱富"。中国传统领导理论还强调教民化俗的作用。孔子在主张富民的同时也强调"教之",即主张教民化俗。孟子认为"逸居而无教,则近于禽兽"。他主张教化的内容主要为儒家所倡导的伦理道德规范,即仁义礼智信忠孝廉耻等。此外,变法求新、尚贤任能、修身正己等思想也贯穿几千年的领导实践。

中国古代的领导思想对于理解当下领导者素质、领导艺术、领导者选人用人等方面,具有巨大的启示作用。在领导者素质方面,儒家强调领导者应该是全人、通才,强调智、仁、勇均衡发展。正所谓"德操然后能定,能定然后能应,能定能应,夫是之谓成人,天见其明,地见其光,君子贵其全"。此外,儒家还强调领导者应该有忧患意识,有责任意识,以道治国。如"作《易》者,其有忧患乎?""居安思危""反求诸己""下学而上达"。在领导艺术方面,古代的领导思想强调君主要独断、杀伐果敢,"独视者谓明,独听者谓聪,能独断者可以为天下主","主君用刑,若电若雷"。在驾驭下属、选才用人等方面,古代的领导思想则更为丰富。吕氏春秋中有"贤主劳于求人,而佚于治事"的说法,晏婴提出"有贤而不知,一不详;知而不用,二不详;用而不任,三不详"的论断,刘邦有"运筹帷幄之中,决胜千里之外,吾不如子房;填国家,抚百姓,给馈饷,不绝粮道,吾不如萧何;连百万之众,战必胜,攻必取,吾不如韩信"的识人之才,诸葛亮有"亲贤臣,远小人,此先汉所以兴隆也;亲小人,远贤臣,此后汉所以倾颓也"的治国之道。此外,中国古代领导实践中强调的德才兼备的选贤标准、人尽其才的惜才理念等极具启发意义。如"毋以日月为功,实试贤能为上""德才兼备为圣人,无德无才为愚人,德胜过才为君子,才胜过德为小人""若录长补短,则天下无不用之人;责短舍长,则天下无不弃之士"等。

5.2.3 领导特质理论

领导特质理论是指从领导者的性格、生理、智力及社会因素等方面寻找领导者特有品质的理论,也称领导素质理论。早期的特质理论认为,领导者在生理、个性、智力、工作、社会等方面独具的特质,影响能否成为领导者和领导绩效。比如,在领导者生理特质方面,相关学者发现个人的身高、体重、体格、惯念用的仪态举止等对能否成为领导者及领导绩效产生影响;在个体特质方面,发现自信、热情、外向、正直、负责、勇敢、魅力、独立性和内控性等个体特质对能否成为领导者及领导绩效产生影响;在智力特质方面,发现记忆力、判断力、逻辑能力和反应灵敏程度对能否成为领导者及领导绩效产生影响;在工作特质方面,发现责任感、首创性和事业心等都会对能否成为领导者及领导绩效产生影响;在社会特质方面,发现沟通能力、指挥能力、控制能力和人际交往能力等对能否成为领导者及领导绩效产生影响。亨利和吉塞利归纳的12点领导者特质,分别是成就欲强、干劲大、尊重上级、组织能力强、决断力强、思维敏捷、自信心强、极力避免失败、讲求实际、亲近下属、对父母没有感情上牵挂、忠于组织等①。相对而言,早期的领导特质理论中用来描述特质的词语内涵不够清楚,更强调领导天赋论,认为领导者是天生的,不重视后天培养。同时,早期的领导特质理论容易忽视下属的需要和领导行为发生作用的环境和条件,没有区分因果关系。

20世纪中期,领导特质理论认为,领导特质只是领导成功的一个维度。拉尔夫·斯托格迪尔(Ralph Stogdill)指出:"单一特质和领导效能之间没有因果关系。"②进入20世纪80年代,领导特质理论得到了新的发展,不再局限于区分领导者和被领导者之间的差异,而是从后天的领导实际及社会生活中寻找领导者特质的共同点和发展途径。詹姆斯·M.库泽斯(James M. Kouzes)和巴

---

① 关力.亨利等人有关领导者品质的理论[J].管理现代化,1990(5).
② R. M. STOGDILL. Personal factors associated with leadership: a survey of the literature[J]. The journal of psychology, 1948(1).

里·波斯纳(Barry Z. Posner)从 1980 年开始调查近千家企业及政府行政部门,尔后又分别在 1987 年和 1995 年进行了两次调查。他们发现,诚实、有远见、懂得鼓舞人心、能力卓越是领导者较为重要的特质①。

5.2.4 领导行为与风格理论

20 世纪 40—50 年代,随着行为科学的兴起,领导学的研究视角开始转向了领导行为方面。不同于领导特质理论的天赋论,领导行为理论更多的是去寻找能够决定领导效能的具体行为。领导行为与风格理论认为,领导者是可以培养的,通过设计一些培训项目可以将有效领导的模式移植到个体身上,其主要内容包括领导行为四分图、管理方格理论等。

领导行为四分图是美国俄亥俄州立大学的拉尔夫·斯托格迪尔和阿尔文·库恩斯(Alvin Coons)于 20 世纪 40 年代提出的。他们首先列出 1000 多种刻画领导行为的因素,然后通过逐步筛选、归并,最后归纳为建构、体恤、生产、敏感四个维度②。直至 70 年代爱德温·A. 弗莱希曼(Edwin A. Fleischmann)和简·西蒙斯(Jean Simmons)发现生产和敏感两个维度几乎没有解释力,因此,缩减为建构和体恤两个维度。通过建构和体恤维度的高低组合,形成低建构—高体恤、高建构—高体恤、低建构—低体恤、高建构—低体恤四种情况③。其中建构界定组织的需要和组织结构条件,要求达成组织的目标;体恤则强调以人际关系为中心,尊重下级的意见,强调职工的需要。

1964 年,美国管理学家罗伯特·布莱克(Robert Blake)等人设计并提出了管理方格图理论④。该理论把对人的关心程度和对生产任务的关心程度两个变量以坐标的方式组合起来,用来描述领导方式的差异。根据管理方格形成了五种领导方式。第一种是贫乏型,指对下属和工作都漠不关心。第二种是俱乐部

---

① 詹姆斯·库泽斯,巴里·波斯纳. 领导者:信誉的获得和丧失[M]. 海良,译校. 北京:中国经济出版社,1999:10-19.
② R. M. STOGDILL, A. E. COONS. Leader behavior: its description and measurement[M]. Columbus: Ohio University, 1957: 39-51.
③ E. A. FLEISCHMANN, J. SIMMONS. Relationship between leadership patterns and effectiveness ratings among Israeli formen[J]. Personnel phychology, 1970(2).
④ R. R. BLAKE, et al. Managerial grid[J]. Advanced management-office Executive, 1962(9).

型,指领导支持和体谅下属。第三种是任务型,强调生产任务和效率。第四种是中庸型,强调采取中庸态度,保持平衡。第五种是团队型,强调关心人和生产,强调命运共同体等。

5.2.5 领导权变理论

权变意味着某一事物依赖于其他某些事物,因而领导者要进行有效领导,就必须在领导行为、风格和环境之间找到平衡。权变方法试图通过描绘环境和被领导者的特征,进而探讨行之有效的领导方法。领导权变理论主要包括菲德勒的权变模型、赫西和布兰查德的情境领导理论、豪斯的路径—目标理论。

弗雷德·E. 菲德勒(Fred E. Fiedler)的领导权变模型的基石是领导者应在何种范围内采用关系导向或任务导向的领导风格[①]。前者关注的是员工,后者关注的是任务。菲德勒使用领导者—成员关系、任务结构和职位权力三个关键要素来描述该模型,并结合三种关键因素总结出了 8 种领导环境。其中,领导者—成员关系是指团队内的气氛及成员对领导者的接受程度;任务结构是成员完成任务的程度;职位权力是领导者对下级拥有的正式权力。研究发现,当环境条件较好或很不好时,任务导向型领导比较有效;当环境条件一般时,关系导向型领导者更有效。

保罗·赫西(Paul Hersey)和肯尼思·布兰查德(Kenneth Blanchard)的情境领导理论的主要观点是员工具有不同程度的主动性,对待不同的员工应该采取不同的方法。有些员工主动性较弱,缺乏能力或安全感;而另一部分员工则主动性强,拥有较强的能力、技巧和信心。当追随者表现出很低的主动性时,命令型领导更为有效。领导者必须非常明确地告诉追随者应当做什么、如何做以及何时做;当追随者主动性处于中等水平时,领导者采取劝说等方式较为合适;当追随者主动性较高时,参与型领导方式比较有效;当追随者受教育程度很高、经验丰富、主动性较强时,授权型领导方式则更为有效。

豪斯的路径—目标理论认为领导者会调整自己的行为来适应环境,并据此

---

① F. E. FIEDLER. A contingency model of leadership effiectiveness[J]. Advences in experimental social psychology, 1964(1).

将领导者行为分为指导型、支持型、参与型、成就型四种类型①。路径—目标理论列出了领导行为适应环境的四种情况:第一种情况,当下属缺乏自信时,领导者应采取支持型行为,鼓励下属完成工作;第二种情况,当员工任务不明确时,需要采取指导型领导,给予充分有效的指导;第三种情况,当员工觉得任务没有挑战性时,可以采取成就导向型领导方式,为员工设定更高的目标;第四种情况,当员工获得的奖励并不恰当时,则需要采取参与型领导方式,与下属及时沟通并主动了解下属的需要。同时,路径—目标理论中包含两个重要的权变因素:一个是下属的权变因素,如领悟能力、教育程度、对独立和成就的需求等;另一个是环境的权变因素,如任务结构、正式权力系统、工作群体、非正式组织等。

5.3 公共领导素质、性格与形象

5.3.1 领导者素质

5.3.1.1 领导者素质的概念

领导者素质是从事领导工作必须具备的基本条件,以及在领导工作中发挥作用的内在要素的总和。领导者素质具有双重含义,一方面是指构成领导者的各种内在要素,另一方面是指这些要素的现实状态。领导者素质是决定着领导行为和领导结果的能动因素,是开展领导活动的前提、基础,是领导主体取得成功的最重要的内在条件,也是事关群体或组织的命运和利益的重要因素之一。

领导者素质是作为领导人才的领导者因其地位作用而与其他人区别开来的、具有明显特殊性的专门素质。这种专门素质以普通素质为基础,在具备普通素质的一般特点之外,拥有的一些独特的具体特点,具有独特的素质结构。第一,领导素质具有物质性和精神性的特点。物质性是指领导素质离开物质依托就无法存在,精神性是指领导素质大部分属于心理机能和精神范畴。第二,领导素质还具有先天性和后天性的特点。先天性素质决定了领导素质的基本

---

① R. J. HOUSE. A path goal theory of leader effectiveness[J]. Administrative science quarterly, 1971(3).

水平,如生理、气质、秉性、禀赋等先天因素都受遗传影响。后天性素质是领导者经过有目的的培养所形成的可以弥补先天不足的素质,如思想素质、道德素质等。第三,领导素质具有社会性和时代性的特点。领导素质的意义在于其社会性,脱离社会,领导素质将毫无意义。领导素质的时代性是指不同社会背景下的领导素质具有的不同社会色彩。此外,领导素质还具有多样性、组合性、积淀性和发展性等特点。

5.3.1.2 公共领导应具备的素质

关于领导素质是先天具有还是后天培养的,一直都存在较多争论。伟人视角认为,领导者和被领导者有根本性差异,领导者是天生的,不是后天培养的。领导者特质理论也认为,领导者和被领导者之间存在根本性差异,但不是天生的。领导绩效理论则认为,具有某些领导特质不一定能成为领导,即便成为领导也不一定能取得成功。单一的领导特质和领导效能之间没有相关性。变革型领导视角认为,领导者是与被领导者不同,拥有某些特质,但这些特质只是前提,必须采取正确行动才能成功。

领导者需要拥有某些特质。一个优秀的领导者需要拥有哲学家的思维、经济学家的头脑、组织家的才干、政治家的度量、军事家的果断、幻想家的想象、律师的善辩之才、战略家的眼光、外交家的纵横之术以及新闻记者的敏锐。对于公共领导者而言,也应该具备这一领域领导者应有的特质。

公共领导者应具备的首要素质便是政治素质。这种政治素质包括政治思想觉悟、政治理论水平和政治品质等。政治素质是公共领导者的灵魂,是具体的、最重要的素质。在中国,政治素质体现为拥有深厚的政治理论基础,极强的政治坚定性和理论成熟度,牢固的马克思主义世界观、人生观和价值观,高度的政治觉悟,正确、鲜明、坚定的政治信仰和政治信念,强烈的政治热情等。

公共领导者应具备一定的文化素质。一方面,公共领导者应该具有一定程度的文化素养。公共领导者应具备比普通人更广的知识面,对哲学、历史、文学、管理学、社会学等知识都应有所掌握,具备专业知识的深度和社会知识的广度。另一方面,公共领导者还应对特定文化具有很高的素养。公共领导者需要熟悉且能够正确对待和处理人际关系,掌握实际的领导互动规则,自觉、摒弃形式主义、个人主义、封建主义等错误观念,树立科学、民主和法制的精神。

公共领导者应具备一定的能力素质。能力素质是各方面素质综合作用的结果,是一个巨大的能力群,是在长期的社会实践中逐步发展起来的。按照中共中央印发的《党政领导干部选拔任用工作条例》的规定,领导干部应"有强烈的革命事业心、政治责任感和历史使命感,有斗争精神和斗争本领,有实践经验,有胜任领导工作的组织能力、文化水平和专业素养"。

公共领导者还应具有良好的身体素质。身体素质是构成人的所有物质成分、物质机能和健康状况的总和,包括物理意义上的身体素质和心理意义上的身体素质,即心理素质。身体为事业之本,毛泽东的名言——"文明其精神,野蛮其体魄"充分表明了身体素质的重要性。心理素质主要包括气质风度、情绪稳定性、责任心、自信心、自我认知等,为其他所有素质提供了心理基础等。

5.3.2 公共领导者性格

领导者性格可以分为内部控制型性格与外部控制型性格[1]。内部控制型性格的人相信周围的事情大多是自己行动的结果,对自己的生活有一种控制感,成功与失败都归为自己努力的结果。内控型性格的人倾向于以任务为导向,设立远大目标并为实现目标付出最大努力。他们不愿意服从权威,更愿意承担风险且较少焦虑。外部控制型性格的领导者把生活中的事件看作外部压力作用的结果,感觉不能控制自己的生活。外部控制型性格的领导者对外部事件更加敏感,在压力之下很难振作,并且总是依赖他人的判断,更容易服从权威。作为领导者,他们更倾向于使用强权,对下属进行更多的控制。这两种性格相比,内控型的人更有可能成为团队的领导者。同时有研究表明,内控型领导者的团队绩效要好于外控型领导者。内控型领导者更容易选择一个具有风险和创新性的组织战略。对于被领导者而言,团体成员也更喜欢内控型的领导者,因为他们会愿意承担起自己的责任。

领导者性格还可以分为高自我监控和低自我监控两类[2]。自我监控指敏锐

---

[1] J. B. ROTTER. Generalized expectancies for internal versus external control of reinforcement[J]. Psychological monographs: general and applied, 1966 (1).

[2] M. SNYDER. Self-monitoring of expressive behavior[J]. Journal of personality and social psychology, 1974 (4).

觉察到社会变化并及时做出反应的能力和意志力，是能否成为领导者的重要决定因素。高自我监控性格的人能敏锐觉察社会变化并据此调整自己的行为，以适应形势的需要。低自我监控性格的人则缺乏调整自己行为的动机和能力，对外界的变化几乎没有反应，不能及时调整行为以适应形势的需要。高自我监控者的特征主要包括关注社会行为的适当性、留意社会信息、相对擅长表演、愿意且能够控制行为以使自己的表现最优化等。高自我监控者对团队成员心目中的领导形象更为敏感，他们会进行更多的组织建设，并向团队成员展示出领导者应当有的行为。

根据权谋倾向可以将领导者性格分为高中低三类。权谋倾向是通过影响和操纵别人达到自己目的的偏好和能力。高权谋倾向性格的领导者通常不择手段，缺乏忠诚与正直。低权谋倾向的领导者则过分天真，容易信任他人，缺乏政治敏锐性。高权谋倾向的人不会是有效的领导者，他们太专注于自己个人的目标。低权谋倾向的人也不是有效的领导者，他们不具备有效领导所需要的影响他人的技巧。相比之下，中等权谋倾向的人更容易成为有效的领导者，他们对组织目标的关注胜于个人目标，同时还具备协商和领导的能力。

5.3.3 公共领导者形象

公共领导者形象是公共部门领导者在其领导活动中，在下属和公众心目中留下的综合印象以及得到的总体评价。公共领导者形象是领导者展现给外界的风范，是领导者的思想、行为的综合反映，是领导者素质的外在表现，也是领导者展现在公众面前的生动、具体、鲜活的个人画像。公共领导者形象具有客观性、综合性和稳定性的特征。尽管领导者形象看起来是虚无的，但却客观地存在于公众的心中。综合性是指领导者的形象是有关领导者的公众意见的综合和归纳，是从不同角度对领导者所做的侧面评价。稳定性是指一定时期内领导者的形象是相对稳定的。

领导者的形象既包括外在表现，还包括内在人格。外在表现分为领导者的外貌、服饰等在内的静态形象和领导者的言谈、举止、行为、风度等组成的动态形象。内在人格主要包括领导者的觉悟、能力、素质等。除此之外，领导者的形象还受领导者角色（位置）的规定，以及领导者素质、领导环境等因素的影响。

领导者角色是指担任一定职务并取得权力后所获得的社会地位和身份,以及由这种地位和身份所确定的行为规范和模式。这种角色确定了领导者的权利、义务和责任,规定了领导者可以做什么,不可以做什么,应该怎么做。领导者还需要根据领导环境塑造自身的形象,根据不同的环境选择恰当的公共形象。

公共领导者的形象往往与政府形象联系在一起。政府领导者的公共形象是政府形象的灵魂和代表,对政府整体的形象具有突出的示范作用,这些作用影响着民意、行政效率和政治合法性。进而,领导者形象具有高度的透明性,随时可能成为公众关注的焦点。进入互联网时代,这种高度透明性更为明显,随之而来的还有风险性。因此,公共领导者必须高度重视形象问题,以在公众心目中留下较好的综合形象。同时,要注意各个领导形象之间的配合,从而形成良好的领导群体形象。

进入网络社会,公共领导者还需要关注自身的媒体形象。面对高密度的复杂网络,领导者在塑造媒体形象时要遵循以下几个原则:第一,与领导者内在素质一致的原则。公共形象的塑造不可能根本性地脱离一个人原有的生理、心理条件,必须综合考虑领导者的内在素质。应根据领导者的内在素质,突出优势,恰当地显露领导者的人格魅力。第二,与领导者身份一致的原则。第三,与公众要求一致的原则。就领导者形象的塑造而言,关键的不是塑造本身,而是塑造后所取得的效果,即公众的感受。这是公共领导者形象塑造的主旨。第四,与组织目标一致的原则。

5.4 公共领导者的行为

5.4.1 公共领导者处理上下级关系

5.4.1.1 公共领导者对待上级

在公共领导者处理的关系中,处理与上级的关系虽然不是最经常和数量最多的,但却是最应该重视的。公共领导者对待上级要遵循尊重和服从的原则。上级的信任和支持是做好工作的重要条件。处理好与上级的关系有很多要点,这里仅阐述其中几点。第一,做好本职工作,主动争取上级信任。公共领导者应该做到办事可靠、工作有责任感和待人忠诚。第二,注意定位而不越位,摆正自身位置，正确认识上级的角色期待。在上级的心目中，理想的下属是服从领导而不是抗拒领导，是积极主动地完成任务而不是消极被动地应付工作，是富有集体荣誉感而不是仅仅考虑个人或局部小团体利益，是尽心尽力地实现工作目标而不是争权夺利。第三，注意补台而不是拆台，要理智显才，不恃才自傲。领导者要做到不越位，不干扰上级领导的工作，不超越自己的职位去行使应该由上级行使的职权。下级领导者在表现才能时要讲究策略，尤其是在向上级提意见和表达见解时，要注意选取合适的时机、场合和方式。第四，注意换位思考，站在上级的角度想问题，向上级传递必要信息。领导者要把自己的思想和获得的信息不断地传送给上级，以利于上级做决策。

在对待上级时，其中一个重要的内容便是要善于给上级提意见。首先是正确的意见要在正确的时间提出。其次是正确的意见要在正确的场合提出。下属向上级提意见，一般要选在非正式场合，往往效果较好。最后是正确的意见要采取正确的方式提出。向上级提意见时采用间接的、个别的方式，意见被接受的概率更高。

5.4.1.2 公共领导者对待下级

公共领导者对待下级，要遵循尊重下属、服务下属、信任下属、善听意见、关心体贴、树立表率等原则，注意不要推卸责任、以自我为中心、草率地下结论、离群和口是心非。领导者处理下级关系时，最根本的就是坚持组织原则，起到表率作用，核心在于和下级人员保持适当的距离。

领导者对待下级的一个重要维度是激励下属。理论方面，领导激励下级主要有强化理论、内在激励与外在激励理论、双因素理论、目标设置理论、期望理论、公平理论等。行为修正是强化理论用来修正行为的一套技术名称。行为修正的基本假设是效果定律，是指正向的强化行为容易被重复，而未被强化的行为则不容易被重复。公共领导者一般采用正强化、负强化、惩罚和消除来修正下级的行为。正强化是对管理行为所产生的好结果进行奖励。负强化是完成任务即可摆脱一个负面刺激，从而鼓励并加强期望的行为。惩罚是指将不好的结果施加在员工身上，以此来阻止或减少不被期望的行为。消除是停止使用正面奖励。换句话说，消除的效用是如果某种行为一直得不到正面奖励等形式的强化,它就会逐渐消失。具体而言,领导者采用这些方法激励下属时,可以采用选择有效和可行的奖惩方法、提供充分的反馈、不同等奖励、有间断地奖励、奖惩要及时、定期改变奖励等具体策略①。

内在激励和外在激励理论强调内外激励的效用不同,人们更重视内在激励,愿意做自己乐于做的工作。外在激励也能提高满意度,但外在激励可能会降低内在激励,具体表现为被感受为"控制"的外在激励会降低内在激励,而信息类的外在激励则不会。内在激励往往通过增加认同、强调任务的意义、给予反馈、增加员工自主性、布置需要使用多样技能的任务等方式对员工进行激励②。

激励因素与保健因素又称双因素理论。该理论认为导致满意的因素,也就是激励因素,主要涉及工作本身,如成就、被认可、工作内容、职责、晋升、个人发展等;导致不满意的因素,也就是保健因素,主要涉及工作环境,如上级领导、工作条件、同事、薪资、政策与程序、工作保障等③。双因素理论认为,人们倾向于将对工作的满意归结为自己的努力和技能,将不满意归咎于他们所不能控制的环境。改善保健因素的努力能够消除员工的不满意感,却不会提高满意感。即使工作有激励性,但如果工作条件非常简陋,也会导致不满意。故而,领导者应当通过改变激励水平影响工作的满意感以及通过改善工作环境中的保健因素来消除不满意感。

5.4.1.3 公共领导者用人

领导者用人需要一定的能力,既包含发现人才的技能,还包括培养人才的技巧。概括来讲,就是要努力做到有爱才之心、有求才之渴、有识才之眼、有引才之法、有用才之能、有容才之量、有护才之魄、有荐才之德、有育才之方、有励才之术等。除了拥有一定的素质,领导者还需要合理地使用"坚持要用人不疑、用人之长、任人唯贤、人尽其才、用养并重、适当流动"的原则。最后,领导者在用人时要摒弃一些偏见。

---

① B. F. 斯金纳. 超越自由与尊严[M]. 陈维纲,等,译. 贵阳:贵州人民出版社,2006:3.

② J. R. HACKMAN, G. R. OLDHAM. Motivation through the design of work: test of a theory[J]. Organizational behavior and human performance, 1976(2).

③ F. HERZBERG. The motivation-hygiene concept and problems of manpower[J]. Personnel administration, 1964(1).

领导者选人可以采取领导亲自考察法、竞争考试法、绩效考核法、群众评议法、荐举法、信息网络选才法等方法。同时,领导者要重视利用愿景引导人才、用正确的成就动机激励人才以及创造良好的环境吸引人才。

5.4.2 公共领导者沟通与团队建设

5.4.2.1 领导者沟通

沟通是领导者应具备的基本技能。领导行为中一个重要的内容就是建立关系,而建立关系的关键在于沟通。领导沟通表现为个别沟通、正式沟通、非正式沟通、人际沟通等形式,它在本质上是一种管理行为,是一种对现代信息活动和交流的管理。领导者沟通的实施和开展是受组织目标引导的一种有计划的、自觉的、规范性的活动和过程。

在沟通中,领导者要保持尊重原则、坦诚原则、合作原则、真实原则和及时反馈的原则,并努力做到以下几点:重视沟通,为下属树立鲜明的角色榜样;优化自身形象,与沟通者建立互相信任的关系;遵循人际交往的礼仪。

领导者在沟通中应掌握创造鼓励性沟通氛围、给予建设性反馈、积极倾听、选择合适的自我揭示等技巧。鼓励性沟通氛围使领导者不用因下属的防御威胁意识而花费过多精力,进而能够展开顺畅的沟通[①]。在鼓励性沟通氛围中,下属在陈述观点时感到安全,相信其价值会被肯定,进而能够尝试新事物、提出问题、讨论不确定性。即使下属出现错误,意识到这种错误就是在学习并有所提高。与此相对应的是防御性沟通氛围,这种沟通氛围使人们感受到威胁,进而变得谨慎和退缩。在防御性的沟通氛围中,沟通双方易于摆出反攻姿态,致力于证实个人观点而很少听清信息,常常歪曲他人动机和价值观。因此,领导者在创造鼓励性沟通氛围时,应注意以下原则:以描述性评价代替价值评价、以问题导向代替控制导向、以自然坦承代替工于心计、以平等代替优越感、以不确定性代替确定性等。

建设性反馈对于下属、同事和上级的绩效发展非常重要。对于下属来讲,没有建设性的反馈,下属将无法得知工作是否被领导者理解和让领导者满意。

---

① J. R. GIBB. Defensive communication[J]. Journal of communication, 1961 (3).

上级领导者希望得到下级领导者的积极反馈,用以检查自己的领导效能。因此,领导者在反馈时应该注意内容尽量具体并以描述性的方式展现,使用正面反馈和负面反馈相结合的方法,避免直接的责备和羞辱。

领导者在沟通中要学会倾听。倾听技巧能够影响领导者和下属的关系。倾听是一种把物质、情感和治理相融合,以寻找意义和理解的过程。积极的倾听表现为充分的倾听兴趣和诚意,全神贯注并积极归纳和思考,能够从正在诉说的话语中寻找价值和意义,还可以关注到非言辞的行为并对有意识和无意识的非言辞信号进行区分。

领导者在沟通中应巧妙使用自我揭示技巧。自我揭示是领导者在沟通中向他人传达关于自己的信息,通过所说的话和行为在别人面前展示自己。无自我揭示的领导者会压抑自己的真实情感,而完全自我揭示则有博关注和暴露自我之嫌,不能起到很好的沟通效果。合适的自我揭示能够及时分享与工作相关的内容,有助于改善上下级关系、促进对话。

5.4.2.2 领导者的团队建设

团队是一群为了同一目标而一起工作的人,他们必须相互依靠,以实现共同认定的目标。团队对于提升组织的运行效率,增强组织的民主氛围,应对多方挑战,适应新的环境具有重要的作用。团队领导者作为团队的指挥者和引导者,在团队形成和发展过程中扮演着极其重要的角色。在初创阶段,团队领导者应采取行动,树立权威、设立目标和明确团队规范。在团队形成阶段,领导者应身体力行,挑选骨干,合理授权,创新规范。在团队的规范发展阶段,领导者应自主管理、开放包容、鼓励参与。在成熟阶段,领导者应避免组织老化,不断成长。

领导者可以采用多样化的手段和方式来促进团队建设[1],包括:设定团队使命、形成团队合作的规范、建立对突出业绩的自豪感、做团队合作的榜样、建立紧迫严格的绩效标准、强调对团队整体的认可、使团队面临挑战、鼓励团队竞争、鼓励使用团队专用语、举行庆祝活动和各种仪式、征求对团队效能的反馈、尽可能减少微观管理等。

---

[1] A. J. DUBRIN. Leadership: research findings, practice and skills[M]. Delhi: Dreamtech Press, 2008: 191-200.

5.4.3 领导效能

领导效能是指领导活动及其构成要素所蕴含的有效能力,以及这些能力在对领导活动发挥有利作用时所获取的成果。领导效能是领导活动的起点和归宿,是推动领导活动的动力,是衡量领导活动成败的重要尺度,更是考核领导者的客观依据。

领导效能包括领导活动效能和领导要素效能。领导活动效能是领导活动的整体效能,也是领导活动的最终结果及其他一切形式的绩效。领导要素效能是指构成领导活动的各个要素所具有的效能,如领导者效能、领导方法效能、领导环境效能等。按照领导职能角色进行分类,领导效能可以分为决策效能、组织效能、人事效能和执行效能。决策效能主要取决于领导者是否在合适的时机、合适的条件下做出了明智的决策,领导者选择的目标是否正确以及正确程度如何。组织效能是领导者在领导活动中组织管理、指挥协调方面所显示的成效。人事效能是领导者利用一切可行因素调动组织成员潜力的成效。执行效能是领导者执行战略达到既定领导目标的成效。

领导效能的影响因素包括环境因素、领导目标、领导者素质等。领导环境是领导者赖以生存、发展和发挥作用的综合性客观基础和客观条件。领导环境制约领导目标,决定领导方式和方法,影响领导关系的建立。领导目标是衡量和判断领导效能有无和优劣的基本尺度。领导目标作为领导活动的预定任务、预期效果和理想追求的统一,其合理性、整体性和协同性将内在地规定领导活动的性质、方法,影响领导效能的发挥。领导者素质是领导者先天禀赋和后天学习及实践中所获取的知识、品德、才能、心理等方面的总和。较高的领导者素质能够为下属创造发挥才能的机会,鼓舞下属士气。除此之外,被领导者情况也影响领导效能。被领导者的素质、对组织目标的认同、对领导者权威的服从、对从事工作的喜爱和所受到的激励等都将影响被领导者的工作热情和态度,从而影响领导者的领导效能和工作成绩。

考核领导效能要遵循民主参与、适度集中、客观公正、重视实绩等原则,可以采取目标管理法、专家评估法、群众评议法、自我述职法、调查评估法、统计分析法、比较对照法、关键业绩指标法等方法进行考核。领导效能的考核可以按照考核准备、自我总结、民主评议、组织考核、绩效反馈、考核总结的程序进行。

5.5 领导体制与领导集体

5.5.1 领导体制

5.5.1.1 领导体制的概念

领导体制是指在组织内部与领导活动中,以领导权限的划分为基础所设置的机构和各种领导制度的体系。领导体制是领导关系的制度化和体系化,属于上层建筑范畴,是政治体制的核心部分。它是领导活动的灵魂,对领导活动有深远影响。领导体制是领导活动规范有序进行的组织保证,是领导者与被领导者之间的桥梁和纽带。领导体制是领导者获取职权的制度保障,是领导者对外代表组织同社会发生联系与作用的合法化证明,对领导系统有全局性的影响。领导体制的内容主要包括领导组织结构、领导层次和领导幅度、各级领导的权限以及责任划分等。

领导体制的产生是人类领导活动的客观要求,存在于各种制度之中,这就是领导体制具有的与人类社会生产力相适应的自然属性。领导体制的自然属性决定领导体制必须不断变革、发展,需要不断吸收古今中外领导体制中的合理因素。领导体制是领导者或领导机关制定并采用的、主观见之于客观的产物,按照一定的存在方式和行为规范来保障领导活动的正常进行。也就是说,领导体制具有与一定的生产关系、上层建筑相联系,并维护和发展它们的社会属性。领导体制的社会属性决定了不可以盲目照搬,需要在批判中继承,在继承中发展。

5.5.1.2 领导体制的类型

按照上下级权限进行划分,可以把领导体制分为集权制和分权制。集权制是指一切重大问题的决策权都集中在上级领导机关,下级机关没有或很少有自主权,只能按照上级机关的决定、命令和指示办事。集权制的优点是权力集中、政令统一、标准一致、命令能够得到贯彻执行,缺点是下级往往缺乏自主性、积极性和创造性,容易助长上级独断专行的作风。分权制是上级机关只在法定权限内行使自己的职权,下级机关在自己的管辖范围内拥有独立行使权力的自由，可以按照实际情况决定问题的处理办法。分权制的优点主要是下级能够独立自主地开展工作，并及时、灵活、客观地处理问题。分权制的缺点则是各个部门容易产生本位主义的倾向，不利于团队精神的培养，甚至可能为了部门利益而牺牲整体利益。

按照同一层级各部门接受上级机关控制、指挥程度的不同，可以将领导体制分为一体制和分立制。一体制是指在一个复杂的组织系统中，同一层级的各个机关或同一机关的各个组成单位，在权力结构上统一由一个领导机关或一个领导者进行指挥、控制和监督。分立制又称多元化领导，是指同一层级的各个机关或同一机关的各个组织单位，可以根据职能的不同，在权力结构上分别由两个或两个以上的领导机关或领导者来领导、指挥和控制。

按照一个系统或单位的决策方式，可以划分为首长负责制和委员会制。首长负责制就是把法定决策权集中在最高领导者一个人手里的领导体制，包含三层含义：第一，首长对本单位、本部门甚至本层级拥有最高的领导权和最终的决策权，并负有主要的或全部的责任。第二，首长负责制建立在一定的民主讨论的基础上，受制于各种民主化的规则。第三，首长负责制需要建立在分工负责的基础上。委员会制是决策权掌握在两个或两个以上的领导者组成的领导集体手中的领导体制。该领导体制遵循少数服从多数的原则，可以集思广益，减轻主要负责人的工作负担。该体制的不足之处是程序复杂、权力分散、责任不明、决策速度慢、工作效率低等。

按照一个系统或单位的指挥、监督和控制方式进行划分，可以将领导体制分为职能制和层级制。职能制是指一个系统或单位在横向上按照业务性质的不同，平行地设置若干职能部门，作为首脑机关的顾问和参谋，辅佐最高领导者实施领导的领导体制。层级制是在一个系统和单位内，从纵向上划分为若干层级，每个层级对上一层级负责，形成直接指挥、监督和控制的渠道。

5.5.2 领导集体

领导集体一般也称为领导班子，由若干负有特定职责的领导者组成。领导集体在行政机关及各种非行政机关的公共管理中，发挥着非常重要的领导作用，是公共管理工作的决策和指挥核心。在组织中，能否建立一个坚强、精干的领导班子,能否充分发挥领导集体的作用,是一个关系全局的根本性问题。

一般而言,科学的、合理的公共领导集体结构应具有集合性、相关性、目的性、整体性、自我适应性和动态平衡性的特点。集合性是根据人事相符的原则,根据工作性质、任务、职责范围,合理确定领导成员的职数。相关性是根据班子成员的专业、年龄特点、智力优势、性格特点等,将其安排到最适合发挥其特长的岗位上。目的性是指领导集体只有保持目标的一致性,才能配合默契和步调一致,从而形成合力。整体性是指要发挥领导集体的整体功能,促进结构不断优化,产生 1+1>2 的效果。自我适应性是不同领导成员之间需要在相互磨合中达到默契,建立自动反馈调节体系,不断消化内部差异或矛盾。动态平衡性是指领导集体的组成人员不可能一成不变,需要有调入和调出。

领导集体结构包括专业知识结构、能力结构、年龄结构、性格气质结构等方面。专业知识结构是指由职责、任务决定领导班子中各类专业人员的组成状况。这不仅意味着每一个成员都需要具有合理的知识结构,也意味着班子整体形成一个专业知识的立体结构。能力结构指领导集体需要具备各种能力的人才并按照一定的比例结合成一个有机整体,这些能力包括学习能力、表达能力、发现问题的能力、直观判断的能力、收集信息的能力、自我适应的能力、预测能力、决策能力、组织指挥能力等。年龄结构是指领导班子成员的年龄组合状况。老中青的有机结合不仅能发挥出最佳效能,还能使领导班子处于不断发展的动态平衡中。性格气质结构是指领导集体中的领导成员在性格气质方面是相互协调的,实现互补。

复习思考题

1. 公共领导者应具备哪些素质?
2. 公共领导者如何提高领导效能?
3. 公共领导者如何进行形象塑造?
4. 公共领导者如何进团队建设?
5. 我国的领导体制是什么?

第 6 章　公共人力资源管理

■ **本章学习要点**

- 人力资源管理与公共人力资源管理的含义、特性
- 公共人力资源管理的具体内容
- 公共人力资源管理的发展历程与理论演进
- 公务员制度
- 公共人力资源管理的变革

6.1　公共人力资源管理概述

6.1.1　公共人力资源管理的含义与特性

6.1.1.1　人力资源管理的含义

现代意义上的"人力资源"概念是由管理学大师彼得·德鲁克于 1954 年在《管理的实践》中第一次提出来的。他认为，与其他资源相比，人力资源是一种特殊的资源，必须通过有效的激励机制才能开发利用，并为组织带来可观的经济价值。德鲁克提出"人力资源"的概念后，工业关系和社会学家 E. 怀特·巴克于 1958 年出版《人力资源功能》一书，首次将人力资源管理作为管理的普通职能加以讨论，成为对"人力资源管理"（Human Resource Management，HRM）的最早界定。此后，国内外学者从目的、过程、制度、主体等不同视角来解释人力

资源管理的概念。例如,加里·德斯勒认为,人力资源管理是指获取人员、培训员工、评价绩效和给付报酬的过程,同时也关注劳资关系、工作安全与卫生以及公平事务。人力资源管理工作涉及的概念与方法主要包括以下十个方面:工作分析、制订人力需求计划并招募雇员、甄选求职者、引导并培训员工、工资与薪金管理、提供奖金与福利、工作绩效评估、沟通、培训并开发管理者、培养雇员的献身精神等①。雷蒙德·诺伊认为,人力资源管理是指影响员工行为、态度以及绩效的各种政策、管理实践和制度②。

在现代社会,人力资源管理已经成为组织管理活动的一项基本管理职能,也是组织实现其目标的基本前提。从一般意义上说,人力资源管理就是指组织为实现管理目标而对其内部人力资源进行的规划、获取、维持、开发、激励、评估等一系列管理行为。

6.1.1.2 公共人力资源管理的含义

公共人力资源是指一切受雇于公共部门,并为社会公众提供公共服务、管理公共事业、配置公共资源的人。公共人力资源管理是指公共部门依照法律规定对其所拥有的人力资源进行战略规划、遴选录用、职业发展、教育培训、薪酬设计、绩效评估等管理活动和过程。

根据公共人力资源管理层次和具体职能定位,公共人力资源管理系统包括宏观管理和微观管理两部分。微观管理是公共部门依法进行组织内部人员选聘、调配和管理等工作,制订本部门人力资源开发规划,开展人才开发和培训等活动,以提高公共部门内部运作效率,执行和服从国家政策与规定,为社会提供优质的公共服务产品。宏观管理是指为适应国内国际竞争,营造良好的人力资源开发和管理环境,策动和领导实施全国人力资源开发计划,谋求增强本国国际竞争力,中央政府及其人力资源管理部门,进行宏观人力资源统计、预测、规划,制定基本制度、政策,确立管理权限和管理标准等。宏观公共人力资源管理是宏观经济社会发展的核心内容,微观公共人力资源管理是宏观公共人力资源

---

① 加里·德斯勒,曾湘泉.人力资源管理[M].10版·中国版.北京:中国人民大学出版社,2006:5.
② 雷蒙德·诺伊,等.人力资源管理:赢得竞争优势[M].12版.刘昕,译.北京:中国人民大学出版社,2023:3.

管理的基石，两者互为条件、相互渗透、相互保障，共同形成公共人力资源管理系统。

6.1.1.3 公共人力资源管理的特性

公共人力资源管理具有一般人力资源管理的共性，都在人员招录、培训、职务任免、辞职辞退等管理过程中设立竞争、激励、保障、开发等管理机制，以及人事选拔、考评考核、奖罚等一些具体措施、方法和技术。但是，公共部门自身的特性决定了公共人力资源管理有其特殊性，主要表现在以下几个方面。

1. 利益取向的公共性

如果说私人部门人力资源管理的根本目标是追求自身利益最大化，那么公共部门的人力资源管理则不允许谋求其部门的自身利益。公共部门不应当有自己的私利，而应当服务于社会公众，追求社会公共利益。因此，公共管理包括公共人力资源管理，必须以公共利益为其最基本的价值取向。

2. 管理行为的政治性

以政府为核心主体的公共部门掌握社会公共权力，在社会价值的权威性分配中起关键性作用，因此公共人力资源管理不可避免地具有强烈的政治性。公共人力资源管理不仅仅是一项纯粹的技术性工作，在很多时候、很多方面实际上直接涉及公共权力、政治资源的分配、调整，这本身就是一种政治行为。

3. 管理层级的复杂性

以政府为核心主体的公共部门是一个纵横交错、层级节制的庞大的组织结构体系，其上下级部门之间、同级部门之间关系错综复杂。这就决定了公共部门在人事管理权限的划分、人力资源的获取配置使用等方面都具有私人部门所不可比拟的复杂性。

4. 绩效评估的困难性

公共部门的产出不同于私人部门产出。私人部门的产出可以在市场上通过金钱、价格加以衡量，但公共部门的产出是公共物品，大多数公共物品具有非竞争性、非排他性的特点，无须通过市场就可以消费，并且难以量化，难以确定个人在其中的贡献份额，所以，对公共部门的人力资源管理进行绩效评估就存在某些技术上的困难。

5. 法律规制的严格性

公共权力是一把双刃剑,既可以用来实现公共利益,也可以用来谋取个人私利。为了防止公权私用或权力滥用而损害公共利益,必须以专门的法律、法规对公共人力资源管理加以严格规范,在各个环节上以法律形式予以约束,依法进行管理。

6.1.2 公共人力资源管理的主要内容

公共人力资源管理的内容主要包含八个方面:职位管理、招聘录用、绩效管理、培训开发、薪酬管理、激励管理、职业生涯管理、流动管理等。对于公共人力资源管理的各项内容,应当以一种系统的观点来看待,即它们之间并不是彼此割裂、孤立存在的,而是相互联系、相互影响,共同形成了一个有机系统。

6.1.2.1 职位管理

公共部门职位是指特定人员在公共组织中经常担任的工作职务及责任。公共部门职位管理就是特定的公共部门通过一定的原则、方法和程序,界定公共部门各职位的职能,控制公共部门职位数量和规模,设置、规范、调整公共部门职位及相互关系的一种管理活动。公共部门职位管理的一般程序是:职位分析、职位设计和规范、职位检查和职位调整,这一过程在现实操作中是不断循环进行的。

1. 职位分析

职位分析又称工作分析,是指对某特定的职位做出明确规定,并确定承担这一职位需要有什么样的行为的过程。具体而言,职位分析就是全面收集某一职位有关信息,对该职位的工作从六个方面开展调查研究,即工作内容(What)、责任者(Who)、工作岗位(Where)、工作时间(When)、怎样操作(How)、为什么要这样做(Why),然后再将该职位的任务要求进行书面描述、整理成文的过程。

2. 职位设计和规范

职位设计就是根据职位分析设立职位,职位规范就是通过文字、图表等形式规定、明确职位的地位、性质、职责、与其他职位的关系、工作标准、任职条件等。公共部门职位规范的内容非常丰富,不同部门甚至不同单位都可以根据工作需要制定不同的职位规范。一般来说,职位规范主要包括四个方面的内容:

一是地位和职责。由于领导的管理职位往往与权力联系在一起,因此对这些职位的规范有时还包括工作权限。二是工作标准,即在某一职位上应当做到哪些,达到什么要求。三是任职条件,即担任该职务需要具备的基本素质、基本能力和资格要求。四是工作关系,即职位在复杂的工作联系中的准确定位。

3. 职位检查

公共部门职位管理不是一劳永逸的,随着各种影响因素的变化,原有职位设计和规范会表现出不适应。为此,公共部门需要适时对现有职位设计和规范进行检查。职位检查的内容主要包括三个方面:(1)职位职能的配置。主要评估公共部门职位职能的配置是否符合整个公共部门职能转变的需要和外部环境的变化;职位职权和职责配置是否平衡;职位设计的定性和地位是否合适;职位规范是否明确和严谨等。(2)效率和成本。主要评估公共部门职位与其他职位的关系是否明确;是否有必要建立关系;职位规范规定的工作标准和工作任务是否合适;职位所需预算经费和实际开支是否恰当等。(3)职位人员配置。主要评估公共部门职位上现有任职人员是否符合职位设计和规范的要求;现有任职人员是否需要接受进一步专项培训和学习;是否有更合适的任职人选等。

4. 职位调整

职位调整就是根据职位检查的结果,对现有职位体系、数量、性质、地位、职能配置、职责、工作关系、工作标准、任职条件等进行更改。公共部门职位调整的形式包括保留、取消、合并、分设、重组、改设、新设等。(1)当公共部门仍需履行原有或原有部分职能时,应保留相应的职位;(2)当公共部门职能转变和划出,无须再履行原有职能,或原有职能被取消、合并时,应取消相应的职位;(3)对同一公共部门内职能相同、相近、相似的职位,若工作任务量允许,应合并相应职位;(4)当职位职能过于集中、工作任务过于繁重时,或为保证职权的正确履行、加强内部监管和保障公平,应分设不同的职位;(5)当公共部门各职位之间工作关系发生变化时,应对相应职位之间的关系进行重新设计和组合;(6)当公共部门职位的地位、性质、职能或工作关系发生变化时,应重新设立职位;(7)当公共部门需要履行新的职能,或工作需要增加新的人员时,需要设立新的职位。[①]

---

① 葛玉辉.公共部门人力资源管理[M].北京:清华大学出版社,2016:63-68.

6.1.2.2 人力资源招聘

公共部门招募、甄选及录用(聘用)共同构成公共部门人力资源招聘。其中,招募是组织采取多种措施吸引候选人来填补组织职位空缺的活动,甄选是从某一职位的所有候选人中挑选最合适人选的活动,录用是对经挑选合适的候选人进行录用决策、初始安置、试用、正式录用等。人员招聘途径总的来说有两种,即内部招聘和外部招聘。两种途径各有利弊,具体选用哪种要根据组织的战略计划、管理环境、招募职位以及员工上岗速度等综合考虑。

1. 内部招聘

内部招聘又叫内部选拔,就是从组织内部选拔合适的人才来补充空缺或新增的职位,包括晋升、职务调动和岗位轮换等。内部招聘的优势在于:减少招聘信息的不对称性;有利于加强组织文化,提高公职人员的忠诚度;招聘成本低、效率高、流失率低;有利于人员的职业生涯发展,提高士气。内部招聘的不足是:公职人员之间的竞争不利于内部团结;容易滋生"近亲繁殖"和"长官意志"现象,阻碍思想和管理方法的更新;论资排辈的选拔会削弱人员工作积极性等。

2. 外部招聘

外部招聘是从组织外部招聘德才兼备能人的活动。其优势是:新职员会带来不同的价值观和新观点、新思路、新方法,给组织带来更多的创新机会;外聘人才可以在无形当中给组织原有人员施加压力,从而产生"鲇鱼效应";可以缓和和平息内部竞争者之间的紧张关系;外部挑选的余地较大,能招聘到更加优秀的人才等。外部招聘的缺点是:由于信息不对称,往往筛选难度大、成本高;外聘人员需要花费较长时间进行培训和定位,可能挫伤内部人员的积极性,或引发外聘人才与内部人才之间的冲突;外聘人员有可能出现"水土不服"的现象等。

6.1.2.3 人力资源培训与开发

培训与开发是公共部门通过相应的项目提升员工能力水平和组织业绩的一种有计划的、连续性的工作。其中,培训的主要目的是使员工获得目前工作所需的知识和能力,帮助员工完成好当前的工作;开发的主要目的是使员工获得未来工作所需的知识和能力,帮助员工胜任工作。人力资源培训与开发是一个包含培训需求分析、目标设置、计划拟订、组织实施和效果评估等环节的循环过程。

1. 培训需求分析

培训需求分析就是对组织的未来发展、任务内容以及人员情况进行分析，从而发现培训需求。它包括三个方面：一是组织层面的分析。依据组织战略、目标、结构、内部文化、政策、绩效及未来发展等，分析并找出组织中存在的问题进而探究问题的根源，以确定培训是不是解决此类问题最有效的方法。二是任务层面的分析。通过查阅职位说明书或任职资格标准等分析完成某一项工作需要的技能，了解员工有效完成该任务必须做什么以及如何做，需要什么样的素质，找出差距，确定培训需求，弥补不足。三是个人层面的分析。对照人员目前的工作绩效与组织的绩效标准，或者对照人员现有的技能水平与未来对人员技能的要求，明确两者之间是否存在差距等。

2. 设置培训目标

有了目标，才能确定培训对象、内容、时间、教师、方法等具体内容，并在培训之后，对照目标进行效果评估。目标可以针对每一培训阶段设置，也可以面向整个培训计划来设定。具体的培训目标设置应当包括三个构成要素：一是内容，即组织期望员工做什么事情；二是标准，即组织期望员工以什么样的标准来做这件事情；三是条件，即在什么条件下达到这样的标准。

3. 拟订培训计划

拟订培训计划就是培训目标的具体操作化，即根据既定目标，具体确定以下内容：培训对象、培训项目、培训者、培训时间与地点、培训方式与方法、培训预算等。制订正确的培训计划必须兼顾许多具体情境因素，权衡培训计划的现实性、操作性和经济性。

4. 实施培训活动

一般而言，培训实施分为三个阶段：一是准备阶段。事先落实培训计划中的一些工作及事项，以确保培训的正常进行。二是具体培训阶段。培训者或培训组织者应介绍培训的主题、要求、内容和日程安排等。这个过程最关键的是，培训者要选用科学、合适的培训方式方法对学员进行知识、能力以及态度等方面的培训，增强培训效果。三是培训迁移阶段。组织要让学员将在具体培训过程中所学到的内容运用到实际工作中,这样培训才具有现实意义。

5. 评估培训效果

培训效果评估是培训与开发系统流程的最后一个步骤,这一步骤主要是对培训效果进行一次总结性的评估或检查,了解学员究竟有哪些收获与提高。它是培训的收尾环节,但同时,它还可找出培训的不足,归纳经验与教训,发现新的培训需要,因此又是下一轮培训的重要依据。

6.1.2.4 绩效管理

绩效是指组织及个人的履职表现和工作任务完成情况,是组织所期望的为实现其目标而展现在组织不同层面上的工作行为及其结果,它是组织的使命、核心价值观、愿景及战略的重要表现形式。公共部门绩效管理是指公共部门各级管理者为了确保员工的工作行为及工作产出与既定目标保持一致,通过不断改善组织各个层面的绩效,最终实现公共部门战略的手段及过程。为了确保管理的有效性,公共部门应该按照计划绩效、监控绩效、评价绩效和反馈绩效四个环节来展开绩效管理。

1. 计划绩效

计划绩效作为政府绩效管理系统中的第一个环节,是指当新的绩效周期开始的时候,管理者和员工依据组织的战略规划和年度工作计划,通过绩效计划面谈,共同确定组织、部门以及个人的工作任务,并签订绩效目标协议书的过程。它是整个绩效管理过程的起点,也是化战略为行动的关键环节。

2. 监控绩效

绩效监控是整个绩效周期中历时最长的环节。它是指在绩效计划实施过程中,管理者通过与员工持续的绩效沟通,采取有效的监控方式对员工的行为及绩效目标的实施情况进行监控,并提供必要的工作指导与工作支持的过程。其目的是确保组织、部门及个人绩效目标的达成。

3. 评价绩效

绩效评价是指根据绩效目标协议书所约定的评价周期和评价标准,由绩效管理主管部门选定的评价主体采用有效的评价方法,对组织、部门及个人的绩效目标完成情况进行评价的过程。绩效评价是政府绩效管理过程中的核心环节,也是技术性最强的一个环节,需要对其给予特别的关注。

4. 反馈绩效

反馈绩效是指在绩效评价结束后,管理者与员工通过绩效反馈面谈,将评价结果反馈给员工,并共同分析绩效不佳的方面及其原因,制订绩效改进计划的过程。

6.1.2.5 薪酬福利管理

薪酬福利是公共部门的工作人员在为组织和公众提供所需的服务时,从组织获取的工资、奖金和其他经济性补偿或间接性的货币收入。公共部门薪酬福利具有十分重要的功能:一是补偿员工的体力和脑力消耗,提升员工的素质和能力;二是激励员工的工作积极性,为员工廉洁奉公提供物质保障;三是吸引社会优秀人才进入公共部门,确保员工队伍稳定等。

1. 薪酬管理

薪酬管理是指公共部门在综合考虑内外部各种影响因素的情况下,依照组织战略和发展规划,根据所有员工提供的服务来确定他们应当得到的薪酬总额以及薪酬结构和薪酬形式的过程。一套科学、有效的薪酬管理体系不仅要有效率,而且要公平和合法,这样才能保障服务质量、控制劳动成本与提高组织绩效。薪酬管理应当遵循的基本原则包括:

(1) 公平性。设计薪酬制度和进行薪酬管理时首先要考虑公职人员对薪酬的公平感。公平感取决于职员所获得的报酬和他所做出的贡献之比与某一衡量标准相比是高还是低。保证薪酬的公平性应做到:第一,薪酬制度要有明确一致的原则作指导,并有统一的、可以说明的规范为依据;第二,薪酬制度要有民主性和透明性;第三,要为职员创造机会均等、公平竞争的条件等。

(2) 竞争性。竞争性是指在社会上和人才市场上,一个组织的薪酬标准要有吸引力,才能招到和留住组织所需的人才。

(3) 激励性。这是指在确定内部各类、各级职务的薪酬水准时,要适当拉开差距,体现按贡献分配的原则。

(4) 经济性。提高报酬水平固然可以提高组织的竞争性与激励性,但过高的劳动报酬必然会提高组织的经营成本,最终影响其服务的质量。薪酬制度不能不受经济性的制约。

(5)合法性。合法性是指组织的薪酬制度要符合国家的法律和政策,不能存在性别、民族、地区等方面的歧视性政策。

2. 福利管理

员工福利是组织支付给员工的间接薪酬。福利与直接薪酬不同,一般不以员工的劳动情况作为支付依据,而以组织成员的身份为支付依据。一般而言,根据福利的强制力及来源,福利可划分为国家法定福利与组织自主福利两大类:

(1)国家法定福利。国家法定福利是指法律法规规定的组织必须为员工提供的配套福利,用以保障或改善员工的安全和健康、维持家庭收入等。国家法定福利具有强制性,任何组织都必须执行。国家法定福利保障对象是全体劳动者,目的是保障其基本生活,保障与补偿功能明显。我国目前的法定福利主要包括法定社会保险、公休假日和法定假日、带薪休假以及地方政府规定的其他福利项目等。

(2)组织自主福利。组织自主福利是组织在国家法定福利之外向员工提供的其他福利项目,不具有强制性,没有统一的标准,各组织往往根据自己的具体情况灵活决定。大体来说,包括国家法定社会保险之外的各类保险和福利、各种津贴、加班补助、教育培训福利、文体活动和旅游福利等。

6.1.2.6 人力资源激励

激励就是通过满足员工的需要使之努力工作,从而实现组织目标的过程。通过激发员工动机,可以让员工看到自己的需要与组织目标之间的联系,从而处于一种驱动的状态。在这种驱动状态下,他们所付出的努力不仅可以满足个人需要,也可以通过达成工作绩效进而实现组织目标。公共部门员工激励方法多种多样,一般可归为物质激励与非物质激励两大类。

1. 物质激励法

即运用物质手段使员工得到物质上的满足,从而调动其积极性、主动性和创造性。它主要通过薪酬福利、奖金和其他合理收入来实现。运用物质激励必须注意两个问题:第一,报酬与努力程度挂钩。让员工认识到自己的报酬得自个人努力和共同协作。第二,奖励要以绩效为前提。不是先有奖励后有绩效,而是必须先完成组织任务才会有物质奖励。如果员工觉得奖励与绩效很少有关系,这样的奖励将不能成为高绩效的刺激物。

2. 非物质激励法

即运用非物质手段对员工进行激励。非物质激励侧重于满足员工心理或精神方面更高层次的需要,因此,它常常能取得物质激励所难以达到的效果。公共部门非物质激励的常用方法主要有目标激励、参与激励、荣誉激励、榜样激励、情感激励、工作激励、组织文化激励、竞争激励和惩戒激励等。

6.1.2.7 职业生涯管理

职业生涯管理是指公共部门及其成员对职业生涯进行设计、规划、执行、评估和反馈的一项综合性工作。一般而言,员工的职业生涯可分为职业探索阶段、职业确立阶段、职业生涯的持续阶段和职业衰退阶段四个阶段。由于各个阶段具有不同的特征和任务,组织应对各阶段采取不同的职业生涯管理措施。

1. 职业探索阶段

这一阶段,个人通过自我判断、分析信息等方法选择、确定自己的职业发展方向并为此做出努力和准备。组织在这一阶段要帮助组织成员准确认识自己,制订初步的职业生涯发展规划。公共部门可以选用企业的做法,实施"顾问计划",给新入职的成员安排一名导师,为其提供职业咨询和帮助,使之较快融入组织。

2. 职业确立阶段

职业确立阶段是个人重新审视自己的能力及职业选择适当与否并在此基础上确定下一步职业前程的重要时期。在这一阶段,组织应准确把握组织成员的特点以及他们对于培训、学习、成长和晋升等方面的需求,帮助他们发展职业生涯规划,明确职业生涯发展方向。例如,通过建立职业档案使组织成员明确自己的工作表现和未来发展方向,建立个人申报制度,使组织了解个人对工作的期望和想法。

3. 职业生涯的持续阶段

职业生涯的持续阶段是一个时间长、变化多,既可能获得事业成功,又可能引发职业危机的敏感时期。职业高原现象是这一阶段最有可能遇到的危机,即个人获得进一步晋升的可能性很小,往往只能处于原地踏步的状况。组织可以通过提升成员心理成就感的方式来代替晋升实现激励效果,如提供培训机会,或通过横向职业流动方式,以及在岗充实、职位轮换等使个人获得更多锻炼机会。

4. 职业衰退阶段

职业衰退阶段是职业生涯的最后阶段,组织应做好组织成员退休前期和后期的计划和安排,帮助组织成员做好退休前的各项心理和工作方面的准备,帮助他们顺利实现向退休生活的过渡。例如,通过召开座谈会等做好思想工作,帮助组织成员制订具体的退休计划,解决他们退休后的后顾之忧等。

6.1.2.8　人力资源流动管理

广义的人力资源流动是指具有劳动能力的人离开原来的工作岗位,走向新的工作岗位的一种活动和过程。根据流动的方向,公共部门人力资源的流动可以划分为内部流动与外部流动。内部流动是指组织内部员工职位的转换与升降,外部流动是指员工由于各种原因离开现有组织。

1. 内部流动管理

员工一旦进入组织,就有可能在组织内部流动,以适应组织的需要和满足自身职业生涯发展需要。组织内部流动可以分为水平流动和垂直流动,前者分为平级调动和工作轮换,后者分为晋升和降职。

(1) 平级调动。平级调动是指员工在不改变薪酬和职位等级的情况下变换工作。一般来说,这样的流动并不意味着晋升和降职,但与员工的职业生涯发展密切相关。平调可能是为了使员工获得进一步晋升所需的经验而做出的特别安排,也可能是对员工的一种变相的降职处理或惩戒性调动。

(2) 工作轮换。工作轮换是把员工从一个职位换到另一个职位,以减轻其对工作的厌烦感。对员工而言,工作轮换可以使员工保持工作兴趣和新鲜感,增强员工的工作适应能力,进而满足他们职业选择与成长的需要,激励他们做出更大的努力。对组织而言,工作轮换可以激发组织活力、储备多样化人才、增强部门间协作,进而促进组织发展。

(3) 晋升。晋升是指员工由于工作业绩出色和工作需要,由较低职位等级上升至较高职位等级。合理的晋升管理可以对员工起到良好的激励作用,有利于员工队伍的稳定,避免人才外流,还可以激励员工为达到明确可靠的晋升目标而不断进取,致力于提高自身能力和素质,改进工作绩效。

(4)降职。降职与晋升相反,是指员工在组织中向更低职位的流动。相应地,员工的工作责任与薪酬随之减少。组织在使用降职政策时一般都会十分谨慎,因为一个人在降职时往往会情绪激动,表现出愤怒、自卑和失望等情感,其生产效率也可能进一步降低,给同事带来消极影响。

2. 外部流动管理

外部流动一般是指员工与组织解除劳动关系,按是否符合员工的主观意志分为员工自愿流出与非自愿流出,前者又称为员工主导的离职,后者则称为组织主导的离职。此外,还存在一种特殊的员工流出方式,即自然流出。

(1)非自愿流出。一般包括解雇、临时解雇和裁员三种形式。非自愿流出会损害员工的尊严,使他们感到痛苦和愤怒,甚至可能采取极端行为,因此必须采取慎重的措施,通过公平的方式、建立逐级惩戒制度、重视解雇面谈、采取建设性争议解决法、搞好再就业服务等途径尽量减少对流出员工的伤害。

(2)自愿流出。员工自愿流出的形式有辞职和拒聘,尤以辞职为主。员工流失会对组织产生较大的影响,因此组织应采取措施,分析员工流失的原因,最大可能地维护组织的利益。

(3)自然流出。一般包括退休、伤残和死亡等,其中退休是主要形式。良好的退休计划可以使退休者顺利地完成各方面的转变,对在职员工也能起到一定的激励作用,使他们安心工作,无后顾之忧。更重要的是,它还可能成为组织吸引外部优秀人才加盟的"激励源"[①]。

6.2 公共人力资源管理的基本理论

6.2.1 科学管理时代

自工业革命爆发以来,社会生产、劳动分工、组织的管理方式都发生了极大改变。随着西方主要资本主义国家先后完成工业革命,生产过程日益变得复杂,生产力得到快速发展,猛烈地冲击着旧有的管理方式。如何改善管理

[①] 方振邦.公共部门人力资源管理[M].北京:中国人民大学出版社,2014:364-377.

方式以适应当时的经济社会发展,成为这一时期资本主义国家关心的一个重要问题。同时,大规模的社会化生产让这一时期管理方式的改革着眼于提高生产效率,因此,以泰勒为代表的古典科学管理理论便应运而生。古典科学管理理论奠定了西方公共行政学的思想基础,对公共人力资源管理产生了深远影响。

6.2.1.1 泰勒的科学管理理论

美国古典管理学家弗雷德里克·温斯洛·泰勒被誉为"科学管理之父"。泰勒基于生产实践研究创立了科学管理理论,代表作为《科学管理原理》。泰勒认为,科学管理研究的目的是发现生产与分配的规律,从中找到提高生产效率的方法。科学管理提倡标准化、定额化和差别性计件工资制,强调管理控制和合理的组织结构,在一定程度上有利于提高生产效率,改善人们的物质待遇。但是,科学管理也存在着很大的局限性:(1)科学管理把人看作"经济人",只有物质利益需要,而忽视人的思想感情等多种需要;(2)科学管理把人当作机器的附属物;(3)在奖惩制度方面,科学管理主张用金钱来刺激员工的积极性,同时对消极者采用严厉的惩罚措施,而没有考虑对人的精神方面的激励作用;(4)人事管理注重雇佣、控制和考核等日常事务性环节,忽视了人的潜能的开发。这些缺陷为行为主义理论的出现留下了很大的空间。

6.2.1.2 法约尔的一般管理理论

法国古典管理学家法约尔是一般管理理论的主要代表人物,他的思想主要体现在 1916 年出版的《工业管理与一般管理》一书中。法约尔从管理的一般原则探讨管理问题,提出了组织管理的五大职能,即计划、组织、指挥、协调和控制,并提出管理人员的个人素质问题。法约尔的一般管理理论主要包含以下观点:(1)组织的一般形态是由组织人员的数量所决定的。(2)组织的内在因素。"管理组织,即各中级阶层的管理人员都可以成为力量和观念的源泉……在管理人员中存在着能使最高权威者的行动力扩大的创造性。"[1]也就是说,组织的绩效取决于组织的内部因素(管理人员的素质),这是对于为什么相同形式的组

---

[1] 朱国云. 公共组织理论[M]. 南京:南京大学出版社,2003:38.

织却取得不一样绩效问题的回答。(3)法约尔提出了参谋职能制,即组织应该找一批有能力、有知识、有时间的人来承担领导者参谋的角色。他们不用处理日常事务,对组织内各项事务也没有最终决定权,其主要任务是探索更好的工作方法,协助高层领导进行管理。这种参谋机构直接听命于总经理,但是不能向下级发布命令。同时,法约尔也提出了组织管理工作中须遵循的14条基本原则,涉及劳动分工、职权与职责、纪律、统一指挥、统一领导、个人利益服从整体利益、个人报酬、集中化、等级链、秩序、公正、保持人员稳定、首创精神、团结精神等。

6.2.1.3 韦伯的官僚制理论

马克斯·韦伯的官僚制理论与泰勒等人提出的科学管理理论共同构成西方公共行政学的思想基础。他在20世纪10—20年代的著作尤其是《社会组织与经济组织理论》中对官僚制做了系统的分析。韦伯将官僚制看作一种建立在权威和理性基础上的最有效率的组织形式,在精确性、稳定性、纪律性和可靠性等方面比其他组织形式更具优越性。在组织的人事管理中,官僚制理论主要强调明确的分工与层级结构、非人格化的管理、专业化的管理队伍以及合理合法的人事行政制度等。(1)明确的分工与层级结构。这意味着组织需要对不同职位和职责进行明确划分,并通过层级结构来确保权力的有序分配和责任的明确承担。这种分工和层级结构有助于提高工作效率,减少工作中的混乱和冲突。(2)非人格化的管理。韦伯认为,管理应以法律、法规和规章制度为依据,而不是依赖于个人的情感、喜好或偏见。这意味着管理者应该遵循公平、公正、公开的原则,对所有员工一视同仁。这种非人格化的管理方式有助于增强组织的公信力和公正性,提高员工的满意度和忠诚度。(3)专业化的管理队伍。这意味着需要建立一支具备专业知识和技能的管理队伍,以确保人力资源管理的专业性和有效性。同时,韦伯强调为了提高工作效率及质量,应当建立适应工作需要的专业培训机制。(4)合理合法的人事行政制度。当组织高度发展时,需要做到人尽其才,事尽其用,量才用人,任人唯贤,因事设职,专职专人。官僚制理论强调以知识和技能进行管理,为高速发展阶段的资本主义国家提供了一种稳定、可靠、精细、严格的管理模式。

6.2.2 行为主义时代

20世纪20—40年代是行为主义理论的时代。人际关系学派的代表人物梅奥认为,人是"社会人"而不是"经济人",生产效率在很大程度上取决于人的工作态度或士气,"非正式组织"对职工的积极性有很大影响。人际关系理论奠定了行为科学理论的基础,此后产生了许多有代表性的行为主义理论。这一时期,公共人力资源管理理论也相应以人性假设的转变为前提而发生变化,在公共行政实践中则尤其体现为激励管理的转变。

6.2.2.1 马斯洛需求层次理论

1943年,美国行为科学家马斯洛在《人类激励理论》一文中提出需求层次理论,把人类的各种需求从低到高归纳为五类,分别为生理需求、安全需求、社交需求、尊重需求和自我实现需求。其中,生理需求、安全需求和社交需求都属于较低级的需求,通过外部条件就可以得到满足;尊重需求和自我实现需求则属于较高级的需求,只有通过内部因素才能得到满足。马斯洛的需求层次理论从人的需求出发,以人为中心来研究人的动机和行为,重视人的因素,反映了人类行为和心理活动的共同规律。该理论指出,人的需求是多层次的、动态的,有一个从低级向高级发展的过程,这在一定程度上符合人的需求发展的一般规律,对公共组织中的管理人员如何有效地调动公职人员的工作积极性有较大的启发意义。

公职人员需求的多层次性和动态性,决定了公共组织的激励管理必须了解公职人员需求的不同层次的特点,建立健全激励机制,以满足公职人员的内在需求。具体来看,公共组织中公职人员的工作和生活都相对稳定,生理需求、安全需求、社交需求基本能够得到满足,剩下的主要是尊重需求和自我实现需求。这两个层次的需求属于较高层次的需求,它与公职人员自身人格、信念、价值观的形成和发展息息相关,是必不可少的内在激励因素。因此,公共组织的激励机制应当做到内在激励与外在激励并重,以内在激励为主。通过科学设计薪酬体系以满足公职人员的生理需求,建立完善的社会保障制度以满足公职人员的安全需求,培育和谐的组织文化以满足公职人员的社交需求,健全合理的职务晋升制度、适当运用参与激励方式、坚持物质激励与精神激励相结合以满足公职人员的尊重需求和自我实现需求。

6.2.2.2 赫茨伯格双因素理论

1959年,赫茨伯格在进行了大量的实证研究之后,在《工作的激励因素》一书中提出了著名的双因素激励理论,即激励因素—保健因素理论。赫茨伯格认为,使员工满意,进而产生积极情绪的因素大多来自工作本身,如成就、被认可、工作内容、职责、晋升、个人发展等,可称之为激励因素;而使员工感到不满,进而产生消极情绪的因素则大多来自工作环境或工作关系,如上级领导、工作条件、同事、薪金、政策与程序、工作保障等,即保健因素或维持因素。只有那些被称为激励因素的需要得到满足,员工才会有满意感,从而调动起工作积极性,提高劳动生产效率。而那些被称为保健因素的需要,即使全部得到满足也只能消除员工的不满情绪,却不会带来满意感,也不一定能够调动员工的工作积极性。但是,不具备保健因素会引起员工强烈的不满,容易导致员工消极怠工,甚至诱发罢工等对抗性行为。

双因素理论指出,满足人的不同需要所得到的激励效果是不一样的。尽管对人的基本物质需求的满足必不可少,但即使得到满足,此类保健因素的作用也往往十分有限、难以持久。要想激发和维持公职人员的工作积极性,不仅要重视物质利益和工作条件等外部保健因素,更要注重工作的丰富性和工作成就感等内部激励因素,重视对公职人员进行精神激励,给予表扬和认可,给予其成长、发展和晋升的机会。完善公职人员的激励机制应当注重全面性、动态性、综合性:一方面,要充分发挥薪酬福利制度的激励作用,规范监督管理流程,构建和谐融洽的人际关系;另一方面,也要建立健全、科学、有效的绩效管理体系,实行灵活、弹性的人才流动机制,完善公职人员培训机制,加强各种激励方式之间的协调配合,以最大限度地实现激励效果。

6.2.2.3 麦格雷戈的X-Y理论

1957年,麦格雷戈在《企业的人性面》一文中提出了著名的"X-Y理论"。X理论以"经济人"假设为理论依据,主要包含以下观点:人天性懒惰、不喜欢工作,只要有可能就会逃避工作;由于人天性不喜欢工作,因此必须采取强制措施或惩罚办法,以迫使他们完成工作;人生性不愿主动承担责任,宁愿接受他人的支配;人大都安于现状,缺乏进取心,反对变革;只有极少数人才具有解决组织问题所需要的想象力和创造力;人生性易受欺骗、易被煽动等。管理学曾经提倡的"胡萝卜加大棒"式的管理方法,就是以 X 理论为指导而形成的。

麦格雷戈认为,X 理论建立在错误的人性假设基础之上,在管理实践中,其所倡导的命令型、强制型管理方式效果不佳。仅仅重视满足员工的生理需要和安全需要,全盘依赖经济报酬和惩罚手段来促进生产是难以奏效的。据此,他提出了以"自我实现人"假设为理论依据的 Y 理论。Y 理论的主要观点为:人在工作中消耗体力与智力是一件极其自然的事情,一般人并非生性厌恶工作,如果给予适当机会,人们是渴望在工作中发挥其才能的;控制和惩罚并不是使人努力工作的唯一方法,为了达成组织目标,人们将进行自我监督和自我控制;正常条件下多数人都愿意承担责任,寻求发挥自己的才能和创造性的机会;人们之所以努力实现目标,主要源于一种自我实现的需要;想象力和创造力乃是大多数人都具备的能力等。X 理论、Y 理论对于人性的看法不同,因而其所主张的管理方法也不同。相较于 X 理论所主张的命令型、强制型管理方式,Y 理论则更重视创造一个能满足员工多方面需要的良好环境。

6.2.3 现代管理时代

20 世纪 60 年代以后,系统论、控制论、信息论的研究成果被引介到企业管理和公共部门管理研究中,出现了现代管理理论及学派。其中,具有代表性的理论主要包括以弗里蒙特·卡斯特(Fremont Kast)和詹姆斯·罗森茨韦克(James Rosenzweig)为代表的系统管理理论学派与以超 Y 理论为基础的权变管理理论等。系统管理理论与权变管理理论进一步深化了公共部门对人事管理的认识,尤其注重组织中人与其他要素之间的关系以及组织与外部环境的关系。

6.2.3.1 系统管理理论

美国管理学家卡斯特和罗森茨韦克创建的系统管理理论盛行于 20 世纪 60 年代,主要包含以下观点:(1)组织是一个系统,由相互依存的众多要素所组成。现代管理者必须把组织视为一个开放的系统,即与周围环境产生相互影响、相互作用的系统。一个组织的成败,取决于管理者能否及时察觉环境的变化并及时做出正确的反应。组织作为一个开放的社会—技术系统,由五个分系统构成:目标与价值系统、技术系统、社会心理系统、组织结构系统和管理系统。这五个分系统之间既相互独立,又相互作用,构成一个整体。(2)组织是由人、物资、机器和其他资源在一定的目标下组成的一体化系统,它的成长和发展同时受到这些组成要素的影响。在这些要素的相互关系中,人是主体,其他要素是被动的。管理人员需要保持各要素之间的动态平衡和相对稳定,并保持一定的连续性,以适应情况的变化,达到预期目标。(3)从系统的观点来考察和管理组织,有助于提高组织效率。组织的管理人员不至于因为只注意一些专门领域的特殊职能而忽略了组织的总目标,也不至于忽视这个组织在更大的系统中的地位和作用。组织的系统管理就是把人员、机器、金钱等互相没有联系的资源结合成一个旨在达到一定目标的整体系统。

6.2.3.2 超 Y 理论

尽管在管理实践中,多数人更倾向于运用 Y 理论,但事实上并非所有运用 Y 理论的组织在效率上都优于运用 X 理论的组织,甚至在某种情况下,其效率反而十分低下。基于此种困惑,1970 年,美国管理心理学家约翰·莫尔斯(John Morse)和杰伊·洛尔施(Jay Lorsch)依据"复杂人"假设,提出了一种新的、权变型管理理论,即超 Y 理论。该理论认为,没有什么一成不变的、普遍适用的、行之有效的最佳管理方式,必须根据组织内部和外部环境的变化,灵活地采取相应的管理方式,以实现工作、组织、个人、环境等因素的最佳组合。超 Y 理论主要包含以下观点:人们加入组织的动机各不相同,但主要是为了获得一种胜任感;对不同人的管理方式也各不相同,不愿参与决策和承担责任的人更适用 X 理论主张的管理方式,自制力强和愿意发挥自身创造性的人更欢迎 Y 理论倡导的管理方式;管理部门要依据组织结构、管理层次、工作目标、工作分配、人员素质等因素,来确定相适应的管理方式。

超 Y 理论是莫尔斯和洛尔施在对 X 理论和 Y 理论进行实验分析比较的基础上,吸收了 X 理论和 Y 理论的合理成分,所提出的一种主张权宜应变的管理理论。该理论的实质在于,在对组织成员进行适当的管理与激励的同时,应当考虑到外部环境、工作性质、组织结构、领导方式、人员素质等因素。同样地,公共组织中的管理人员应当具体问题具体分析,针对不同公职人员的个性特征,结合组织内外环境情况,最大限度地调动其工作积极性。

6.2.4 企业文化时代

20世纪80年代以来,经济全球化蓬勃发展,跨国企业规模不断扩大,国际化程度越来越高,随之出现了文化冲突、融合的问题。而与此同时,日本企业的生产效率和经济实力以惊人的速度增长着,引起世人的关注。由此,美国的管理学家们将研究的目光转向了日本,对日本企业进行了深入研究。在比较美、日两国不同管理模式中,他们发现,相对于美国管理突出强调如生产技术、机械设备、方法、规章制度、组织机构设置等因素,日本更关注企业文化价值观,包括企业目标、宗旨、信念、价值准则等方面的建设。对日本企业管理之道的研究促使企业文化理论思潮出现。企业文化理论的代表人物和代表作包括:威廉·大内(William Ouchi)的《Z理论——美国企业界怎样迎接日本的挑战》、特雷斯·迪尔(Terrence E. Deal)和阿伦·肯尼迪(Allan Kennedy)的《企业文化——现代企业的精神支柱》、理查德·帕斯卡(Richard T. Pascale)和安东尼·阿索斯(Anthony G. Athos)的《日本管理艺术》、托马斯·彼得斯(Thomas Peters)和罗伯特·沃特曼(Robert Waterman)的《成功之路——美国最佳管理企业的经验》、弗雷德里克·舒斯特(Frederick E. Schuster)的《A战略:人与效益的关系》等。其中,较为著名、影响较为广泛的是Z理论。

1981年,日裔美籍管理学家威廉·大内提出了代表日本式企业管理的Z理论,重点关注的是员工的需要,主张以坦白、开放、沟通为基本原则来实行"民主管理"。该理论的主要观点为:鼓励员工参与企业管理决策;基层管理者享有充分的权利;对员工进行长期雇佣或终身雇佣;关心员工的福利;重视对员工的全面培训;对员工进行长期、全面的考核,以此作为晋升的依据等。Z理论更加注重员工的社会需要和个人发展需要,更加尊重员工,给予员工发挥个人才能与创造力的机会。Z理论倡导人性化的管理方式,体现了以人为本的管理思想,是对X理论和Y理论的一种补充和发展,开启了组织文化理论研究的先河。Z理论认为,组织管理要想取得成就,必须重视管理中的文化特性,包括信任、敏感性和亲密性等。这就要求公共组织中的管理人员根据组织的实际情况,合理把握制度与人性、管制与自觉性之间的关系,科学、有效地实施人力资源管理。

6.3 公共人力资源管理制度

6.3.1 公共人力资源管理制度的类型

公共人力资源管理制度是指在公共人力资源的使用过程中,各有关组织的权力配置原则和关系模式,以及作为权力配置载体的组织制度和组织机构。公共部门选才用才的根本原则和人员成长的方式或途径,都由这些制度确立和衍生。

6.3.1.1 根据公共人事管理权归属的不同来划分

根据管理权归属的不同组合方式,公共人力资源管理制度可分为四种模式:

(1)集权型。执政党基本掌握了政府人事管理的主要权力且管理的方式高度行政化,用人单位缺乏自主性和独立性。这种方式易于造成用人与治事之间的脱节,不利于疏通人才进入公共部门的渠道。

(2)分权型。政党与用人单位人事权的划分主要依据公职人员级别的高低,政党在高级公职人员的任用上拥有决定权,而中低级人员的管理权则由用人单位掌管。

(3)"人治"式。这种模式的根本特征体现在人事任用中的主观随意性,即不经过法定程序做出人事裁决。它容易导致任人唯亲和裙带关系,滋生腐败。

(4)"法治"式。政党、公共组织和其他组织都依照法律的精神和原则,遵守法律规定和法定程序进行人力资源管理。现代公务员制度可看作对"法治"式管理方式的选择。

6.3.1.2 根据公共人力资源管理的用人原则和方式的不同来划分

根据用人原则和方式的不同,公共人力资源管理制度可分为三种模式:

(1)官僚型。文官系统依权力大小、职级高低和责任轻重,形成具有统属和主从关系的结构体系,上级统辖下级,下级服从上级,不同层次有不同的权力和职责,权责分明,统属关系明确。政府官员经过公开考试择优录用,职务常任,有职业的稳定性和较优越的社会地位。

（2）贵族型。官员的录用选拔看重对象的教育程度和社会地位,有严格的学历和年龄限制,官员依据权力和职责的不同,分成界限分明且难以逾越的不同等级。

（3）民主型。官员的录用选拔看重对象的实际能力和专门技能,而不全是学历和资历,也不甚注意出身门第和所属阶层,官员的上下等级之间可以互相交流,没有贵族型那样森严的等级。

6.3.2 公务员制度

6.3.2.1 西方国家公务员制度的主要特点

19世纪中叶,公务员制度首先在英国创立,后扩展到其他西方国家。其主要特点有：

（1）严格区分政务官与事务官。政务官通过选举产生,承担政治责任,有任期,随着选举的胜负而进退。而事务官是通过公开考试、择优录用产生的,不随政党进退,实行职务常任。

（2）强调政治中立。事务类公务员不参与党派政治斗争,不参加党派竞选,不成为某一执政党实现政治目标的工具,不得以党派偏见影响决策,忠诚地为国家服务。坚持政治中立有利于保证政府工作的稳定性和执行国策的连续性,同时也保证了文官职业的相对独立性。但是,事务官也会在一定程度上参与公共政策的制定过程,真正的政治中立在现实中是难以做到的。

（3）公开考试,择优录用。所有事务类公务员的产生都是通过向社会公开招考的形式。按照考试成绩由高到低的顺序排列,择优录用,排除了过去那种"政党分肥"以党派倾向作为录用依据的弊端,保证录用的公正,克服用人之中的不正之风。

（4）实行"功绩晋升制"。"功绩晋升制"是西方各国公务员制度的最重要原则,它是在铲除"恩赐官职制"和"政党分肥制"弊端的过程中建立起来的。根据这一原则,在决定公务员的职务晋升时,应着重考虑拟晋升人选的才干和能力,强调权责一致、奖惩结合、公平对待。

（5）强调官风官纪和职业道德,重视公务员队伍的廉洁。不少国家对此从法律上作出规定,以强化良好的职业操守。如美国国会在1978年通过了《政府道德法案》,对政府工作人员的职业道德加以规范。

6.3.2.2 当代中国公务员制度的主要内容

根据《中华人民共和国公务员法》的规定,当代中国公务员制度的主要内容包括:

(1) 公务员的范围。根据《公务员法》的规定,我国的公务员是指依法履行公职、纳入国家行政编制、由国家财政负担工资福利的工作人员。

(2) 公务员的义务和权利。公务员的义务包括:忠于宪法,模范遵守、自觉维护宪法和法律,自觉接受中国共产党领导;忠于国家,维护国家的安全、荣誉和利益;忠于人民,全心全意为人民服务,接受人民监督;忠于职守,勤勉尽责,服从和执行上级依法作出的决定和命令,按照规定的权限和程序履行职责,努力提高工作质量和效率;保守国家秘密和工作秘密;带头践行社会主义核心价值观,坚守法治,遵守纪律,恪守职业道德,模范遵守社会公德、家庭美德;清正廉洁,公道正派;法律规定的其他义务。公务员的权利包括:获得履行职责应当具有的工作条件;非因法定事由、非经法定程序,不被免职、降职、辞退或者处分;获得工资报酬,享受福利、保险待遇;参加培训;对机关工作和领导人员提出批评和建议;提出申诉和控告;申请辞职;法律规定的其他权利。

(3) 职务、职级与级别。国家实行公务员职位分类制度。公务员职位类别按照公务员职位的性质、特点和管理需要,划分为综合管理类、专业技术类和行政执法类等类别。国家实行公务员职务与职级并行制度,根据公务员职位类别和职责设置公务员领导职务、职级序列。领导职务层次分为:国家级正职、国家级副职、省部级正职、省部级副职、厅局级正职、厅局级副职、县处级正职、县处级副职、乡科级正职、乡科级副职。公务员职级在厅局级以下设置。综合管理类公务员职级序列分为:一级巡视员、二级巡视员、一级调研员、二级调研员、三级调研员、四级调研员、一级主任科员、二级主任科员、三级主任科员、四级主任科员、一级科员、二级科员。

(4) 录用制度。录用担任一级主任科员以下及其他相当职级层次的公务员,采取公开考试、严格考察、平等竞争、择优录取的办法。

(5) 考核制度。公务员的考核应当按照管理权限,全面考核公务员的德、能、勤、绩、廉,重点考核政治素质和工作实绩。公务员的考核分为平时考核、专项考核和定期考核等方式。定期考核以平时考核、专项考核为基础。定期考核的结果分为优秀、称职、基本称职和不称职四个等次。

(6) 任免和升降制度。公务员领导职务实行选任制、委任制和聘任制。公务员职级实行委任制和聘任制。领导成员职务按照国家规定实行任期制。公务员的职务、职级实行能上能下。对不适宜或者不胜任现任职务、职级的,应当进行调整。

(7) 奖励、监督与惩戒制度。对工作表现突出,有显著成绩和贡献,或者有其他突出事迹的公务员或者公务员集体,给予奖励。奖励坚持定期奖励与及时奖励相结合,精神奖励与物质奖励相结合、以精神奖励为主的原则。奖励分为:嘉奖、记三等功、记二等功、记一等功、授予称号。机关应当对公务员的思想政治、履行职责、作风表现、遵纪守法等情况进行监督,开展勤政廉政教育,建立日常管理监督制度。对公务员监督发现问题的,应当区分不同情况,予以谈话提醒、批评教育、责令检查、诫勉、组织调整、处分。处分分为:警告、记过、记大过、降级、撤职、开除。

(8) 培训制度。机关根据公务员工作职责的要求和提高公务员素质的需要,对公务员进行分类分级培训。国家建立专门的公务员培训机构。机关根据需要也可以委托其他培训机构承担公务员培训任务。

(9) 交流与回避制度。国家实行公务员交流制度。公务员可以在公务员和参照《公务员法》管理的工作人员队伍内部交流,也可以与国有企业和不参照《公务员法》管理的事业单位中从事公务的人员交流。交流的方式包括调任、转任。实行回避制度,包括亲属回避、职务回避和地域回避三种。

(10) 工资福利保险制度。公务员实行国家统一规定的工资制度。公务员工资制度贯彻按劳分配的原则,体现工作职责、工作能力、工作实绩、资历等因素,保持不同领导职务、职级、级别之间的合理工资差距。国家建立公务员工资的正常增长机制。公务员按照国家规定享受福利待遇。国家根据经济社会发展水平提高公务员的福利待遇。公务员依法参加社会保险,按照国家规定享受保险待遇。

(11) 辞职辞退退休制度。公务员可以根据自己的意愿向任免机关提出申请辞去公职。国家任免机关可以根据公务员的职务履行情况辞退公务员。公务员达到国家规定的退休年龄或者完全丧失工作能力的,应当退休。公务员符合规定条件的,本人自愿提出申请,经任免机关批准,可以提前退休。

(12)职位聘任制度。机关根据工作需要,经省级以上公务员主管部门批准,可以对专业性较强的职位和辅助性职位实行聘任制。

6.4 公共人力资源管理的发展与变革

6.4.1 西方公共人力资源管理的发展历程

6.4.1.1 对人的管理的概念演变

一百多年来,人力资源管理概念的内涵和外延经历了从劳工管理到人事管理,再由人事管理到人力资源管理的发展历程,20世纪90年代以来,又出现了从人力资源管理走向人力资源战略管理的发展趋势(见表6-1)。

表6-1 西方对人的管理的概念演变

	劳工管理	人事管理	人力资源管理	人力资源战略管理
流行时间	20世纪30年代前	20世纪30—70年代	20世纪70—90年代	20世纪90年代后期以来
时代背景	工业经济	工业经济	从工业经济走向知识经济	知识经济
管理对象	体力雇工	体力和脑力劳动者	脑力和体力劳动者	知识员工
管理内容	监督和惩罚	职位与管理本位的完整制度	人本主义	以人本主义与战略联盟为内涵的制度

资料来源:吴志华,刘晓苏.公共部门人力资源管理[M].上海:复旦大学出版社,2007:4.

从早期的劳工管理、人事管理到现代的人力资源管理、人力资源战略管理,组织中涉及人的管理的范畴、理念和思想都发生了很大的变化。人力资源管理领域中的问题是受一些相关因素(如环境、战略、组织结构等)的影响而变化的。

从20世纪70年代后期起,席卷全球的新公共管理运动把私营部门的管理经验带到公共部门,以促进企业家式的高效率政府的发展。人力资源管理的理论与方法也就是在这个大背景下被引入政府,并逐步替代原有的人事管理。在财政预算不断减少的情况下,解决竞争性市场与政府能力之间矛盾的重要途径是依靠政府内部人力资源开发与管理,如何构建有效的政府人力资源管理模式将直接关系到政府能力的高低以及直接的社会绩效①。

6.4.1.2 从传统人事管理向现代人力资源管理的发展

传统的人事管理实质上就是对人事关系的管理,其目的在于使人与事、共事的人与人之间实现最佳的关联,以有效地实现组织目标。传统人事管理职能主要有:一是工作分析,即明确工作的核心要素以及完成工作所需的技能;二是对职位进行分类,即根据一套既定的工作名称和头衔等级规则定义不同的岗位;三是进行人员安排,包括招聘和安排职位;四是为员工提供岗位培训;五是对工作岗位进行重新设计。随着全球化、市场化、信息化和科技进步的不断加速,社会和经济的发展面临不少困难,为了解决这些难题,西方各国采取了一系列变革,传统的人事管理也向人力资源管理转变。比较起来,两者有以下不同:

1. 人性的假定不同

传统的人事管理以物为中心,把人看作一种成本,管理的主要任务就是尽可能减少人工成本。而现代人力资源管理视人为最核心的资本,认为人力资本的投资收益率高于其他形态资本的投资收益率。

2. 工作的性质不同

传统的人事管理基本上是行政事务性的工作,活动范围有限,短期导向,主要由人事部门职员执行,很少涉及组织高层战略决策。人事部门扮演的是控制人工成本的"成本中心"的角色。而现代人力资源管理重视对人的能力、创造力和智慧潜力的开发和发挥,扮演的是增加产出的"利润中心"的角色。

3. 管理的内容不同

传统的人事管理主要存在于雇佣关系从发生到结束的运动过程中。人员的招聘、录用、委任标志着雇佣关系的建立,之后的考核、奖惩、职务升降、工资福利待遇、申诉控告等,构成了管理阶段的主要内容,而辞职、辞退、解雇、退休

---

① 韩青.公共部门人力资源和谐管理研究[D].镇江:江苏大学,2009.

等则意味着雇佣关系的结束。而现代人力资源管理不仅涵盖了传统人事管理的这些基本内容,而且不断向纵深发展,大大拓宽了原有人事管理的内容,形成全方位的管理。

4. 管理部门的地位不同

传统人事管理把人事部门视作非生产、非效益部门,地位较低,且从事管理的人员进不了决策层。而现代人力资源管理部门已经成长为除了落实具体人事事务之外,还协调管理系统、提供决策预案的中枢性机构,人力资源管理者不仅进入领导层,还成为核心成员之一。

5. 管理的方式和手段不同

传统的人事管理强调标准化式的管理,管理手段较为刚性,主要运用行政命令的办法。而现代人力资源管理强调管理的人性化,理解员工的需要,采取柔性的参与式的民主管理,注重人文关怀。

6.4.1.3 公共人力资源战略管理的兴起

20世纪最后二十余年,为迎接全球化、信息化、国际竞争加剧的挑战,以及摆脱财政困境和提高政府效率,西方各国相继掀起了政府改革(政府再造)的热潮,采取了一系列改革的战略和战术。这场改革使在20世纪占主导地位的传统的公共行政模式向"管理主义"或"新公共管理"模式转变。在这场运动中,人事管理也发生了巨大变化,主要包括以下几个方面:

(1) 实行弹性化的任用制度,最典型的是合同聘用制的运用。政府进行战略规划,确定若干年内要完成的任务,然后把这些任务分解到各个部门,并据此从政府系统内部和外部招聘执行官,以固定期限合同的形式确定双方的权利和义务。

(2) 放松规制,由刚性管理变为弹性管理。这主要表现在两个方面:一是简化人事规则,废除过时的、多余的和过细的程序性和形式化规则;二是行政机构在经过授权或批准后,在人力资源管理中可以根据实际情况和需要,拥有某些不受规则限制的"豁免权"。

(3) 实行谈判工资制。在传统的政府雇佣关系中,政府以主权者的身份确定任用资格和雇佣条件,被雇者没有讨价还价的权利。推行改革后,公务员不仅可以通过公务员工会集体与政府谈判工资报酬,在新公共管理运动中更是发展出了个人谈判工资制度,即在签署聘用合同之前,被雇者可以就自己的工资报酬与政府进行一对一的谈判。

(4)推行绩效管理和绩效工资。在传统的政府雇佣关系下,没有科学和系统的绩效管理,导致薪酬制度和晋升方式缺乏激励作用。工资多以职务等级工资的形式出现,只要达到某一个等级就可以拿到相应的报酬,是一种"铁饭碗"。新公共管理运动倡导以结果为导向,其中重要的一环就是建立和完善绩效管理制度,实行绩效工资制度。

(5)改革僵化的职位分类制度和职业发展路线。英国撒切尔夫人执政时期,为了打破公务员任用方面僵化的局面,实行了"快速升迁发展计划"(Fast Stream Development)和高级公务员系列。

(6)注重人力资源开发。一些国家在能力主义的价值取向下,根据职位对任职者的要求积极实施人力资源开发。西方国家的公共人力资源开发有一个共同特点,就是利用社会的培训资源如大学、专门的培训机构和企业,政府采取与它们合作的方式或者把培训工作外包给这些机构。

(7)下放人事管理权力。传统人事管理的一个重要特点是人事权高度集中,这样用人单位缺乏必要的管理手段。在新公共管理改革中,一些国家如英国、新西兰等,把人事管理权力,包括编制数额、用人权、工资的决定权、奖金的发放、解雇权等下放给执行机构的负责人。

通过上述改革措施,在公共部门,传统人事管理模式逐渐让位于现代人力资源管理模式,公共部门与私营部门的界限日益模糊化。

6.4.2 中国公共人力资源管理变革

我国传统的干部管理制度是典型的人事管理模式,是革命战争年代延续下来的,存在管理对象笼统庞杂、管理权限过分集中、管理方式陈旧单一、管理制度不健全等弊端。改革开放后,我国进行了干部管理改革,如废除干部任职终身制、适当下放管理权力、提出干部队伍"四化"(革命化、年轻化、知识化、专业化)、提出尊重知识尊重人才的理念。20世纪90年代,我国试图摸索出一套适合中国国情的人事管理制度,并为其他公共部门人事管理的科学化提供可资借鉴的经验。此后,改革并没有就此止步,而是持续探索诸如领导干部竞争上岗、公务员工资制度改革、政府雇员制度、创新绩效评估制度、事业单位的大规模聘用制改革等。其中的一些改革与西方新公共管理背景下引入私营部门的经验和做法的改革有异曲同工之处。

6.4.2.1 我国公共人力资源管理存在的问题

总的来说,目前我国公共部门还未完全摆脱传统的人事管理的窠臼,存在的问题主要有:(1)没有进行整体性的人力资源管理体系的构建,导致人力资源管理工作碎片化,难以发挥其在组织管理中的系统整合和提升效能的功能;(2)人力资源管理的基础工作薄弱,难以进行规范化和科学化管理,进而阻碍了管理的深化变革;(3)没有形成以绩效为本的现代人力资源管理理念,重过程轻结果,"不求有功,但求无过",官僚主义、形式主义问题依旧明显;(4)重使用轻开发的传统用人观念仍然存在;(5)人事管理权力过于集中,管人与管事相脱节,用人单位缺乏调节和激励员工行为的必要手段;(6)业务部门主管缺乏人力资源管理的技能等。

6.4.2.2 我国公共人力资源管理的改革思路与措施

为适应我国社会经济发展的要求,需要借鉴和参考其他国家和私营部门的经验,以改革促进我国公共部门从传统人事管理向现代人力资源管理过渡。

(1)把先进的管理理念引入公共部门,变传统人事管理为现代意义上的人力资源管理。传统人事管理把人看作一种成本,而现代人力资源管理强调人力资本是社会发展的核心资本。对人力资源的开发和激励,释放人的潜能,实现自我价值,应该成为政府人力资源管理的核心。在倡导更具人性化的管理制度和方式的同时,也不应否定管理的规范化和标准化建构。提升人力资源管理的价值,人性化与规范化同步,柔性管理与刚性管理并重,才是目前适合中国国情的人力资源管理理念。

(2)适当下放人事管理权力。下放权力是西方公共人力资源管理改革的经验。在中国这样一个单一制的国家结构形式下,需要保持一定的相对集中,保证全国公共管理的基本规范,如有关人力资源管理的原则、基本的人事政策(如职位分类、公职人员的基本权利义务)以及公职人员的基本行为规范等方面;具体的人事执行和操作层面,相关制度建设及办法创新方面的权力是可以下放的。

(3) 有选择地借鉴企业和市场化方法,改造公共人力资源管理。通过引入私营部门的管理理论、管理技术来克服传统人事管理制度的某些固有弊端,谋求更具灵活性和适应性的人力资源管理,其中最引人注目的一些改革措施包括:改变国家公务员的终身雇佣制度,逐步实行有弹性的入职和离职制度,合同雇佣制和临时聘用制可成为公共部门用人的常见方式;改革传统的等级工资制,实行以绩效工资为主的灵活工资制度;建立以工作表现为基础的激励制度等。

(4) 树立以绩效为导向的管理理念。第一,提高认识,大力倡导讲实话、求实效的工作作风,形成一种以绩效为本的管理文化;第二,做好岗位分析工作,简化工作程序,制定工作标准和服务承诺;第三,实施绩效评估;第四,实施业绩与报酬、培训和职务升降等挂钩的政策。

(5) 实施立足于能力和素质的人力资源开发。第一,要建设学习型组织;第二,改变传统集中运动式的培训方式;第三,为了提高对外部环境的适应性,培训应立足于任职人员综合素质的提高等。

(6) 培育公共伦理,弥补硬性管理之不足。第一,把一些成熟、重要的公职人员伦理上升到法律的高度;第二,要克服长期以来让人厌倦的教化式灌输,把公共伦理精神的培育渗透到现实生活的方方面面;第三,从优秀传统文化中汲取精华,让中国几千年的伦理精髓得以发扬光大,重现其心灵启迪价值;第四,完善公共物品和公共服务供给体系,让社会公众感觉到公共服务给自己带来的切实好处,这样才能更好地认同和支持公共体系的建设,形成良好的社会氛围,才能使公共伦理在公职人员中化作永恒的精神动力源泉。

复习思考题

1. 简述公共人力资源管理的内涵与特征。
2. 简述公共人力资源管理的主要内容。
3. 比较分析传统人事管理与现代人力资源管理的差异。
4. 简述公共人力资源管理理论的演进路径。
5. 联系实际,分析行为主义理论对人力资源管理的意义。
6. 比较中西方公务员制度的内容与异同。
7. 比较分析中西方公共人力资源管理变革的原因、主要内容。

第7章 公共事务管理

■ **本章学习要点**

- 公共事务的内涵、特征与种类
- 公共事务管理的具体内容
- 公共事务治理模式变迁

7.1 公共事务的基本特征与种类划分

一直以来,公共事务被视为公共管理的客体,绝大多数学者是以公共事务是公共管理的客体为前提来研究公共管理活动的[①]。持主流观点的学者认为,公共管理就是公共部门管理公共事务的活动或过程。例如,王惠岩指出:"公共管理是对公共事务的管理,没有公共事务,就没有公共管理。"[②] 王乐夫指出:"公共管理是指公共组织对社会公共事务的管理。"[③] 因此,进行公共管理研究,要明确作为其客体的公共事务的内涵、性质与范围问题。

7.1.1 公共事务的科学内涵

公共事务作为公共管理的客体,是公共管理研究的逻辑起点。对公共事务

[①] 李金龙,唐皇凤. 公共管理学基础[M]. 上海:上海人民出版社,2008:113.
[②] 王惠岩. 公共管理基本问题初探[J]. 国家行政学院学报,2002(6).
[③] 王乐夫. 论公共管理的社会性内涵及其他[J]. 政治学研究,2001(3).

的界定,是公共管理理论与实践中的一个关键性问题,关乎公共权力的边界、政府职能的基础、公共管理的范围等重要问题。然而,对于如何理解公共事务这一问题,学者们则仁者见仁、智者见智。

在西方,公共事务被普遍认为是与私人事务相对的概念,它主要指提供关乎所有社会成员共同利益的公共产品与公共服务的相关活动。我国学者关于公共事务的主流观点主要是受到西方学者相关论述影响的结果,尤其是深受传统公共物品理论影响的结果。大多数学者对公共事务概念的观点是把公共事务与全体或大多数社会成员的共同需求或利益联系在一起,认为公共事务是涉及社会成员的共同需求或利益的活动或事务。代表性的观点主要有:王惠岩指出,"所谓公共事务,是指该社会的统治阶级为了把社会控制在秩序范围内,推动社会发展,所进行的满足社会成员共同需要与要求的一系列社会活动"[①]。王敏和王乐夫认为:"公共事务就是伴随社会发展过程发生的关系国家、集体、个人共同利益的社会性事务,包括公共物品的生产与供给和公共服务的设立与开展。"[②]周义程提出:"所谓公共事务,是指为了满足社会全体或大多数成员需要,体现他们的共同利益,让他们共同受益的那类事务。"[③]刘熙瑞指出:"公共事务即公共领域的事务,它与一定地域共同体多数成员利益普遍相关,如公共安全、公共服务、公共产品的供给。"[④]

除了立足公共物品理论对公共事务概念进行解释和界定之外,刘太刚从古今中外的公共管理实践出发,提出一种不同于学界主流观点的公共事务观,即需求溢出理论的公共事务观。他认为:"公共事务是指公共管理主体所应解决或处理的社会问题和自身管理问题。其中,前者是指个人溢出于其本人及私组织的人道需求和适度需求问题,后者则是公共管理主体为解决或处理前述公共问题而产生的管理问题。可以说,前者是体现公共管理的价值理性的原初公共

[①] 王惠岩. 公共管理基本问题初探[J]. 国家行政学院学报,2002(6).
[②] 王敏,王乐夫. 公共事务的责任分担与利益共享——公共事务管理体制改革与开放的思考[J]. 学术研究,2001(11).
[③] 周义程. 公共利益、公共事务和公共事业的概念界说[J]. 南京社会科学,2007(1).
[④] 刘熙瑞. 中国公共管理[M]. 北京:中共中央党校出版社,2004:32.

事务,后者则是体现公共管理的工具理性的派生性公共事务。"①

此外,有学者将公共事务与公共管理等同,但这一观点与上文中提到的"主流观点"仍然是大概一致的。例如,陈振明指出:"'公共'是与'私人'相对而言的,凡是与众人相关的事务(众人之事)和组织或团体的活动(集体行动)都可以称为'公共事务'(广义);国家的活动、以国家为中心的活动或政府的管理活动(政治与行政)是最基本或最典型的'公共事务'(狭义)。"②

综上所述,我们认为,公共事务是指为满足全体或大多数社会成员的共同需要,由公共部门及相关主体负责管理的与全体或大多数社会成员的共同利益密切相关的各类事务,涉及全体或大多数社会成员普遍需求的公共产品或物品、公共服务、公共安全、公共事物等。

7.1.2 公共事务的基本特征

公共事务作为与全体或大多数社会成员的共同需求、与公共物品和公共利益有关的各类事务,具有如下基本特征。

7.1.2.1 公共性

"公共"一词是相对于"私人"或"私有"而言的概念,一般可以解释为"公有的""公用的""公众的""共同的""社会的"等。公共性是公共事务的本质属性,体现在公共事务的方方面面,无论是公共事务管理的主体、目标追求,还是结果都体现了"公共"属性③。具体而言,公共事务的公共性体现为:首先,公共事务主体的公共性,即公共事务的管理者是公共部门或公共服务机构,而不是私人或私人组织;其次,公共事务目的的公共性,即公共部门管理公共事务的目的在于为社会公众提供公共利益和公共服务;再次,公共事务管理手段和过程的公共性,即强调社会公众对公共事务管理活动的广泛参与,以及公共事务活动的公开性④;最后,公共事务管理结果的公共性,即公共事务的成果应由社会

---

① 刘太刚.对公共事务概念主流观点的商榷——兼论需求溢出理论的双层公共事务观[J].政治学研究,2016(1).
② 陈振明.理解公共事务[M].北京:北京大学出版社,2007:1.
③ 姜士伟.公共管理研究的逻辑起点:公共事务[J].理论探讨,2007(5).
④ 王乐夫.论公共管理的社会性内涵及其他[J].政治学研究,2001(3).

共同享有,普遍受益,而不由某些群体单独享有等。

7.1.2.2 非营利性

非营利性是公共事务区别于私人事务的重要标志之一。公共事务之所以是公共事务,因其以实现"公共利益"或满足"公共需求"为目标①。显然,公共事务具有较强的公益性。在大多数情况下,社会成员无须付费就可以享用公共事务的成果,因而公共事务通常是"无利可图"的。由此可见,公共事务作为涉及全体或大多数社会成员共同利益的各类事务,其根本性质和目的在于为全体或大多数社会成员谋取福利,而不是营利。这是由公共事务的公共性决定的。但是,公共事务的非营利性并不意味着它具有完全无偿性。一般来讲,大多数公共事务管理活动的成本可以通过财政税收进行支付。但在以提供公共物品和公共服务为主要活动的公共事务中,也可通过收取一定的费用来弥补提供公共物品和服务过程中的经费不足。需要指出的是,收取费用只是为了回收一定的成本,而不是为了获取利润②。

7.1.2.3 多样性

相对于私人事务而言,公共事务是复杂多样的。随着经济社会的快速发展,公共事务更是呈现出纷繁复杂的态势。公共事务是为了满足全体或大多数社会公众需要的那类事务,而社会公众对公共事务的需求偏好(包括数量、质量等)又是千差万别的,一般需求与特殊需求、短期需求与长期需求、较低层次需求与较高层次需求,分布不均地存在于不同的社会群体之中,而且呈现出不断变化的趋势。这就决定了公共事务种类繁多、内容广泛。当然,正是公共事务的这种多样性,使政府难以有效应对而绩效欠佳,打破了政府垄断公共事务权力的基本格局,为以益公惠民、服务大众为宗旨,以非营利为基本原则的民间社团组织进入公共事务领域,与政府共同分担公共事务责任提供了实践依据,并创造了极大的机会和生长空间③。

---

① 汪辉勇.公共事务概念分析[J].广东社会科学,2020(1).
② 侯保疆.公共行政中的公共事务界分[J].汕头大学学报(人文社会科学版),2014(3).
③ 王敏,王乐夫.公共事务的责任分担与利益共享——公共事务管理体制改革与开放的思考[J].学术研究,2001(11).

7.1.2.4 阶段性

公共事务并不是一成不变的,而是在不同的社会发展阶段会呈现出不同的内容、不同的形式和不同的标准。例如,党的十八大以来,"精准扶贫""乡村振兴"等成为中央农村政策的关键词,这是"三农"工作重心的历史性转移。同时,某些公共事务可能会在某一阶段聚集性增多。例如,新冠疫情暴发后,疫情防控迅速成为各级党委政府的重点工作。此外,某些公共事务的范围、对象也会随时间推移而转移变化。例如,随着全球面临气候变暖、生物多样性受威胁、土地荒漠化等系列重大生态环境问题,生态环境治理已成为一项重要的国际性公共事务。总而言之,在经济欠发达的社会阶段,低层次的基本生存需要是社会公众的普遍需要,那么公共事务的大部分甚至全部都与满足公众基本生活需要有关。而在经济社会相对发达的阶段,公众的基本生活需要已得到满足,开始追求更高的生活质量,于是回应公众高层次需求的公共事务便会增加[①]。例如,随着中国特色社会主义进入新时代,人民美好生活需要不仅对物质文化生活的质量提出更高要求,而且在民主、法治、公平、正义、安全、环境等方面的要求也日益增长。在这种情形下,全过程人民民主、法治建设、共同富裕、公共安全、生态文明建设等被摆在了当下治国理政的重要位置。

7.1.3 公共事务的种类划分

公共事务涉及面非常广,为了更好地把握其全貌,可以对公共事务进行分类。按照不同的标准划分,公共事务可以区分为不同的类型。

7.1.3.1 按照公共事务的性质划分

根据公共事务的性质这一标准,王惠岩把公共事务分为政治性公共事务和社会性公共事务两类。其中,政治性公共事务是指与国家政权建设紧密相关,涉及国家政权稳定和国家政治发展的,需要依靠国家强制力加以解决的公共事务,如军事、外交、司法、维护公共安全等。社会性公共事务是不必然依靠国家

---

① 王敏,王乐夫.公共事务的责任分担与利益共享——公共事务管理体制改革与开放的思考[J].学术研究,2001(11).

强制力来解决的公共事务,如教育、科技、公共交通、医药卫生等①。按照同样的标准,周义程将公共事务进一步划分为政治公共事务、经济公共事务和社会公共事务(狭义的"社会")三类。其中,政治公共事务主要包括涉及国家主权、领土完整、政权稳固、社会安定、民族利益和国家利益等的各项事务,如外交、国防、公安、国家安全、司法行政、民族宗教等;经济公共事务主要包括宏观调控和经济管理两个方面的事务;社会公共事务主要包括教育、科学、文化、卫生、体育、民政、社会保障、环境保护等②。

在上述划分的基础上,结合党中央提出的"五位一体"总体布局,我们将公共事务划分为政治公共事务、经济公共事务、社会公共事务、文化公共事务、生态公共事务五大类。其中,政治公共事务主要指涉及政治建设方面的各类事务,如党的领导、民主政治建设、法治国家建设、机构和行政体制改革等;经济公共事务主要指涉及经济建设方面的各类事务,如市场经济体制、完善宏观经济治理和微观经济监管、促进区域经济协调发展、实施乡村振兴战略等;社会公共事务主要是涉及社会建设方面的各类事务,如收入分配、就业政策、公共教育、社会保障、社会治理、医疗卫生等;文化公共事务主要指涉及文化建设方面的各类事务,如意识形态工作、思想道德建设、公共文化服务、文化事业和文化产业发展等;生态公共事务主要指涉及生态文明建设方面的各类事务,如推进绿色发展、环境问题治理、生态系统保护、生态环境监管等。

7.1.3.2 按照公共事务的范围划分

根据公共事务的外部效应范围,可以将公共事务划分为国际公共事务和国内公共事务。所谓国际公共事务,一般指公共事务的外部效应溢出国界,其影响波及多个国家甚至遍及全球的那类事务,如全球生态环境治理、世界的和平与发展事务、打击国际犯罪集团和国际恐怖主义、跨国自然资源的开发利用与保护、跨国经济文化的交流与合作等③。国内公共事务是指一个国家内部的各类公共事务,它又可以进一步细分为全国性公共事务、地区性公共事务和社区

---

① 王惠岩.公共管理基本问题初探[J].国家行政学院学报,2002(6).
② 周义程.公共利益、公共事务和公共事业的概念界说[J].南京社会科学,2007(1).
③ 侯保疆.公共行政中的公共事务界分[J].汕头大学学报(人文社会科学版),2014(3).

性公共事务。全国性公共事务一般包括国家安全、宪法和全国性法律法规的制定、宏观经济调控、全国性基础设施和公共服务供给等对国家公共生活和整体社会发展产生较大影响的公共事务。地区性公共事务是指其外部效应局限于既定区域，具有地区"独享性"的公共事务，包括地区基础设施和公共服务供给、地区生态环境治理、地区科教文卫事业发展、地方性法规制定与实施等。社区性公共事务是指其外部效应仅作用于特定社区边界之内的公共事务，如社区治安与秩序、社区公共服务、社区文化、社区医疗卫生等①。

7.2 公共事务的主要内容

为了更好地理解公共事务是什么这一关键性问题，有必要从相对微观层面对其具体内容进行探讨。根据公共事务的内涵、特征及类型，结合相关学者的论述，公共事务应包括公共物品、公共服务、社会问题等主要内容。

7.2.1 公共物品

公共物品是公共事务的重要内容。所谓公共物品是指这样一类物品：每个人对该物品的消费都不会导致他人对该物品消费的减少，无法排除他人参与共享②。根据这一定义可知，公共物品一般具有非竞争性和非排他性两个基本特征。前者指某个个体的消费不会减少其他个体所得到的收益，后者是指消费者不能被排除在消费收益之外（除非价格过高）③。一种公共物品可能具有其中的一个特征而不具有另一个特征（比如说，具有非排他性特征，而不具有非竞争性特征），也可能同时具有这两个特征④。一般地，根据物品是否具有非竞争性和非排他性两种特征，可以对物品做出如下分类（见表7-1）。

---

① 李金龙，唐皇凤. 公共管理学基础[M]. 上海：上海人民出版社，2008.
② 保罗·萨缪尔森，威廉·诺德豪斯. 微观经济学[M]. 19版. 萧琛，主译. 北京：人民邮电出版社，2012：34.
③ 约翰·卡利斯，菲利普·琼斯. 公共财政与公共选择：两种不同的分析视角[M]. 3版. 马珺，等译. 大连：东北财经大学出版社，2021：95-98.
④ 林德尔·G. 霍尔库姆. 公共经济学：政府在国家经济中的作用[M]. 顾建光，译. 北京：中国人民大学出版社，2012：87.

表 7-1 物品分类

		排他性	
		高	低
竞争性	高	私人物品 （衣服、食物、家具）	公共资源物品 （渔业资源、森林资源、灌溉系统）
	低	俱乐部物品 （电影院、有线电视、无线网络）	纯公共物品 （国防、灯塔、地球环保项目）

在表 7-1 中,除了第一类物品是同时具有高度排他性和高度竞争性的私人物品外,其他三类物品都是公共物品。其中,第四类物品是纯公共物品(也称为纯粹的公共物品),即同时具有非竞争性和非排他性的物品。也就是说,对于纯公共物品而言,每个人都可以使用它,且一个人的享用不会影响其他人对它的使用。国防、灯塔等是纯公共物品最好的例子。第二类是俱乐部物品(Club Goods),即在消费上具有高度排他性但不具有竞争性的物品。例如,有线电视是一种典型的俱乐部物品,很多人同时看节目并不会妨碍其他人观看,即存在非竞争性;但如果个人不为该项服务付费,就无法观看节目,即存在排他性。第三类为公共资源(Common Resources),即在消费上具有竞争性但难以有效排他的物品。也就是说,对于这种物品,不付费者不能被排除在消费之外,例如公共渔场、公用牧场等就是如此。上述第二、三类物品都属于准公共物品(不纯粹的公共物品),即只具有非竞争性或非排他性的物品[1]。

7.2.2 公共服务

公共服务供给问题一直是公共管理领域研究的核心课题。"公共管理作为一门国家的艺术,大致可以定义为如何设计与提供公共服务和政府行政的具体工作。"[2]可见,公共服务应该是公共事务的重要内容。所谓公共服务,可理解为

---

① 黄恒学. 公共经济学[M]. 2 版. 北京:北京大学出版社,2009:96-97.
② 克里斯托弗·胡德. 国家的艺术:文化、修辞与公共管理[M]. 彭勃,邵春霞,译. 上海:上海人民出版社,2009:3.

政府及其公共部门运用公共权力,通过多种机制和方式的灵活运用,提供各种物质形态或非物质形态的公共物品,以不断回应社会公共需求偏好、维护公共利益的实践活动的总称。由此可见,公共服务与公共物品是既相互联系又相互区别的两个概念。从联系上看,公共物品可以被视为公共服务活动的主要载体。当然,它们二者之间也有显著的区别,主要表现为:一是在实践主体的合法性地位确认方面,可能存在不一致。在许多情形下,公共服务的供给责任和公共物品的生产责任常常被区分开来。例如,一个地方政府可能是某项公共服务供给的法定责任人,但公共物品直接生产主体有可能是其他公共部门或私人部门。二是在具体表现形式上,二者可能存在某些差异。公共服务更多的是一种抽象而笼统的政府(广义的政府)活动的集合体,而公共物品则更多意义上表现为一种有形的或无形的准物质性产出[①]。

一般来讲,公共服务具有经济属性和政治属性,可以从四个角度来理解公共服务的内涵:第一,从供给主体上看,公共服务的供给主体是以政府为主导的多元提供主体。第二,从供给目的上看,公共服务是为了满足公共需求,实现公共利益。第三,从供给对象上看,公共服务的供给对象是社会公众,以增进全社会共同利益为出发点。这与私人服务不同,私人服务主要是为了满足个人的特殊需求,不具有共同消费性。第四,从供给特性上看,公共服务不仅包括物品属性的服务,也包括价值理念层次的服务,如自由、民主、公平、正义、秩序、和谐等价值理念[②]。

需要指出的是,在不同的语境下,公共服务的范围不尽相同。从广义上说,国防、外交、司法、政府管制、行政处罚等涉及主权的事务都可以纳入公共服务的范畴。但是,从狭义上看,外交、国防、政治与行政体制的发展与完善、法律制度的健全等都不属于公共服务;政府的管制性行为、维护市场秩序的监督行为以及调控经济行为,也不属于公共服务。现阶段,我国在实践中把公共服务看作同宏观调控、市场监管、社会管理、环境保护相并列的一项政府基本职能[③]。

[①] 陈振明,等. 公共服务导论[M]. 北京:北京大学出版社,2011:13-16.
[②] 黄新华. 从公共物品到公共服务——概念嬗变中学科研究视角的转变[J]. 学习论坛,2014(12).
[③] 同上.

据此,公共服务的范围可以概括为以下10个方面:公共安全、公共教育、医疗卫生、社会保障、基础设施、公共交通、环境保护、公共信息、文体休闲、科学技术(见表7-2)。

表7-2 公共服务的内容

类型	基本内容
公共安全	警务救助(如寻找失踪人员),消防与救灾(如各类自然灾害处置与救援),安全、公平等法律专业服务,社区安保等产业服务,等等
公共教育	基础教育(如义务教育),职业教育(如职业高中),高等教育(如普通本科专业教育),终身教育(如在职培训),等等
医疗卫生	卫生保健(如妇幼保健),疾病预防控制(如传染病防治),突发公共卫生事件应急处置(如新冠疫情防控),医疗服务及健康促进(如基本医疗服务体系),等等
社会保障	就业培训和指导(如劳动力培训),社会保障的组织(如养老),扶贫和对特殊群体的社会救助(如妇女儿童),基本社会保障,等等
基础设施	市政公用设施(如水电气),邮政电信(如通信),道路交通设施,等等
公共交通	交通工具(如公共汽车、地铁),等等
环境保护	环境与生态保护(如污水处理),公共活动空间维护(如公共绿地),等等
公共信息	公共信息资料(如统计数据等政务活动信息)的提供,政府部门的开放与参观(如政府办公场所面向社会开放),重大决策参与(如听证),等等
文体休闲	大众传媒(如报刊),公共文化设施(如图书馆),文化遗产保护(如非物质文化遗产保护),公共体育设施(如公共体育馆),运动知识普及(如全民健身知识普及),公众体育活动(如各类群众性体育运动会的举办),竞技体育(如重大体育赛事举办),等等
科学技术	科学知识普及(如自然科学知识传播),开展青少年科学技术教育,推广先进技术(如前沿性农业科技),等等

资料来源:陈振明,等.公共服务导论[M].北京:北京大学出版社,2011:61.

7.2.3 社会问题

所谓问题,通常泛指实际状态与期望之间的差距。就一个社会而言,问题通常可以分为个人问题、团体问题和社会问题等(见表7-3)。一般来讲,仅仅涉及某个人的期望与实际状态之间的差距的问题无疑具有个体性，这类问题仅仅涉及具有个人独享性的私人利益，往往可以通过市场交换机制或个人自治机制来解决；而当两个或很多人的期望与实际状态之间出现差距时，问题就超出了个人的界限，呈现出团体性或社会性，这就涉及具有组织共享性的团体利益和具有社会分享性的社会利益，就需要通过团体协商、公共选择等机制加以解决[①]。据此，我们可以将社会问题理解为由于社会关系或环境失调，全体社会成员或部分成员的正常生活乃至社会进步发生障碍，从而引起人们的广泛关注，并需要动用社会力量加以解决的问题[②]。

表7-3　个人问题、团体问题与社会问题

问题类型	利益关系	利益载体	典型特征	实现方式
个人问题	私人利益	个人	个人独享性	市场交换机制、个人自治机制
团体问题	团体利益	组织	组织共享性	团体协商、交易、博弈、强制
社会问题	社会利益	政府	社会分享性	公共选择、公共政策

资料来源：陈庆云. 公共政策分析[M]. 2版. 北京：北京大学出版社，2011：95.

任何社会都是一个充满矛盾的人类生活场，都会面临各式各样的、层出不穷的社会问题。由于社会问题的无穷与公共管理主体资源和能力的有限，公共管理主体无法同时解决所有社会问题，而只能根据自己的职责范围以及社会问题的轻重缓急去选择必须解决的问题。那么，什么样的社会问题会被纳入公共管理的范畴呢？第一，它必须是一种客观现象。社会问题源于社会期望与社会现状的差距，前者具有主观性，但后者是一些客观观察到的、能够表述出来的客观事实或问题情境。第二，它必须是一种可察觉和认知的现象。即便存在上述客观现象或问题情境，倘若没有被大多数社会成员所察觉，它也只是一种潜在的社会问题；只有那些客观存在且被大多数社会成员尤其是决策者察觉和认知的社会问题才能成为公共管理主体关注的对象。第三，它必须是对一定区域内的社会成员造成实际影响的社会现象。第四，它是迫切需要解决的社会现象。第五，它的解决必须有利于社会整体发展或公共利益的实现。第六，它必须是

---

① 陈庆云. 公共政策分析[M]. 2版. 北京：北京大学出版社，2011：94.
② 张金马. 政策科学导论[M]. 北京：中国人民大学出版社，1992：133-134.

公共管理主体职责范围内的事务。第七，它必须是公共管理主体有能力解决的社会现象等①。

7.3 公共事务治理模式变迁

公共事务诞生之后，公共事务治理活动便随之出现了。公共事务治理主要涉及各种类型公共事务的有效处理，是公共管理研究的重要课题。伴随着人类社会的不断发展，公共事务的范围和性质也在不断变化，由此在不同历史时期形成了不同的治理模式。根据英国学者奥斯本的观点，"公共政策实施和公共服务提供已经经历了三种体制：一是从19世纪后期到20世纪70年代末80年代初持续较长时间的公共行政，二是20世纪70年代末80年代初发展到21世纪初的新公共管理，三是自那以后出现的新公共治理"②。

7.3.1 "早期时代"的公共事务治理模式

人类社会发展经历了漫长的"早期时代"，即从原始社会一直到19世纪中叶。在"早期时代"，尽管有公共事务治理，但由于生产力处于手工劳动阶段，技术水平低，交通、通信不畅，人与人之间社会联系的成本高、有效性低，经济组织和社会活动一般以家庭为基本单位进行，社会结构简单，公共事务管理基本上是建立在个人观察、判断和直观基础上的经验管理③。进一步地，"早期时代"的公共事务治理还可以划分为两个阶段：第一阶段，在原始社会中，由于生产力水平极低，人类社会活动范围很窄，其所面临的公共事务比较少且十分简单。因此，在这个阶段，社会依靠自身的力量就可以实现对公共事务的有效管理。概言之，原始社会时期的公共事务治理主要是一种社会自我管理模式。

第二阶段为原始社会末期，随着生产力的发展，第一次社会大分工开始出现，由此导致各类公共事务逐渐增多且日益复杂。在这种情形下，社会自我管

---

① 李金龙,唐皇凤. 公共管理学基础[M]. 上海:上海人民出版社,2008:126-127.
② 斯蒂芬·奥斯本. 新公共治理？——公共治理理论和实践方面的新观点[M]. 包国宪,等,译. 北京:科学出版社,2016.
③ 唐任伍. 公共管理思想史[M]. 北京:商务印书馆,2020:140-141.

理模式已经无法满足现实需求,于是国家便应运而生,肩负起公共事务治理的职责。由此,公共事务治理的政府管理模式开始取代社会自我管理模式,在公共事务治理中的作用越来越重要。然而,在漫长的奴隶社会和封建社会时期,由于受经济社会条件的限制,政府对公共事务的管理主要表现为一种简单的、经验式的管理模式和方法①。

7.3.2 "传统公共行政时期"的公共事务治理模式

19世纪以来,随着资本主义的发展以及工业革命的兴起,社会生产力得到进一步解放,经济社会发展的空前繁荣加速了人类社会的工业化和城市化进程。然而,经济社会的快速发展也带来了大量社会问题和矛盾,使得公共事务的内容和范围迅速扩张,且复杂性大大提高。而原有简单的经验式管理模式和方法难以解决新问题、适应新形势,在公共事务治理中屡屡失效。因此,亟需一种新的治理模式来实现对公共事务的有效治理,以满足社会的共同需要。在这种背景下,以伍德罗·威尔逊为代表的一批学者基于对社会及政府管理现状的研究,在19世纪末20世纪初建立了"公共行政范式"②。"公共行政范式"以官僚制理论和政治控制理论为基石,形成了官僚体制(科层制)、政治与行政二分法、通过官僚机构提供公共产品和服务等一系列范式特征。"从实践的层面上说,'公共行政范式'主要关注的是一个'统一一贯制'的政府,一个按照科层制模式组织起来的政府。政府作为主要公共部门(且不说作为排他性的公共部门),承担着公共政策组织实施和公共服务供给的主要职能。"③

在"公共行政范式"的主导下,公共事务治理领域形成了一种以命令—控制为核心的科层治理模式。在这种治理模式中,政府公共部门担当主要的治理者角色并对社会事务进行全局性掌控与管理,所有的治理行动者都被安置于一个从属关系鲜明的等级序列体制中。科层治理模式是20世纪公共事务治理的主导模式,其有序运作有赖于"一部庞大的官僚机器"的支撑。一方面,基于法律

---

① 王惠岩.公共管理基本问题初探[J].国家行政学院学报,2002(6).
② 姜士伟.公共管理研究的逻辑起点:公共事务[J].理论探讨,2007(5).
③ 顾建光.国际公共管理主流范式界定及其构成要素比较[J].上海交通大学学报(哲学社会科学版),2012(5).

的授权,政府官僚机构拥有了掌控或干预社会事务的合法权力,可以通过行政命令、管理监督等方式解决公共事务治理过程中出现的各种组织内部或外部的冲突。另一方面,为了维系科层治理的合法性,它必须在既有的法律或规章制度框架内展开行动,必须履行法律规定的各项职责并接受组织内部与外部的监督①。

7.3.3 "新公共管理时期"的公共事务治理模式

20世纪70年代以后,统治了公共事务领域近七十年的"公共行政范式"无论在理论上还是实践上都遭受到了来自各方的强烈质疑与批评,如官僚体制的僵化和无效率、政府垄断供给公共服务的低效率和低回应性等,这种范式陷入了空前的"范式危机",从而为新的理论范式的产生铺平了道路。20世纪70年代末80年代初,"新公共管理范式"开始兴起并迅速席卷全球。该范式源于"对政府失灵的担忧、对市场效率和效能的信念、对经济理性的信念以及庞大、集权的政府机构向分权和私有化的发展"②。"新公共管理范式"主要建立在新古典经济学和公共选择理论基础之上,其范式特征可归纳为"强调职业化管理,明确的绩效标准与绩效评估,项目预算与战略管理,提供回应性服务,公共服务机构的分散化和小型化,竞争机制的引入,采用私人部门管理方式,管理者与政治家、公众关系的改变等"③。在实践领域,"新公共管理范式"的核心取向是"企业化和市场化,通过私有化、运用市场机制以及企业的运作方法、手段和技术来提高政府效率和提供优质的公共服务"④。"与新公共管理运动同时发生的是市民社会组织的涌现"⑤,这些组织在公共政策制定与实施以及公共服务供给中扮演着至关重要的角色。

在"新公共管理范式"的主导下,市场治理开始进入公共领域,并于20世纪80年代开始成为传统科层治理的一种替代模式。市场治理作为一种主导私人

---

① 张海柱. 知识治理:公共事务治理的第四种叙事[J]. 上海行政学院学报,2015 (4).

② J. BRYSON, B. CROSBY, L. BLOOMBERG. Public value governance: moving beyond traditional public administration and the new public management[J]. Public administration review, 2014 (4).

③ 陈振明. 评西方的"新公共管理"范式[J]. 中国社会科学,2000(6).

④ 竺乾威. 新公共治理:新的治理模式?[J]. 中国行政管理,2016(7).

⑤ 张昕. 走向公共管理新范式:转型中国的策略选择[J]. 政治学研究,2016(6).

经济领域资源配置与集体行动达成的治理模式,建立在众多消费者与生产者之间竞争的基础之上,通过基于价格的交换实现供给与需求之间的平衡,进而实现作为理性主体的个人需求的满足①。在公共事务治理领域,市场治理中的"市场"是一种隐喻(Metaphor),它并非指真实的经济市场,而是要求借鉴市场思维与市场机制来处理公共事务②。例如,20世纪80年代以来,许多国家相继推行公共服务市场化改革,即将市场竞争机制引入公共服务领域,打破了政府垄断供给公共服务的传统格局。同时,在新公共管理运动思潮的背景下,伴随着非营利组织的蓬勃发展,非营利组织开始大量介入公共事务治理领域,形成了公共事务的志愿治理模式。非营利组织的专业性、公益性、志愿性和自治性等,使得它们在公共事务治理中具有资源和效率等诸多优势,可以有效弥补政府和市场的缺陷和不足,这正是政府和市场之外的良好补充③。20世纪80年代以来,非营利组织开始活跃于公共事务领域的各个角落、各个层面。从育婴到养老,从早餐营养到房屋修缮,从博物馆、图书馆到著名学府、交响乐团,公民权益、法律援助,甚至海外救援,民间的非营利组织都有担当着十分重要的角色④。

7.3.4 "新公共治理时代"的公共事务治理模式

兴起于20世纪70年代末80年代初的"新公共管理范式"对于克服"公共行政范式"的诸多困境、推动公共管理理论与实践发展具有重大而深远的意义,尤其是为政府改革和公共服务供给模式的重塑提供了一些有价值的思路。"但无论从理论还是实践上看,新公共管理都存在着自身无法克服的缺陷,并不是一种包治百病的灵丹妙药"⑤,因而自其诞生之日起就遭到种种质疑与批评,特别是对"新公共管理范式"的焦点仍集中在组织内部、忽视公民与公共部门的合作与伙伴关系以及在公共政策实施和公共服务供给中引入不合时宜的私人部

---

① 张海柱. 知识治理:公共事务治理的第四种叙事[J]. 上海行政学院学报,2015(4).
② L. MEULEMAN. Public management and the metagovernance of hierarchies, networks and markets: the feasibility of designing and managing governance style combination[M]. Heidelberg: Physica-Verlag, 2008: 43.
③ 李礼,孙翊锋. 生态环境协同治理的应然逻辑、政治博弈与实现机制[J]. 湘潭大学学报(哲学社会科学版),2016(3).
④ 王敏,王乐夫. 公共事务的责任分担与利益共享——公共事务管理体制改革与开放的思考[J]. 学术研究,2001(11).
⑤ 陈天祥. 新公共管理:效果及评价[J]. 中山大学学报(社会科学版),2007(2).

门技术等方面的批评最为严厉,这为新的范式的诞生埋下了伏笔。由于"公共行政范式"单纯强调公共管理过程以及"新公共管理范式"聚焦于组织内部的管理,因而都无法充分反映和把握21世纪公共服务供给和公共政策实施方面的各种现实。作为对当今"多元组织"国家和多元主义国家中公共政策实施和公共服务供给日益复杂化、多元化和碎片化特征的一种回应,"新公共治理范式"致力于在这一现实情境下探索和理解公共政策实施与公共服务供给的各种理论和实践问题,并逐渐形成了一个具有独特话语体系、可供选择的理论范式。

"新公共治理范式"扎根于制度理论和网络理论,其主要范式特征可以概括为:"第一,在公共政策实施和公共服务供给中所采用的基本单位是社会多元组织,而非单一公共服务组织;第二,在多元社会中提供公共服务的最合适的组织构架应该是一种网络状的结构;第三,可持续的公共服务系统应是多方协商和协调的产物;第四,在这样的系统中,公共政策实施和公共服务供给的价值导向要让多方满意;第五,在由多方参与的公共服务系统中,应该形成新的多方承担责任的框架。"[①]显然,"新公共治理范式"致力于构建公共部门、私人部门、非政府组织等相互依赖的多元行动主体共同提供公共服务和实施公共政策的组织网络结构,强调聚焦外部(即公共服务组织与环境间的交互作用)的方式来提高公共服务的效率和产出,关注公共服务组织网络间多重关系以及公共服务组织、服务使用者和公民之间关系的治理,并通过网络中组织间和人际的协商来实现资源有效分配。概而言之,"新公共治理范式"提出了这样一种理论框架和实践模式:"多元而又相互依赖的行动者均会对公共政策和公共服务的职能做出贡献,因而得以形成多元的国家治理模式。"[②]尽管"新公共治理范式"在理论和实践层面都还处在发展与不断完善之中,但其在公共管理领域已经呈现出了强大的生命力和影响力,特别是它将"公共行政范式"和"新公共管理范式"嵌入一个新的情境(并不是取代它们),强调通过多元参与、合作网络、谈判协商、共同生产等来改进公共政策实施和公共服务提供,无疑成为公共管理理论研究与实践发展的主流趋势。在"新公共治理范式"的影响下,公共事务治理形成了

---

① 顾建光.国际公共管理主流范式界定及其构成要素比较[J].上海交通大学学报(哲学社会科学版),2012(5).

② 顾建光.政策能力与国家公共治理[J].公共管理学报,2010(1).

多种不同的治理模式。

第一,自主治理。针对公共池塘资源治理中的集体行动困境问题,早期的解决思路主要是"国家—市场二分法",要么主要依靠国家所有制,通过国家的力量来打破个体理性与集体理性相背离的集体行动困境;要么将公共池塘资源分割为私人所有,通过市场力量来解决集体行动困境[1]。埃莉诺·奥斯特罗姆在《公共事物的治理之道》一书中提出:"无论是国家还是市场,在使个人以长期的、建设性的方式使用自然资源系统方面,都未取得成功;而许多社群的人们借助既不同于国家也不同于市场的制度安排,却在一个较长的时间内,对某些资源系统成功地实行了适度治理。"[2]换言之,针对公共池塘资源治理难题,还存在政府与市场之外的第三条道路,即公共池塘资源的共享者们可通过"自组织"有效地自主治理,因而,在"公有"和"私有"之间存在着一种治理模式,也就是公共池塘资源自主组织和自主治理[3]。

奥斯特罗姆的理论指出,在特定的制度条件下,人们完全能够自愿合作和自主治理公共池塘资源,并将成功治理公共池塘资源的制度条件总结为若干原则:一是清晰界定边界,规则应明确规定谁拥有什么权利;二是应当建立适当的冲突解决机制;三是个体按照收益比率分担相应的维护资源的责任;四是监督和制裁应该是由资源占用者本人或者是对占用者负责任的人来进行的;五是制裁应是累进制的、分级的,对首次违反者处以较轻的惩罚,而对再次违反者惩罚则相对较重;六是决策过程的民主化使治理更容易成功;七是对组织最低限度的认可,用户自我组织的权利应该得到外界权力机关的明确承认等[4]。这些制度设计原则在世界范围内得到了广泛的检验和应用。

第二,网络化治理模式。20世纪90年代以来,随着技术的进步和更广泛的社会经济变革,等级式政府管理的官僚制时代正面临着终结,取而代之的是一种完全不同的治理模式——网络化治理。在这种模式中,政府高级官员将他们

---

[1] 王亚华,舒全峰. 公共事物治理的集体行动研究评述与展望[J]. 中国人口·资源与环境,2021(4).

[2] 埃莉诺·奥斯特罗姆. 公共事物的治理之道:集体行动制度的演进[M]. 余迅达,陈旭东,译. 上海:上海译文出版社,2012.

[3] 张克中. 公共治理之道:埃莉诺·奥斯特罗姆理论述评[J]. 政治学研究,2009(6).

[4] 同上.

的核心职责从管理人员和项目重新确定为协调各种资源以创造公共价值。网络化治理代表了四种公共部门形态发展变化的集合。一是第三方政府:逐渐出现利用私人公司和非营利机构从事政府工作的模式。二是协调政府:从顾客—公民的角度考虑,采取横向"协同"政府及其部门,纵向减少程序的做法。三是数字化革命:技术上的突破大大减少了伙伴之间的合作成本。四是消费者需求:公民对于增加公共服务选择权的要求在不断提高①。

网络化治理作为一种有别于等级制和市场化的新型公共治理模式,强调政府、私营部门、市民社会和个人作为社会多元治理主体,在制度化的治理结构中为实现一定的公共价值而采取联合行动。网络化治理推动了政府、市场和社会三者关系的重新平衡,推进了治理结构的重建和政府的治理转型。从当代公共管理的实践看,就公共事务治理而言,网络化治理在整合和利用资源,提高决策制定和执行的质量,增强顾客满意度,提高组织灵活性和回应性等方面,的确比传统的等级制、市场化的治理模式更加有效②。

第三,协同治理。在过去几十年里,出现了一种新的治理形式——协同治理,它取代了政策制定和执行的对抗性管理模式。协同治理是一种治理安排,指一个或多个公共机构直接与非政府利益攸关方参与正式的、以共识为导向和协商的集体决策过程,旨在制定或执行公共政策,或管理公共项目或资产。这个定义强调了六个重要的标准:一是集体论坛由公共机构发起;二是论坛的参与者包括非政府行为者;三是参与者直接参与决策,而不仅仅是为公共机构提供"咨询";四是论坛乃正式组织和集体会议;五是论坛旨在通过共识做出决定(即使在实践中没有达成共识);六是协作的重点是公共政策或公共管理③。从治理到协同治理,更加强调主体的多元性和共识经由协商达成,即公共利益相关者参与到共同讨论中,公共部门和私人部门一起做出基于共识的决策④。

在实践中,协同治理所引出的积极的政策性结论包括:必须保持权力和权

---

① 斯蒂芬·戈德史密斯,威廉·D.埃格斯.网络化治理:公共部门的新形态[M].孙迎春,译.北京:北京大学出版社,2008:8-21.
② 陈剩勇,于兰兰.网络化治理:一种新的公共治理模式[J].政治学研究,2012(2).
③ C. ANSELL, A. GASH. Collaborative governance in theory and practice[J]. Journal of public administration research and theory, 2008 (4).
④ 何艳玲.公共行政学史[M].北京:中国人民大学出版社,2018:166.

利的协调;政府与社会的彼此合作;公共选择和公共博弈的公平有效;所有利益相关者共同参与,责任共担,利益共享;政府与民间组织良性互动,分工协作,实现对公共事务的共管共治等①。

第四,整体性治理。整体性治理的兴起,源于新公共管理时期个体主义思维方式的泛滥及其在实践层面留下的治理的碎片化②。根据希克斯的观点,整体性治理针对的是碎片化治理所带来的一系列问题,整体主义的对立面是碎片化,而不是专业化。整体性治理的一个重要概念是整合,但与整合又有所不同。政策、管制、服务和监督等所有层面上的整体性运作体现在三个方面:一是可将不同层次或同一层次的治理进行整合,比如中央机构与地方机构之间或地方机构内部的不同部门之间;二是可在一些功能内部进行协调,比如使陆海空三军合作,也可在少数和许多功能之间进行协调,比如健康保障和社会保障;三是整合可在公共部门内,也可在政府部门与非营利组织或私人部门之间进行等③。由此可见,整体性治理着眼于政府内部机构和部门的整体性运作,主张管理从分散走向集中,从部分走向整体,从破碎走向整合④。整体性治理模式具有如下特征:一是治理目标是取得公共利益和落实公共责任;二是着眼于政府与社会各类组织包括私人部门和非营利部门的合作;三是强调官僚制组织结构基础;四是反映了信息时代的最新现实背景;五是重视整合、协作与整体运作⑤。

第五,数字治理。随着大数据、物联网、云计算、区块链、人工智能技术等数字技术的快速发展和推广应用,人类社会进入数字时代,这对政治、经济、社会、文化、生活等各个方面产生了重大而深远的影响,也引发了人们对政府治理模式转变的思考。在数字时代背景下,数字治理逐渐兴起,并成为政府有效治理公共事务的主要模式。数字治理是数字化技术与治理理论的融合,其具有提供

---

① 燕继荣.协同治理:公共事务治理新趋向[J].人民论坛·学术前沿,2012(17).

② 胡象明,唐波勇.整体性治理:公共管理的新范式[J].华中师范大学学报(人文社会科学版),2010(1).

③ PERRI 6, et al. Towards holistic governance: the new reform agenda [M]. New York: Palgrave, 2002: 2-37.

④ 竺乾威.从新公共管理到整体性治理[J].中国行政管理,2008(10).

⑤ 翁士洪.整体性治理模式的兴起——整体性治理在英国政府治理中的理论与实践[J].上海行政学院学报,2010(2).

智能化公共服务、推动公民互动参与、实现政府治理创新的作用①。具体而言，数字治理是指以数字化赋能治理体系和治理能力、构建新型治理体系为目标，在政府主导下，平台与企业、社会组织、网络社群、公民个人等多元主体共同参与相关事务的制度安排的过程。

从本质上看，数字治理是以人为本、共享共治的治理，是以政府主导、多元主体协同参与的治理，是以公共利益增进、个人福祉提升为目标的治理，是以数据为基础、数字技术和平台为支撑的治理。数字治理概念涵盖了数字政府治理、数字经济治理、数字社会治理、数字技术治理等，既有"基于数字化的治理"，即运用数字化工具、手段、措施赋能现有治理体系、提升治理效能的过程；又有"对数字化的治理"，即针对数字世界各类复杂问题的创新治理②。

复习思考题

1. 简述公共事务的内涵与特征。
2. 简述公共事务的主要内容及其特征。
3. 简述公共事务管理的模式变迁。
4. 联系实际，分析"新公共治理范式"影响下不同公共事务治理模式的优势。

---

① 黄建伟，陈玲玲. 国内数字治理研究进展与未来展望[J]. 理论与改革，2019(1).
② 李韬，冯贺霞. 数字治理的多维视角、科学内涵与基本要素[J]. 南京大学学报（哲学·人文科学·社会科学），2022(1).

第 8 章 公共政策

■ **本章学习要点**

- 公共政策的含义、类型和功能
- 公共政策的过程阶段理论
- 中国特色的政策过程模型和政策决策模式
- 中国政策试点的含义、类型、功能和运作模式

8.1 公共政策概述

8.1.1 公共政策的含义

公共政策是我们社会中不可或缺的一部分,涵盖了从国家层面的宏观经济调控到关乎国计民生的医疗、住房、教育等各个方面。这些政策对于社会的稳定发展和国家的长治久安至关重要。然而,在学术领域,人们对公共政策的含义存在着多种理解,尚未形成一致的界定和广泛的共识。

8.1.1.1 国外学者对公共政策的定义

美国学者戴维·伊斯顿(David Easton)认为,公共政策是政府对社会价值所做的权威性分配,一项政策的实质在于通过那项政策允许一部分人占有某些东西而另一部分人却不能享有[①]。

[①] 戴维·伊斯顿. 政治体系:政治学状况研究[M]. 马清槐,译. 北京:商务印书馆,1993:123.

现代政策科学的创立者哈罗德·D. 拉斯韦尔与亚伯拉罕·卡普兰认为,公共政策具有多样性、情境性和问题导向性,是一种为某项目标、价值与实践而设计的计划①。

罗伯特·艾斯顿认为,公共政策就是政府机构和它周围环境之间的关系②。

由于国外学者对"公共政策"这一概念的界定都是从某一维度展开论述的,不可避免地具有单一性。例如,伊斯顿把公共政策单方面定义为"价值分配",将行动准则等同于行动本身,从而忽略了公共政策的其他功能;拉斯韦尔和卡普兰认为公共政策是一种计划,则缩小了公共政策的范围;艾斯顿将公共政策的主体局限于政府,实际上还包括其他社会组织和团体。

8.1.1.2 国内学者对公共政策的定义

陈庆云认为,公共政策是政府依据特定时期的目标,通过对社会中各种利益进行选择与整合,在追求有效增进与公平分配社会利益的过程中所制定的行为准则③。

宁骚认为,公共政策是公共权力机关经由政治过程所选择和制定的为解决公共问题、达成公共目标,以实现公共利益的方案④。

陈振明认为,公共政策是国家机关、政党以及其他政治团体在特定时期中,以实现或服务于一定社会政治、经济、文化目标而采取的政治行为或规定的行为或准则,它是一系列谋略、法令、措施、办法、条例的总称⑤。

谢明认为,公共政策是社会公共权威在特定情境中,为达到一定目标而制定的行动方案或行为准则,其作用是规范和指导有关机构、团体或个人的行动,其表达形式包括法律法规、行政规定和命令、国家领导人口头或书面的指示、政府大型规划、具体行动计划及相关策略⑥。

---

① H. D. LASSWELL, A. KAPLAN. Power and society: a framework for political inquiry[M]. New York: Routledge, 2014.
② R. EYESTONE. The threads of public policy: a study in policy leadership[M]. Indianapolis: Bobbs-Merrill Co., 1971.
③ 陈庆云. 公共政策分析[M]. 北京:北京大学出版社,2006:10.
④ 宁骚. 公共政策学[M]. 北京:高等教育出版社,2010:12.
⑤ 陈振明. 政策科学[M]. 北京:中国人民大学出版社,1998:59.
⑥ 谢明. 公共政策导论[M]. 北京:中国人民大学出版社,2015:6.

朱春奎认为,公共政策是公共权力机关为了解决公共问题、达成公共目标、实现公共利益,经由政治过程选择和制定的行为准则或价值规范[①]。

杨宏山认为,公共政策是对社会成员的利益诉求进行政策决策的结果,并经过政治过程制定的集体行动规制[②]。

从国内学者对公共政策的定义中可以看出:一方面,他们将公共政策的主体限定为政党或政府,忽视了其他社会组织和团体;另一方面,他们将公共政策视为行动准则和行动指南,强调公共政策的价值取向在于实现公共利益,而忽略了公共政策的活动过程。

结合国内外学者对于公共政策的定义,我们可以全面理解公共政策的内涵。(1)政策主体:公共政策的制定和实施者包括政党、国家权威机构及其他社会团体、组织。(2)政策过程:公共政策的形成是一个动态的行为过程,代表着政策主体为处理特定事务而采取的行动。(3)价值取向:公共政策的本质在于政策主体通过各种政策工具对社会公共利益进行权威性分配,以实现社会和谐稳定的目标。(4)政策形式:公共政策规范和引导功能的实现必须以具体的政策形式为载体,包括法律法规、规章、决定、命令、规划、计划等。

因此,综合国内外学者的研究成果,本书对公共政策进行如下概括:公共政策是由政策主体(包括国家权威机构、政党以及相关社会团体)为解决社会公共问题、实现社会公共利益,经过一定的政策议程所制定的一系列公共行为规范和准则。这些规范和准则具体体现为相关的法律法规、规章、决定、命令等。

8.1.2 公共政策类型及功能

8.1.2.1 公共政策类型

由于公共政策涉及社会生活众多领域,从不同的视角可以将其划分为不同的类型。从公共政策的层次上可以将其划分为总政策、基本政策、具体政策;从政策功能维度可以划分为分配性政策、再分配性政策、调节性政策和自我调节性政策;从政策作用对象上可以分为政治性政策、行政性政策、市场性政策和社会性政策等。

---

① 朱春奎.公共政策学[M].北京:清华大学出版社,2016:2.
② 杨宏山.公共政策学[M].北京:中国人民大学出版社,2020:15.

1. 基于政策层次的分类

总政策是公共政策主体在一定历史阶段为实现一定的目标或完成一定的任务而制定的指导全局的总原则。总政策是公共政策体系的最高等级,在公共政策体系中,总政策只有一个,它是基本政策和具体政策制定以及运作的基础,处于提纲挈领和总揽全局的指导地位。总政策的表现形式一般有以下几种:一是宪法;二是执政党的党纲;三是执政党领袖、国家元首、政府首脑的施政纲领和政策报告;四是执政党、政府的重要文件。

基本政策是公共政策主体用以指导某一领域或某一方面工作的指导原则,是总政策在某一领域或某一方面的具体化。基本政策与总政策的区别在于:总政策是跨领域的、指导全局的综合性政策,在一定历史阶段内是稳定不变的;基本政策是某一领域内或某一方面的指导性原则,在不同的具体时期内具有不同的内容。基本政策的要素主要包括政策目标、战略重点、战略方针、实施原则等。

具体政策是不同层次的公共政策主体针对某一具体问题而制定的具体措施、准则、界限性规定等。具体政策在公共政策体系中处于最低层次,是基本政策的具体化,总政策、基本政策的目标和原则最终要靠具体政策贯彻和落实。

2. 基于政策功能的分类

分配性政策是指将资源和利益分配给社会中特定群体的政策。这类政策通常会使部分群体获得收益,但不会对其他群体的利益造成负面影响。因此,在制定和实施阶段,这类政策往往会得到相关群体的积极支持,而反对声音相对较少,如九年制义务教育政策。

再分配性政策是将资源或权益由社会生活中某一群体转移分配至另一群体的政策。这类政策的出台可能是由于社会不同群体之间的相互博弈而引发的被动性政策调适,也可能是公共权威机构主动进行的利益调配行为。再分配政策通常涉及财富、收入或财产的转移分配,如面向贫困地区的财政转移支付政策。

调节性政策是指对个人和群体的行动进行限制和约束的政策规范。这类政策涉及政治、经济、社会、文化、环境等多个领域。表面上看,调节性政策对目标群体施加了一定的约束和限制。然而,从其实质来看,调节性政策的实施也涉及社会利益的权威性分配,这意味着一些群体的利益可能会受到损害,而另一些群体则可能从中受益,如提高个人所得免征额的政策。

自我调节性政策所要求的约束或规范并非外部强加给政策客体的,而是由政策客体自主提出的结果,属于自发主动行为。实际上,这类政策是政策对象为保护自身利益而采取的一种手段,例如货币发行政策。

3. 基于政策作用对象的分类

政治性政策指的是掌握政权的统治阶层在处理政治问题或调整政治关系方面所采取的行动或规定的行为规范。简单来说,政治性政策是为了巩固统治阶层的地位,以及处理与其他团体或社会成员之间的政治关系而制定的政策措施。例如,人民代表大会制度和协商民主制度。

行政性政策是指在行政体制内部,上级行政机关为加强自身管理水平、提高机构运作效率,自上而下推行的关于规范下级行政机关办事程序、方式方法的政策集合。在这类政策中,政策制定机构处于支配性地位,下级行政机关须严格遵循政策规范行事,如政务信息公开政策。

市场性政策是指在市场经济活动中,政府为维护公平有序的市场环境,规范市场主体行为,获取最佳经济效益而制定的准则和规范。政策的作用对象主要包括在市场经济活动中交易的双方,以及由此形成的经济关系。典型例子包括金融政策、财政政策、农业政策、住房政策、环境政策等。

社会性政策是指由于社会生活发展的需要,社会公众及有关团体在获取某项社会服务时需要遵循的政策规范。这类公共政策主要起保障服务作用,确保社会的正常发展,如婚姻政策、户籍政策、就业政策、养老保险政策、教育政策等。

8.1.2.2 公共政策的功能

公共政策的功能是指政策在社会公共生活中所发挥的功效与作用。评判一项公共政策到底发挥着何种功能,需要考察政策的对象和旨在达成的社会目标。总体而言,公共政策的基本功能包括:引导功能、协调功能、控制功能和分配功能等。

1. 引导功能

公共政策的引导功能是通过具有价值引领和目标导向功能的规范和准则,引导社会成员的行为或事物的发展朝着公共政策既定的目标前进。从行为维度看,公共政策不仅为当前的行为提供了参照标准,也为未来的行为指明了方向,告诉人们应该做什么、不应该做什么,以及如何符合社会潮流。从结果导向看,公共政策的引导功能既包括正向引导,也可能包括负向引导。

2. 协调功能

公共政策的协调功能是指政策在社会发展过程中调节和制约各种社会利益矛盾和不平衡现象的作用。由于社会由不同阶层组成,每个阶层都有自己的利益诉求,因此在现实社会中,不可避免地会出现摩擦、冲突和对抗。当这些利益冲突演变为明显的社会公共问题时,公共权威机构就需要通过公共政策这一有效工具来调节各利益群体之间的矛盾。

3. 控制功能

公共政策的控制功能是指在社会管理过程中,政策主体通过规范政策对象作为或不作为来实现既定的政策目标。其控制功能主要体现在两个方面:一是对不符合社会规范的行为给予惩罚;二是对期望政策对象发生的行为给予鼓励。

4. 分配功能

公共政策的分配功能指通过对社会利益进行权威性分配,以维持社会各阶层在现有利益上的相对平衡状态。公共政策的分配功能主要包括以下方面:在初次分配中营造相对公平的社会竞争环境;在二次分配中发挥调控作用,建立不同阶层之间的利益对话机制。

8.1.3 公共政策过程阶段

政策过程阶段论也被称作"教科书式的政策过程"或者"启发性的阶段论"。最早尝试对政策过程进行阶段划分的是拉斯韦尔,他在《决策过程》一书中把政策过程划分为情报、建议、规定、行使、运用、评价、终止 7 个阶段。拉斯韦尔对政策过程阶段的划分回答了公共政策事实上是如何制定的和应该如何制定公共政策的问题,并且通过把每个阶段独立起来,减少了公共政策研究的复杂性,从而为以后的政策研究开辟了一条道路[1]。

---

[1] 魏姝. 政策过程阶段论[J]. 南京社会科学,2002(3).

此后,不断有学者对政策过程的阶段提出自己的看法,其中被广为接受并为大多数教科书所采纳的是琼斯的观点。他们把政策过程概括为问题的形成、政策方案的制定、政策方案的选择、政策的执行和政策的评估几个阶段①。

8.1.3.1 问题的形成

1. 政策问题的内涵

关于政策问题的含义,学界有不同的看法。

迪里在《政策分析中的问题定义》一书中说:"政策问题是未实现的需要、价值或可以通过公共行动来追求的改善机会。"②

陈振明认为,政策问题不仅是一种客观存在的事实或者状况,而且也是一种主观感知及集体行动的产物。它是一种由相当数量的社会成员感觉到的与人的利益、价值和要求相联系的,并由团体活动所界定的以及为政府所认可必须加以解决的社会问题③。

宁骚提到,在考虑政策问题时应注意两点:一是社会统治集团与社会多数民众在公共政策问题的认知上往往是有差异甚至是相互矛盾的;二是公共政策问题尽管主要依靠政府来解决,然而并非都必须由政府亲自出面加以解决,在西方国家有许多的公共问题可由一些非政府组织乃至政府委托的私人组织加以解决④。

综上所述,所谓政策问题是由政府列入政策议程并采取行动,希望通过公共行为实现的公共利益或解决的问题。

2. 如何确定政策问题

一般说来,一个重要的政策问题,须经过一系列流程才能真正进入政府议程。具体来讲,帕顿和沙维奇认为政策问题的界定过程包括下列七个步骤⑤:

第一,思考问题:认真考察事件,构建问题的框架,并据此收集材料,分门别

---

① C. JONES. An introduction to the study of public policy[M]. 3rd Edition. Pacific Grove: Brooks/Cole Publishing Company, 1984: 35-36.
② D. DERY. Problem definition in policy analysis[M]. Lawrence: University Press of Kansas, 1984: 85.
③ 陈振明. 公共政策学[M]. 北京:中国人民大学出版社,2003:84.
④ 宁骚. 公共政策学[M]. 北京:高等教育出版社,2003:296.
⑤ 卡尔·帕顿,大卫·沙维奇. 政策分析和规划的初步方法[M]. 孙兰芝,等,译. 北京:华夏出版社,2001:34-42.

类地整理数据,最终尽可能对事件形成准确和完整的描述。因为问题的出现本身就意味着有悖常理,所以必须明确作为问题界定基础的价值观,弄清当事人、政策分析者和受众的价值观如何影响问题的表述。

第二,描述问题的边界:详细说明问题存在的地点、已经存在多长时间以及对这一问题的形成产生影响的历史性事件。要考虑政策问题的关联性,无论与政策问题相关的问题是被妥善解决了还是恶化了,都可能影响政策分析。

第三,确立事实根据:政策问题界定需要一些基本信息,可以通过简便的计算获得这些信息,通过多种途径查询数据并使用不同的评估技术对其进行核实,然后比较数据与原始事实有无出入。问题的表述将直接影响事实的收集。

第四,列出目的和目标:行动者的目的和目标不同决定了对问题解决方案的要求不同,某些目标和目的必须进行试探性的表述,并随着分析的进程加以修改;而另一些目标和目的则必须加以推测。不过,我们必须准备一般性的目标陈述和目的陈述,以防错误界定问题。

第五,查明政策范围:政策范围是指一个问题中所要考虑的变量的范围,它将影响最终受到检查的备选方案。有时它由当事人规定,有时它取决于分析者的工作背景,有时它又受到时间和可利用资源的制约。

第六,展示潜在的利益和成本:可以用报告、图表等形式来表示有关的活动者或利益集团的损益情况。如果要解决问题,就必须弄清楚每个利益相关者的得失。

第七,重申问题的陈述:要敢于对已有的假定提出挑战。例如,问题的陈述是否符合政策的需要?对问题的分析是否具有足够的洞察力,并且提出了有关可能的解决办法的线索?

8.1.3.2 政策方案的制订

方案制订是政策制定过程中的重要环节。政策问题一旦被提上议事日程,接着就进入分析研究并提出解决办法即方案制定的阶段。通常公共政策方案制定由有限方案的搜集、方案的轮廓构想和方案的精细设计三个环节构成。

1. 有限方案的搜集

在设计政策方案时,应全面充分考虑解决问题的途径,尽量将可能的政策方案纳入政策制定者的视野。然而,不应过分追求理想化,也不宜设计过多方案,以免时间消耗过多,错失时机。若政策制定所面临的环境相对稳定,可采用渐进方法搜集方案;若面对动态环境且环境变动较大,则应考虑采用理性方法,开阔视野,进行创造性思维,并力求创新。

2. 政策备选方案的轮廓构想

政策备选方案的轮廓构想主要是指对政策方案进行粗略的勾勒和构思。其主要内容包括确定政策的指导方针、行动策略和原则、基本措施以及政策的发展阶段等。其主要任务是规定政策目标、人物、事件、要求,建构总体政策备选方案。在这一阶段,政策备选方案应具有合目的性、创新性、多样性和排斥性等特征。

3. 政策方案的精细设计

这一阶段的主要任务是将轮廓性的政策备选方案具体化,找到实现政策目标的具体途径、路线、措施和手段,落实人力、物力、财力、组织等分配方案,并规定政策界限,明确职权责任。这一阶段对公共政策备选方案有了进一步的细化要求,包括细致性、实用性、可操作性和互动性等方面的要求。

8.1.3.3 政策方案的选择

政策方案的选择是在全面评估备选方案的基础上进行优选的过程。在政策方案的比较和选择中,通常会考察政策方案的政治可行性、经济可行性、文化可行性、技术可行性和行政可行性等。

1. 政治可行性

政治可行性是指政策是否与国家的性质、基本政治原则和国家发展计划保持一致,以及是否符合国家利益和人民利益,能否被决策者、上级领导和人民群众所接受。一个政策必须具备政治上的可行性和"政治生命力",否则其被采纳和成功执行的机会将大大减少。

2. 经济可行性

经济可行性评估的是政策方案在占用和利用经济资源方面的可能性,以及实施该方案所需的成本和可能带来的收益。经济可行性分析的主要任务包括确定政策期望值与所需经济资源之间的关系,计算投入产出比。积极的经济可行性分析还需要论证获取经济资源的途径的可能性,以及最大限度地合理使用经济资源的规则和方法。

3. 文化可行性

文化可行性评估了政策方案对社会文化的适应程度,包括人们的价值观、传统道德和社会心理。政策的成功实施取决于其与公众文化心理的契合程度,所以在选择政策时必须充分考虑文化因素并采取措施解决潜在的文化冲突,以提高政策的接受度和执行效果。

4. 技术可行性

技术可行性主要涵盖两个方面:一是评估现有技术能否实现政策目标或支持政策方案的顺利实施;二是考察备选方案(即技术手段)能否使政策目标成为可能,并在多大程度上实现这些目标。这种评估有助于确定政策方案所需的技术资源,并确保这些资源能够有效地支持政策目标的实现。

5. 行政可行性

行政可行性是指评估在特定的行政环境中实施既定的政策或规划到底有多大的可能性,常常涉及如下问题:行政管理系统能否将一个政策方案或项目具体化?执行者有多大的授权及控制权力?工作人员配备到位吗?目标群体的配合程度如何?有没有足够的人力、物力以保证政策的执行?等等。

8.1.3.4 政策的执行

政策执行是指政策方案被采纳以后,政策实施者通过一定的组织形式,运用各种政策资源,经解释、实施、服务和宣传等行动方式将政策观念形态的内容转化为现实效果,从而使既定政策目标得以实现的过程。一般来说,政策执行过程包括准备、实施与总结三大阶段。

1. 政策准备阶段

政策准备阶段是政策施行的第一步骤,需要从思想、物质、组织等多方面为政策实施奠定基础。

第一,政策认知。政策认知主要指政策执行主体必须深刻理解政策的精神实质、内在机理和外部关系,以统一思想认识。这包括对政策的界限、原则、内容、政策的时效性、利益群体的结构与特点,以及政策的具体措施和执行步骤等方面的把握。

第二,制订实施计划。根据实际情况,在对政策进行学习和理解的基础上,制订出旨在达到目标的未来行动方案。政策执行机关需要在调查研究的基础上,将政策具体化,并对总体目标进行分解,编制出政策执行活动的"路线图",明确工作任务的指向。

第三,进行物质准备。执行者应根据政策执行活动中的各项开支编制预算,并经过有关部门的批准,确保经费的落实。政策执行需要利用先进的科学技术,快速、准确地处理政策信息,实现公共政策的高效执行。

第四,做好组织准备。确定政策执行机构是组织准备中的首要任务。对于常规性、例行性政策的执行,可以利用现有的执行机构,而无须另行建立机构,但有时也可通过提高常设机构地位或改组机构的方式来保证政策的顺利执行。选人用人也是组织准备工作的重要内容。政策执行者需要具备专业管理方面的知识技能和实践经验,同时也需要具备较强的政策理解能力以及沟通、协调能力。此外,制定必要的管理法规制度可以明确政策推行的具体准则和依据,从而保证政策执行的正常秩序。

2. 政策实施阶段

政策执行的实施阶段是实现政策目标的关键环节,它包括政策宣传、政策试验和政策全面推广三个层次。

第一,政策宣传。政策宣传是政策执行过程的起始环节和一项重要的功能活动,是统一人们思想认识的有效手段。其对象主要包括政策执行者、政策目标群体及其他利益相关者。只有当政策对象了解政策内容后,才能真正理解并自觉地接受和服从政策。

第二,政策试验。政策试验是政策实施过程中的重要步骤。它既可以用来验证政策,及时发现偏差并反馈信息以修正和完善政策,又可以从中获取具有普遍指导意义的经验,如实施方法、步骤、注意事项等,为政策的全面实施提供指导。

第三,全面推广。政策的全面实施是操作性和程序性最强,涉及面最具体、最广泛的一个环节。全面实施政策要求严格遵循政策执行的基本原则,充分发挥政策执行的功能要素,以确保政策目标的圆满实现。

3. 政策总结阶段

政策执行总结是对政策执行情况的回顾、检查和监测,其可以为政策评估提供重要的信息。主要包括以下几方面：

第一，监督检查。监督是政策实施过程的保障环节。在实际的政策实施中，由于政策执行者对政策的理解存在差异，常常导致政策执行的偏差；或者政策制定者与执行者之间存在利益差异，可能会使政策执行偏离既定的政策目标。因此，必须加强对整个实施过程的监督和控制，以确保政策得以全面贯彻和落实。

第二，政策执行再决策。在政策执行一段时间后，由于政策环境的变化、人们认识的深化、政策偏差和副作用的出现等原因，政策执行者需要根据监督和检查所收集的反馈信息，对政策方案进行调整和修正，或者修改政策执行计划，这被称为政策执行再决策。

8.1.3.5 政策的评估

政策评估是指使用标准化和程序化的方法，根据一定的原则，对政策的目的、价值、内容、方式、可行性、执行情况以及在不同时间尺度和空间范围内的影响进行评价的活动。进行政策评估的意义在于避免政策执行中出现严重偏差，建立闭环反馈系统，为未来的政策制定提供参考。一般来说，政策评估过程包括公共政策评估的规划准备、政策评估方案实施和政策评估终结三个阶段。

1. 规划准备阶段

组织准备工作是评估工作顺利开展的基础与前提条件。规划准备阶段的主要任务包括确定与分析评估对象、制订评估方案、组织与培训人员。

一是确定与分析评估对象。评估是对"可评估性政策"进行的评估，要根据政策特点和评估的可行性确定要采取全方位的评估还是有选择的评估。分析评估对象则是对政策要解决的问题、政策涉及的利益相关者、政策目标、政策工具进行分析，为评估方案的制订做准备。

二是制订评估方案。评估方案的制订是规划准备阶段中最重要的环节，评估方案指导评估实践的开展，评估方案的科学合理性直接影响评估工作的质量。评估方案包括评估对象和主体、评估目的和目标、评估标准和方法、评估程序和制度等。

三是评估的组织准备。评估工作的组织准备不仅包括人力、物力、财力的准备，还需要组织结构的准备，对政策评估人员进行必要的知识培训、对评估工作需要的财物进行划拨配置并建立完善的组织管理制度、组建评估组织等。

2. 评估方案实施阶段

一是采用观察法、问卷调查法、文献资料研究、统计分析法等对政策系统、政策过程、政策影响和政策效果方面的信息进行收集与分析,进而分析政策的认可度、政策执行效果等。

二是对政策评估效果进行抽象概括,总结政策成功经验、失败教训以及政策实施过程中的规律,对政策进行最终评价。此外,在评估过程中应该坚持材料的完整性与评估分析的科学性原则,系统分析政策制定、政策影响、政策效益等方面的信息,公正、客观地呈现政策实施的实际效果。

3. 政策评估终结阶段

政策评估终结阶段是处理评估结果、撰写政策评估报告的阶段。尽管采取了科学合理的政策评估方法,但是政策评估结果不可避免地带有主观色彩。为了保证政策评估结果的可信度和有效度,还应该加入自我检验统计分析的部分。对于政策评估结果的处理可以采用评估结果面谈会的形式,政策制定者、政策评估者与政策执行者开展座谈,针对性地诊断政策实施中产生的问题,反馈政策评估结果,完善政策方案。此外,政策终结阶段还需要撰写政策评估报告,说明政策评估采用的方法、政策评估中遇到的困难与问题,并客观地报告政策效果、提出政策建议。

8.2 中国特色公共政策研究

对中国政策过程的研究是国内外学者关注的领域,相关研究主要集中于探讨中国公共政策的形成机制及解释过程,并在此基础上形成了具有中国特色的政策过程理论。这些研究通常分为两种主要路径:第一种路径是借鉴政治学理论,结合中国政治特色,讨论中国政策的决策过程,并试图发展具有中国特色的政策过程理论。第二种路径是借鉴政策过程的阶段论和比较成熟的政策过程理论等,以此对中国政策过程进行研究。这条路径中,最具有代表性的是政策试点的研究[1]。

---

[1] 李文钊. 专栏导语:中国公共政策研究:回顾、进展与展望[J]. 公共行政评论,2019(5).

8.2.1　中国特色政策过程

前期公共政策相关研究更多基于西方情境展开,虽然其所发展出的理论能够为理解中国情境下的公共政策提供一定助益,但学者们也逐渐意识到简单套用西方理论框架无法很好地解释中国复杂的公共政策过程①,进而开始尝试针对中国情境下的公共政策过程进行专门的理论建构。现有的研究已经从中国的政治体制、部门利益博弈以及中央地方协商等多方面对中国政策过程进行了深入探讨,本部分将对具有代表性的理论观点进行总结。

8.2.1.1　"碎片化"的政策过程

20世纪80年代末期,随着对中国政治结构认识的深化,李侃如(Kenneth Lieberthal)和奥克森伯格(Michel Oksenberg)提出的"碎片化"政策过程理论逐渐成为政策过程的主流理论②。该理论认为,中国的决策过程少有社会力量介入,同时,权力和权威呈现出分散的"碎片化"特征③。该理论主要关注三个方面:

一是碎片化的权力结构。在中国政治体系下,各个平级部门间不存在直接的命令关系,每个部门都不具备独立提出和通过新政策的权力④。因此,新政策的诞生往往需要不同行政部门之间进行广泛的协商与合作⑤。这种权力结构促成了政策制定过程中横向与纵向的部门间竞争和协调。

二是共识的建立。在中国的公共政策领域,资源配置和政策执行被视为一个动态的、多方参与的互动过程,涉及不同政府部门间的持续交涉、谈判和妥协,目的是建立对政策方案的基本共识。下级政府通过策略性互动机制,对可

---

① 王亚华,陈相凝. 探寻更好的政策过程理论:基于中国水政策的比较研究[J]. 公共管理与政策评论,2020(6).

② K. LIEBERTHAL, M. OKSENBERG. Policy making in China: leaders, structures, and processes[M]. Princeton, NJ: Princeton University Press, 1988: 22.

③ 王绍光,鄢一龙,胡鞍钢. 中国中央政府"集思广益型"决策模式——国家"十二五"规划的出台[J]. 中国软科学,2014(6);郁建兴,王诗宗. 治理理论的中国适用性[J]. 哲学研究,2010(11).

④ 马亮. 大数据治理:地方政府准备好了吗?[J]. 电子政务,2017(1);周雪光,赵伟. 英文文献中的中国组织现象研究[J]. 社会学研究,2009(6).

⑤ 杨鸣宇. 超越"碎片化威权主义"?——评《中国式共识型决策:"开门"与"磨合"》[J]. 山东行政学院学报,2014(7).

能与本地实际情况不符的政策指令进行质疑或表达不满,并在执行阶段对政策内容进行适时反馈和必要调整①。当同级机构在特定议题或政策上出现分歧时,通常需要更高层级的领导介入,进行协调、调解乃至最终裁决②。

三是离散的政策过程。由于共识的建立依赖于讨价还价而非权力或法律制度的约束,政策的推动每一步都需要不断重复这个过程③。即便政策方案在最高决策层面获得通过和确定,具体的政策执行仍然需要中央层面的不断协调和推动,以确保政策能够得到有效实施。

在后续的理论发展中,毛雪峰(Andrew Mertha)进一步提出了"碎片化"政策过程理论2.0④。该理论延续了以往理论的核心要点,认为破碎化仍影响决策过程,决策过程变得多元化⑤。中国政策过程的政治多元化,政策制定过程的关注点由行政部门间的讨价还价到体制外的行动者对决策的影响,其他部门官员、非政府组织、媒体等政策企业家的进入壁垒大大降低,政策企业家等体制外行动者嵌入政府决策过程并与行政部门达成共识,形塑政策的结果。

专家智库被视为决策咨询体系中的行动者,参与决策咨询以影响政策过程⑥。如唐斯在对中国能源决策的研究中发现,中国决策者对专业知识需求的增加为专家进入政策过程创造了空间;同时,中国的能源决策问题涉及众多的利益相关方,政策过程的参与者具有多元性⑦。德国学者龙信鑫在研究中国专家在气候变化政策过程中的角色和作用时指出,中国的半官方智库和大学为主的高度专业化的小规模专家群体,是中国气候政策过程的重要参与者,对中国

---

① 冯猛.政策实施成本与上下级政府讨价还价的发生机制:基于四东县休禁牧案例的分析[J].社会,2017(3).

② 薛金刚.中国政策过程的西方视角与本土化构建——一个文献述评[J].北京工业大学学报(社会科学版),2020(1).

③ 樊鹏.论中国的"共识型"体制[J].开放时代,2013(3).

④ A. MERTHA. "Fragmented authoritarianism 2.0": political pluralization in the Chinese policy process[J]. The China quarterly, 2009(200).

⑤ 孟天广,李锋.网络空间的政治互动:公民诉求与政府回应性——基于全国性网络问政平台的大数据分析[J].清华大学学报(哲学社会科学版),2015(3).

⑥ 朱旭峰.构建中国特色新型智库研究的理论框架[J].中国行政管理,2014(5).

⑦ E. DOWNS. The Chinese energy security debate[J]. The China quarterly, 2004(177).

政策决策产生了重要影响①。非政府组织不仅仅是政策过程的围观者,更是政策过程的重要参与者。谭爽在研究中特别强调将民间社会组织纳入我国政策企业家体系,赋予其与政治官僚、专业精英、经济集团等倡导主体同等的重视与认可,并促进各类政策企业家彼此配合、优势互补,因为民间社会组织可以通过"结盟策略"打造"集中力量干大事"的集体型政策企业家,克服集体行动困境;"基于行动做倡导"的独特策略可以弥补民间社会组织的政治资源短板,助推其成为政策企业家队伍中不可小觑的力量②。大企业和行业协会的游说问题也得到关注,不同行业和更广泛经济领域的政策都是由企业影响力决定的,政策受到来自体制外的社会行动者的影响③。

8.2.1.2 协商参与的政策过程

协商参与作为一种涉及不同层面和多个主体的互动形式,被学者广泛视为理解中国政策过程的核心理论视角④。该理论认为,中国政策过程是一个在中央政府指导下,各级政府、社区、非政府组织以及社会公民等多元主体共同参与、广泛交流和协商,从而达成政策共识的过程。

在中国政策过程的体制内协商层面,条块间的协商互动是其核心特征,这一特征植根于中国独特的政府结构之中。各级政府在纵向职能、职责和机构设置上展现出高度的统一性⑤,形成了一个层级分明、条块结合的治理结构,其中"块块"指代各区域地方政府,"条条"则代表中央政府职能部门的逐级延伸⑥。在此结构下,条块间的协商互动对于保证政策的连贯性和执行的有效性是不可或缺的。以流域治理政策为例。相关研究发现,在政策制定和执行中,基层政府部门需与上下级及同级部门密切协作,通过建立正式的协调组织、制度和程

---

① J. WÜBBEKE. China's climate change expert community—principles, mechanisms and influence[J]. Journal of contemporary China, 2013(82).

② 谭爽. 草根 NGO 如何成为政策企业家?——垃圾治理场域中的历时观察[J]. 公共管理学报, 2019(2).

③ G. DENG, S. KENNEDY. Big business and industry association lobbying in China: the paradox of contrasting styles[J]. The China journal, 2010(63).

④ B. HE, M. E. WARREN. Authoritarian deliberation: the deliberative turn in Chinese political development[J]. Perspectives on politics, 2011(2);朱德米. 开发社会稳定风险评估的民主功能[J]. 探索, 2012(4).

⑤ 朱光磊,张志红. "职责同构"批判[J]. 北京大学学报(哲学社会科学版),2005(1).

⑥ 谢庆奎. 中国政府的府际关系研究[J]. 北京大学学报(哲学社会科学版),2000(1).

序,解决政策执行中的困境和矛盾,确保政策的顺畅推进和有效实施[①]。尤为重要的是,中央政府在协商过程中发挥着关键的指导作用,它通过确立政策方向、推动制度建设、设定协商议题、整合协商结果、监督协商过程、协调政策执行,并作为民意反馈的桥梁,确保协商活动的公正性和透明性,从而促进政策的科学制定和有效实施。

在国家与社会的协商层面,政府通过座谈会、听证会、公开征求社会意见、民意调查等多种方式广泛听取意见建议;涉及特定群体利益的政策,还需与相关人民团体、社会组织以及群众代表进行沟通协商。这一过程不仅加深了社会公众对政策意图和目标的认识,而且使他们能够基于自身偏好向决策体系提供反馈,影响政策制定,增进决策的民主性。同时,这一协商机制促使政策议题从决策的内部走进公众视野,促进政策在全社会的传播、学习和互动,帮助公众形成对政策议题的认知,并在此基础上与个人利益诉求相协调,形成共识。值得指出的是,在国家与社会的协商过程中,中央政府亦扮演着至关重要的指导角色。其所制定的协商参与政策为鼓励政府与社会广泛协商、包容和吸纳社会多元化声音提供了坚实的制度基础,有效促进了政策的科学制定和有效执行。

8.2.2 中国特色决策模式

一直以来,人们都认为中国的政策制定是一种精英模式。但是,随着经济体制改革的推进,中国的政治体制改革和政治民主发展也取得了较大的进步,并将诸多新的元素吸纳到决策体系中。基于此,出现了诸多具有代表性的中国决策模式研究成果。

8.2.2.1 共识型决策模式

1. 共识型决策的内涵

所谓"共识",就是意见一致。"共识型"决策,就是由各决策主体、社会团体和大众在广泛参与的基础上寻求一致同意的决策过程。共识型决策的内涵

---

① 崔晶.中国情境下政策执行中的"松散关联式"协作——基于S河流域治理政策的案例研究[J].管理世界,2022(6).

和原则主要包括以下几点①：

第一，包容性。允许尽可能多的利益相关者商讨政策。这种包容性大到社会团体，小到个人，都通过各种形式被纳入政策制定的轨道。

第二，参与性。不仅需要广泛参与，重要的是在政策商讨过程中所有参与者都有平等机会反映他们的诉求、贡献他们的意见和智慧，这与多元模式下只有少数有影响力的利益集团才有机会参与明显不同。

第三，协作性。决策的产生是各方参与者贡献力量的结果，各决策主体和参与团体通过商讨、协作、集思广益研究可行的政策方案，这有别于自上而下的决策方式。

第四，共识构建性。协作制定政策的目标在于尽量减少分歧，积累共识，寻求各方面的同意。

第五，合作性。鼓励所有参与者抱持整体利益的观念和思维；同时，决策过程还要对每个决策单元或单个团体的偏好进行一定程度的限制，以保证所有参与者的关切都能得到较好的平衡与满足。

综合来看，共识型决策反对的是决策程序和过程的封闭性、非协作性以及以简单的"多数表决"方式决策。它的包容性和参与性使之区别于传统的封闭性决策，而协作性、共识构建性以及合作性则使之区别于西方流行的多元决策模式。同多元决策模式重视政策选项的相互竞争相比，共识型决策更强调不同决策主体和团体之间的商讨；多元决策中多数人的意志将成为总体的意志，而共识型决策的目标则在于寻求同意和基本一致，少数群体的意见和诉求也将得到反映。

2. 政策共识构建的方式

不同的政治主体在面对利益冲突时如何达成政策共识？传统的公共政策分析认为主要有两种方式：第一种是依靠公共权威通过自上而下的强制手段制定制度、规则，并加以舆论控制；第二种则是平行的，通过存在利益冲突的社会主体之间的相互影响、相互协商来寻求合作。在我国的政策制定过程中，一般

---

① 樊鹏. 论中国的"共识型"体制[J]. 开放时代，2013(3).

会通过圈阅、会议、协调、动员、听证会以及推迟决策等方式来达成政策共识①。

(1) 圈阅：领导人在小范围内交流意见，取得初步共识的方式。一般来说，领导人就某一政策议题做出简要批示，然后传递给其他领导人进行圈阅。领导的批示通常是提出建议或意见，而非做出决策。

(2) 会议：我国最常见、最通用的决策方式。各级党组织、政府、立法机关都有一套完整的会议制度，如党的代表大会、政治局会议、国务院常务会议等。对于重大问题，会议通常会扩大范围进行讨论研究，广泛征求意见后进行审议通过。

(3) 协调：处理跨部门或跨地域政策问题时，成立"领导小组"来促进协商合作，达成共识。这类组织一般是临时的、非正式的，人员由相关机构负责人兼任。

(4) 动员：通过动员在更大范围内取得共识，推动政策过程。通常由政治领袖首先提出问题，通过大众媒体宣传扩大舆论，获取更多支持，推动政策议程设立或执行。

(5) 听证会：为了保障公众利益，一些地方政府召开听证会，听取公众代表和专家意见，从而在更广范围内达成共识。

(6) 推迟决策：在面对无法决断、短时间内无法解决的、可能引发激烈冲突的重大问题，一般会推迟决策来维持社会的稳定发展。

8.2.2.2 集思广益型决策模式

1. 集思广益型决策的内涵

集思广益型决策是指通过一定的程序和机制安排以集中代表不同方面观点参与者的智慧，不断优化政策文本的决策过程。"集思广益"的过程实际上就是分散的信息不断被集成的过程，这是将群众的"分散的无系统的"意见化为"集中的系统的意见"的过程②。

集思广益型决策可以分为五个环节：

第一，屈群策（发散思维）。在政策制定的前期，通过一些机制，动员与鼓励

---

① 陈玲. 制度、精英与共识：寻求中国政策过程的解释框架[M]. 北京：清华大学出版社，2011:44-48.
② 王绍光，鄢一龙，胡鞍钢. 中国中央政府"集思广益型"决策模式——国家"十二五"规划的出台[J]. 中国软科学，2014(6).

各主体为决策提供意见与建议。具体方式包括:开展调查研究;征集地方思路、部门思路;委托课题研究;征集各方意见;开展研讨;鼓励建言献策等。

第二,集众思(集中智慧)。起草人员对征集来的信息进行分析、比较、鉴别,"去粗存精、去伪存真",集中智慧、集成创新,起草阶段性政策文本。具体方式包括:对各方意见进行汇编和梳理,集体学习、集体讨论,理清思路、分头起草、再汇总统稿;边讨论、边起草、边修改。通过这一环节将各方面的智慧集中起来,并转化为政策文本。

第三,广纳言(征求意见)。阶段性政策草案形成后,要发给相关方面,征求他们的意见,起草者则需根据意见反馈来修改草案。征求意见的范围很广泛,包括全国人大、全国政协、各民主党派、工商界、各部门、地方政府、专家学者等。

第四,合意决(集体商定)。这是指在不同的决策层面,领导人或领导机构经过集体商议确定本层面的政策草案,直至最高决策层面确认最终政策文件,使之获得法律效力。

第五,告四方(传达贯彻)。这是指将已经形成的政策文件,向有关群体进行传达,并进行宣传和动员,其目的要么是为下一层面的决策作出指导,要么是为最终政策的执行打下共识基础。

2. 集思广益型智库

同西方智库的"竞争性参与"模式不同,中国的智库是一种"集思广益型"的参与模式。这种模式不依赖于拥有否决权的政治"玩家"参与决策,而是通过途径更广泛、层次更分明的参与方式进入政策轨道。这种智库模式适应了中国决策体制的特征和重大社会政策制定的需要。

中国集思广益型智库的主要优势体现在综合性和互补性上。一是机构属性方面的综合性和互补性。中国现有的智库体系包括民间政策研究机构、学术机构下属的政策研究机构、党政部门下属的政策研究机构(包括中央和地方各层级党政机构)三个部分,它们性质、专长各异,互相搭配能更好地适应重大决策分层次咨询的需要,有利于形成多元化的政策视角,实现观点和利益的互补与平衡,保证决策的质量。

二是利益整合机制方面的综合性和互补性。尽管中国经历了持续的市场化改革,但中国的智库体系总体上并没有被彻底"社会化"。现存体系中,智库可能代表着不同领域、不同层次的利益团体需求;中央进行决策时,不仅可以通过决策者"自上而下"的方式广泛问计于智库,而且这些智库也在通过各种渠道以"自下而上"的方式,将局部的情况和利益诉求反映到中央决策者那里,很好地发挥了利益和意见整合功能①。

8.2.2.3 共识民主模式

1. 共识民主的内涵

共识民主模式旨在广泛地吸纳人们参与政治过程,并就政府推行的政策达成普遍的一致。共识民主的要素有:包容性而非对抗性的文化基础、全过程性而非一次性票决的政策过程、广泛而非相对多数的参与者、政策过程的协商—协调—协作原则②。就此而言,中国政治文化和政治实践几乎符合共识民主的所有要求和特征。

首先,文化基础。协商基础上的共识民主,似乎是为中国量身定制的一个概念。中国文化是一种典型的"和合"文化,传统政治的最大遗产就是协商政治。因此,我们讲"少数服从多数"原则,绝对不同于西方国家的不妥协的多数票决民主,而是协商之后的少数服从多数原则。

其次,全过程性。《在庆祝中国人民政治协商会议成立65周年大会上的讲话》中,习近平总书记系统阐发了全过程人民民主思想:"人民是否享有民主权利,要看人民是否在选举时有投票的权利,也要看人民在日常政治生活中是否有持续参与的权利;要看人民有没有进行民主选举的权利,也要看人民有没有进行民主决策、民主管理、民主监督的权利。"

再次,广泛而非相对多数的参与者。共识民主强调广泛的社会参与,而不仅仅是多数人的参与。这意味着决策过程中要听取和考虑各方意见,确保少数群体和处境不利群体的声音也能被听到,从而实现更全面和公正的决策。

最后,决策过程中的协商、协调和协作。协商是指决策内容涉及多个部门,每个部门内部可能还包含多个层级。例如,在制定环保政策时,涉及生态环境部、农业农村部、工业和信息化部等多个部门,这些部门内部各司其职,共同讨

---

① 王绍光,樊鹏."集思广益型"决策:比较视野下的中国智库[J].中国图书评论,2012(8).
② 杨光斌.中国决策过程中的共识民主模式[J].社会科学研究,2017(2).

论和商量,这体现了协商的方式。协调是指由专门的领导小组来统筹安排若干职能部门。协作是指领导小组下的各有关部门在协商、谈判、妥协基础上的合作。

2. 共识民主的实现形式

中国的共识民主的制度基础就是民主集中制。无论是横向的党政关系(包括行政、立法、司法)和政府—市场关系,还是纵向的中央—地方关系和国家—社会关系,乃至各个层次的政治过程,都贯穿着民主集中制原则。这几个维度的民主集中制是通过政治协商而达成共识民主的制度结构。没有民主不可能有协商;没有集中而只有民主不可能有共识,而且集中过程也充满民主协商。因此,协商民主是通向共识民主的重要形式。

2013年党的十八届三中全会启动的全面深化改革就包括在政治领域推行协商民主。这一"顶层设计"在2014年底中共中央政治局通过的《中共中央关于加强社会主义协商民主建设的意见》中得到具体规划,提出开展政党协商、人大协商、政府协商、政协协商、人民团体协商、基层协商、社会组织协商。

此外,确保参与协商的人的人民性、代表性是关键,否则协商容易成为一部分人把控政治的形式、操纵民意的工具,就会走了样、变了味,出现政治精英控制协商过程的危险,与最初美好的愿望背道而驰。使参与协商的人真正具有"代表性"至关重要。

3. 政策过程中的共识民主模式

所有的政策都是问题导向的,或者说所有的政策都是对压力的回应。因此,"压力—回应"是政策制定的最一般过程。对于政策分析,或者政治分析而言,需要弄清楚压力的类型以及压力的大小。对于不同层级的政府而言,对压力的敏感程度、重视程度或者回应能力,都是不一样的。因此,压力所导致的共识型决策可以划分为"制度化协商型共识""市场化压力型共识""抗争—压力型共识",不同类型的共识有着不同的政治意义。

(1)制度化协商型共识:该共识是通过制度化的协商机制形成的一种广泛的共识。这里的"制度化"不仅包括正式的制度安排,还涵盖了非正式的机制和决策文化。

(2)市场化压力型共识:中国的政府主管部门承担着规范市场的角色和功

能,当市场对某些政策提出需求时,主管部门迅速开展民主型意见收集,出台相应的政策文件,帮助市场需求合法化。

(3) 抗争—压力型共识:公众表达民主诉求时,可能会出现官民矛盾,甚至直接对抗,而通过官民谈判解决问题实现"双赢"的过程便是谈判型共识形成的过程。

共识民主模式贯穿中央政府决策、部门决策和地方政府决策。其中,中央政府决策属于制度化协商型共识民主,主管部门的决策模式很复杂但包含着市场压力型共识,直接与民众打交道的地方政府则可能在抗争压力下达成谈判性共识。

8.2.3 政策试点

政策试点是促进制度创新的有力手段和避免情况不明导致改革震荡的有效方法,是把来自基层的建议和地方积累的经验注入国家政策的一种机制。在中国,试点这种土生土长的方法有其深厚的合法性,对经济、社会、公共治理等领域的改革做出了重要的贡献,中国所推行的较为重大的政策,几乎都要经过试点阶段。因此,对隐藏在政策过程背后的因果机制和理论意涵的发掘具有极大的理论意义和实践价值。

8.2.3.1 政策试点的含义

"政策试点"一词出自我们熟知的政治实践、领导人讲话与新闻报道,尔后才被公共行政领域的学者关注并开始进行研究。1928年,毛泽东、邓子恢在闽西分别进行了土地改革的初步尝试并将模范乡的经验在苏区普遍推行[①]。不过,直到延安整风运动后,政策试点才作为正式的工作方法确立下来,"试点""典型试验""典型示范""由点到面"等词语正式出现并作为党政机关的常用术语得以沿用和推广[②]。

梳理国内外关于"政策试点"的研究可以发现,对于其内涵的理解主要有三种:

---

① 刘然."政策试点""政策试验"与"政策实验"的概念辨析[J].内蒙古社会科学(汉文版),2019 (6).

② 韩博天.红天鹅:中国独特的治理和制度创新[M].北京:中信出版社,2018:39-46.

第一种是具有"政策实验"倾向的理解,认为政策试点是"实验主义转向"在中国政策研究领域的具体表现,是科学实验方法在政策过程中的应用,是一种具有政策评估导向的方法。坎贝尔是政策科学领域较早运用"实验"的学者,他认为可以通过有意的操作来实现对实验条件的控制,通过扎实的数据收集对政策实施情况进行评估,人为构建理想型的"社会实验"[①]。刘军强等认为试点工作与社会实验在方法论中有许多相通之处,主张试点应借鉴社会实验方法中防止"污染"因素的做法,努力营造一个较为"纯净"的试点实施环境。这样一来,政策试行效果就可以归因于这个外生的政策的执行,而非来自试点单位内部的其他因素。假如这个试点工作实施效果明显,那么得出政策有效的结论将更为可靠,其外推性和延续性就更能经受住考验[②]。

第二种观点关注政策试点的"点"上运作,即地方政府如何在授权的基础上通过政策创新解决地方问题。周望认为,无论从狭义的"政策测试"还是广义的"政策测试"和"政策生成"来理解政策试点,其外延都是一种局部性政策探索及实施活动[③],是在一定时间段和一定范围(特定的地域、政府部门或企事业单位)内所进行的一种局部性政策实验活动[④]。黄飚也认为"政策试点"是部分区域或部门先行实施新的政策或项目,包括试点项目或政策的提出、方案起草、确定范围、组织实施,以及可能的反馈、修订、扩面等一系列过程,但不包括"由点到面"的复制推广过程[⑤]。

第三种观点是从央地"互动"的视角来看待政策试点,强调政策试点是中央控制下的分级试验,但目的却是形成全国性政策的独特政策过程,是从个别"试点"到一般全局的"由点到面"的完整过程[⑥]。韩博天和石磊认为,"政策试点是中国政府在正式出台新政策和新法规之前,为避免风险,而对新政策进行的测

---

① 皮埃尔·布迪厄,华康德. 实践与反思——反思社会学导引[M].李猛,李康,译.北京:中央编译出版社,1998.转引自杨宏山,周昕宇.中国特色政策试验的制度发展与运作模式[J].甘肃社会科学,2021(2).
② 刘军强,胡国鹏,李振. 试点与实验:社会实验法及其对试点机制的启示[J].政治学研究,2018(4).
③ 周望. 中国"政策试点"研究[D]. 天津:南开大学,2012.
④ 周望."政策试验"解析:基本类型、理论框架与研究展望[J]. 中国特色社会主义研究,2011(2).
⑤ 黄飚. 当代中国政府的试点选择[D]. 杭州:浙江大学,2018.
⑥ 姚连营. 政策试点成效的影响因素研究[D]. 上海:华东政法大学,2021.

试、反馈和调整活动,是上级发起的一种有着一致目标的,旨在为酝酿正式政策提供多样化创新方案的活动"①。

综上所述,可以发现,学者们在解析"政策试点"的内涵时,存在"政策试验""政策实验""政策试点"概念混淆的问题,甚至有的学者用"政策实验"解释政策试点、用"政策试验"解释"政策试点"。显然,在中国特色制度背景下出现的政策试点行为,是一项极具中国特色的政策行为。基于此,"政策试点"是指基于中国的制度基础,中央和地方政府在正式出台新政策和新法规之前,先期进行筹备、测试和调整时所采用的一种工作方法,是一种"由点到面"的体现,遵循着"政策探索—政策吸纳—政策推广"的逻辑;"政策实验"是指科学方法在政策过程中的植入与应用;"政策试验"是指地方政府为解决地方迫切需要解决的问题而展开的政策创新和政策探索行为,其外延远大于政策试点,是具有国际共性的概念,更能实现与西方理论的对话。

8.2.3.2 政策试点的类型

1. 基于试验机制的分类

学者赵慧②从政策试验机制的视角出发,根据政策工具的内部效度和外部效度两个维度的具体情境和策略,将政策试点划分为示范、扩面、择优和综合四类。其中,内部效度是指政策工具的有效性,即政策工具能否实现预期的政策目标;外部效度是指政策工具的可推广性,即政策工具能否在试点以外的其他地区顺利推广、实现由点到面的政策扩散。具体划分如下:

(1) 单方案单试点:示范。单方案单试点是指在特定地区实施一项政策方案的试验。"单方案"意味着政府已经制订了一套明确的试点规划,通过该试点检验政策方案的有效性,并将其作为示范,以实现政策的"以点带面"扩展。单试点的设计将试验失败的影响控制在较小范围内,但也使对政策工具有效性和可推广性的判断更多依赖上级政府的前期规划和后期评估。

(2) 单方案多地试点:扩面。单方案多地试点是在多个地区同时试验某一政策方案,即对某一特定方案的有效性和可推广性同时进行试验。如果一项政

---

① 韩博天,石磊. 中国经济腾飞中的分级制政策试验[J]. 开放时代,2008(5).
② 赵慧. 政策试点的试验机制:情境与策略[J]. 中国行政管理,2019(1).

策能够在不同试点都顺利开展,那么这一方案显然具有较好的可推广性。此外,不同试点地区在政策试验中积累的政策实施经验有利于政策的扩面,奠定了政策一体化的基础。

(3) 多方案单一试点:择优。多方案单一试点是指政府在不同试点实施不同的政策工具,通过比较不同政策试点的试验效果以选取实现政策目标的最佳政策工具。与以"试对"为目标的单试点试验不同,多方案单一试点通过否定表现不佳的政策方案进行"试错"。这一试验模式的优势在于形成多元的政策方案,便于择优,但"试错"的方式使许多试点地区面临着政策失败及政策调整的风险。

(4) 多方案重复试点:综合。多方案重复试点结合了对政策方案的择优比较和对可推广性的实践检验,通常为大规模的政策试验。综合性政策试点能够充分检验不同政策方案的政策效果,并通过多地的政策实施为政策工具的细化和完善积累经验,但也可能因政策试点的实施范围较广而产生较高的试验成本。

2. 基于目标定位的分类

学者周望以试点项目的不同目标定位为划分标准,将当前的各种试点项目归为三类:探索型试点、测试型试点和示范型试点[①]。

(1) 探索型试点是指在某一新的开拓性改革领域内,为从改革实践中探索得出较为可行的全新政策方案设计而开展的试点工作。赋予试点单位相应的权限并要求其制定出新制度、新政策,是这一类试点的基本形式和目标。这种类型的试点往往出现在某项改革的初期,试点的地区或单位往往能获得较为集中的资源、政策支持,但也承担了较为重大的创新和探索的责任。

(2) 测试型试点是指在全面推行某项制度之前,为进一步调整、完善该政策方案,而将其先行放置于个别地区或部门实施,观察制度实际运行效果的一种试点类型。这种类型的试点多出现于较为成熟的改革领域或某项改革的中后期阶段。当已经制订出较为正式的政策方案时,在全面推行之前出于稳妥的考虑,通过局部试点的形式观察该项政策的"试运行"情况,并根据试点单位的

---

① 周望. 中国"政策试点"研究[D]. 天津:南开大学,2012.

反馈做出相应的调试和修正。

（3）示范型试点是指为推动某项新制度、新政策的实施,选择部分地方或部门按照较高的标准率先执行这些新政策、实现既定政策目标,以对新政策的实施方法、现实成效尤其是积极意义上的效果进行具体的展示。开展示范型试点的出发点和目的,是通过对新制度、新政策进行现实示范,为政策实施单位提供可供参考和学习的对象,打消个别部门和地方执行政策的疑虑,一般出现在政策试点工作的最后阶段。

3. 基于政策主体的分类

基于政策主体,可以将政策试点分为地方推动型试点、中央授权型试点。

（1）地方推动型试点是指,地方政府为解决自身出现的重大问题,自发进行的政策创新和政策探索,在取得一定成果后,地方政府向中央争取政策吸纳,试图拓宽政策影响,实现政策推广。中央政府在行政层级体系中的信息不对称使其并不能做到什么都知道,如果没有关于当地偏好、当地技术和当地政策条件的信息,中央很难提出一个具体的、可实施的政策想法来满足当地需求,而把改革实验权下放到地方,地方官员就变成了政策企业家,地方官员会努力寻找市场机会,提出创造性的想法,尝试新的方法。

（2）中央授权型试点是指,由中央发起试点,选择地方试点执行单位,主导和推进试点工作。中央设定政策目标和政策任务,参与试点的地方政府积极落实政策,在实践中检验试点政策的科学合理性,中央政府根据政策实践的反馈对政策进行修改和调整,在吸收经验的基础上再向其他地方进行推广。在这种政策试点环境中,地方政府的政策自由空间相对较小,地方政府的主要职责在于对政策进行验证,提供政策经验。此外,还有一种方式,即中央政府只向地方政府提出政策目标,将政策实验权授予地方政府,地方政府自行选择政策工具、政策方案以实现目标。在这种试点方式中,地方政府更能利用自身资源发挥政策创造力。

8.2.3.3 政策试点的作用与局限性

1. 政策试点的积极作用

（1）政策试点是中国制度创新和经济发展的重要法宝。中国自改革开放以来,取得的重大制度发展、经济发展成果,都离不开极具中国特色的渐进式制度变迁方式——政策试点。中国的发展经验证明,自身的制度创新并不是外生的,而是出现于制度框架的内部,尤其是在整个改革过程中,在保留政治、社会等方面的相关优势的前提下,通过长期的动态"试错"过程来实现制度及政策创新。在这一过程中,地方政府拥有足够的机会和渠道来展示自身的"活力"和"灵活性"[1]。

(2) 政策试点有利于把控各种不确定性风险。决策者在选择改革方案时须谨慎考虑政策变迁伴随产生的政治、经济、社会风险。政策试点是一种可以有效估量风险程度的方法,在评估基础上选出利益与风险均衡的政策;并且由于试点范围小,可以及时纠正调整政策,减小政策风险,尽可能避免在全面推广中出现重大政策失误[2]。

(3) 政策试点有利于降低政策创新和制度创新成本。首先,试点方案是基于政策的比较而选择的最优或最满意方案,而政策成本是方案比较的重要方面。其次,试点中,政策实践经验提高了改革措施的精确性,使政策可以及时调整和控制,保证政策的效果,同时达到有效控制改革成本的目的。最后,政策试点的灵活性使得改革可以在一个或几个地区进行。如果试点成功,政策可以推广到其他地区;若试点失败,影响仅限于个别地区[3]。"先试验后推广"的方法通过试错成本的分散化来减少由信息不充分带来的不确定性,并且不断的信息反馈可以积累成功的经验,使得改革创新的成本相对较低[4]。

(4) 政策试点有利于化解政策和制度推行阻力。一项政策在正式通过之前通常存在着多种备选方案,"试点"方法则可用来化解不同方案间的冲突。基于"试点"所取得的成果来支持一项新政策,往往也更容易得到有关部门的青睐,相应地这些政策推行起来的阻力也相对较小,执行效果也较有保障[5]。"政

---

[1] B. NAUGHTON, S. HEILMANN. Singularity and replicability in China's developmental experience[J]. China analysis, 2010(68).

[2] 吴幼喜. 改革试点方法分析[J]. 经济体制改革, 1995(6).

[3] 杨正喜, 曲霞. 政策成本、条条差异与政策扩散——以清远村民自治单元改革试点为例[J]. 甘肃行政学院学报, 2020(4).

[4] 吴幼喜. 改革试点方法分析[J]. 经济体制改革, 1995(6).

[5] 刘钊, 万松钱, 黄战凤. 论公共管理实践中的"试点"方法[J]. 东北大学学报(社会科学版), 2006(4).

策试点"是一种边际调适和增量调整,减少了社会中的无效摩擦和效率损失,是坚持用马克思主义实践论来化解各方面阻力的最佳策略①。

(5)政策试点有利于实现治理机制的多元供给。在"晋升锦标赛"的刺激下,同一政策的各地试点之间会形成向中央供给"先进机制"的市场,不同地区的试点可为制定新政策和法律法规提供多样化的实践经验②。

2. 政策试点的局限性与潜在风险

第一,政策试点的先天缺陷。例如,某些试点的动机存在偏差、试点取样的代表性存在问题、试点方法失灵、试点经验具有不稳定性和不完全性等②。某些政策试点的方案设计缺乏理论指导、目标制定不合理,政策试验缺乏配套措施,试点选择不科学,执行试验方案缺乏自主创新,政策试验评估环节薄弱导致试验结果不理想甚至失败等③。

第二,宏观环境的约束和行动者主观因素。从内部效度理解,在中国的行政体制中,上级单位要发起某项试点,下级部门会竞相要求在本单位开展试点工作,而领导者的偏好在试点中发挥着重要的作用,往往出现"试点附加"的情况。从外部效度考察,政策试点单位的环境具有人为设置特征,并不是所有推广单位都具有相同的环境,而且,试点方法只能提供小范围的备选方案和有限的政策信息,在政策推广执行中,可能衍生出更多更复杂的问题④。这就是为什么在我国公共管理实践中,政策试点开展了很多,而最终能够推广的却少之又少。

第三,治理秩序冲突。在强调"顶层设计""依法治国"的政治环境下,政策试点存在两大局限:一是试点与非试点单位之间政策摩擦的"政策时差",即"先试先行"和"由点到面"的试点过程中,出现改革进程在地区和部门间的不一致性,以及由此导致的政策不公平、政策效果不均衡等一系列问题,使得试点与非试点单位之间出现相应的摩擦,给改革试点带来一定的风险,并增加社会不稳定因素;二是先试先行与依法治国之间理念冲突的"政策势差",即政策试点单

---

① 闫义夫."政策试点":中国共产党治国理政的重要方式[J].社会科学家,2017(10).
② 李壮.中国政策试点的研究述评与展望——基于CSSCI数据库的分析[J].社会主义研究,2018(4);吴昊,温天力.中国地方政策试验式改革的优势与局限性[J].社会科学战线,2012(10).
③ 黄秀兰.浅谈改革开放进程中的政策试验[J].理论与改革,2000(4).
④ 刘钊,万松钱,黄战凤.论公共管理实践中的"试点"方法[J].东北大学学报(社会科学版),2006(4).

位所实施的新政策方案可能会与现行法律法规之间形成一定程度的冲突。试点单位所推行的新政策完全可以突破现行制度规定,乃至反而比已有法律法规"高半格",从而形成"人为的势差",而这一势差可能会带来相应的负面影响,如创租、寻租等①。

8.2.3.4 政策试点的运作机制

1."分级制试验"框架

"分级制试验"框架由韩博天(Sebastian Heilmann)提出。他认为,中国这种基于"政策试点"的独特政策制定模式可称为"分级制政策试验",构成这一模式的核心部分是"试点"和"由点到面"②。

在政策试验中,具体试验通常由基层政府官员来操作,而中央政府的作用则集中在筛选可供推广普及的试验典型,以及从地方试验中总结经验教训。大多数政策试验最先是由基层干部为解决本辖区内的棘手问题而发起的,在一定程度上也是受到晋升和物质利益的驱动。同时,基层干部会向上一级相关领导寻求对试验的支持,寻找一种潜在的"政策保障",这种中央和地方之间特殊的互动机制是以试验为基础的政策制定过程得以为继的本质所在。整个政策制定过程不再是中央集权或地方分权这种非此即彼的单一层次模式,而是一个在多层级之间协商妥协的互动模式③。

当然,中央政府也不会让地方放任自流反复试验,或者随心所欲扩大政策范围。上级领导在传播基层创新经验的过程中扮演了把关者和提倡者的角色,其目标是为正式出台普遍适用的政策,甚至是为国家立法提出可供选择的新政策。地方的政策试点行为服务于中央不断提出又不停修改的政治议程,任何"政策试点"都需在中央政府的政治指导下和政策框架内进行④。

在"分级制试验"框架下,韩博天还进一步把中国以"政策试点"为基础的政策制定循环过程划分为如下几个阶段,即"地方试验→国家决策者→起草试

---

① 周望."政策试点"的衍生效应与优化策略[J].行政科学论坛,2015(4).
② 周望.中国"政策试点"研究[D].天津:南开大学,2012.
③ 韩博天,石磊.中国经济腾飞中的分级制政策试验[J].开放时代,2008(5).
④ S. HEILMANN.中国异乎常规的政策制定过程:不确定情况下反复试验[J].石磊,译.开放时代,2009(7).

点方案→地方同时试点→由点到面→制定和颁布政策法规→政策解释和执行→讨论政策执行效果"。这一过程并不完全是单向线性的,其中还有一些反馈和循环,比如对新政策的阐释和执行有可能又会引发新一轮的政策试点[①]。

2."学习—适应"框架

王绍光提出了"学习—适应"框架来分析"政策试点"的过程。他认为,中国的成功可以解释为中国的政策制定者和政策倡导者能够根据变化的环境调整他们的政策目标和工具,这种适应能力是从他们的学习能力发展而来的。所谓"适应能力"是指,面对环境变化等因素造成的种种不确定性时,一个制度发现和纠正现有缺陷、接受新信息、学习新知识、尝试新方法、应对新挑战、改进制度运作的能力。"学习能力"是指,有意利用某时、某地有关政策或制度的经验教训来调整此时、此地的政策或制度。学习源主要来自两个方面:一是各个时期、各个地方的"实践",包括本国的政策与制度遗产、本国内部各地区不同的实践,以及外国过往与现实的经验教训。二是系统性"实验"。这是指在小范围进行的、旨在发现解决问题有效工具的干预性实验。当然,"实践源"与"实验源"并不是截然分开的,事实上,不同的实践往往会成为政策与制度性试验的基础[②]。

"学习—适应"框架以学习推动者(决策者和政策倡导者)、学习源(实践和实验)为划分依据,确定了四种学习模式(决策者—实践、决策者—实验、政策倡导者—实践、政策倡导者—实验)。这四类学习模式并不是相互排斥的,一个国家完全可能采用不止一种模式进行学习,一个体制适应能力的强弱取决于它是否能充分利用所有模式来进行学习。在对中国农村卫生保健融资的演变的研究中,王绍光发现,中国政策制定者和政策倡导者的学习能力实际上比韩博天等西方学者报告的要强,中国的政策制定者采用了所有四种学习形式,而韩博天只注意到其中一种。该研究发现,中国政策制定者具有非常强的学习能力和高度的适应能力,能有效地应对新出现的问题、不平衡,并根据过去和现在的经验以及从政策试验中吸取的教训,通过微调、改变政策工具和采用新的目标层次来克服困难[③]。

---

① 韩博天,石磊.中国经济腾飞中的分级制政策试验[J].开放时代,2008(5).
② 王绍光.学习机制、适应能力与中国模式[J].开放时代,2009(7).
③ 王绍光.学习机制与适应能力:中国农村合作医疗体制变迁的启示[J].中国社会科学,2008(6).

3. "中央选择性引导"框架

刘培伟对韩博天和王绍光的解释提出了批判。他指出,王绍光的"学习—适应"框架未能充分阐释中国政策制定者更倾向于采纳基层政策选项的动因及其机制,同样未能解释为何众多试验政策遭到中央的否决,尽管这些试验被中央视为超常学习与适应能力的体现。此外,刘培伟认为韩博天所观察到的中央对试验的决定性影响是明智的,但这并不意味着中央在地方试验的具体实施上有明确意图。中央对基层试验选项并非全盘接受,而是有选择性的;上级政府对于政策试点的选择标准和选择机制需要进行进一步的探索和理论建构。

基于上述观点,刘培伟提出,中央在改革的方向上并未预设固定原则或目标,而是通过对试验的审慎态度,实现对地方有选择性的引导。在改革过程中,除了维护党中央权威和集中统一领导外,改革的具体方式并无明确方向。实践形式的多样性取决于中央的需求和对试验功效的评估,根本上受制于整个权力体系结构的约束。中央选择性引导下的政策试验有助于中央在化解危机的同时维持良好秩序,但这也可能导致试验难以充分发挥作用和得到广泛推广,最终导致同质化现象[①]。

复习思考题

1. 公共政策的含义是什么?
2. 公共政策的类型和功能有哪些?
3. 公共政策过程可分为哪些阶段?
4. 中国特色公共政策研究有什么特点?
5. 中国特色公共政策研究未来发展方向如何?

---

① 刘培伟.基于中央选择性控制的试验——中国改革"实践"机制的一种新解释[J].开放时代,2010(4).

第 9 章　公共预算管理

■ **本章学习要点**

- 公共预算的概念与原则
- 公共预算的理念与模式
- 公共预算的收支分类
- 公共预算的流程

9.1　公共预算概述

9.1.1　公共预算的内涵

9.1.1.1　预算的产生

"预算"（Budget）一词起源于拉丁文"bulga"，原意为皮革袋子、钱袋。18世纪初期，"预算"一词被公众认可。现代预算制度是在新兴资产阶级与封建专制统治阶级进行较量的过程中，作为一种经济斗争手段产生的。实际上，在奴隶社会和封建社会也有财政收支活动，但不是现代意义上的预算。在奴隶社会和封建社会中，国家的生产资料基本上归统治者所有，很难严格区分统治者个人的财务收支活动与国家的财政收支活动，没有规范的收入、支出方面的程序和手续，无法事先进行详细的收入和支出计算。14世纪以来，西欧一些国家出现了政治统一和中央集权的趋势。为了实现扩大国家机关、建立常备军、取消封闭制度等目的,封建统治阶级产生了筹集经常性收入的需求,进而对新兴资产阶级和农民横征暴敛,严重损害了新兴资产阶级和广大劳动人民的利益。因此,新兴资产阶级以议会制度为手段,与封建统治阶级展开了尖锐斗争。这场斗争从要求限制国王的课税权到限制国王的财政资金支配权,最终发展到要求取消封建统治阶级对财政的控制权。1789年,英国首相威廉·皮特在议会上通过了《联合王国总基金法案》,标志着英国现代预算制度的正式建立。

中国的现代预算萌芽于清朝末年。1893年,郑观应号召建立国家预算制度。1895年,黄遵宪在《日本国志》一书中最早介绍了西方的预算制度。1898年,"明定国是"诏书首次出现"改革财政,实行国家预算"的条文。1910年,清政府试办并公布了宣统三年的预算案,这是中国历史上第一份现代意义上的预算,但该预算案并没有很好地发挥预算的职能。1911年,梁启超撰文对清政府颁布的预算草案的收支问题进行了抨击。同年,辛亥革命爆发,清朝灭亡。因而,这份财政预算只有预算却没有决算。

中国的预算制度随中华人民共和国的成立而建立。1949年12月,中央人民政府委员会第四次会议通过了《关于一九五〇年度全国财政收支概算草案的报告》,标志着新中国政府预算的诞生。

9.1.1.2　理解预算的概念

国家预算、政府预算、公共预算尽管在概念上存在一定的差异,但也存在一定的联系。从差异来看,国家预算是计划经济时代的用语,政府预算是市场经济时代的用语,公共预算强调预算资金使用的公共化趋势。国家预算的概念比政府预算更大,还包括社会保障和国有资本预算。政府预算的概念更强调以政府为主体的财政分配关系。公共预算的概念强调预算满足社会公共需要,认为预算还包括从事公益活动的第三部门的资金需求和使用情况。从联系来看,国家预算是计划经济时代的产物,已经转型为政府预算,政府预算的发展目标和方向是不断提高预算资金的公共性,而公共预算更加强调公共性,这三个概念都包含以政府为主体的财政收支安排活动。

预算是经法定程序审批的具有法律效力的政府财政收支计划,是政府筹集、分配和管理财政资金及宏观调控的重要工具。狭义的预算是指政府预算表格和报告书,而广义的预算则包括预算编制、执行、决算、审计结果的公布与评价等全部环节,即全部预算管理制度。换言之,可以从两个层面理解预算的概念。一方面,预算是反映政府收支计划的表格。收支计划反映了政府财力的分配过程。这张表格通过立法部门的审批便成为法律。另一方面,预算是配置资源的工具。配置的过程是一种独特的政治活动。

预算是指以财政收支表为主的政府财政资金的基本收支计划。预算只不过是对国家本年度收入和支出的一个估计,它是以上一年度的财政经验,也就是以上一年度的平衡表为依据的。① 预算的基本问题是收支之间的关系,是编制或者有所结余或者出现赤字的平衡表,以确定或者减少或者增加国家税收的基本条件。

预算是反映政府集中支配的财力的分配过程。从预算收入方面看,政府通过预算安排,采用税收、利润、公债、收费等手段参与国内生产总值的分配,把各地区、各部门、各企业及个人创造的一部分相对分散的国内生产总值集中起来。从预算支出方面看,政府通过预算安排,把集中的财政资金在全社会范围内进行公平分配,保证政府行使公共职能的需要。

预算是一种法律性计划。政府预算是具有法律效力的文件,是纳税人和市场通过立法机构对政府行政权力的约束和限制,是政府必须接受的立法机构对政府作出的授权和委托。法治性是政府预算的根本特征。计划经济下的预算是一种财政计划,而市场经济体制下,预算经立法机关批准后则是法律②。

预算是一种解决公共资源配置问题的重要管理工具。"预算管理在本质上是工具性的,其实质在于配置稀缺资源,因而它意味着在潜在的支出项目之间进行选择。"③"公共预算涉及目标的选择,以及达到这些目标的方式的选择。一旦资源通过预算进行分配,组织的战略就变得明显了,即使它们没有被明确称为战略。"④

---

① 中共中央马克思恩格斯列宁斯大林著作编译局.马克思恩格斯全集:第十二卷[M].北京:人民出版社,1998:661.
② 焦建国.论政府预算的法律本质——理论、日本特色与我国的选择[J].财经问题研究,2001(5).
③ 爱伦·鲁宾.公共预算中的政治:收入与支出,借贷与平衡[M].4版.叶丽娟,等,译.北京:中国人民大学出版社,2001.
④ 小罗伯特·D.李,罗纳德·W.约翰逊,菲利普·G.乔伊斯.公共预算制度[M].7版.扶松茂,译.上海:上海财经大学出版社,2010.

预算是一种政治活动。"在民主社会中,预算是限制政府权力的一个方法,批复预算是立法部门对行政部门进行控制的主要形式,预算采取的形式必须使立法部门和公众能够对政府政策加以监督。"[1]爱伦·鲁宾认为,预算决策的制定描述了政府机构内部以及机构之间的预算行动者的相对权力,也描述了处于一般利益集团和特定利益集团内的公民的重要性[2]。

9.1.2 公共预算原则

预算原则是指导预算编制、审批、执行、调整、决算等预算全过程顺利进行的重要依据。预算原则可以分为古典预算原则和现代预算原则。早期的预算管理比较注重控制性和合规性,将预算作为监督和控制政府行动的工具。在资产阶级革命过程中,新兴资产阶级为了限制封建皇室的财政权,提出了一系列通过立法机关控制政府活动的方法和原则。随着国家收支内容的日趋复杂化,政府开始强调预算的周密性,更加注重预算技术和管理模式的改进。

9.1.2.1 古典预算原则

尼奇(F. Nitti)的预算原则和诺马克(F. Neumark)的预算原则是古典预算原则的代表,集中体现了传统预算管理的目标。尼奇预算六原则包括公开性原则、确定性原则、统一性原则、总括性原则、分类性原则和年度性原则。诺马克预算八原则包括公开原则、明确原则、事先决定原则、严密原则、限定原则、单一原则、完全原则和不相属原则。

古典预算原则基本上是控制取向的,包括两个方面:一是实现政府对预算收支的计划管理与执行;二是实现立法机构对政府财政措施的控制与监督。政府的早期预算重视明确和约束原则,通过控制预算收支来实现立法机构对行政机构的有效监督。随着政府职能范围不断扩大,国家干预经济成为一种新的社会思潮。传统的古典预算原则已经不适应经济社会的变化,这就在客观上要求行政机构在预算问题上获得更多的自主权。

---

[1] 萨尔瓦托雷·斯基亚沃-坎波,丹尼尔·托马西.公共支出管理[M].张通,译校.北京:中国财政经济出版社,2001:8.
[2] 爱伦·鲁宾.公共预算中的政治:收入与支出,借贷与平衡[M].4版.叶丽娟,等,译.北京:中国人民大学出版社,2001:88.

9.1.2.2 现代预算原则

现代预算原则的典型代表是史密斯提出的预算管理八原则,即计划原则、责任原则、以政府预算报告为依据的原则、灵活性原则、程序多样性原则、自由裁量原则、执行弹性原则、预算机构协调原则。史密斯预算管理原则不是取代古典预算原则,而是对其进行修正和补充。古典预算原则在现代预算原则中仍旧得到了体现。多数市场经济国家在很大程度上保留了法定机构对预算的监督和控制,而自由裁量、执行弹性等原则是对诺马克的古典预算八原则的修正,体现了政府行政机构内部追求预算效率的自主权。

无论是古典预算原则还是现代预算原则,都强调了公开性、可靠性、完整性、统一性、年度性和法制性等。公开性原则是指各级政府的预算及决算,不仅要经过国家各级权力机关审批,还要向社会公开。可靠性原则是指预算所提供的信息必须真实可靠,每一收支项目的数字指标必须用科学的计算方法,依据充分确实的资料,不得假定估算,更不能任意编造,并且必须对不同性质的各类收支进行明确的区分。完整性原则是指一切财政收支活动,都要反映在政府预算中。不论是税收收入还是非税收入,都必须纳入预算管理,不允许各级财政部门和政府机构设立小金库。统一性原则是指为了保证预算口径、预算科目的一致性及预算程序的规范统一,各级政府所遵循的预算编制的技术性原则。年度性原则是指政府必须按照法定的预算年度编制政府预算。预算要反映全年的财政收支活动,同时不允许将不属于本年度财政收支的内容列入本年度的政府预算。法制性原则是指预算的编制审批和执行都必须严格依据法律,未经法定程序不得随意变更。

9.1.3 公共预算的分类

公共预算按编制主体可以分为政府预算、部门预算和单位预算。政府预算由中央预算和地方预算组成;部门预算反映各级部门(含直属单位)所属各单位全部收支的预算,由部门机关及所属各单位预算组成;单位预算是指列入部门预算的国家机关、社会团体和其他单位的收支计划。

公共预算按预算管理级次可以分为中央预算和地方预算。中央预算反映中央政府的财政收支活动计划;地方预算是指各级地方政府收支活动计划的总称。《预算法》第三条规定我国的预算体系由五级预算组成,分别为中央、省、自治区、直辖市,设区的市、自治州,县、自治县、不设区的市、市辖区,乡、民族乡、镇。

公共预算按编制方法可以分为增量预算与零基预算。增量预算是指根据新的财政年度的经济发展情况,通过调整上一年度原有费用项目来编制预算的一种方法。零基预算是完全不考虑以前的预算项目和收支水平,以零为基点对预算期内所有财政收支重新编制的方法。

公共预算按编制形式可以分为单式预算和复式预算。单式预算是指通过一个预算表格来反映国家在预算年度内全部集中性预算收支活动的计划,不区分各项财政收支的经济性质。复式预算是指将年度内的全部收支按经济性质编入两个或两个以上的收支对照表,从而形成两个或两个以上预算模式。

9.2 公共预算理念与模式

9.2.1 公共预算的理念

9.2.1.1 现实主义与理性主义的预算理念

在预算领域,存在一个著名的科依问题:"应该在什么基础上决定将资金 X 分配给活动 A 而不是活动 B?"这一问题着重探讨了预算资金的内在分配逻辑,即"依据什么来分配资金"。围绕该问题形成了以政治为基础来分配资金和以经济为基础来分配资金的两种预算理念。前者被称为现实主义预算理念,后者被称为理性主义预算理念。

1. 现实主义预算理念

以政治为基础来分配预算资金的理念的核心观点是"预算资金分配是一个政治问题"。预算是政府维持生命的血液,是政府正在做的或者打算做什么的财政反映。预算不仅是如何实现预算收益最大化的问题,而且还体现谁应该获得预算收益以及获得多少。预算实际上是在不同人之间的分配,预算分配关注的不是不同活动的效益和价值,而是不同人的损失或收益。在现实主义预算理念看来,竞争性集团的相对政治力量最终影响了预算决策,秉持现实主义预算理念的学者们认为,包括边际效应理论在内的量化理论无法准确分析公共服务的价值,无法准确分析公共支出的效价。预算的政治理论试图从政治冲突中理解预算资金分配问题,但这些理论的非规范取向使得其更关注造成特定分配结果的原因是什么,这实际上是在解释资金如何和为何如此配置,因而消解甚至抛弃了对预算配置"效率"的关心。这种描述—解释的非规范理论导向,没有对规范性的"科依问题"给出回答,以至纽比认为公共预算依然缺乏理论[1]。

秉持现实主义预算理念的预算理论有渐进主义预算理论、政策过程理论等预算理论。"渐进主义"预算理论的代表人物是芬诺和威尔达夫斯基。威尔达夫斯基认为,"预算并不复杂,它是渐进的,明智的行政部门预算,是从它不再积极地评价每个年度的预算开始……而是基于去年预算并对少量的增加或减少给予关注"[2]。渐进主义预算理论的主要观点包括:预算具有政治性,预算过程是政治框架下的人类行为,预算拨款一般是递增的,预算参与者采取简化策略,预算参与者为获得政治支持会采取暂时性、信任性等策略。在该理论中,行政部门充当拥护、保护预算基础以及要求在前一年基础上小幅增加预算的角色,立法部门扮演在预算基础上适当增减的监护人角色。

在渐进主义预算理论看来,全面而理性的预算在现实中是不可能实现的。因此,渐进预算优于理性预算。渐进主义为预算理论提供了一个现实的分析框架,准确描述和预测了美国财政预算情况。预算每年增长5%—10%可以看作该理论的实证论据。同时,该理论也面临着一些批评,如预算并没有一直保持渐进增长,渐进主义所模仿的市场竞争模型被证实存在缺陷,每年增长的预算方案不一定被公众接受,只考虑年度而非更长时期的变化,没有区分自由开支和强制开支等。

政策过程预算理论秉持以政治为基础的资金分配理念。政府预算是一个特别的有众多预算参与者共同参与的政治决策过程[3]。预算决策分为收入、过程、支出、平衡和执行五个决策束,每个决策束都吸引着不同特征的参与者,五个决策束相对独立、相互作用且具有非阻断性。其中,收入束包括公众和利益集团等参与者,过程束包括行政机构和议会等参与者,支出束包括政府机构负

---

[1] B. L. NEUBY. On the lack of a budget theory[J]. Public administration quarterly, 1997(2).
[2] A. WILDAVSKY. The politics of the budgetary process[M]. Boston: Little Brown & Co., 1964: 15.
[3] A. 普雷姆詹德. 预算经济学[M]. 周慈铭,等,译. 北京:中国财政经济出版社,1989.

责人和利益集团等参与者,平衡束包括政党、利益集团、公众等参与者,执行束包括行政部门等参与者。该理论认为,预算环境影响预算结果、过程和参与者的策略选择,预算过程和预算参与者策略相互影响,参与者策略和结果之间存在某种关系。

2. 理性主义预算理念

以经济为基础来分配预算资金的理念认为,预算资金分配是一个经济上的理性计算问题。这种理念更关注优先权的选择,在涉及政府的不同支出领域分配时使用边际效应分析,即根据"资源在不同用途上分配的结果应使各种支出的边际满意度相等"的原则来进行资源分配。在"相对价值、增量分析和相对有用性"的基础上建构起的公共预算经济理论,产生了不定额预算法、限额预算法、工作负荷衡量法等预算方法。

理性主义预算理念主导了美国的预算改革过程。从20世纪50年代起,以美国为首的国家开始进行预算改革,期望用理性的预算分析来取代政治判断和预算基数在资金分配中的影响。实际上,纯粹从经济的角度出发来分配资金的预算实践较少,更多的是以渐进主义预算理论为基础,融入经济方面的考量来分配资金的实践。导致这一现象的主要原因是预算的经济理论尝试将完全理性引入公共预算,而完全理性所需要的庞大的预算信息和极高的预算成本导致预算的经济理论不能有效地回答"科依问题"。同时,对于预算是否可以做到完全理性以及能否在预算过程中完全消灭政治因素这两个问题的答案,显然都是否定的。

9.2.1.2 投入导向与产出导向的预算理念

以预算管理的重点导向为依据可以将预算分为以投入为导向的预算理念和以产出、结果、任务为导向的预算理念。

1. 以投入为导向的预算理念

投入预算是指以投入的资源条目为基础进行预算编制和预算资源配置。投入预算能较好地落实合规性。投入预算通过展示预算申请者的资金来源、资金使用信息,帮助立法机关、财政部门、审计机关等核心部门,对公共组织的预算与财务管理实施合规性控制,以确保对资源供应者(纳税人)的受托责任。按照投入预算,一旦发现其资金来源、资金使用出现违规(例如"用打酱油的钱买醋")即需要采取行动,纠正或惩罚违规行为。但是,投入预算忽视了绩效,只能告诉人们"花了多少钱"以及"钱花在何处"。投入预算使各部门基于自我利益来竞争稀缺资源,导致大量预算资源长期留滞于低效益的地方。此外,投入预算还会诱发公共管理的"内部化倾向",从而普遍忽略外部顾客的需求。

2. 以产出、结果和任务为导向的预算理念

20世纪80年代以来,以美国和澳大利亚、新西兰等为代表的国家将预算管理的重点从投入转向产出和成果,更为重视预算资源配置的效率和效益。典型的以产出为导向的预算模式有绩效预算模式、目标管理预算模式和零基预算模式等,其中绩效管理预算模式是把资源分配的增加与绩效的提高紧密结合的预算系统,目标管理预算模式注重预算项目执行的效率,零基预算模式则关注将公共资源配置到社会最需要的领域。

9.2.1.3 组织本位与规划本位的预算理念

根据"预算是以什么为单位展开的",可以将预算理念分为组织本位的预算理念和规划本位的预算理念。传统的预算管理中对资金的竞争是在政府部门之间或者是在政府机构内部进行的,是以部门和各种机构为本位展开的,这种理念便是组织本位的预算理念。而规划本位的预算理念是在相似的规划之间展开的。规划预算将预算的重点从财政支出的购买对象(政府为服务需要的花销)转移到支出目的(政府为公众提供什么服务)。"规划"特指公共组织从事的、旨在促进相同目标的若干活动的集合。规划能否设立主要考虑的是其能否实现公共目标,而不考虑具体提供服务的是哪些行政管理组织。从本质上来说,规划框架要求政府机构明确自己所要提供的产品和服务,然后根据这些产品或者服务的流程来组织预算申请和预算执行。

规划预算吸收了传统投入预算的优点,将合规性控制延伸和细化到了规划层面,有助于细化预算审批,便于核心部门剔除那些与政策重点不符的规划。通过将规划与特定政策相联系,规划预算有助于确保预算资源的配置更加准确地反映政府的政策重点,从而提高了预算过程的配置效率。规划本位的预算理念促使所有的参与者(预算使用者、立法机关代表和公众等)将其注意力转向公共支出的结果,促使公众更加精细地了解和监督预算资金的来龙去脉,帮助公众知晓"政府在某项规划上花了多少钱",以及"花这些钱产生的结果如何"。

规划预算能够促进公共管理从"内部倾向"向"外部倾向"转变，从而使更多公众受益，促进公共部门转变职能并改进工作方式，从关注"我们单位能拿到多少钱"转向关注"我们单位需要完成哪些规划和绩效指标"，进而提高公共组织的绩效水平。

9.2.2 公共预算模式

按照不同的预算理念，产生了分行列支预算、绩效预算、目标管理预算、零基预算、计划—规划—预算制度、计划—规划—执行—预算制度、结果预算等模式。其中，前四种预算模式使用较为广泛，而其他预算模式的适用范围较小或存在时间较短。世界各国的预算管理模式基本呈现出追求预算理性化的色彩和从投入预算走向产出预算的发展方向。

9.2.2.1 分行列支预算模式

分行列支预算模式是根据每一开支对象的成本分配社会资源的一种预算制度。现代意义上的分行列支预算始于美国1921年通过的《预算与会计法》。分行列支预算的核心功能是控制政府预算开支，主要控制措施包括分项、详细地记录政府购买的商品或劳务，采用标准化的政府会计控制系统，利用统一的政府采购制度和竞争性招标制度，提高政府购买性支出的透明度，力求节约公共开支，注重政府部门内部的增量决策、分散管理以及进行职责分工等内容。就形式而言，分行列支预算基本上是一种对机构投入加以具体说明的家庭预算的形式，如人员经费、设备支出、办公用品和交通费用等。就应用层次而言，分行列支预算比较适用于较低层级的政府机构，而不适用于高层级的政府机构。

分行列支预算中的每一行就是一个特定的支出科目，代表着特定的支出用途以及相应的资金数量。支出用途的信息越详细，预算部门越能够有效地控制各机构的支出。分行列支预算提供了关于谁在政府做事以及做什么事的大量详细信息，有助于对支出行为实行预算控制，同时易于理解和比较。但是，分行列支预算对产出不够重视，这会妨碍资源配置效率，还会降低管理的灵活性，且过分倾向于将预算决策的注意力集中在不断增长的人员经费和设备支出等项目，容易诱使预算决策偏离公共支出的根本目的。

9.2.2.2 绩效预算模式

绩效预算是一种以目标为导向、以项目成本为衡量指标、以业绩评估为核心的预算体制,具体来说,就是把资源分配的增加与绩效的提高结合的预算系统。在这种模式下,预算过程承担了提供资金和确立绩效目标双重功能。绩效预算模式形成于 1912 年的塔夫脱委员会,并于 1934 年被美国农业部所采用。1949 年,美国胡佛委员会提出了绩效预算的概念,旨在将重点从政府投入转移到政府的职能、活动、成本和成就上[①]。

绩效预算基本含义是将绩效水平和具体的预算数额联系起来,将预算拨给具体的活动而不像传统的分行列支预算那样拨给某个与预算科目相联系的支出用途,同时将运行分析引入预算分析,测量投入与产出比。这种做法不仅可以通过对活动的度量来确定其成本,还可以对从事这些活动的效率进行评估;同时,通过比较政府机构实际成本与计划水平的差异,实现绩效管理。

但是,绩效管理不是万能的,它也存在一些缺点。由于各部门的工作性质差别较大且不具有可比性,无论绩效指标的设计、工作量的统计,还是成本和收益分析,都需要大量的烦琐的工作。具有较强社会效益性质的政府活动和项目很难用量化的指标进行评价,限制了成本收益法的使用。从政治角度来看,绩效预算没有协调好行政部门和立法部门的关系,缺少立法部门的支持。绩效预算虽注重对产出进行分类和测量,但对政府的目标和计划却关注不够。绩效预算缺少政府长期战略规划的支持,导致绩效考评失去方向,同时也会导致考评结果与相应的资源配置缺乏联系。绩效预算试图以政府机构的直接产出编制预算,而这些产出却未必是政府活动的真正目的。例如,公共卫生部门为预防儿科疾病所实施的接种疫苗计划,并不是为了采购疫苗,而是为了降低婴儿死亡率。该计划的目标是儿童健康,而不是参与的儿童数量。因此,世界上很多国家尤其是发展中国家,虽然对绩效预算的期望很高,但实施结果却往往很不理想。

为了克服绩效预算存在的问题,结合绩效预算和规划预算两者特点的新绩效预算模式开始得到关注。20 世纪 90 年代,美国开始了对新绩效预算模式的

---

① R. MCGILL. Performance budgeting[J]. International journal of public sector managemet, 2001(5).

探索。新绩效预算改革的主要内容是:实施绩效评估,获取绩效信息;运用绩效信息,改进预算决策;项目管理公开绩效信息,提高财政透明度。新绩效预算强调指标体系的完善,重视绩效信息的提供和使用,强调引入企业的管理方式,更加注意政府成本会计改革[①]。

9.2.2.3 零基预算模式

零基预算是完全不以之前的收支为依据,对预算期内的所有财政收支重新以零为起点来编制的预算。零基预算要求管理者重新论证他们的预算申请,而不管以前是否有过拨款。零基预算的基本思想是将每一个独立的部门活动作为一个决策包,按照决策在预算期间给组织带来的效益对决策包进行排序,按照优先次序将预算资源分配给每个决策包。当组织面临财政困难时,管理者亟需有效的手段来分配有限的资源,此时,零基预算具有一定的优势。在美国,零基预算主要是卡特总统在位时期执行的预算模式。卡特认为零基预算可以提供一种有序的机制将公共资源配置到社会最需要的领域,从而将政府机构的预算减少1%—15%。零基预算是一种能够适应任何组织结构的预算模式。零基预算虽然并不排斥工作量的测量,但它不像绩效预算那样重视工作量的测量和预算执行的结果。

理论上,一旦严格地实施零基预算,传统的渐进预算将会彻底消失。但美国的零基预算改革却是失败的。首先,从政治和法律的角度来看,许多政治和法律上的约束使得政府不可能中止对于某些支出项目的资助,但在零基预算的优先顺序排列中,这些支出项目却都被排在最后面。换言之,项目管理者、部门管理者、预算部门和政府首脑实际上在很多项目上是无法进行选择的。其次,零基预算的形成过程是自下而上的,它的成功有赖于各个层级管理者的配合。如果各个层级的管理者与预算机构以及行政首脑在目标上是不一致的,那么他们就会采取各种策略性行为来支持他们偏好的支出项目并增加预算要求。最后,在技术层面上,零基预算难以确定决策单元和目标,编制的工作量巨大。

9.2.2.4 计划—规划—预算制度

计划—规划—预算制度(Planning-Programming-Budgeting System, PPBS)是

---

① 更多有关新绩效预算的信息,可参见马蔡琛,朱旭阳.从传统绩效预算走向新绩效预算的路径选择[J].经济与管理研究,2019(1).

根据国家的经济状况与发展趋势,以及国家当前所要达到的总体目标,利用系统分析以及成本效益考察等分析工具,评价公共计划的成本收益,协助政府拟定最有效的预算决策,以期实现公共资源合理配置的一种预算管理制度。采用PPBS的首要意图,是使行政部门的预算摆脱渐进主义决策体系,改用一种合理的综合决策方法。PPBS是一种以程序为重点而不是以组织为重点的预算管理模式。首先,各行政机构根据公共部门现有资源、经济状况以及对未来的经济形势分析等,设定组织的长期目标,并制订到达长期目标的各种可行的计划,然后对这些计划进行评估筛选,产生排序。其次,根据上一阶段设计的计划,预测未来5年内某项计划可能产生的效果与相关成本,并根据计划进度在5年期间加以妥善安排。最后,在设计与编制5年计划的基础上,编制支出经费预算,并安排筹措年度预算经费,从而汇编形成年度预算。

总体上看,计划—规划—预算制度对于地方政府层面的影响要相对显著一些。虽然计划—规划—预算制度早在30年前就被美国联邦政府放弃了,但是美国国防部仍然采用这一方案,因为它符合政策制定和多军种预算等多方需求。计划—规划—预算制度主要缺陷在于过分注重技术分析的作用,而当一个公共部门同时承担多项公共支出计划时,就难以在不同的计划之间精确且合理地配置预算资源以及确定适当的任务或绩效标准。同时,该模式过于强调计量测度的精确性,忽视了政治社会因素对于预算决策的影响。

9.3 中国公共预算管理

9.3.1 中国预算管理变迁

我国的预算起步较晚,发展较为迅速,经历了1951年《预算决算暂行条例》,1991年《国家预算管理条例》,1994年《中华人民共和国审计法》和《中华人民共和国预算法》,1995年《中华人民共和国预算法实施条例》,1996年《关于加强预算外资金管理的决定》和《预算外资金管理实施办法》,1997年《财政总预算会计制度》,1999年部门预算试点,2005年全面推行部门预算,2014年和2018年《预算法》修订等预算改革。2020年《中华人民共和国预算法实施条例》完成修订后,我国的公共预算管理已渐趋完善。

第 9 章 公共预算管理

中国预算管理可以分为四个阶段。1949—1957年是我国预算管理制度产生与确立阶段。1949年12月中央人民政府第四次会议通过的《关于一九五〇年度全国财政收支概算草案的报告》标志新中国预算的产生。1950年12月1日政务院《关于决算制度、预算审核、投资的施工计划和货币管理的决定》,决定实行预算审核和决算制度。1951年8月19日,政务院颁布《预算决算暂行条例》。新中国成立初期,预算管理的主要任务是筹集并支付巨额的军事费用,以消灭残余敌对势力、接收旧政权的人员和维持新政权的运转;治理通货膨胀和整顿生产生活秩序,尽快恢复国民经济和促进国民经济发展,改善人民生活水平。"一五"计划期间,由于经验不足等原因,我国出现财政赤字。邓小平提出"六条方针":预算归口管理;支出包干使用;自留预备费,结余不上缴;控制人员编制;动用总预备费须经中央批准;加强财政监察。

1958—1977年是波动中的预算管理阶段。其中,"大跃进"期间出现了"假结余、真赤字"的现象,随着1961年1月《关于改进财政体制、加强财政管理的报告》和《关于调整管理体制的若干暂行规定》等文件的出台,实现了上下一本账,全国一盘棋,同时将预算外资金纳入国家预算管理,加强了财政监督,严肃了财政纪律。在"文化大革命"期间,财政收支波动、多年赤字,财政投资结构畸形发展,财政投资分配比例关系失调,财政管理、财政工作机构及各种规章制度遭到破坏。

1978—2011年是我国预算深化改革阶段。改革开放以后,中国的预算管理取得了飞速的发展。中央层面进行了收支两条线改革、部门预算改革、国库集中收付制度改革、政府采购制度改革、政府收支分类改革等重要的改革。1996年,国务院发布了《关于加强预算外资金管理的决定》,明确预算外资金是财政性资金,要上缴财政专户,实行"收支两条线"管理。1999年9月,财政部出台了《关于改进2000年中央预算编制的通知》,提出编制市场经济国家所通行的部门预算,在现有预算收支分类的基础上尽可能细化。1995—2015年间,《中华人民共和国政府采购法》《政府采购货物和服务招标投标管理办法》《中华人民共和国政府采购法实施条例》相继出台或修订,进一步规范了财政资金的使用。2001年3月,《财政国库管理制度改革试点方案》明确提出建立以国库单一账户为基础、资金缴拨国库集中收付为主要形式的国库管理制度。2006年《政府收支分类改革方案》标志着我国正式实行新的政府收支分类体系。2007年,政府对预算收支分类进行了大调整,主要内容有:收支分类改为收入分类、支出功能分类、支出经济分类三部分;对政府收入进行统一分类,全面、规范、明晰地反映政府各项收入来源;采用国际通行做法,同时使用支出分类和经济分类两个方法对财政支出进行分类;建立新的政府支出功能分类,更加清晰反映政府职能活动的支出总量、结构与方向;建立新的政府支出经济分类,全面、规范地反映政府各项支出的具体用途。在地方层面,20世纪90年代,湖北省、湖南省等省份开始尝试零基预算的编制方法,并取得了一定成效。天津市积极探索新的预算管理模式,2001年提出建立一种"30个月"的标准预算周期设想,从时间序列上将预算划分为三个阶段,即"预算编制阶段""预算执行阶段"和"决算与绩效评价阶段"。

  2012年至今为预算管理阶段。这一阶段预算管理更是在制度建设、中期财政规划、预算稳定调节基金、财务报告等方面迈上了新的台阶。2014年8月,《预算法》完成了自1994年颁布以来的首次修订,将"四本预算"的多元复合预算体系上升为法律规定,并确立了全口径预算管理原则,规定"政府的全部收入和支出都应当纳入预算",力求建立一个完整、真实、准确反映政府财政收支状况的现代预算体系。2015年国务院发布了《关于实行中期财政规划管理的意见》,标志着中期财政规划改革全面启动。省级政府普遍从2015年试编三年期滚动预算,市县一级则视具体情况从2016年或2017年开始编制。财政部于2018年印发的《预算稳定调节基金管理暂行办法》中强调实施跨年度预算平衡机制,进一步规范了预算稳定调节基金的设立和使用。2018年财政部发布修订后的《政府综合财务报告编制操作指南(试行)》,标志着政府财务报告制度建设取得了重要的实质性进展。《关于推进预算绩效管理的指导意见》《预算绩效管理工作规划(2012—2015年)》《中央部门预算绩效目标管理办法》《关于贯彻落实〈中共中央国务院关于全面实施预算绩效管理的意见〉的通知》《项目支出绩效评价管理办法》等都是对绩效预算领域进行充分探索的体现。2020年8月,新修订的《中华人民共和国预算法实施条例》公布。

9.3.2 中国预算管理体系

  按照《预算法》的规定,我国政府预算体系由政府一般公共预算、政府性基金预算、国有资本经营预算和社会保险基金预算构成。

9.3.2.1 一般公共预算

一般公共预算是将以税收为主体的财政收入,安排用于保障和改善民生、推动经济社会发展、维护国家安全和维持国家机构正常运转等方面的收支预算。一般公共预算收入主要包括税收收入、行政事业性收费收入、国有资源(资产)有偿使用收入等。收入科目分为税收收入、非税收入、债务收入、转移性收入等。支出科目分为一般公共服务支出、外交支出、国防支出、公共安全支出、教育支出、科学技术支出、文化旅游体育与传媒支出、社会保障和就业支出等。

一般公共预算可以分为中央一般公共预算和地方一般公共预算。中央一般公共预算包括中央各部门(含直属单位)的预算和中央对地方的税收返还、转移支付预算。其中,中央一般公共预算收入包括中央本级收入和地方向中央的上解收入。中央一般公共预算支出包括中央本级支出、中央对地方的税收返还和转移支付。地方各级一般公共预算包括本级各部门(含直属单位)的预算和税收返还、转移支付预算。其中,地方各级一般公共预算收入包括地方本级收入、上级政府对本级政府的税收返还和转移支付、下级政府的上解收入。地方各级一般公共预算支出包括地方本级支出、对上级政府的上解支出、对下级政府的税收返还和转移支付。

9.3.2.2 政府性基金预算

政府性基金预算是将依照法律、行政法规的规定在一定期限内向特定对象征收、收取或者以其他方式筹集的资金,专项用于特定公共事业发展的收支预算。政府性基金预算的内容包括中央政府性基金和地方政府性基金。

政府性基金预算在国民经济活动中发挥重要的作用,《政府性基金管理暂行办法》中将政府性基金定位为"支持特定公共基础设施建设和公共事业发展"的"具有专项用途的财政资金"。根据财政部《政府性基金预算编制情况》,2010年纳入政府性基金预算管理的基金共43项。按收入来源划分,向社会征收的基金31项,包括铁路建设基金、民航基础设施建设基金等。其他收入来源的基金12项,包括国有土地使用权出让收入、彩票公益金、政府住房基金等。按收入归属划分,属于中央的基金9项,属于地方的基金20项,属于中央与地方共享收入的基金14项。按支出用途划分,用于公路等建设的基金9项;用于水利建设的基金 4 项;用于城市维护建设的基金 8 项;用于教育等事业发展的基金 7 项;用于移民和社会保障的基金 5 项;用于生态环境建设的基金 5 项;用于其他方面的基金 5 项。2013 年,纳入政府性基金管理的财政资金为 45 项,2015 年开始逐渐减少政府性基金项目,直至 2018 年将地方教育附加等 19 个政府性基金项目列入一般公共预算。

9.3.2.3 国有资本经营预算

国有资本经营预算是对国有资本收益作出支出安排的收支预算。国有资本经营预算收入反映各级人民政府及部门、机构履行出资人职责的企业(即一级企业)上缴的国有资本收益。国有资本经营预算支出范围除调入一般公共预算和补充社保基金外,限定用于费用性支出、资本性支出和国有企业政策性补贴等方面。

国有资本经营预算是政府代表人民以国有企业所有者资格依据相关法律法规取得经营性国有资本收入,并统筹安排资本性支出的预算制度,是中国特有的预算制度。国资预算应致力于多重目标的实现,包括实现国有资产的保值增值、推进国有经济布局与结构优化调整和增进全国人民的福祉等。

9.3.2.4 社会保险基金预算

社会保险基金预算是将社会保险缴款、一般公共预算安排和其他方式筹集的资金,专项用于社会保险的收支预算。社会保险基金预算收入主要包括企业个人缴纳的保险费、一般公共预算安排的财政补贴、用以弥补社保基金预算的收支差额和其他收入。社会保险基金预算主要反映社会保险收支总量和结构,其具体编制应由保险经办机构负责,并且由财政部门以及人力资源和社会保障部门负责审核汇总。社会保险基金预算可以按险种分为企业职工基本养老保险基金、失业保险基金、城镇职工基本医疗保险基金、工伤保险基金、生育保险基金等。

9.3.3 中国预算管理流程

公共预算流程是指国家在预算管理过程中依法定程序进行的各项工作构成的有秩序活动的总体,主要由预算编制、预算审批、预算执行、政府决算和预算监督五个环节组成。

9.3.3.1 预算编制

政府预算编制是指政府预算收支计划的预测及确定。预算编制必须符合国家有关法律法规和制度的规定，必须反映国家一定时期的宏观政策及国民经济和社会发展的要求，满足预算管理的需求。

从编制方法来看，我国较常用的收支测算方法可分为四类：定性法、时间序列法、因果分析法和模型法。定性法分为基数法和零基法两类。基数法是以报告年度预算收支的执行数或预计执行数为基础，分析影响计划年度预算收支的有利因素和不利因素，并预测这些因素对预算收支的影响程度，从而测算出计划年度预算收支数额的方法。零基法不以往年数据为基础，而是综合分析计划年度可能存在的各种影响因素，来测算预算收支指标。时间序列法是通过收集和整理需要估计的变量的历史数据，找到一定的变化规律，从而确定计划年度内该变量预测值的方法。实践中经常采用的时间序列法包括移动平均法和指数平滑法。因果分析法运用数理统计的方法，依据自变量与因变量之间的函数关系，由自变量的数值来推测因变量的数值。模型法即计量经济模型法，它通过建立计量经济模型来进行预测。

从编制时间来看，1999 年以前，我国中央各部门预算编制工作一般从 11 月开始，时长为 2 个月。2000 年，国家开始改革部门预算制度，预算编制开始时间提前到 9 月，时限延长为 4 个月。在 2001—2002 年间，预算编制起始时间继续提前，从 7 月份就开始着手编制。2004 年，预算编制则提前到 5 月份开始，时间延长为 8 个月。2020 年，《中华人民共和国预算法实施条例》修订。条例规定，财政部于每年 6 月 15 日前部署编制下一年度预算草案的具体事项，规定报表格式、编报方法、报送期限等，我国的预算编制时间稳定在 7—8 个月。

从编制主体来看，我国预算可分为部门预算和财政总预算。部门预算由各预算部门编制，是编制财政总预算的基础；财政总预算由各级财政部门编制，是各部门预算的汇总和综合。部门预算是由政府各职能部门依据国家有关法律法规及其履行职能的需要进行编制，反映部门所有收入和支出情况的综合财政计划，是政府部门履行职能和事业发展的物质基础。部门预算作为编制政府预算的一种制度和方法，由本部门及其所属各单位预算综合而成，是编制政府财政总预算的基础。部门预算的编制程序是"两上两下"，即预算部门两次将预算草案上报给财政部门,财政部门又两次返回预算的过程。"一上"是部门编报预算建议数,"一下"是财政部门下达预算控制数,"二上"是部门上报预算,"二下"是财政部门批复预算。总预算是以各级财政部门以及所属部门预算为基础,综合财政部门自身掌握的有关收支所编制的反映某一级政府收支计划的预算。财政部将中央预算、各省级财政总预算进行审核和汇编后形成全国总预算,并编制政府预算说明书,报国务院审核和全国人大审议。

9.3.3.2 预算审批

预算审查与批准是指立法机关对预算草案进行审批的过程。预算的审查和批准可以增加预算的科学性和统筹性,赋予政府预算法律效力,提高预算的公开性和透明度,强化对政府行为的约束和监督。

立法机关是审查和批准政府预算的主体。《预算法》第43条规定:中央预算由全国人民代表大会审查和批准,地方各级预算由本级人民代表大会审查和批准。《预算法》第48条规定,全国人民代表大会和地方各级人民代表大会对预算草案及其报告、预算执行情况的报告重点审查八项内容,具体为:上一年预算执行情况是否符合本级人民代表大会预算决议的要求;预算安排是否符合《预算法》的规定;预算安排是否贯彻国民经济和社会发展的方针政策,收支政策是否切实可行;重点支出和重大投资项目的预算安排是否适当;预算的编制是否完整,是否符合《预算法》第46条的规定;对下级政府的转移性支出预算是否规范、适当;预算安排举借的债务是否合法、合理,是否有偿还计划和稳定的偿还资金来源;与预算有关重要事项的说明是否清晰等。预算审查的方法主要包括听取汇报、视察调研、集中审查、召开听证会或座谈会、询问与质询、借助审计力量审查等方式。

预算审查的流程包括初审、审批、批复和备案四个阶段。初审阶段是在召开人民代表大会之前,由各级人民代表大会财政经济委员会对预算草案主要内容进行初步审查。审批阶段由各级人民代表大会对预算草案进行审查和批准。政府预算草案经同级人大批准成为具有法律效力的文件后,应由财政部门及时将此预算文件批复给各职能部门,再由各部门批复给各预算单位,以便据以执行。

9.3.3.3 预算执行

预算执行是政府组织和实施预算收支计划,并按照预算对收支情况进行监督控制、调整平衡的过程。政府预算执行的目标是将政府预算编制过程中对公共资源吸纳与配置的事前预测和决策由可能变为现实,以实现公共政策的要求。政府预算执行是整个预算周期的一个必经的重要环节,分为收支的实现与控制,收支的平衡与调整、收支的监督与检查三个主要方面。

政府预算收入的执行就是依据国家的相关法律法规、政策制度规定,在各种税源、费源预测以及既定的税率、费率基础上,把各地区、各部门、各企事业单位应缴纳财政的预算收入,及时且足额地收缴入库。收入执行中的控制任务主要体现为必须按照现行税收制度或政府收费制度,做到依法征收、依法减免、收足收实。政府预算支出的执行主要是根据年度支出预算和按季度分月用款计划,及时合理地拨付预算资金,保证经济和事业发展的资金供给。支出执行中的控制任务是通过建立预算支出执行的约束系统完成的,主要包括建立有效的预算会计和国库管理系统,建立健全、透明、高效的政府采购制度,建立科学的、有约束力的绩效评价体系以及建立全面覆盖的财政预算管理信息系统等。政府预算执行的组织系统是指为执行政府预算服务的各种组织、机构、程序、活动等构成要素的总称。这些要素共同构成了一个完整的体系,以保证政府预算的实现。我国政府预算执行的组织机构按照国家政权级次、行政区划和行政管理体制,实行"统一领导,分级管理,分工负责",主要包括授权执行机构——人民代表大会,组织领导机构——各级人民政府,具体管理机构——各级财政部门,具体执行机构——税务、海关等,以及有关银行和国家金库。预算收入的缴款方式分为直接缴库和集中汇缴两种。直接缴库是由缴款单位或缴款人按有关法律法规规定,直接将应缴收入缴入国库单一账户或财政专户。集中汇缴是由征收机关(有关法定单位)按有关法律法规规定,将应缴收入汇总缴入国库单一账户或财政专户。预算收入的报解是指在划分收入的基础上,按照规定的程序将各级预算收入的库款分别报解各级国库,相应地增加各级预算在各级国库的存款,以保证各级预算及时取得预算收入。预算收入的退付是在政策允许的范围内,将已入库的预算收入退还给原缴纳单位或缴款人,主要包括技术性差错退付、结算性退付、政策性退付、提留性退付、财政部明文规定和专项批准的其他退付项目等情况。预算收支执行的基础是国库集中收付制度。国库集中收付制度是指取消各支出部门独立开设的预算账户,由财政部门在中央银行或委托其他商业银行设立"国库单一账户",各级政府将所有的预算资金集中在该账户,同时,所有的预算支出均通过这一账户直接支付给商品供应者或劳务提供者。

预算收支的平衡是政府预算执行在年度内及年度间经历着由平衡到不平衡再达到重新平衡的一系列过程。当预算出现超收或短收时需要进行调解。预算的"超收收入"是指,年度本级一般公共预算收入的实际完成数,超过相对应的经本级人民代表大会批准的预算收入的部分。各级一般公共预算年度执行中有超收收入的,只能用于冲减赤字或者补充预算稳定调节基金。预算的"短收"是指,年度本级一般公共预算收入的实际完成数,少于相对应的经本级人民代表大会批准的预算收入的情形。预算稳定调节基金是指为实现宏观调控目标,保持年度间政府预算的衔接和稳定,各级一般公共预算设置的储备性资金。预算调整就是对已经被立法批准并授权执行的预算进行调整和变更,即随着经济、政治等环境的不断变化,在预算执行中可能出现需要增加或减少预算项目及资金的情况,从而对预算做出调整。法定预算调整的范围包括需要增加或者减少预算总支出的、需要调入预算稳定调节基金的、需要调减预算安排的重点支出数额的以及需要增加举借债务数额的等情况。

在预算执行过程中,要按照有关的法律法规和制度规定,对预算资金的集中、分配和使用过程中的各种活动加以控制,即监督检查各项预算执行单位执行预算和遵守财经纪律的情况,纠正预算执行中出现的各种偏差,使监督成为保证政府预算正确执行的有效措施。预算执行检查分析主要包含以下几个部分:党和国家的各项政策措施对预算收支的影响以及各项收支执行中贯彻政策措施的情况;国民经济和社会发展计划完成情况对预算收支的影响;检查分析国家预算收支项目的完成情况;预算收支平衡情况;对预算会计和国家金库报表的分析等。

9.3.3.4 政府决算

政府决算是按照法定程序编制的反映预算执行结果的会计报告,由决算报表和文字说明两部分构成。政府决算是在一定预算年度内,政府预算收入和支出的最终结果,也是政府的经济活动在财政上的集中表现。政府决算按级次划分,分为中央级决算和地方级决算。编制决算是制定国家经济政策的基本的资料,是系统整理和积累预算收支实际资料的重要来源,是实现民主监督的重要途径。《预算法》要求,编制决算草案,必须符合法律、行政法规,做到收支真实、数额准确、内容完整、报送及时。同时,决算草案应当与预算相对应,按预算数、调整预算数、决算数分别列出。

《预算法》第74条规定编制决算草案的具体事项,由国务院财政部门部署。一般而言,编制决算的程序主要分为五个步骤:一是由财政部门下达决算编审通知(包含方法),在下达编审通知时确定决算编制指导思想、相关制度要求,明确年终收支清理的基本要求,年终结余、结转的要求,明确编制决算报送的期限和份数。二是由各预算单位进行年终清理。在进行年终清理时按照注意事项与步骤核实年度预算数字、清理预算应收应支款项、结清结算拨借款、清理往来款项、清理财产物资、核对决算收支数。三是编制单位决算。在编制单位决算时,各单位和部门根据财政部有关决算编报办法的规定和决算表格的内容,自下而上编制,审核和汇总决算。报表数字包括预算数字、会计数字、基本数字等。各基层单位决算报表编制完成后,认真进行单位预算执行情况的总结,编写决算说明,报主管部门。主管部门编制本部门决算草案,并在规定时限内报送同级财政部门。四是编制各级总决算。财政部门在收到主管预算部门报送的汇总的单位决算后,连同总决算会计账簿的有关数字汇总编制本级政府决算草案。五是政府预算汇编。本级政府汇总下一级决算,形成总决算草案。本级决算草案报本级政府审定后,提请人大常委会审查批准。总决算和本级政府财政决算须及时报送上级财政部门备案。中央各主管部门单位的汇总单位决算,经财政部审查汇编后形成中央总决算。各省、自治区、直辖市的总决算,经财政部门审查汇编后形成地方总决算。中央总决算和地方总决算形成国家总决算。

决算审查是财政部门和主管部门对决算草案的审核分析,主要分为本单位自审、组织决算性质相同的单位联审互查和上级机关审核三种形式。决算审核分析方法一般分为就地审核、书面审核和派人到上级机关汇报审核三种,且以书面审核方法为主。审查主体对决算内容的审核,主要包括收入方面是否完整,支出方面是否有虚假列支,结转结余方面是否合规,资金运用方面尤其是大额提现是否合规以及数字勾稽关系是否准确合理,决算填报是否完整及时等。《预算法》第 79 条规定,县级以上各级人民代表大会常务委员会和乡、民族乡、镇人民代表大会对本级决算草案,重点审查的内容包括:预算收入情况;支出政策实施情况和重点支出、重大投资项目资金的使用及绩效情况;结转资金的使用情况;资金结余情况;本级预算调整及执行情况;财政转移支付安排执行情况;经批准举借债务的规模、结构、使用、偿还等情况;本级预算周转金规模和使用情况;本级预备费使用情况;超收收入安排情况,预算稳定调节基金的规模和使用情况;等等。

9.3.3.5 预算监督

预算监督是政府预算过程中的重要内容,贯穿预算过程的始终。预算监督是指对预算编制、执行、决算和评价等过程进行的监督,其目的是保证政府预算的严肃性,提高预算编制和执行的效率及效益,实现政府预算的政策目标。

政府预算监督是指在预算的全过程中,对预算主体筹集和使用预算资金等业务活动依法进行的检查、督促和制约,是政府预算管理的重要组成部分。政府预算监督可以划分为立法机关监督、财政部门监督、审计部门监督、社会中介机构监督、社会舆论监督和司法监督等。

在公共预算不断改革优化的过程中,预算联网监督是完善现代预算管理的关键内容和重要举措。预算联网监督是指利用互联网信息技术和大数据方法,以国库集中支付系统为核心,将人大、财政、审计以及各收支执行单位进行联网,创建实时监控软件系统,并适当对社会公众开放相应端口,实现全民、全过程、全口径的政府预决算审查监管网,形成政府预算监管"一张网"的架构体系[1]。通过预算联网监督,每笔政府预算资金最终流向何处,花费在哪件事情哪个人上面,是否达到了预期效果,公众都可以了解到。预算联网监督的本质就是充分利用互联网、5G 和大数据等现代信息化手段,依托国库集中支付系统,将政府农业、文教等预算执行部门和财政、审计等监督部门进行联网,整合与分析有关数据资源,以动态方式对财政预算资金进行全方位监控。按照现代预算

---

[1] 王银梅,耿铭尧,吴长琴.建立预算联网实时监控系统提升预算执行效率[J].财政监督,2018(18).

管理体制和现代国库管理体系的建设要求,以实现预算的完整性、科学性、透明性为主要目的,预算联网监督不仅能有效促进预算执行进度,提升预算执行效率,还能进一步增加政府透明度,扩大公众的知情权,使公众能够及时掌握政府预算资金的运用情况。

复习思考题

1. 如何理解预算的概念?
2. 公共预算应该以政治为导向还是以经济为导向?
3. 零基预算的优缺点是什么?
4. 中国预算管理体系构成要素有哪些?
5. 中国预算管理流程包括哪些环节?

第 10 章 公共数据管理

■ **本章学习要点**

- 公共数据管理的概念与原则
- 公共数据管理的内容
- 公共数据管理的实践
- 我国公共数据管理的问题与对策

10.1 公共数据管理概述

10.1.1 公共数据管理的内涵

10.1.1.1 公共数据的概念

随着数字技术的飞速发展,公共数据已经成为国家治理体系和治理能力现代化的重要基础。现行法律规范主要以"政府数据""政务数据"作为关键概念,对数据的共享、开放、利用、安全保障等问题进行讨论,然而这些概念并不能完全涵盖涉及所有社会公共部门信息的"公共数据"。究竟什么是公共数据?这是我们进入公共数据管理这一领域需要直面的首要问题。

目前学界对公共数据没有一个统一的界定。有学者直接将公共数据等同于政府数据、政务数据,认为它们都是一种具有经济、政治、社会价值的公共资源[①]。有学者则认为公共数据所界定的范围大于政务数据,政务数据仅指公

---

① 商希雪. 政府数据开放中数据收益权制度的建构[J]. 华东政法大学学报,2021(4).

数据中由政府部门保存和管理的数据,公共数据则属于由国家或者地方自治团体所控制和管理的资源,故将公共数据界定为"全部或者部分使用财政性资金的国家机关、事业单位、团体组织及科研机构等公共机构在依法履行公共职能过程中生成、采集的,以一定形式记录、保存的各类数据资源"[1]。也有学者认为,公共数据包括政府部门委托授权特定私营部门或个体行使特定公共职能过程中收集的数据,以及在公共属性的领域或空间中,并非依赖政府职责产生的、涉及公共利益的数据[2]。还有学者尝试从公共性和内容出发,认为公共数据除了政务数据以外,还包括与民生息息相关的医疗数据、交通数据及电力数据,与经济生活紧密相关的交易数据等,进而在公共利益、公共资源等广义层面讨论公共数据[3]。

地方政府立法实践中尝试对公共数据概念或范围进行界定。其中,最早采用公共数据概念的是浙江省人民政府 2017 年出台的《浙江省公共数据和电子政务管理办法》,该规章将"公共数据"界定为各级行政机关以及具有公共管理和服务职能的事业单位,在依法履行职责过程中获得的各类数据资源。上海市、广东省、北京市、江苏省等地方政府也相继出台公共数据管理办法,划定不同的公共数据范围[4]。从国内现行立法来看,地方政府大多以政务数据界定公共数据范围,除此之外,也尝试通过"参照适用"的方式,将其他主体控制的数据纳入公共数据范围。

综上所述,所谓公共数据,是包含广泛内容的数据类型,它是指国家机关、法律法规规章授权的具有管理公共事务职能的组织以及供水、供电、供气、公共交通等公共服务运营单位(以下统称公共管理和服务机构),在依法履行职责或者提供公共服务过程中收集、产生和制作的,以一定形式记录、保存的各类数据资源,具有公共物品属性,能为全体社会公众共同拥有和利用。公共数据虽与政府信息、政务信息、政府数据有着千丝万缕的联系,但并不等同于其中某一概念,而是具有更广范围的含义。

---

[1] 黄尹旭.论国家与公共数据的法律关系[J].北京航空航天大学学报(社会科学版),2021(3).
[2] 马颜昕.论公共数据的范围[J].行政法学研究,2024(4).
[3] 吕廷君.政府数据开放的法治思维[J].理论探索,2017(4).
[4] 参见以下规定:《上海市公共数据和一网通办管理办法》第三、五十八、五十九条;《吉林省公共数据和一网通办管理办法(试行)》第三、五十一、五十二条;《广东省公共数据管理办法》第二、三、五十六条;《北京市公共数据管理办法》第二、三条;《江苏省公共数据管理办法》第二、六十三条等。

10.1.1.2 公共数据管理的概念

21世纪,数据是重要的战略性资源和生产要素,谁掌握了大数据谁就掌握了主动权。但是,数据是"死的",只有将其"活化"之后它才具有真正的资源意义。因此,如何加强对数据及数据活动的管理,确保数据开发与利用的科学性、实用性、高效性,是一个值得认真探讨的问题。

数据管理这一概念最初源于企业,是指企业对数据资产的治理。产业界对数据管理的定义体现了不同管理维度的需求,如表10-1所示。国际标准化组织(ISO)更多地从技术层面对数据管理进行定义,认为数据管理是IT管理的一部分;国际数据管理协会认为,数据治理是数据管理的高层次执行;国际数据治理研究所(DGI)和Gartner公司认为,数据管理要实现的是支持决策的功能;IBM认为数据管理是对数据全生命周期的管理;中国银行保险监督管理委员会认为,数据管理更侧重于从组织管理层面进行管理,充分发挥数据价值;中国软件测评中心认为,数据管理具有综合性、复杂性和长期性特点。

表10-1 数据管理概念的定义

组织/机构	数据管理概念
国际标准化组织	数据管理是IT管理的一个子集或子域,通过持续地评价、指导和监督,平衡数据技术及其流程中的风险和收益,实现企业管理目标
国际数据管理协会	数据治理是数据管理的核心,是对数据资产行使权利和控制的活动集合,指导所有其他数据管理功能的执行,在更高层次执行数据管理
国际数据治理研究所	数据管理是对数据相关事项做出决策和行使职权的活动,具体定义为一套信息相关过程的决策与问责体系,根据商定的模型执行。这些模型描述了谁可以根据什么信息,在什么时间和情况下,用什么方法,采取什么样的行动
Gartner	数据管理是一套决策权规范和问责框架,以确保数据和分析在评估、创建、使用及控制过程中的适当行为
IBM	数据管理是对企业中数据可用性、相关性、完整性和安全性的整体管理,以帮助企业管理其信息知识并理解数据
中国银行保险监督管理委员会	数据管理是指银行业金融机构通过建立组织架构,明确董事会、监事会、高级管理层及内设部门等的职责要求,制定和实施系统化的制度、流程和方法,确保数据统一管理、高效运行,并在经营管理中充分发挥价值的动态过程

（续表）

组织/机构	数据管理概念
中国软件测评中心	数据管理是多元管理主体以数据生产要素为对象,以释放数据价值为目标,以守住数据安全为底线,以建立健全数据全生命周期秩序规则为核心,以推动数据有序管理和流转为主要活动,以强化数据管理技术手段为支撑的一系列活动

综上所述,所谓数据管理就是为了实现某种利益目标对数据资源所实施的管理,它包括对数据所进行的搜集、整理、加工、存储、揭示、检索、流通、控制,为需求者提供服务并使其有效利用的一系列实务活动。因此,公共数据管理是指公共事务管理人员依据一定的管理目标和要求,搜集、整理、加工、存储、揭示、检索、传递、利用公共数据,为公共事务管理机构和广大社会公众服务的一系列信息实务活动。

尽管各类公共管理和服务机构的性质和规模存在差异,其从事公共管理和服务的目标内容与要求也不尽相同,但总体而言,不同主体开展的公共数据管理活动存在以下共同特点:

（1）针对性。公共数据是公共事务管理的对象,作为公共事务管理基础的公共数据管理,必须从公共事务管理的实际需要出发,根据公共事务管理机构的管理目标和管理要求,有计划、有目的地开展工作。

（2）多元性。无论从理论还是从实践来看,公共数据管理与公共事务管理之间都存在着密切的联系。事实上,在各类公共管理和服务机构中,公共数据管理并不像其他专门工作那样相对独立,一般都伴生于各种公共事务管理活动中,因此,公共数据管理具有多元性特征。

（3）动态性。公共事务管理的社会环境总是在不断变化,这就意味着公共数据管理需要能够敏捷地掌握公共事务和公共管理系统发展变化的势态,为公共管理提供快速、及时的数据服务,具有一定的动态性。俗话说,机不可失,时不再来。有的公共数据,只有在一定的时间范围内才具有较高价值,过后则会大大贬值,甚至一文不值。

（4）服务性。公共数据管理作为搜集、处理和传递各种公共数据,服务于公共事务管理机构和广大社会公众的一系列数据实务活动,具有明确的服务性特征。这种服务性具体体现在通过搜集、处理和传递各种公共数据,直接为公共事务管理机构的具体管理活动提供数据保证,并为公共事务管理机构的领导者提供管理决策的数据支持及为管理绩效评价提供数据依据。

10.1.2 公共数据管理的意义

数据要素具有一定的经济属性和社会属性。公共数据具有非竞争性使用的基本特征,所以当数据被多个人使用并用于不同目的时,不仅不会减少每个数据使用者的数据使用价值,甚至还能增加社会总价值。公共数据的非竞争性和零边际成本的内在特性决定了数据开放共享和接入再用的重要性和必要性,数据的多人应用和多场景应用会有助于最大化挖掘数据要素的价值。公共数据管理是指为高效发挥数据价值、达到治理能力现代化的目标,以政府为主导、社会多元主体共同负责,运用各种可行手段对重要数据资源的生命周期进行治理的全过程。公共数据管理的意义主要体现在以下几方面。

第一,公共数据管理是数字政府建设的出发点和落脚点。

党的十八大报告提出:"建设职能科学、结构优化、廉洁高效、人民满意的服务型政府。"公共数据管理在释放数据潜在价值的同时,有助于加速数字政府建设,实现服务型政府的目标。一方面,它有助于促进政府间信息共享,扭转条块分割管理的思路,打破数据壁垒,从而解决当前政府部门内部数据各自为营、信息孤岛等问题。另一方面,加快政府数字化转型,提高基层政府治理能力,通过数据管理实现公共服务的精准供给,进一步推动电子政务、数字政府和智慧城市的建设,加快实现基层政府由"管制型"向"服务型"转变,从而推动中国经济高质量发展。

第二,公共数据管理是网络空间安全和国家安全的重要保障。

一方面,公共数据促进网络安全提升。通过大数据技术对互联网流通数据、国家安全部门数据、政府部门数据等数据进行挖掘分析,为国家安全提供重要的支撑和保障。另一方面,信息网络空间的可知、可管、可控是大数据安全的根本保证。安全的网络保护着数据的安全。公共数据和网络安全相互依存、相互促进。

第三,公共数据管理引领国家治理大变革。

公共数据管理是国家治理体系和治理能力现代化的迫切需要。公共数据管理能够重塑城市治理模式,带来技术、应用的变革以及思维模式、行为模式的创新,使得治理模式呈现出网络化、数字化、扁平化、快捷化的特征,加快提升政府工作的效率和水平。公共数据管理能够提高政府服务效能,利用大数据可以进一步了解、挖掘城市居民的需求,提供更加全面具体、精准有效的公共服务,成为政府改善民生、服务群众的有效手段,使得政府向市民提供方便、精准和快捷的民生服务保障成为可能。公共数据管理的目标就是在确保信息安全的前提下,实现公共数据最大限度共享,提高公共数据开发利用水平,促进政务数字化发展,提高公共管理能力和服务质量。

10.1.3 公共数据管理的原则

在公共数据管理活动中,要实现公共数据的价值,发挥公共数据的作用,必须遵循以下基本原则。

10.1.3.1 准确性原则

公共数据的生命力和效能在于它能真实准确地反映公共事务与公共管理系统存在状态和运动变化特性。具体来说,公共数据管理工作的准确性原则有两层含义:一是指搜集公共数据力求反映社会公共事务和公共管理系统的全貌和本质,做到内容翔实、表述准确,不能以偏概全。二是指加工处理公共数据要精准。公共数据的内容复杂,形式多样,来源不一,这样的公共数据不免标准不一,良莠兼备,因而在公共数据加工处理分析的过程中,应以准确为标准,分清良莠,剔除虚假数据,以保证公共数据内容的准确性和有用性。

10.1.3.2 时效性原则

公共数据管理工作具有时间效益特性,主要表现在:首先,公共数据本身具有时效性,有的数据只在一定时间内可产生效果,时机一过就会大大贬值,甚至没有价值。因此,公共数据管理工作要有时间紧迫感,要为公共事务管理机构与广大社会公众及时提供各种有用的数据。其次,现代社会快节奏发展使组织环境变得越来越复杂,这就要求公共数据管理者不仅要紧跟时代步伐,而且必须放眼未来、预测趋势、发现机会,掌握公共数据管理活动的时间主动权,以便获得更好的公共数据管理工作效益。

10.1.3.3 适用性原则

所谓适用性原则,是指公共数据管理工作要适应公共事务管理的实际需要。首先,公共数据管理工作是一项伴生于公共事务中的具体活动,它对公共事务发展起着促进作用,但反过来又受到其他工作的制约,即它只有为公共事务管理搜集和提供适用的数据,才能在基本层面上表明存在和发展的实际意义与作用。其次,公共数据管理工作是一种服务性活动,直接服务于公共事务管理活动。因此,公共数据管理工作应始终坚持适用性原则,围绕公共事务开展,一切从实际出发,有效地从事各种公共数据活动。

10.1.3.4 规范性原则

所谓规范性原则,就是要求公共数据管理按照一定的规范来进行。这些规范主要包括:第一,科学规范,即公共数据管理应符合科学规律,按照数据科学和公共管理科学的理论和方法来进行。第二,技术规范,即公共数据管理应符合一定的技术规范,按照数据管理技术标准和技术程序来进行。第三,道德规范,即公共数据管理应符合社会道德的一般要求和职业道德的特殊要求。第四,政策和法律规范,即公共数据管理应按政府部门和公共事务管理机构所制定的公共数据政策和数据法规来进行。

10.2 公共数据管理的内容

10.2.1 公共数据采集与存储

10.2.1.1 公共数据采集

公共数据采集是公共数据管理的起点。采集的数据数量越多、质量越高,则可提取的有用数据也越多。公共数据采集是指根据数据采集主体的需求,明确采集数据的目的、范围、方式、格式和流程,从外部信息源或信息载体中依法选择、采出、提取非结构化数据并加以聚合和集中,按照相关技术标准进行数字化和结构化处理的过程。

公共数据来源众多,包括个人数据源、机构数据源、文献数据源、新闻媒体数据源、数据库数据源、网络数据源和实物数据源等。公共数据采集的渠道包括:

（1）政府部门。政府部门是公共数据采集的重要渠道，其在工作过程中掌握了大量的公共数据，包括各类行文、公共管理机构的管理水平、公共管理人员的调配和安排等。

（2）传统媒体。即广播、电视、报纸等传统媒体的公开报道以及其内部参考、内部稿件、内部摄像等采集数据，有利于及时、全面地获取信息。

（3）互联网。一是通过网络媒体获取信息，二是借助网络采集工具采集相关数据，有利于获取数量巨大的数据。

（4）人际交流。即通过个人交往、聚会、闲聊等非正式渠道获取数据，有利于获取未曾公开发表的数据。

（5）社会活动。即通过参与各类群众性集会、公益活动、学术研讨会、文化娱乐活动等方式采集数据。

（6）信息机构。即通过专门的情报信息机构，如咨询机构、顾问机构、研究机构采集数据。其作为专门从事信息咨询服务的机构，在某一领域内掌握着大量的公共数据，并拥有专门的数据获取渠道。

10.2.1.2 公共数据的存储

公共数据存储指的是将公共数据按照一定的组织体系和组织方法集中地记录在相应的数据载体上，并按照其特征和内容进行分级分类，以形成完善的公共数据集合体的过程。根据公共数据类型、规模、用途、安全等级和重要程度等因素，应当选择不同的存储介质和存储方式。公共数据的存储过程，一般包括以下几个步骤：

（1）登记。这一步骤主要是对将要存储的公共数据进行登记，构建公共数据资源目录，以及时反映公共数据的存储情况和动态，利于公共管理和服务机构了解公共数据存储的整体情况；及时记录公共数据的基本信息，为统计、审核、汇总公共数据提供依据，有利于发现和剔除重复数据，明确各单位的数据采集职责，避免重复采集、多头采集现象的发生。

（2）分类和分级。公共数据分类指的是根据公共数据的属性或特征，遵循科学性原则、扩展性原则和关联性原则进行区分和归类，以便公共管理机构有效存储、管理和使用公共数据。公共数据分级指的是遵循自主定级原则、就高从严原则、综合判定原则和分级管控原则对分类后的数据进行安全定级，有利于为数据全生命周期管理的安全策略制定提供支撑。

（3）存放。公共数据存放指的是以任何数字格式进行物理存储或云存储的阶段。公共数据可以存放于磁带、硬盘、U盘、光盘、存储卡等设备中，也可将基础数据库、主题数据库、专题数据库统一存放于公共数据云平台上。公共数据存放还须注意做好容灾备份，避免意外断电、系统崩溃、人为操作失误、硬件损坏等各类原因造成的数据损失。

（4）封存和销毁。这一步骤指的是根据法律合规、业务、技术等各方面需求，封存或销毁历史数据，从而达到提升数据质量、维护数据主体权益、节省数据成本的目的。需要封存或销毁的历史数据主要包括以下三类：①突发事件应对期间采集的涉及国家秘密、商业秘密和个人隐私的公共数据；②错误或侵害数据主体合法权益的公共数据、本单位或者本人的数据[①]；③超过保存期限的数据，例如《征信业管理条例》第三章第十六条规定征信机构对个人不良信息的保存期限，自不良行为或者事件终止之日起为5年，超过5年的，应当予以删除。

10.2.2 公共数据共享与开放

10.2.2.1 公共数据共享

公共数据共享指的是公共管理和服务机构因履行职责需要使用其他机构的数据或者为其他机构提供数据的行为，是公共管理和服务机构流通公共数据的重要途径。公共数据共享主要通过公共数据平台完成，因此要求各个机构的数据先汇聚于统一的公共数据平台，再由有数据需求的机构采用请求响应的调用服务方式申请共享公共数据，如需采用拷贝数据或其他方式使用的，则应征得同级公共数据和电子政务工作机构的同意。

公共数据可以通过以下三种模式实现共享[②]：

（1）直通模式：共享数据使用方通过公共数据共享平台进行数据资源的检索，向公共数据共享平台提出访问申请。公共数据共享平台对数据访问申请进

---

① 参见《广东省公共数据管理办法》第八章第四十二条的规定。
② 国家标准化管理委员会.信息安全技术 政务信息共享 数据安全技术要求：GB/T 39477—2020[S].北京：中国标准出版社，2020.

行审核,审核通过后,由公共数据共享平台完成授权或者由共享数据提供方完成授权,资源数据直接从共享数据提供方处传递到共享数据使用方(见图10-1)。这一模式能够实现公共管理和服务机构之间的点对点共享,流程简单,但当涉及多部门之间的共享时,则易增加管理和协调成本,不利于保障公共数据的持续性供应。

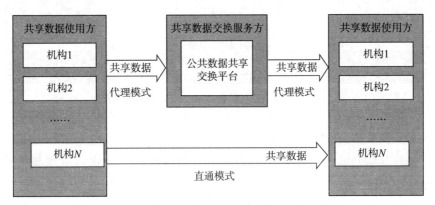

图10-1 公共数据共享交换直通模式和代理模式

(2)代理模式:共享数据使用方通过公共数据共享平台进行数据资源的检索,向公共数据共享平台提出访问申请。公共数据共享平台对数据访问申请进行审核,审核通过后,由公共数据共享平台完成授权或者由共享数据提供方完成授权,共享数据提供方将所需数据传递至公共数据共享平台的数据交换系统,之后再由公共数据共享平台传递至共享数据使用方(见图10-1)。在这一模式下,公共数据共享中心并不参与共享数据的加工、处理等工作,数据仅在必要情况下在平台中临时缓存,交换完成后缓存数据即被清除。

(3)服务模式:公共数据共享平台从各共享数据提供方处收集授权的公共数据后,将之按照统一的标准进行处理,形成各类基础库、主题库。共享数据使用方通过公共数据共享平台进行数据资源的检索,向公共数据共享平台提出访问申请,之后由公共数据共享平台对申请进行审核,审核通过后,共享数据使用方可以通过授权的访问方式从公共数据共享平台获取公共数据(见图10-2)。这一模式下,公共数据共享中心承担公共数据的加工、处理等工作,有利于实现对公共数据的动态管理,提升公共数据共享的效率和质量。

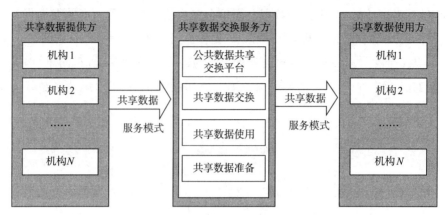

图 10-2　公共数据共享交换服务模式

10.2.2.2　公共数据的开放

公共数据开放指的是除涉及国家机密、隐私等数据外,公共管理和服务机构面向社会提供具备原始性、可机器读取、可供社会化利用的数据集的公共服务[①]。这一类型的数据集相较于已加工和解读的信息,要具有更大的再利用和分析空间,将这些数据最大限度地开放出来,交由社会中的各个主体进行分析和利用,有利于最大限度地释放数据能量,并通过社会主体的创新力量创造经济和社会价值[②]。

公共数据开放需要遵循以下六项原则:

(1) 合法性原则。公共数据开放的全过程都应该遵循现有的法律、法规、规章。法律、法规、规章以及国家规定要求开放或者规定可以开放的,应当开放;未明确开放的,应当安全有序开放;禁止开放的,不得开放。

(2) 平等性原则。公共数据开放不应具有歧视性,任何人只要是以合法使用为目的,都应享有同等的获取和利用公共数据的权利。公共管理和服务机构应通过多种途径开放数据、提供多种格式的数据,同时不设置浏览、下载、使用的门槛,保障任何人均享有获取和利用政府数据的机会[③]。

---

① 参见《浙江省公共数据开放与安全管理暂行办法》第一章第二条。
② 郑磊. 开放不等于公开、共享和交易:政府数据开放与相近概念的界定与辨析[J]. 南京社会科学,2018(9).
③ 焦海洋. 中国政府数据开放应遵循的原则探析[J]. 图书情报工作,2017(15).

(3)及时性原则。数据资源具有时效性,公共数据的开放时间会影响其使用价值。公共管理和服务机构应及时公开和提供公共数据,更新和修正已经开放的数据,从而提升公共数据的使用价值,实现对数据资源的有效配置。

(4)可获取性原则。公共管理和服务机构应通过多种方式开放数据,简化优化数据获取的流程,使数据使用者能够更为便捷地获取公共数据。同时,政府可采用宣传引导的方式,积极营造全社会广泛参与和开发利用公共数据的良好氛围。

(5)可利用性原则。授权开放的数据应当能够被数据获取方利用,且这些数据应当是便于被利用的。首先,开放数据的过程中不应对数据的使用施加限制,例如在数据读取的过程中设置密码或是增加使用申请的环节。其次,数据格式应当是可机器读取的标准格式,便于数据的开发利用[1]。

(6)安全性原则。这一原则指的是借助法律手段、技术手段保障公共数据的安全,避免公共数据遗失、泄露、损毁、变更等情况的发生。维护公共数据安全有利于保障数据主体的合法权益,也有利于公共数据的持续开放和公共数据价值的进一步挖掘。

10.2.3 公共数据开发与利用

公共数据开发与利用是公共管理和服务机构、企业、其他社会组织与个人有意识地利用政务信息资源实现自身的需求、解决实际问题的过程。具体而言,它是指利用主体运用一系列技术手段,对公共数据资源进行必要的提炼、加工,提升数据质量,有效挖掘公共数据价值的过程。

根据公共数据资源利用的主体及其信息需求的不同,公共数据资源的利用可划分为以下几个层次:一是社会利用,即公共数据资源进入社会生产力系统,成为一种生产要素,在社会各个领域中发挥其价值。二是组织利用。机构组织内部根据数据流动方式和数据需求特点划分成不同的管理层次,而不同的管理层次在利用信息的过程中也形成了自己的特色。组织内部的领导层、中间协调层和执行层分别需要不同的信息,这些信息在三个层次间循环流动,这种流动

---

[1] 参见《公共信息资源开放试点工作方案》。

既增强了组织结构的稳定性,也提高了组织机构利用数据资源的效率。三是个体利用,即公众个人利用公共数据的行为。这种行为因人而异,但拥有共同的公共数据需求意识。

为保障公共数据有效开发利用,可采取如下保障措施①:

1. 明确数据产权

在数字经济中,数据是第一生产要素,也是数字企业最重要的资产。"数据权属"问题不仅影响数据开发利用和数据市场交易,而且也影响数字经济的创新发展。因此,数据确权对数据要素市场交易和个人隐私保护有着重要意义,是数据市场建设和促进数字经济创新发展的重要的基础性制度问题。

2. 扩大数据来源

扩大数据来源有利于提升数据质量。一方面,应当充分调动政府以外的其他社会主体的积极性,鼓励其对现有公共数据集进行补充,并将之纳入现有的数据库中或建立新的数据库,使公共数据拥有更为广泛的数据源。另一方面,在扩大数据来源的同时,要保证数据质量,使其具有真实性、时效性等属性,提升其可用性。

3. 保障数据安全

首先,在公共数据开发利用的源头方面,应对公共数据进行分级分类管理,重点保护涉及个人隐私、企业秘密和国家秘密的敏感数据,同时对原始公共数据进行脱敏处理,保护个人、企业和国家的安全。其次,借助区块链等数字技术,保障公共数据开发利用全过程的完整性、准确性和可追溯性。最后,建立健全公共数据安全应急处理机制,针对不同类型的数据安全事件制订应急预案,最大限度降低公共数据安全事件带来的负面影响。

4. 激发社会活力

仅仅依靠公共管理和服务机构难以最大限度地释放公共数据的价值,因此,鼓励企事业单位、社会组织和广大社会公众积极开发、利用公共数据,有利于释放公共数据最大价值,带来经济和社会效益。主要可以通过优化公共数据

---

① 孟显印,杨超. 我国开放政府数据应用开发的现状与问题——基于开放政府数据平台的分析[J]. 情报杂志,2020(3).

开发利用环境、设置专项竞赛等方式,鼓励企事业单位、社会组织和个人参与探索开展数据开放创新应用,从而激发社会活力,推动数字经济高质量发展。

10.3 公共数据的隐私和安全

10.3.1 公共数据隐私保护

10.3.1.1 公共数据隐私保护的内涵

隐私是一种与世界隔离和对抗的个人权利概念[①]。最早从权利层面关注隐私的是美国的布兰代斯等人,他们基于自身的生存体验和法律思考,于1890年出版《隐私权》一书,将隐私权视为"不受打扰的权利"[②]。在网络尚未流行的时候,公共空间和私人空间的界限相对清晰,通过分隔公共空间和私人空间,人们可以有效地控制自己的隐私。然而,随着大数据时代的到来,公共空间和私人空间之间原本清晰的边界逐渐模糊,人们的隐私可能通过各种渠道被泄露,导致隐私权受到侵害[③]。

公共数据隐私保护是指采取相应的措施防止个人数据被跟踪、暴露,并确保存储的敏感数据不被泄露。其核心在于最大限度地降低隐私数据泄露的风险,保护个人隐私免受窃取、篡改和未经授权的公开,同时也需要兼顾数据的可用性,实现数据可用性和隐私保护之间的良好平衡。公共数据隐私保护应遵循权责一致、目的明确、选择同意、最少够用、公开透明、确保安全、主体参与七项基本原则。

10.3.1.2 公共数据的隐私风险表现及原因

公共数据的隐私风险存在于公共数据管理的全生命周期中,采集、存储、共享、开放、开发、利用等各个环节都面临着不同类型的隐私风险。

1. 公共数据采集和存储过程中的隐私风险

第一,安全意识不足。数据主体对数据隐私风险的安全意识不足是导致隐

[①] 余成峰. 信息隐私权的宪法时刻:规范基础与体系重构[J]. 中外法学,2021(1).
[②] 路易斯·D. 布兰代斯,等. 隐私权[M].宦盛奎,译. 北京:北京大学出版社,2014:3,6-7.
[③] 董淑芬,李志祥. 大数据时代信息共享与隐私保护的冲突与平衡[J]. 南京社会科学,2021(5).

私被泄露的一项重要原因,具体表现在两个方面:一是数据主体主动披露隐私数据,即主动在社交平台分享个人信息或他人隐私,致使隐私风险事件的发生;二是数据主体被动泄露隐私数据,即为享受平台提供的服务,在未认真阅读相关声明、协议的情况下,同意平台获取、留存和处理隐私数据,致使隐私风险事件的发生。

第二,违规采集数据。主要包括以下四类行为:一是各类 App 或服务平台未公开数据收集使用规则或未在收集使用规则中明确收集使用个人信息的目的、方式和范围;二是各类 App 或服务平台未按法律规定提供删除或更正个人信息功能;三是数据采集方在未经数据主体同意的情况下采集相关数据;四是数据采集方违反必要原则,采集与其提供的服务无关的数据等[①]。

第三,内部违规泄露。数据作为重要的生产要素,具有较大的潜在价值,因此,内部工作人员为获取利益,可能会出现主动泄露、贩卖隐私数据或滥用职权查询隐私数据等行为。内部工作人员的隐私风险防控能力较差、安全保密意识薄弱和风险管理经验欠缺以及系统故障等情况可能会导致隐私风险事件的发生[②]。

第四,外部窃取数据。主要包括三类行为:一是借助数字技术盗取已经存储在数据库内的数据;二是通过直接窃取磁带、硬盘、U 盘、光盘、存储卡等存储设备的方式获取数据;三是通过窃听、监视以及各类欺骗手段获取相关数据等。

2. 公共数据共享和开放过程中的隐私风险

第一,隐私界限不明。我国现有法律体系中缺少对隐私权的专项立法,对隐私数据的界定缺乏统一的标准和依据,导致难以判定数据共享和开放的范围和边界。一些公共数据虽无法直接识别出确切的个体信息,但有可能可以通过和其他开放数据结合进行再分析从而锁定确切的个体[③],侵犯数据主体的隐私权。

第二,数据脱敏不足。数据脱敏指的是通过数据变形方式对公共数据中涉及隐私的部分(例如姓名、身份证号码、电话号码等信息)进行处理,降低数据的

---

① 参见《App 违法违规收集使用个人信息行为认定方法》。
② 李志新. 国内政府数据开放研究综述:2013—2016[J]. 情报杂志,2017(7).
③ 邹东升. 政府开放数据和个人隐私保护:加拿大的例证[J]. 中国行政管理,2018(6).

敏感程度,尽可能减少数据泄露造成的危害[①]。而脱敏不足指的是对敏感数据的变形尚未达到将敏感数据的身份识别性降低,未能有效达到保护个人隐私的目的[②]。

3. 公共数据开发和利用过程中的隐私风险

过度开发利用公共数据是指对数据的开发超出范围,违背了原本的开发目的。主要包括三种情况:第一种是公共数据被直接应用于已被批准的目的以外的其他目的;第二种是将公共数据与其他数据集进行聚合分析之后应用于已被批准的目的以外的其他目的;第三种是公共数据被未经授权的机构使用。对于数据来说,其使用的目的越多,则产生隐私风险的概率越高。过度利用公共数据会给数据主体带来隐私风险,威胁数据主体的权益。

10.3.1.3 公共数据隐私保护的措施

1. 加强隐私评估

隐私影响评估(Privacy Impact Assessment,PIA)是政府应对隐私风险和实现隐私保护目标的重要政策工具,主要是用于评估项目、政策、方案、服务、产品或其他活动对隐私的潜在影响,从而采取必要的补救行动以减少或避免负面影响[③]。为加强隐私影响评估,首先建立符合本国国情的隐私评估指南,拟定隐私评估的标准、指标、原则以及成效检测等,为隐私影响评估明确方向;其次需要建立专门的隐私评估机构,并赋予其制定和调整隐私影响评估相关政策、强制执行隐私影响评估等权力;最后需要将隐私影响评估视作隐私风险管理的有机组成部分而纳入隐私风险管理体系,最大程度地发挥隐私影响评估工具对于隐私保护的功能价值。

2. 提升安全意识

一方面要提升公共服务和管理机构工作人员的安全意识,加强对工作人员隐私保护意识和技能的培训工作,同时加强监管,对造成隐私风险的责任主体进行追责;另一方面要提升数据主体的安全意识,通过宣传等方式转变社会公

---

① 王卓,刘国伟,王岩,等. 数据脱敏技术发展现状及趋势研究[J]. 信息通信技术与政策,2020(4).
② 吴钟灿. 政府数据开放中的隐私风险:类型、成因与治理策略[J]. 贵州省党校学报,2021(5).
③ D. WRIGHT. The state of the art in privacy impact assessment[J]. Computer law & security review,2012(1).

众对隐私保护的认识和态度,提升公众隐私保护意识,避免基因、指纹、虹膜等个人生物识别信息和身份证、护照、驾驶证等个人身份信息的主动泄露,同时提升社会公众对隐私条款的识别能力,避免个人将隐私数据随意授权造成的风险。

3. 处理隐私数据

主要包括对涉及个人隐私的数据进行清洗、筛选和脱敏,避免敏感数据带来的隐私风险。在对数据进行处理的过程中,明确数据清洗、脱敏的边界和流程,尽可能避免数据失真、数据损毁等情况,保证数据的准确性和完整性,保留原始数据的业务价值和技术价值。

4. 加强数据监管

隐私监管是一项复杂的系统性任务,需要多方主体共同协作完成。第一,完善多元主体参与的隐私监管渠道,保证多方主体参与政府数据开放隐私监管的需求和渠道畅通。第二,强化隐私监管机构的监管责任意识,提升隐私风险防控能力和监管效能,形成数据开放隐私保护的内部监管。第三,建立专门的数据开放监管制度。通过监管制度,形成完整的数据开放隐私保护的制度监管、外部监管、内部监管体系[①]。

5. 加强系统保护

加强安全基础设施的建设,有利于维护隐私安全。一是建立数据存储机构防火墙,利用防火墙对病毒攻击等外部入侵进行预警和处理,从而维护数据安全。二是提高平台和网站的安全性,利用新技术不断加固平台、机构网站的安全级别,为数据安全提供有力屏障。三要对数据开放平台以及相关基础设施进行安全评级,对存在安全隐患的数据开放平台进行整改。

10.3.2 公共数据安全管理

10.3.2.1 公共数据安全管理的内涵

公共数据管理的关键在于推动公共数据自由安全地流动,以便各个主体借助技术手段对公共数据进行分析和挖掘,最大限度地释放公共数据的价值,而

---

① 吴钟灿. 政府数据开放中的隐私风险:类型、成因与治理策略[J]. 贵州省党校学报,2021(5).

公共数据安全管理的目的就是确保公共数据密集流通过程中的安全。狭义的公共数据安全管理即为保障公共数据自身的安全,广义的公共数据安全管理在保障公共数据自身安全的基础上还包括保障公共数据利用安全。

10.3.2.2 公共数据安全的基本属性

1. 保密性

保密性(Confidentiality),又称机密性,指的是数据不泄露给未授权的个人、实体、进程,或不被其利用的特性。保密性包括对数据内容的保密和对数据状态的保密。常用的保密技术包括:防侦收、防辐射、加密、物理保密等。

2. 完整性

完整性(Integrity)是指信息未经授权不能进行更改的特性,即数据在存储或传输过程中防止偶然或蓄意的删除、修改、伪造、乱序、重放、插入等行为,保持不被破坏和丢失的特性。常用的保护信息完整性的方法包括:协议、检错和纠错编码方法、密码校验和方法、公证等。

3. 可用性

可用性(Availability)是已授权实体在需要时即可访问和使用数据或资源的特性,要求确保公共数据能够被及时且可靠地获取与使用。影响数据可用性的相关因素包括硬件可用性、软件可用性、人员可用性、环境可用性等。

4. 可控性

可控性(Controllability)指的是在公共数据大规模流动、聚合和分析的过程中,将安全风险维持在一种可接受水平的特性。这一特性的核心在于将公共数据的流动、聚合和分析纳入风险管控的过程当中,在充分释放公共数据价值的同时,能够最大限度地降低不确定性的潜在不利影响[①]。

5. 正当性

正当性(Legitimacy)指的是数据的内容、使用目的应当符合法律法规和基本价值观的特性。数据利用既不能损害公民基本权益、本国国家安全和社会稳定,更不能用以干涉他国内政,破坏他国政治、经济和社会稳定。

---

① 刘金瑞.数据安全范式革新及其立法展开[J].环球法律评论,2021(1).

10.3.2.3 公共数据安全制度体系

1. 数据分级分类保护制度

数据分类指的是根据数据的属性进行区分和归类,通过明确数据的本质、属性、权属等,了解使用方式与使用范围,明确其所属类别。数据分类多以领域划分为主,将数据区分为金融、交通、能源、医疗健康、电子政务等领域的数据[1]。数据分级指的是按照数据在经济社会发展中的重要程度和被篡改、破坏、泄露或者被非法获取、非法利用带来的危害大小对分类后的组织数据进行定级。数据分级分类保护制度的建立有利于加强对关系国家安全、国民经济命脉、重要民生、重大公共利益的国家核心数据以及其他重要数据的保护[2]。

2. 数据安全风险评估机制

数据安全风险评估是有效保证数据安全的前提条件,其原理是对系统所采用的安全策略和管理制度进行评审,找出不合理的地方,采用模拟化攻击等方式对系统可能存在的安全漏洞进行逐一排查,确定存在的安全问题与风险级别,在此基础上形成安全性分析报告。数据安全风险评估机制应涵盖风险评估、报告、信息共享和监测预警四个部分。

3. 数据安全应急处理机制

数据安全事件按照起因、表现、结果可以划分为有害程序事件、网络攻击事件、数据破坏事件、数据内容安全事件、设备设施故障、灾害性事件和其他数据安全事件等7个基本分类;按照系统重要程度和可能造成的损失、社会影响可以划分为特别重大事件、重大事件、较大事件和一般事件4个等级[3]。应针对可能发生的数据安全事件,建立完善的数据安全应急处理机制,该机制应包括监测、预警、处置、预防等多个部分。

4. 数据安全审查制度

数据安全审查的核心目的在于保障国家安全。数据安全审查的对象为影响或者可能影响国家安全的数据处理活动。重点接受审查的主体为关键信息

---

[1] 张勇.数据安全分类分级的刑法保护[J].法治研究,2021(3).
[2] 参见《中华人民共和国数据安全法》第三章第二十一条的规定。
[3] 参见《信息安全技术 信息安全事件分类分级指南》。

基础设施运营者,其中关键信息基础设施指的是公共通信和信息服务、能源、交通、水利、金融、公共服务、电子政务、国防科技工业等重要行业和领域的,以及其他一旦遭到破坏、丧失功能或者数据泄露可能严重危害国家安全、国计民生、公共利益的重要网络设施、信息系统等。

5. 重要数据出口管制

数据属于重要的战略资源,受到各个国家的高度重视,现有的数据聚合分析手段能够充分挖掘数据价值并从中获取大量信息。确定重要数据的清单和对应的管制措施有利于维护国家安全和基本权益,避免国外机构直接获取涉及本国国家秘密的重要数据,或通过数据聚合分析技术从出口数据中整理出涉及本国国家秘密的重要信息。

10.4 公共数据管理的实践与发展

10.4.1 国外公共数据管理实践

10.4.1.1 美国

20世纪90年代,美国进入了一个新的经济时代。第三次科技革命到来,全球范围内的信息数据数量激增,美国充分发挥自身优势,在科技创新上加大力度,积极搭建数据平台,为企业利用大数据技术提供了空间,保证了美国在世界上的竞争地位。美国联邦政府公共数据治理大致可以分为以下领域:数据开放、个人隐私保护、政府信息安全和政府信息资源管理(见表10-2)。

表10-2 美国公共数据管理相关政策

领域	政策	公布时间	主要内容
数据开放	透明和开放政府备忘录	2009年	让政府业务数据更加透明
	开放政府指令	2009年	要求将政府数据以可下载的方式向社会公开
	开放数据政策	2013年	政府管理的信息资产开放有利于促进社会创新,提高数据可读性

（续表）

领域	政策	公布时间	主要内容
	联邦大数据研究与开发战略计划	2016年	对数据产业投入更多的人力、物力和财力,指导政府使用
	开放政府数据法案	2018年	致力于向社会公众提供数据,不再仅限于政府专有的电子数据形式,让提供数据的方式更加多样化
	25点计划	2010年	把数据作为核心,注重发展云计划
个人隐私保护	隐私法	1974年	对联邦政府的个人信息采集、使用、公开和保密等工作都进行了详细规定,以此来规范政府对个人信息的处理行为
	电子通信隐私法	1986年	对网络个人信息进行全面的数据保护
	高级机构隐私官的任命备忘录	2005年	要求各机构任命一名高级隐私官(SAOP),负责该机构内部所有与信息隐私相关的议题
	第13719号行政命令	2016年	成立"联邦隐私委员会"(FPC),进一步加强政府搜集公民信息过程中公民隐私权
政府信息安全	信息自由法	1966年	目的是使美国联邦政府向公民公开政府文件、信息,让公民对政府的权力进行制约和监督
	第13526号行政命令	2009年	致力于建构一个能够对国家安全信息进行分类、维护和解密的统一系统
政府信息资源管理	文书削减法	1980年	第一次提出"信息资源管理"的概念,对现代政府信息收集、维护、利用和传播做出规定
	国家技术信息法	1988年	在商务部设立了"国家技术信息服务"(NTIS)部门,专门负责国内外公私部门的科技和工程信息(数据)的收集、分类、整合管理,并为政府机构提供信息服务
	第13011号行政命令	1996年	宣布成立"首席信息官委员会"(CIOC),改进政府机构在信息资源的获取、开发、共享和绩效方面的实践

经过多年发展,美国政府不仅形成了一套完整的数据(信息)资源存储、保护、利用和开放的治理政策体系,还打造了以直接服务于总统的行政部门为核心机构的治理结构。除国防、教育、审计、人事等机构负责与数据治理相关的诸如安全、培训、审计、人员等传统业务外,管理与预算办公室、联邦 CIO 委员会、科技政策办公室、司法部信息政策办公室、国家档案和记录管理局、商务部等机构都有专项的数据治理职能,是美国联邦政府数据治理的核心或者重要机构。

美国大数据国家行动是以政府对关键领域(安全、公共服务领域)核心技术的研发投入为主体,并鼓励政府、非政府组织、个人、企业、研究机构多方合作共同推进技术创新,从而为大数据发挥作用提供最根本的支持和保障的战略活动。美国政府在大数据领域制定了完整严密的规则,且根据现实情况变化不断更新。同时,政府只投资科技研发,而将产业发展交由市场自主进行。此外,政府科研投资的领域高度聚焦,仅限于安全、健康、科教三个领域(属于公共事业)。正是这种以政府引领技术创新为主导,多方共同参与技术创新,以及完全市场化的发展模式,使得美国的数据管理领域走在世界的前端。

10.4.1.2 英国

自 20 世纪 90 年代起,英国历届政府和议会颁布出台了大量的法律、法规和行政命令,逐步形成了一套相对完整的数据治理政策体系,其内容涉及个人数据(隐私)保护、信息公开(自由)、政府数据开放、信息资源管理与再利用、网络信息安全等方面(见表 10-3)。

表 10-3 英国公共数据管理相关政策

领域	政策	公布时间	主要内容
个人数据(隐私)保护	数据保护法	1984 年	提出了个人数据保护的基础性原则,禁止数据主体未经注册持有个人数据;设立数据保护登记官(DPR)和数据保护法庭(DPT)作为法令执行的监管机构和申诉机构
	数据保护法	1998 年	明确数据控制者在个人数据处理中的权利、义务及责任,设立信息专员(IC)作为个人数据保护的独立官员,监督数据控制者依原则使用个人数据,保障公民的数据获取权和知情权

（续表）

领域	政策	公布时间	主要内容
	隐私与电子通信条例	2003年	要求电子通信服务商保护终端用户信息，由信息专员负责监督执行
	数据保护法	2018年	一方面，加强公民个人隐私保护，授予公民对自身数据的携带权、删除权和反对权等权利；另一方面，积极帮助组织正确地保护和管理数据，健全数据保护的规则和机制
信息公开（自由）	信息自由法	2000年	该法令明确规定，公共机构有公开特定信息的义务，公民享有向公共部门索取和访问公共部门信息的权利
	自由保护法	2012年	从"数据权"出发，扩大信息自由范围，明确政府部门和其他公共机构主动发布可重复使用数据集的义务，改变信息专员的任用和问责安排
政府数据开放	"让公共数据公开"倡导计划	2009年	将开放数据和加强政府透明度作为国家首要战略，确保跨地区的数据能够有效连接
	国家行动计划	2016年	通过开放政府数据，促进经济增长，改善公共服务，提高政府透明度
信息资源管理与再利用	公共部门信息再利用条例	2005年	2015年进一步修订，要求公共部门的信息提供者在共同的开放政府许可下重复使用除个人数据外的信息和数据，确保信息和数据可以在政府中自由流动
网络信息安全	国家网络安全战略（第一版）	2009年	宣布成立新的网络管理机构——网络安全办公室（OCS）和网络安全运行中心（CSOC）
	国家网络安全战略（第二版）	2011年	旨在加大国家网络安全投入，建立可信和更具弹性的网络环境
	国家网络安全战略（第三版）	2015年	重申网络威胁是英国利益最重大的风险之一，政府将采取强硬和创新的措施应对网络威胁
	网络和信息系统安全法规	2018年	明确规定网络提供商的法律义务，关注关键网络和信息系统的可用性，确保信息系统的安全性

就主体而言,英国构建了多主体协同的公共数据管理体系,内阁办公室下属的政府数字服务局、信息专员办公室、信息专员以及数字文化传媒体育部下属的人工智能办公室是新一轮数据治理的关键机构,通过推动信息基础设施建设,促进政府数据的发布,鼓励更广泛人群使用数字技术,提升英国的创意和数字行业的竞争力。其他部门如政府法律部、国家档案馆、国家网络安全运行中心等与上述部门共同推动数字标准制定,指导政府信息资源管理。

经过多年的探索和发展,英国政府在数据治理领域形成了一套完整的政策体系和治理结构。从政策演进中可以看出,早期英国政府将绩效、透明和责任作为政府数据治理的重点任务,通过数据保护、数据开放和信息公开推动政府提升透明度的议程,让公众拥有更多的知情权,建立政府与公众之间的信任机制,监督提升政府工作的绩效和责任。2010年以后,数据治理政策领域开始由内向外拓展,法案和政策的制定遵循国际通用标准和规则,加强数据基础设施建设,确保数据能够跨境流动和再利用,有效支撑数字经济的发展。

10.4.1.3 澳大利亚

随着20世纪90年代互联网和万维网的接入,打造一个低成本、高效率的"电子政府"成为澳大利亚联邦政府改革的重点内容。随着电子政务的不断发展,数据治理的重要性愈发显现,澳大利亚将政府内部数据视为政府大数据主要来源的同时,也将政府部门视为政府大数据的主要供给对象,强调政府大数据生产力的提升与政府部门自身管理效率的提升有紧密联系。

澳大利亚在电子政务、数据开放、隐私保护、数据安全等维度形成了法律法规保障、政策规章指导相辅相成的数据治理制度规范,成为推动公共数据治理良性发展的重要支撑。在电子政务领域,为提升公共服务领域的满意度、实现政务数据平台的联通,联邦政府于2013年颁布了《澳大利亚公共服务大数据战略》。为了提高公众对政策的支持度,随后又颁布了《澳大利亚公共服务大数据指南》指导其他机构开展此项活动。云计算作为电子政务发展的重要趋势,政府于2014年开始先后颁布《澳大利亚政府云服务政策》《云服务实现指南》《资源管理指南第406号:澳大利亚政府云计算政策》《云计算安全考虑》等系列指南支持云计算的发展与应用,以优化资源配置,提升服务能力。数据开放是数据经济、智慧服务的基础,《开放政府宣言》(2010)推动了政府机构内部数据开放程度不断加深,《联盟的电子政务政策与数字经济》《2020年数字连续性政策》等推动政府数字转型,提高数据资产的有用性、可靠性。隐私保护与数据安全在数据时代面临着诸多挑战,《确保个人信息安全指南》的颁布为保护用户隐私和信息安全指明方向;《数据泄露的准备和应对指南》为政府数据泄露提供对策和建议。

除此之外,澳大利亚政府在数据治理过程中形成的网络形态治理结构既包括纵向的政府各机构之间的合作(见表10-4),也包括横向的社会组织、政府机构、社会公众之间的合作,在协同治理过程中以实现效益最大化。

表10-4 澳大利亚公共数据管理政府机构及职能

机构名称	职能
信息专员办公室	促进和维护隐私权及信息访问权,开展调查、处理投诉、审查决定、监督机构管理以及向公众、组织和机构提供建议
政府信息管理办公室	主要负责政府信息公开,特别是各政府部门相关的网络建设、管理和协调工作
总理内阁部	主要协调政府范围内的政策并确保其实施,为政府、私营企业、非营利部门和社区提供咨询
澳大利亚数字理事会	目的是进一步促进和推动不同政府部门在数据和数字转换方面的更好合作
政府2.0工作组	旨在通过广泛获取公共部门信息,促进政府资源透明、创新与增值,扩大政府开放
大数据工作组	负责大数据指南制定以及相关项目推进

澳大利亚政府在数据治理的过程中,秉承"以人为本"的技术治理理念,开发利用先进的数字化和社会化技术治理工具,打通为公众服务"最后一公里",实现治理目标和治理方案的协调性。同时,澳大利亚以"数据资产观"作为政策制定的核心理念,以"提升政府公共服务供给能力"为根本目的,从数据资源体系建设、数据治理制度规范、网络形态治理结构、治理工具体系支撑四个维度出发构建政府数据治理体系,为政府机构转型、政府治理的可持续发展、改善公共服务、实现"智慧政府"提供了坚实的保障。

10.4.2 我国公共数据管理的典型实践

2015年8月,国务院印发《促进大数据发展行动纲要》,从国家层面对大数据发展进行了顶层设计,提出加快政府数据开放共享、推动资源整合、提升治理能力等发展任务,将数据作为提高政府治理能力的基础,通过大力推动政府部门的数据共享、稳步推动公共数据资源开放,释放数据潜能。2016年9月,为加快推动政务信息系统互联和公共数据共享,国务院印发《政务信息资源共享管理暂行办法》,提出了"以共享为原则,不共享为例外"等原则,对政务信息资源目录、国家数据共享交换平台体系构建以及信息共享工作的管理、协调、评价和监督等作出了硬性规定和要求。2019年4月,国务院对《中华人民共和国政府信息公开条例》进行修订,新增规定"坚持以公开为常态、不公开为例外"原则,扩大了政府公开信息的范围,并完善了依申请公开的程序。2020年4月,中共中央、国务院印发《关于构建更加完善的要素市场化配置体制机制的意见》,将数据明确列为一种新型生产要素,与土地、劳动力、资本和技术等传统要素并列,明确提出要"加快培育数据要素市场",具体意见包括:(1)推进政府数据开放共享;(2)提升社会数据资源价值;(3)加强数据资源整合和安全保护等。

由此可以看出,国家层面对公共数据共享与开放的重视程度和谨慎程度越来越高,从数据驱动政府治理到数据要素市场化管理,数据的资产属性也愈发明显。但是,目前我国尚未发布国家层面的公共数据管理办法,公共数据治理领域的制度化建设相对较弱。相比较之下,自《促进大数据发展行动纲要》发布以来,地方政府通过合并重组、加挂牌子等方式纷纷成立政府公共数据管理机构,其中一部分省(自治区、直辖市)建立了公共数据开放平台,以平台为中心汇集公共数据并实现对外开放和对内共享成为地方政府迎接数字时代的一项重要治理创新。总的来说,我国各地在公共数据管理方面处于"先行先试"阶段,部分地区通过实践探索积累了丰富的公共数据管理经验。

10.4.2.1 浙江

浙江省已经形成一整套数据治理理念和方法,不仅有力地支撑了当地正在进行的数字化改革,对其他地方的公共数据治理也具有借鉴意义。

2017年3月,浙江省率先发布了《浙江省公共数据和电子政务管理办法》,

在数据平台的规划建设、数据开放和共享、数据管理及应用、数据安全等方面都列出了相应的规定。2018年浙江省印发的《浙江省数字化转型标准化建设方案（2018—2020年）》，提出"加快构建跨部门、跨层级、跨领域的标准模型"，"加快公共数据资源目录编制规范、'互联网+政务服务'公共数据管理规范及电子证照库、人口综合库、公共信用库等规范制定"。2022年1月，浙江省十三届人大六次会议审议通过《浙江省公共数据条例》。作为全国首部公共数据领域的地方性法规，该《条例》将公共数据范围从行政机关扩大到国家机关，纳入了党委、人大、政协、法院、检察院等单位，为党政机关整体智治打下基础。同时，该《条例》侧重于加强公共数据管理，促进公共数据应用创新，保障数字化改革，推进数字浙江整体智治。

伴随数字化改革实践，浙江对公共数据实施精细化管理，将公共数据平台划分为"GPS"三个不同的域，以满足不同场景下的数据需求。其中，"G域"为共享域，"P域"则是公共数据平台的基础数据域，"S域"为社会化应用提供支撑。以公共数据平台"GPS"分域管理为基础，浙江又围绕数据在精细化治理、数据高效利用方面发力。其中，"数据高铁"建设消除了数据供应链的中间环节，让数据从"起点站"直达"终点站"，保障数据供应一条不漏、一条不差，实现秒级、分钟级的数据更新；数据回流工作基于数据分域管理机制，将归集于省公共数据平台的地域数据分批次回流共享至市县公共数据平台，以提高市县公共数据的完整度；数据开放则围绕"GPS"中的"S域"展开，将公共数据开放给社会使用，推进公共数据开放和应用创新，赋能经济社会高质量发展。通过"数据高铁"、数据回流和数据开放等举措，浙江省有力地提升了数据归集效率，满足了各级部门的数据需求，充分释放了公共数据的价值。

10.4.2.2 贵州

贵州省通过多年的政府大数据治理探索创新，形成了独具特色、富有成效的公共数据管理体系。

贵州通过强化顶层设计，实现统筹推进。在政策层面，2016年1月，贵州省通过《贵州省大数据发展应用促进条例》，对公共数据进行界定，是国内最早的大数据地方立法。同年发布了《政府数据 数据分类分级指南》《政府数据 数据脱敏工作指南》等地方标准，政务部门建立本地区、本部门政务数据资源目录管理制度,按照国家和省相关标准和规范,梳理本地区、本部门所掌握的数据资源。在组织层面,贵州省在2016年成立了大数据发展管理局,负责:统筹数据资源建设、管理;统筹政务数据采集汇聚、登记管理、共享开放;推动社会数据汇聚融合、互联互通;统筹推动全省信息化发展和信息基础设施建设。同时各市(州)通过单独设置、加挂牌子等方式,组建了大数据管理机构。一盘棋统筹要求各部门实施统一管理、统一规划、统一标准、统一调度。

以"一云一网一平台"为抓手提升政府数据治理能力。贵州建设"一朵云"(云上贵州系统平台)统揽全省政府数据,让数据聚起来,在数据重构中产生价值;"一张网"(政务服务网)联通省市县乡村五级政务服务,让数据通起来,在数据交换中产生价值;"一平台"(政务数据平台)解决跨层级、跨地域、跨部门的数据调度,让数据用起来,在数据共享中产生价值。云上贵州"一朵云"承载省、市、县政府部门全部的政务应用系统,实现所有系统网络通、应用通、数据通。"云上贵州"从一个物理分散、逻辑集中的"大仓库",变成一个统一的"大应用程序",实现了应用和数据"大集中"。政务服务网实现了政务服务大联通。

此外,贵州建立"三权分治"模式,探索政务数据开发利用新模式。要推动大数据发展,就需要做到有效利用和安全可控。数据权属是数据管理的根本。贵州省针对数据权属实行"三权分治",即归集权、使用权和管理权。(1)谁归集谁维护。每一个部门都按照职能进行划分,对获取或产生的政府数据拥有归集的权利和义务,但同时要负责对归集数据的更新和维护。(2)谁使用谁负责。政府部门可以依法、依规合理使用其他部门的数据,但是要确保使用的安全和承担相应职责。(3)谁管理谁统筹。政务数据统筹管理部门拥有对该区域所有部门政务数据的统筹管理权,保证该区域内各部门间政务数据共享交换和开放能够高效地进行。大数据发展管理局要保证政府数据的共享、开放有效进行,在此模式的基础上提出了"授权运营"的探索。

10.4.2.3 广东

作为改革开放前沿阵地、数字化发展重点地区,2020年以来,广东省融合国家与自身数字化改革发展要求,在全国率先启动数据要素市场化配置改革,积极开展数据资产化的有效探索与实践。为了夯实数据要素市场体系建设的基础，广东加快构建统一的制度规范体系。2021年，《广东省数字经济促进条例》《深圳经济特区数据条例》相继出台，以政府令形式印发《广东省公共数据管理办法》，并加快编制"广东省数据条例"，建立了数据要素标准体系，涵盖数据汇聚、数据资产化、数据市场化、数据安全和场景应用等方面，为数据资源开发利用和安全防护提供系统配套的法律政策依据。

2021年7月，广东省在全国率先出台《广东省数据要素市场化配置改革行动方案》，明确提出"1+2+3+X"的改革思路。其中，"1"是坚持"全省一盘棋"统筹推进，完善数据要素市场化配置法规政策，优化制度供给，保障市场统一开放。"2"是构建两级数据要素市场结构，激发各类供需主体活力。"3"是推动数据新型基础设施、运营机构、交易场所三大枢纽建设，打通供需渠道，保障数据要素生产、分配、流通、消费各环节畅通。"X"是充分激活数据潜能，为各行业赋能。

构建两级数据要素市场结构是广东省提出的一大创新举措。广东借助海量数据资源和丰富应用场景的优势，构建以行政为主导的一级市场和以公平竞争为基础的二级市场，建设高质量可持续的新型数据要素市场体系。在一级市场建设方面，广东围绕打造"一网共享"平台、探索数据资产凭证体系、设立省数据运营管理机构，全面释放公共数据资源价值。在二级市场建设方面，广东重点打造新型数据交易场所，以推动数据要素流通和融合创新为重点，致力营造全链条数据交易的生态网络，为市场提供安全可控的流通交易平台，打造具有广东特色的数据交易新模式。

在完善配套应用保障体系方面，广东在全国实现了三个首创：首创政府首席数据官制度，通过完善组织管理体系盘活公共数据资源；首创数字空间，通过创新用数模式构建数据流通安全环境；首创数据经纪人，依托专业中介服务探索数据流通交易新模式。广州市海珠区、佛山市顺德区两地率先推出数据经纪人，涉及电力、电商、金融、工业互联网领域。

除此之外，广东建立了完善的数据安全责任体系，通过强化数据安全、保障数据有序流通、制定相关规定与规范，建立数据采集、传输、存储、处理、共享、销毁等全生命周期安全技术管控体系，明确行业主管部门、溯源单位和用数单位的安全管理责任边界，推动数据安全管理规范化、标准化。

10.4.3 我国公共数据管理的问题与对策

10.4.3.1 我国公共数据管理中存在的主要问题

1. 数据采集阶段:"数出多门"、标准不一

我国电子政务和数字政府建设已经取得了显著的成绩,各省市建立了体量惊人的数据平台,汇集了各省市内部巨量的公共数据。但由于缺乏统一的公共数据采集规范和标准,各部门按照自己的标准和方式进行公共数据的采集,造成数据资源重复、多余,数据采集质量不高。

2. 数据管理阶段:管理联动性弱

目前公共数据在管理上存在缺乏统一的制度规范问题:一方面,国家层面尚未出台针对公共数据的系统的、完整的管理规定;另一方面,地方政府内部和事业单位内部没有设立公共数据管理机构或专员,在推进公共数据管理时大多依靠当地大数据局,而大数据局与各部门平级,造成公共数据在管理上联动性弱、合力不强,不利于公共数据管理。

3. 数据共享开放:不愿享、不敢放

当前,各级部门在数据共享开放方面存在"不愿享、不敢放"的现象,进度开始放缓。主要存在以下原因:一是政府部门尚有较多历史数据未完成数字化,数据质量低、连续性差的情况普遍存在。二是数据目录作为地方政府数据统筹管理的重要抓手,存在着和数据严重脱节、缺乏有效的更新机制、目录内容缺乏审核等诸多问题,导致共享开放难以有效进行。三是公共数据共享基本靠"催"。由于共享开放责权边界界定不清等问题,各部门在数据共享开放上缺乏主动共享的动力。四是没有明确规定数据开放范围,数据开放部门可能承担数据泄露的风险,各级部门在扩大数据开放范围上缺少保障。

4. 数据开发利用:数据质量难以保证

公共数据共享开放极大提升政府的运行效率,同时也为企业提供业务创新"原材料",各地基于公共数据举办公共数据创新大赛、设立公共数据专区。但目前我国在公共数据开发利用上效率依旧较低,主要原因是企业在公共数据开放平台进行数据目录查找和数据接口调用时,存在平台上数据目录不易找、可读性不高、数据颗粒度大以及数据量较少等问题,无法满足企业对于高质量的

公共数据的获取需求。

10.4.3.2 我国公共数据管理的对策建议

1. 健全公共数据标准体系

建立统一的公共数据采集规范。数据采集是公共数据管理的起点，采集规范可以对各部门数据采集方式予以明确，同时在数据采集能力上进行专业化的指导和督促，增强各部门数据采集的意识、能力，减少公共数据重复采集、标准不一现象的发生，使公共数据在采集管理环节有据可循。

2. 形成系统的公共数据管理规范

编撰系统的公共数据管理规范是加快政府数字化转型的重要举措，也是形成公共数据管理范式的重要一环。建议各地设立专门数据管理机构或者公共数据管理专员负责部门内和对外的数据管理方面的沟通和交流。统筹出台公共数据管理规定，健全公共数据管理法律制度，并加快对公共数据分类分级制度和标准的推广，对不同类别的数据采取不同的管理方法，对不同级别的数据采取不同的授权和责任模式，有效约束公共数据管理行为。

3. 明确数据共享的权责机制

明确数据共享的权责机制，清晰划分常态化的数据共享流动中的责权边界，可以打消各级部门对数据"不愿享"的顾虑。建议明确给予不同部门不同的控制权限，明确数据共享开放中各级部门的责任和义务，避免数据超范围共享、安全事件发生后责任不明晰现象，同时明确政府数据共享的流程，突破现有"数据孤岛"和"数据鸿沟"，形成数字政府的业务大数据体系，实现跨层级、跨地域、跨系统、跨部门的数据共享互认。

4. 明晰公共数据开放范围

明晰公共数据的开放范围，可以减少各部门在数据开放上的顾虑。建议制定类似美国《透明和开放政府备忘录》、英国《数据开放白皮书》等较为详细的数据公开范围标准，使各级部门在数据开放上有具有指导性和可操作的标准规范和操作指南，进而能够调动各部门、各机构开放数据的主动性、积极性。同时建立及时有效的平台反馈机制，及时解决目前数据目录不易找、可读性不高、数据颗粒度大等突出的数据质量问题。

5. 建设"制度+管理+技术"的公共数据安全机制

公共数据安全机制是公共数据从数据采集到数据利用的全方位的安全保障。制度层面,各部门开展数据安全定级工作,制定与之配套的数据安全防护措施;管理层面,各地方可推出公共数据安全管理规范,推进公共数据安全工作的检查与监管;技术层面,围绕公共数据采集到数据开发利用的数据生命全周期,建立以人工智能、大数据、区块链等新技术为主体的数据安全追溯体系,研究数据沙箱等新型数据开放技术,使安全防护与数据开放相互独立互不影响,提升数据利用效率。

复习思考题

1. 简述公共数据的含义与特征。
2. 阐述公共数据管理的价值及原则。
3. 简述公共数据管理的关键环节及具体措施。
4. 论述公共数据管理全生命周期中可能存在的隐私风险及其产生的原因。
5. 阐述公共数据安全制度体系的内容。
6. 当前我国公共数据管理过程中存在的问题是什么?
7. 结合中西方公共数据管理实践,探讨如何有效开展公共数据管理活动。

第 11 章　公共危机管理

■ **本章学习要点**

- 公共危机及相关概念
- 公共危机管理过程
- 外国公共危机管理实践
- 中国公共危机管理实践

11.1　公共危机及相关概念

11.1.1　公共危机

11.1.1.1　危机与公共危机的含义

"危机"（Crisis）最早指病情急转，是一个医学术语，其在现代汉语中是"危"与"机"两种不同词义的组合，可分解为"危险"与"机会"两个词，意味着危险与机会并存。危机的基本词义包括：(1) 令人感到危险的时刻；(2) 一种产生危险的根源；(3) 困难关头。回溯历史，学者们对于危机的理解经历了一个不断深化的过程：赫尔曼（C. Herman）作为先驱者，认为危机是一种情境，该情境的发生出乎意料，供决策者反应的时间非常短，决策的根本目标会受到威胁；其后，福斯特（J. Foster）进一步对这一概念予以完善，提出危机应具四种基本特征，即亟待迅速决策、缺少训练有素的人员、物资严重缺乏、应对时间有限；罗森塔尔（U. Rosenthal）和皮恩伯格（B. Pijnenburg）则在前人的基础上从社会学角度提出，危机是导致社会系统的基本价值与行为架构遭受严重威胁,要求决策者在巨大的时间压力和极高不确定性的条件下,必须做出关键性决策的事件;巴顿(S. Barton)将危机的可能影响范围扩大到组织声誉层面,认为危机可能会对组织及其产品、员工、声誉等产生巨大损害,是能够造成潜在的负面影响的不确定性事件。受危机影响的对象或范围既可能是个人,也可能是群体或组织,还可能是更大范围的社会公众乃至国际社会。①

公共危机则是会对社会公众的正常生产生活乃至生命财产构成威胁的事件,其可能由自然灾害引发,亦可能因社会运行机制失灵产生。综合学者们的观点,公共危机可被界定为:对社会系统具有严重威胁,由于涉及公共利益,为了最大限度地降低或消除损害,需要政府和社会在巨大的时间压力和不确定性条件下予以快速应对的事件。

11.1.1.2 公共危机的特点

公共危机的特点包括公共性、突发性、破坏性、不确定性和紧迫性等。

1. 公共性

公共危机是在公共领域内发生的危机,或者尽管它所产生的直接影响范围未必在公共领域,但却可能因广为传播而使得社会范围内的公众成为相关者,进而需要政府介入并给予组织协调才得以解决。公共危机的公共性表现为事件受公众所关注、对公众利益具有负面影响且需要公共权力介入处理。

2. 突发性

公共危机难以预料,一旦发生,若不及时采取针对性措施,就可能造成更大范围内的危害或更多损失,甚至影响社会公共秩序。然而,由于公共危机出现后的走向可能无章可循,且处置公共危机需要更多时间进行分析和决策,这和处置必须快速有效才能减少损害的要求存在矛盾,导致应急处置中较容易出现"政策真空"期。

3. 破坏性

公共危机往往会打破社会常态,对国家、社会和人民生命财产造成严重负面影响,可能损害公私财产,危及公共安全,破坏公共秩序,减损公众福祉。尤

---

① 罗伯特·希斯. 危机管理[M]. 王成,等,译. 北京:中信出版社,2001:18-19.

其是当危机处置不当时,这种损害可能是颠覆性的。公共危机的负面影响可以分为有形的现时的经济损失、人员伤亡等,还有无形的长远的精神创伤、信任危机等。与此同时,公共危机在带来损害的同时,也可能引起社会变革。

4. 不确定性

公共危机的发生时间、形态性质、发展过程及其可能造成的影响均是无法确定的。公共危机本身在其产生的过程中就会受到很多不确定因素的影响,任何一个或几个因素的变化或者组合都可能导致其存在不同的发展趋势。在公共危机处置过程中,既有经验和措施可能失效,处置过程稍有不慎就可能导致危机事态迅速扩大,公共危机因而具有高度的不确定性。

5. 紧迫性

公共危机发生后亟须政府采取措施予以应对,任何延迟都可能带来更大的损失。危机事件突如其来,当人们发现它时,往往是已经到了非常危险的紧要关头。公共危机的演变过程异常迅速,决策者来不及延宕,必须在非常有限的时间内对其做出处置,否则它可能迅速扩大或升级,后果不堪设想。

11.1.1.3 公共危机的分类

公共危机作为一个宽泛的概念,对其进行科学的分类有助于政府及相关部门针对不同类型危机采取应对措施,从而降低或避免危机可能造成的损害。根据不同的分类方式,公共危机可以被分为不同类别。下面将介绍几种典型的分类方式。

第一,根据引发危机的动因,可将公共危机分为自然危机(俗称天灾)和人为危机(俗称人祸)。前者包括地震、台风、海啸、洪灾、旱灾、山体滑坡等,后者包括交通事故、恐怖袭击、毒气泄漏、金融危机等。

第二,根据危机事件的性质,可将公共危机分为三种:(1)由自然原因所引起的自然灾害,如地震、洪灾、风灾、火山爆发、森林火灾等;(2)由技术原因所引致的重大事故,即技术发展型灾害,如生产安全责任事故、交通事故、危险化学品泄漏或爆炸等;(3)由人为原因造成的重大社会事件,即社会秩序型灾害,如人群的非法聚集、恐怖袭击、社会骚乱等。

第三,根据危机情境中不同主体所持态度的差异,可将公共危机分成一致性危机和冲突性危机。前者指的是受到危机影响的对象由于具有相同的利益诉求,因而对待危机的态度是一致的,也更容易采取一致的行动,例如在抵御地震、洪灾、旱灾等自然灾害的过程中,人们的行为和价值取向相同。后者指的是受到危机影响的对象之间由于存在不同利益诉求或利益取向,他们常常会因利益而展开争斗,例如战争、革命等,这恰恰是冲突性危机产生的根源所在。

第四,根据公共危机事件的影响范围,可将公共危机分为国际性危机、全国性危机、地方性危机或组织内部的危机。此四种危机类型针对的地域范围不同,但同一个危机可能在演变过程中从组织内部的危机升级为全国性乃至全球性的国际性危机。

此外,还有一些其他的分类方式。如根据公共危机发生的主要成因和影响领域差异,可将其分为政治危机、经济危机、价值危机、精神危机、民族危机、宗教危机等;根据公共危机的成因差异,可将其分为自发型危机与诱发型危机、内生型危机与外生型危机、原生型危机与派生型危机;根据公共危机的形态差异,可将其分为有形危机与无形危机;根据公共危机演进的速度差异,可将其分为速燃型、导泻型、慢燃型和长投影型危机;等等。

11.1.2 风险与公共危机

当风险累积到一定程度,危机就会不可遏制地爆发。风险最初的含义是指某种损失发生的可能性,其后,随着经济学和统计学的发展,风险被当作一个专用术语使用,指的是不利事件发生的可能性,即危机的源头。

最早对风险展开系统性研究的是哥伦比亚大学学者阿伦·威利特,他认为"所谓风险就是关于不愿发生的事件发生的不确定性之客观体现,它包含两层意思,一是风险是客观存在的现象,二是风险的本质与核心具有不确定性"[1]。美国经济学家弗兰克·奈特在《风险、不确定与利润》一书中写道:"虽然威利特对'不确定性'和'风险'以及损失的数学概率作了区分,但他在整个研究中,仍然将不确定性视为一个已知的量。"[2]在这一维度上,风险和不确定性便成为两个不同的概念。随着社会的不断发展,风险的概念超越了经济学、统计学范畴,

---

[1] A. H. WILLET. The economic theory of risk and insurance [M]. Philadelphia: University of Pennsylvania Press, 1951.

[2] F. KNIGHT. Risk, uncertainty and profit[M]. New York: Dover, 2006.

进入政治学、公共政策学等学科领域,直至成为一个社会议题。为此,道格拉斯和威尔达夫斯基①指出风险不仅受个体认知的影响,更是个体认知在社会层面上达成一致的产物,并提出了包括社会政治风险、经济风险和自然风险在内的三类风险。风险虽然在起源上是客观的,但有其社会形成过程,是社会的产物。此后,贝克、吉登斯、拉什等人提出的风险社会理论将风险概念扩展到一般性范畴,认为风险是社会发展的一般规律,它从根本上改变了工业社会的运作逻辑、社会动力和基本结构②,其超越了具体的形态,而表现出"不可计算性"这一本质特征③。

综上,风险的含义随着社会变迁而不断发展。

(1)它最初被当作一个实体,并在经济学和统计学中发展出一套可以用概率表述的解释。

(2)在经济学后续的研究中,风险的含义又被进一步分解,发展出两个分支:一是可以用概率表述的解释,二是只能用不确定性表述的解释。

(3)文化学者进一步发展了风险的含义,认为风险不仅被当作客观存在,更是一种社会的建构,是一种主观的存在。

(4)在此基础上,政策学者和心理学家开发出一种可以用定量计算的方式来解释主观风险的工具。

(5)政治、社会学者则超越了风险的具体形态,将它上升为一般性范畴,并认为风险的本质是"不可计算性"。

11.1.3 突发事件与公共危机

一般认为,突发事件是危机的引爆点。《中华人民共和国突发事件应对法》将突发事件界定为突然发生,造成或者可能造成严重社会危害,需要采取应急处置措施予以应对的自然灾害、事故灾难、公共卫生事件和社会安全事件。根据《国家突发公共事件总体应急预案》的规定,自然灾害主要包括水旱灾害、气

---

① M. DOUGLAS, A. WILDAVSKY. Risk and culture: an essay on the selection of technological and environmental dangers[M]. Oakland: University of California Press, 1983.

② 童星,张海波. 灾害社会科学:一种跨学科整合的可能——概念、框架与方法[J]. 中国应急管理, 2009(3).

③ 张海波,童星. 战略性治理:应对突发事件的新思维[J]. 天府新论, 2009(6).

象灾害、地震灾害、地质灾害、海洋灾害、生物灾害和森林草原火灾等；事故灾难，主要包括工矿商贸等企业的各类安全事故，交通运输事故，公共设施和设备事故，环境污染和生态破坏事件等；公共卫生事件，主要包括传染病疫情，群体性不明原因疾病，食品安全和职业危害，动物疫情，以及其他严重影响公众健康和生命安全的事件；社会安全事件，主要包括恐怖袭击事件、经济安全事件和涉外突发事件等。

各类突发事件按照其性质、严重程度、可控性和影响范围等因素，一般可以分为四级——Ⅰ级（特别重大）、Ⅱ级（重大）、Ⅲ级（较大）和Ⅳ级（一般），依次用红色、橙色、黄色和蓝色进行预警和分级管理。突发事件的等级主要是依据人员伤亡和经济损失程度进行划分。一是按照人员伤亡对事件进行区分，其划分标准是：死亡、失踪30人以上，或重伤、中毒100人以上的，为特别重大事件；死亡、失踪10—30人，或重伤、中毒50—100人的，为重大事件；死亡、失踪3—10人，或重伤、中毒10—50人的，为较大事件；死亡、失踪3人以下的，或重伤、中毒10人以下的，为一般事件。但对于地震等破坏性较大的特殊危机事件，其标准有所不同，造成300人以上死亡的，为特别重大事件；造成50—300人死亡的，为重大事件；造成20—50人死亡的，为较大事件；造成20人以下死亡的，为一般事件。二是按照经济损失程度进行分级，是比较常见的分级方法，具体划分标准是：直接经济损失1000万元以上或间接经济损失1亿元以上，为特别重大事件；直接经济损失500万—1000万元或间接损失5000万—1亿元的，为重大事件；直接经济损失100万—500万元或间接经济损失500万—5000万元的，为较大事件；直接经济损失100万元以下或间接经济损失500万元以下的，为一般事件。

通过突发事件的分级可以明晰我国各级人民政府的管辖范围。根据我国目前的分级管理原则，一般突发事件和较大突发事件分别由县和地市级人民政府领导处置，重大突发事件由省级人民政府领导处置，而特别重大的突发事件则由国务院统一领导处置。Ⅰ级（特别重大）突发事件，表示规模极大，后果极其严重，需要动员全省力量，由省级人民政府统一领导和协调处理，必要时由国务院统一领导和协调应急处置工作；Ⅱ级（重大）突发事件，表示规模大，后果特别严重，由发生地省级人民政府统一领导和协调处理；Ⅲ级（较大）突发事件，表示影响范围大,后果严重,由发生地市级人民政府统一领导和协调处理;Ⅳ级(一般)突发事件,表示影响范围一般,后果一般,由发生地县(区)级人民政府统一领导和协调处理。特别地,由于事件演进的非线性特点,社会安全事件不同于其他三类突发事件,一般不做分级。

11.2 公共危机管理过程

11.2.1 公共危机管理概述

11.2.1.1 公共危机管理的含义

西方发达国家自20世纪60年代开始建立了多个与公共危机管理研究相关的专门机构,基于不同视角,以历史上发生的战争等危机事件为研究对象,从经济学、心理学等不同学科对危机管理进行了大量研究。这些研究成果为后续世界各国政府的公共危机管理体系建设、制度体系建设贡献了理论支撑。相较而言,中国公共危机管理的相关研究起步较晚,目前在概念界定上尚未达成共识。结合学者们的观点,可将公共危机管理看作公共管理的一种特殊状态和特殊形式,是政府及其他公共组织通过采取监测与预警、预防与控制、响应与处置、恢复与重建、学习与总结等行动或措施,防止或减轻灾害、避免或弥补损失的管理活动与行为过程。整个过程具有紧迫性、危险性、权威性、人本性、系统性等特征[1]。

11.2.1.2 公共危机管理的阶段划分

关于公共危机管理的阶段划分,国外学者将其分为预防、准备、反应和恢复或减缓、预防、反应和恢复等四个阶段[2],如希斯(R. Heath)提出危机管理的缩减力(Reduction)、预备力(Readiness)、反应力(Response)、恢复力(Recovery)构成的4R模型[3]。这些阶段划分的实质是针对公共危机的生命周期的不同阶段采取特定的管理行为,有四种划分方式被广为认同:

---

[1] 吴兴军. 公共危机管理的基本特征与机制构建[J]. 华东经济管理, 2004(3).
[2] 薛澜, 钟开斌. 突发公共事件分类、分级与分期:应急体制的管理基础[J]. 中国行政管理, 2005(2).
[3] 罗伯特·希斯. 危机管理[M]. 王成,等,译. 北京:中信出版社, 2001:1-68.

（1）斯蒂文·芬克（Steven Fink）的四阶段生命周期模型。该模型是借用医学术语从生命周期角度提出的：①潜伏期（Prodromal），是最容易解决危机的时期，但此时尚未出现明显的标志性事件，危机在这一阶段不易被人察觉。②爆发期（Breakout or Acute）。此时伤害性事件发生，危机产生且演变迅速。③扩散期（Chronic）。这一阶段危机所产生的影响不断蔓延，此时需管理者努力予以消除。④解决期（Resolution）。危机被完全解决且其影响已被消除[1]。

（2）美国联邦应急管理署（FEMA）将危机划分为减缓、预防、反应和恢复等四个阶段。危机应对的重点在前两个阶段[2]。

（3）米特罗夫等人的五阶段模型将危机划分为信号侦测阶段、探测和预防阶段、控制损害阶段、恢复阶段、学习阶段[3]。

（4）基本的三阶段模型，即危机前（Pre-crisis）、危机（Crisis）和危机后（Post-crisis）阶段，各阶段可分为多个子阶段。该划分方式可将其他模型的阶段内容纳入框架，该划分方式也可以被简称为"预防阶段""应急阶段"和"恢复阶段"。

无论是何种类型、哪个级别的危机事件，都遵循一个相对特定的发生、发展规律，都有一个从萌芽到发生、发展，再到减缓、消失的过程，这就是我们通常所说的危机生命周期。公共危机由于其演变迅速，不同阶段相互交织，循环往复，阶段性并不明显。我国《突发事件应对法》划分了预防与应急准备、监测与预警、应急处置与救援、事后恢复与重建四个阶段。薛澜和钟开斌划分了包括预警期、爆发期、缓解期和善后期在内的四个阶段[4]。严格地讲，突发事件分期已经超出了突发事件本身，涉及"社会风险—突发事件—公共危机"的全过程，这为公共危机管理过程的划分提供了借鉴。我们结合最基本的三阶段模型和突发事件分期的相关研究，将公共危机管理分为预防与应急准备（事前）、应急处置与救援（事中）和恢复与重建（事后）等三个阶段进行阐述。

---

[1] 薛澜，等. 危机管理——转型期中国面临的挑战[M]. 北京：清华大学出版社，2003：46-47.
[2] 童星. 应危管理研究的理论模型构建方法[J]. 阅江学刊，2023（1）.
[3] I. MITROFF, et al. Crises as ill-structured messes[J]. International studies review, 2004(1).
[4] 薛澜，钟开斌. 突发公共事件分类、分级与分期：应急体制的管理基础[J]. 中国行政管理，2005（2）.

11.2.2 事前:预防与应急准备

11.2.2.1 危机预防

危机预防是指在公共危机发生前,通过政府主导和在全社会进行动员,采取各种必要的措施,消除可能产生危机的隐患,避免危机发生的过程。公共危机预防的主要特征包括:一是前瞻性,即在危机征兆出现时介入并采取预防措施。二是主动性。传统的危机应对常常是在危机爆发后被动应战,而危机预防则是变被动为主动,在危机发生前主动对可能发生的危机采取措施。三是综合性,危机预防既具有宏观性,也具有微观性。公共危机的产生根源一般存在于宏观制度和规则体系之中,但其管理需要依托于具体方案和具体人员予以实施。四是长期性。危机演变会经历特定过程,其预防需要经过长期不懈的努力,同时危机会此起彼伏,因此,危机预防是一项不能停止的工作。

11.2.2.2 应急准备

应急准备是指在公共危机来临之前,做好以下各方面的准备:一是思想准备。各级政府和全社会要树立公共危机预防意识。二是组织准备。要建立一整套组织管理体系。三是制度准备。要提前建立应急指挥和应急联动系统,以及信息共享平台和综合服务体系。四是技术准备。技术准备是人类避免危机和战胜危机的一个十分重要的方面,通过研究历史危机案例,不断总结经验教训,找出避免危机、控制危机和战胜危机的方法,运用各种先进技术以应对危机。五是物资准备。只有做好物资的生产和储备,才能为危机的妥善应对提供保障基础。

11.2.2.3 监测预警

监测预警是指在公共危机出现端倪但将发未发时采取的危机管理措施,如信息收集、传递、处理和发布等,其目的是识警防患,超前预控,防患于未然。作为公共危机管理的前哨,危机监测预警的主要特征包括:一是快速性,即危机信息的快速收集、处理与发布等;二是准确性,即对不确定信息的精确判断;三是公开性,即对经确认后的信息予以客观发布。做好公共危机的监测预警可以达到两个目的:一是通过及时收集信息并分析处理信息,对危机爆发的可能性做出准确预判;二是通过及时发布信息,以引起相关公众的警惕,同时辅之以舆论引导,避免出现非理性行为。

11.2.3 事中:应急处置与救援

11.2.3.1 信息报告

信息报告是指在应急处置过程中各方主体要建立良好的信息沟通汇报渠道,促进信息在各危机管理主体中的流通,为应急决策、应急指挥和应急救援提供信息保障。信息贯穿公共危机管理的全过程,不仅事前的监测预警包含信息收集、传递、处理、识别和发布等行为,而且在事件发生后,政府及参与各方开展应急处置中的信息报告与顺畅沟通亦尤为重要。信息报告的时间关系突发事件的应急处置效果,《国家突发公共事件总体应急预案》要求,"特别重大或者重大突发公共事件发生后,各地区、各部门要立即报告,最迟不得超过 4 小时,同时通报有关地区和部门。应急处置过程中,要及时续报有关情况"。国务院进一步要求重特大事件发生后,要采取一切措施尽快掌握情况,力争 30 分钟内向国务院总值班室电话报告、1 小时内书面报告。同时,国务院办公厅对突发事件信息报告的内容进行了规范,要求"突发公共事件信息报告的内容要简明、准确,应包括以下要素:时间、地点、信息来源、事件起因和性质、基本过程、已造成的后果、影响范围、事件发展趋势、处置情况、拟采取的措施以及下一步工作建议等。对突发公共事件及处置的新进展、可能衍生的新情况要及时续报;突发公共事件处置结束后,要进行终报"。

11.2.3.2 危机决策

"管理就是决策"这句话切中了公共危机管理的要害。危机管理"成也决策,败也决策"。在危机管理中,首先要决定做什么,然后才知道怎么做,而应急决策往往起着关键作用。决策正确,往往能化险为夷、转危为安;而决策失误尤其是重大决策失误,往往会造成不可估量的损失。危机决策具有以下特征:一是危机决策本质上是一种非常规的应急性决策;二是决策环境非常恶劣,决策主体处在危机状态的高度逆境中,决策时间非常紧迫;三是决策信息相当有限,没有更多的时间收集信息,决策难度更大;四是决策尤为重要,决策的正确与否往往会对整个危机应对产生决定性影响。与一般决策相比,危机决策主体常常要承担更大的压力,一方面决策的环境很差,决策条件存在很大制约;另一方面又来不及反复考虑和讨论,而决策的延误同失误一样都是致命性的。为使危机决策尽可能少犯错误,需要不断努力完善应急管理的决策体制和机制,不断强化领导者的应急管理决策能力,建立高效率的决策体制,在决策前做足充分的准备,同时要有良好的法律和制度作为保障。

11.2.3.3　应急指挥

应急指挥是指在突发事件应急处置过程中,上级领导及机关对下级应急工作所进行的特殊的组织领导活动。公共危机管理是一个复杂的系统工程,需要协调和调动各部门的资源,动员全社会的力量,如果没有一个专业的应急指挥机构,没有一个坚强有力的应急管理指挥系统,往往很难控制危机。政府和相关职能部门不仅要在突发事件应急响应过程中,设立临时性指挥机构,如应急指挥中心、现场指挥部;而且要建立应急处置的常设机构,如应急指挥中心,这个机构必须有一个下属的现代化信息系统和指挥平台,负责应急值守和政务值班等工作。

11.2.3.4　应急沟通

应急沟通贯穿公共危机管理全过程,是管理者与社会公众和媒体等进行互动反馈及信息交换的过程。在沟通过程中,政府主动公开信息是一个方面,关注、引导舆情信息,特别是网络舆情信息是另外一个方面。突发事件往往会对社会公众造成包括心理恐慌、生命财产安全受损等在内的负面影响,因而,为避免在社会公众中产生不利舆论,影响事件处置、降低公众信心,政府及相关部门需及时透明地披露信息,通过建立公共危机沟通机制,适时适当地举行新闻发布会,有效促进舆论引导工作的开展。

11.2.4　事后:恢复与重建

11.2.4.1　恢复重建

恢复重建是指突发事件应急处置与救援结束后,公共危机管理者为恢复正常的社会秩序,帮助受影响的地区和人员回到事前正常生产生活秩序的过程。灾后重建是一项系统工程,其不应当是简单的恢复,也不应被单纯地视为一种结果,而是社会过程的一部分,是社会发展不可缺少的重要环节。

根据灾后重建的任务,可以将灾后重建分为四个阶段:一是紧急安置和救助,包括临时住宅的修建和提供,伤亡搜寻与救助;二是恢复公共服务,如水、电、气、电视、通信等生活服务;三是将住房设施、交通设施、商业设施恢复到灾前水平,亦包括对社会关系的恢复;四是通过重建改善当地居民的聚居环境,促进地方发展与经济增长,也包括增加防灾、减灾的措施和设备。此四个阶段并非依序发生,由于各种危机造成的灾害不同,灾后重建的顺序可能会不同,重建执行的重点也可能会不同,或者出现交互进行的情况。值得注意的是,"危机后重建"是一个非常复杂、非常庞大的系统工程,既包括物质"重建",也包括非物质"重建"。为此,首先政府要树立危机意识,重建必须建立在总结经验教训的基础上;其次要根据危机造成的损失情况分别制定危机后重建的近期、中期、远期建设计划;再次地方政府的领导是否具有"执政为民"的意识,是灾后重建工作能否到位的关键;最后要充分发挥非营利组织的作用等。

11.2.4.2 危机总结

危机总结作为最后一个环节,是不容忽视的一个重要环节。危机伴随着人类产生和发展的全过程,每一次危机既包含了导致失败的根源,给人类造成巨大的威胁和损失,但同时又蕴含着成功的种子。公共危机管理的精髓在于通过总结不断加深对公共危机发生的现象和规律的认识,不断改进应对方法,提高应对能力。危机总结包括两个部分:一是反思,找出以往的认识偏误。二是总结得失,归纳经验教训,作为不断改进的依据,既包括对正面经验的总结,把成功的做法上升为理论,并运用这些来自实践的理论去指导今后的实践;也包括对负面教训的反思,找出失败的原因。一般来说,每一次危机都会暴露出工作中存在的各种问题,只有通过总结才能避免今后犯同样的错误。

危机总结一般可分为三个步骤:一是全方位调查,即对危机发生的原因、管理的各个环节及成效进行全面、系统的调查;二是总结和评估,涉及所有工作的所有环节;三是改进,即对管理中存在的各种问题综合归类,有针对性地制定出详细的、切实可行的改进方法和措施,并责成有关部门逐项落实。值得注意的是,危机总结在实践中易被忽视,因而必须使吸取经验教训的工作制度化。

11.3 公共危机管理实践

11.3.1 外国公共危机管理实践

11.3.1.1 美国公共危机管理实践

作为典型的联邦制国家,美国公共危机管理强调"统一协调、属地为主、公开透明、分级响应、标准运行"。"统一协调"是指由各级政府危机管理部门统一进行指挥协调。联邦政府拥有大量的、多样化的资源,主要承担地方公共危机管理中的支援角色,总统担任最高领导,联邦部或局的首脑是总统在其主管领域的顾问①。国家安全委员会(National Security Council,NSC)是美国国家安全与危机管理的最高决策机构,支配着美国国家安全决策。国土安全部(Department of Homeland Security,DHS)负责提供总体管理框架,并确保高效一致的联邦备急态势,其联邦应急管理署负责具体国家应急管理工作。地方政府对所在地公民的个人安全、公共危机事态的控制具有直接处置责任。"属地为主"是指事发地政府负责应急响应与指挥工作,联邦及地方的上级政府负责援助和协调。州政府作为联邦政府和地方政府的中枢,负责本州范围内公共危机管理工作,当资源不够时,可向其他州或在总统根据《斯塔福德法》宣布重大灾难或紧急状态条件下向联邦政府求援。各地方政府的执法、消防、搜救等部门工作人员是事发后的第一响应者②。"公开透明"是要发挥媒体作用,第一时间向公众公布事件发展进度,提高信息真实度和透明度,减少并控制流言散播。"分级响应"是指根据事件的严重程度和公众的关注度,政府的应急响应根据需要采用不同响应级别。"标准运行"强调从危机应急准备到恢复,一律按照标准化的处理步骤,以减少工作失误,提高应急效率③。

美国先后制定有百余部法律条文,这些针对自然灾害和其他危机事件的安全法律体系主要以《国家安全法》《全国紧急状态法》《反恐怖主义法》和《斯塔

---

① N. HUNTER. The law of emergencies: public health and disaster management[M]. Oxford: Elsevier, 2009.
② 肖沛琪. 美国应急管理体制概述[J]. 中国应急救援, 2006(2).
③ 徐家良. 美日政府危机管理体制比较及启示[J]. 中国软科学, 2004(6).

福德法》等法律为核心①,能够引导政府建立国家安全制度,避免给国家带来不必要的灾难。其中,《全国紧急状态法》授权总统在国民、机构、官员等面临威胁时,依据宪法所给予的相关权力采取措施。同时,美国作为受到恐怖袭击最多的国家之一,极为重视反恐怖主义法的制定,尤其是在"9·11"事件之后,美国进一步加强了针对恐怖主义的立法,这为后来的反恐行动和预警打下了基础。除纲领性文件之外,美国通过了一系列专门针对各种突发事件的法律,各州、县通过了地方性法律法规。同时,联邦政府的《全国紧急状态法》等法律在各州、市或者地方也有相对的地方紧急状态法,这保证了联邦法律的连贯性,也保证了各地方自身的独立性和所拥有的权力。

11.3.1.2 日本公共危机管理实践

受制于特殊的地理地形条件,日本是全球灾害最为频发的国家之一,这也使得日本构建了以中央政府和地方政府为主体,民间和家庭共同参与的防灾体系。日本公共危机管理的总特征为"行政首脑指挥,综合机构协调联络,中央制定对策,地方政府具体实施"②,实行的是中央、都道府县、市町村三级危机管理体制。在中央一级,首相是最高指挥官,内阁官房负责整体协调和联络。在地方一级,基于地方自治体制,地方各级政府会根据国家要求并结合本地特征,制定适宜的危机管理计划。根据日本国家公共危机管理体制以及地方紧急事态处理需求,日本内阁官房是负责公共危机管理指挥的中枢机构,内阁首相是最高指挥官,内阁危机管理总监和内阁安全保障与危机管理室负责协调各方关系和资源。中央防灾会议作为最高决策机构,负责在非常规突发事件发生时,制订紧急措施计划并推进实施。同时,日本政府会视重大情况设立国家"紧急灾害对策本部"、内阁"非常灾害对策本部"、都道府县或市町村一级的地方"现场对策本部",全面负责灾害应急处理、紧急救助等具体事项。安全保障会议是在内阁府设立的负责审议"有关国防重要事项及重大紧急事态"的专门机构③,主要承担国家安全危机管理的职责。此外,针对经济危机,日本设有专门机构负

---

① 马国芳,何润宝. 国外政府社会管理和公共服务发展新趋势及其启示[J]. 云南财经大学学报(社会科学版),2010(3).
② 张彩云,郭晓峰,王存银. 公共危机与管理[M]. 兰州:兰州大学出版社,2009.
③ 王德迅. 日本危机管理研究[J]. 世界经济与政治,2004(3).

责制定发生大批金融机构连锁性金融危机时的方针措施。

作为全球较早制定危机管理基本法的国家,日本相关法律体系较为完善。时至今日,日本共制定有关危机管理(防灾救灾以及紧急状态)的法律法规200余部,形成了包括《日本国民保护法》《地震灾害防护的特殊实施法律》《首都整备法》《灾害对策基本法》《传染病防治法》在内的五大类、数十项法律组成的公共危机管理法律体系[①]。

11.3.1.3 德国公共危机管理实践

德国是世界上拥有最健全完善的公共危机管理制度的国家,已形成一个州州连通的网络体系,有机融入社会管理的各个层面。从纵向来看,德国各州实行以州为主、属地管理的公共危机管理体制,具体由州内政部负责统筹工作;从横向来看,德国实现了各相关主体,尤其是消防队伍、社会组织和志愿者参与救援的局面。当发生突发事件时,警察和救援机构须先期抵达现场。如果是重大事件,须立即成立救援指挥中心,由内政部长担任指挥长。现场应急救援工作的支柱是专业救援队伍和社会救援队伍,前者由训练有素的消防队伍构成,后者则由包括德国红十字会(TRK)、工人救援协会(ASB)等在内的5家社会组织构成。从机构设置来看,德国内政部负责日常公共危机管理;联邦技术救援署是半军事化组织,承担危机管理培训任务;联邦民事保护与灾难救助局作为中央一级处理突发事件的最高机构,专门负责民事安全、参与民众保护和重大灾害救援,其"共同报告和形势中心"负责信息管理和资源管理及跨州或跨组织的优化协调问题。此外,德国非常重视增强国民危机意识,政府会利用"危机预防信息系统"(deNIS)向社会公众提供自救互救知识,还会对公共危机管理的决策者、执行者和社会公众进行专门的培训教育[②]。

德国公共危机管理的法律非常完备,已建立包括基本法、民事保护法和州相关法律等在内的三个层次的法律体系。其中,民事保护法主要针对战争状态时的居民保护,如《民事保护法》《灾难救助法》《公民保护法》等;州相关法律是在两个层面上执行[③],如《消防法》《警察法》《危险防疫法》等在县、市和乡镇

---

① 罗章,李韧.中日应急管理体制要素比较研究[J].学术论坛,2010(9).
② 王彩平.德国应急管理培训的特点及其启示[J].行政管理改革,2011(2).
③ 凌学武.联邦制下的德国应急管理体系特点[J].江西行政学院学报,2009(4).

地区层面实施,当灾害超出了基层政府应对能力时,州政府会自动接管救灾工作;而联邦政府则根据州政府的请求,按照《德意志联邦共和国基本法》实施援助①。

11.3.2 中国公共危机管理实践

11.3.2.1 中国公共危机管理体系演变

1. 新中国成立至改革开放前

新中国成立之初,我国实行计划经济体制。在当时的社会经济和政治环境下,政府作为主要的管理主体,依靠政治动员的方式,展示了社会主义社会"集中力量办大事"的优越性。在纵向上,党和政府一元领导并由中央政府作为公共危机管理的责任主体,依靠中央政府权威、地方部门贯彻执行的垂直管理方式,公共危机管理协调机制得以有效运行。在横向上,这一历史阶段实行分类管理。按照危机事件的类型设置不同的职能部门,分管不同类型的突发事件,同时设立一些跨部门协调机构和临时性非常设议事协调机构,如中央防疫委员会、中央地震工作小组。各职能部门专业化程度高,协调机构较少且体量小,公共危机管理对象较为单一,主要是针对地震、旱涝、洪水等自然灾害,还包括一些工矿商贸企业安全事故和肺结核、鼠疫等公共卫生事件;同时,公共危机事件波及范围限于较小的地理区域内,事件的影响和后果主要局限于当地,以本地化为主。由于救援技术有限且主要面向公共危机的事中应对,加之时间紧迫,因而,这一时期通常采取密集式的资源投入方法来取得抢险救援的胜利,包括投入大量的人力和物力资源。如1950年淮河水系洪水泛滥造成重大人员伤亡、经济损失,在灾害发生后,中央政府迅速成立中央救灾委员会,提出"生产自救、节约渡荒、群众互助、以工代赈、并辅之以必要的救济"的救灾方针②,并发布《关于治理淮河的决定》,提出"根治"的灾害管理理念以开展救灾工作。

总体来说,这一历史时期我国在许多方面的发展建设有限,对于公共危机

---

① 国务院办公厅应急管理赴德国考察团.德国应急管理纵览[J].中国行政管理,2005(9).
② 董必武.深入开展生产救灾工作——董副总理在中央救灾委员会成立会上的报告[N].人民日报,1950-03-07(2).

事件的管理并没有形成一个完整的体系,只集中在一些灾害救助方面,并且管理相对分散、局限,存在管理不及时、不全面、公共危机事件反复发生、管理效果不好等问题。

2. 改革开放至 2002 年

改革开放后,中国的经济社会结构发生了巨大变化,开始实行社会主义市场经济体制,社会物质财富大大增加,公民权利意识开始崛起;与此同时,出现了许多新型社会风险和复合型突发事件,传统分类下的公共危机事中管控方式已经难以发挥作用,部门协调问题突出。为应对日益复杂的公共危机事件,政府开始对社会进行放权。在纵向上,中央向地方放权,不再一味强调中央统一指令,而是强调地方政府进行危机管理的自主性和责任。在横向上,国家更加重视各部门统筹协调并新增非常设议事协调机构,如 1991 年设立的中央社会治安综合治理委员会、1998 年设立的中央维护稳定工作领导小组办公室[①],以协同应对跨区域复合型危机事件。除了传统的自然灾害和公共卫生事件,这一时期社会治安、生产安全、交通事故等问题,尤其是群体性事件开始出现。基于此,国家着手建设应急管理制度,如在灾害管理方面,逐步建立以"减灾、防灾、抗灾、救灾"为基础的灾害管理制度体系,形成"单一灾害管理+部门协调"模式;同时在大力发展议事协调机构的情况下,逐渐形成依托议事协调机构的应急协调机制。除了传统人力和物力的集中投入,这一时期开始探索利用市场力量和科学技术赋能公共危机事件管理过程。

总体来说,在改革开放后的一段时间内,我国面临更复杂的公共危机事件,通过利用市场力量和协调机构取得了一定的成效,但公共危机事件管理体系不健全,同时管理过程中存在协调机构过多、职能重复、机构臃肿、工作效能低下等问题。

3. 2003 年至党的十八大

2003 年的"非典"(SARS)事件之后,中国开始真正建设现代化的应急管理体系。SARS 疫情暴发后,在短时间内从一个公共卫生事件演变成蔓延到经济、

[①] 张玉磊. 中国公共危机治理模式的发展演变与变革取向——基于应急管理体系发展史的考察[J]. 江汉学术,2021(4).

政治及社会各个方面的一场复合性危机,第一次给我国的危机管理带来了极端严峻的考验,极大地改变了国家对政府的应急管理职能的认识。中国当时的公共危机管理体系建设存在着严重的不足和短板,无法应对更加复杂的公共安全形势。以 SARS 疫情应对为窗口,新一代的应急管理体系建设开启。2003 年,上海市制定了省级政府中第一个应对灾害事故的预案《上海市灾害事故紧急处置总体预案》,之后各级政府都开始制定危机管理预案。在国家层面,2005 年国务院关于实施《国家突发公共事件总体应急预案》的决定,成为我国危机管理预案制度的基础。与此同时,国务院还成立应急管理办公室和应急管理专家组,迈出了我国危机管理体系构建过程中的重要一步。《突发事件应对法》于 2007 年通过并实施,围绕应急预案、应急管理体制、应急管理机制、应急管理法制建设的"一案三制"的应急管理体系核心框架得到了正式构建[1]。尽管这一时期政府仍是公共危机管理的主体,但强调建立综合型的公共危机管理体制,形成一整套公共危机管理班子,政府应急管理办公室作为一个中枢机构进行权威指令的发布和统一指挥,各部际联席会议机制进行跨部门协调。同时,随着经济社会发展与技术进步,公共危机管理领域的人才资源更加专业化、技术应用更加先进、救援物资储备调拨及经费管理也更加规范。为更好地应对自然灾害、事故灾难、公共卫生事件、社会安全事件,除发挥社会主义举国动员的制度优势外,政府开始积极探索科学技术在预测预警方面的作用,强调向科学发展、专业技术支持的现代化应急管理方式转变。

总体来说,在"非典"事件的推动下,中国开始建立起真正意义上的应急管理体系,取得了中国公共危机管理建设一个质的飞跃。我国建立了"纵向到底、横向到边"的应急预案体系;统一领导、综合协调、分类管理、分级负责、属地管理为主的应急管理体制;统一指挥、反应灵敏、协调有序、运转高效的应急管理机制;实现了公共危机管理的制度化、规范化、法制化。但这一阶段的公共危机管理体系构建过程表现出明显的"应急性"特征,仍存在应急管理职责不清、应急预案流于形式、区域间协调不力、部门间权责不明等问题。

4. 党的十八大至今

党的十八大以来,以实现公共危机管理体系和管理能力现代化为目标,国

---

[1] 高小平. 中国特色应急管理体系建设的成就和发展[J]. 中国行政管理,2008(11).

家开始对公共危机管理体系进行重构。2015年,习近平总书记提出"总体国家安全观"的科学论断,强调我国要走一条中国特色的国家安全道路。这一发展阶段,公共危机事件管理的目标在于最大限度保证安全发展,以人民利益为中心解决危机事件,把人民生命安全放在首位。自2018年党和国家机构改革以来,在整合原来11个部门13项应急管理相关职责,以及5个国家指挥协调机构职责的基础上,应急管理部正式组建挂牌,通过整合从深层次上改变了我国公共危机管理的格局。在横向上,遵循行政体制大部制改革的步伐,在坚持党的统一领导原则下,整合相关职能部门和议事协调部门,整合社会应急力量,发挥军地协同、军民合作的抢险救援作用[①]。在纵向上,强化属地管理,强调地方政府在公共危机管理中的主体责任,从中央总动员转向地方负责。同时,随着全面依法治国实践的推进,公共危机管理领域更加强调依法管理,通过建立相关法律体系、运用法治方式,提升公共危机管理的法制化、规范化水平,如制定《国家安全法》《网络安全法》,发布《关于推进安全生产领域改革发展的意见》等。

总体来说,中国公共危机管理体系向综合应急管理模式转变。根据《"十四五"国家应急体系规划》,我国正在推动形成统一指挥、专常兼备、反应灵敏、上下联动、平战结合的中国特色应急管理体制,建成统一领导、权责一致、权威高效的国家应急能力体系。应急管理机构的发展实现了从临时性指挥机构向常设制、常态化治理组织转变[②],在涉及的灾害种类、部门职能、灾害过程管理等方面均做出了调整,同时关注灾害应对的专业性,公共危机管理延伸到风险防控和减灾等过程,更加强调管理过程中的多主体参与,资源配置更加优化、资源统筹调度更加高效、资源保障更加全面。

11.3.2.2　中国公共危机管理发展现状

1. 中国公共危机管理取得的成就

(1) 公共危机管理基本实现体系化构建。中国特色社会主义现代化公共危机事件管理体系已初步构建,具体表现在三个方面。一是"一案三制"的公共危机管理体系已基本完善。根据不同的突发事件分类,配套不同的法律法规和

---

① 王郅强,彭睿. 我国应急管理体系建设的演进逻辑:溯源与优化[J]. 江淮论坛,2020(2).
② 朱正威,吴佳. 新时代中国应急管理:变革、挑战与研究议程[J]. 公共管理与政策评论,2019(4).

应急预案,并由相应的机构具体负责。二是公共危机预警已相对成熟,建立了国家突发事件预警信息发布系统。三是法律体系初步构建。包括宪法、法律、行政法规、地方性法规、部门规章、地方政府规章等各个层级的法律文件提供了公共危机管理的法律依据。2024年修订的《中华人民共和国突发事件应对法》提出进一步完善应急管理体制,健全物资、运输、能源等方面的应急保障体系。《国家自然灾害救助应急预案》和《突发事件应急预案管理办法》等也进行了修订。

(2) 风险治理观念和技术广泛传播。无处不在的风险深刻地改变了现代社会的运行逻辑与运行规则。近年来频发的公共危机事件通过网络等新兴媒介的传播使得社会各个主体对风险监控、预警和处置的参与意识及参与积极性大大提高,公共危机管理工作由事中应对和事后补救转变为事前预防。在当前的改革导向下,政府在公共危机管理过程中,已由原来的绝对主导者转变为在多个权利主体中处于主导地位的协调者或引导者。在突发事件应急处置过程中,企业、社会组织、高校、公民等社会主体的积极性被充分调动,每一方主体都能够在特定的领域担任风险治理的一定角色,全社会的风险防范能力得以有效提高。

(3) 公共危机管理技术应用水平不断提升。智能技术在公共危机管理过程中的重要性日益凸显,相关科学技术在公共危机管理过程中的应用更加成熟,并取得飞跃性的进步。公共危机管理和风险治理过程中所产生的信息能够及时被搜集、处理、利用和反馈,极大地提高了公共危机治理效率并促进了治理的科学性。数字化政府使得有关公共危机管理的决策、执行、管理、服务、结果全过程面向社会大众开放,不仅保障了权力的合法、合理行使,还促进了政府与社会之间信息的双向传递。例如,在2008年汶川地震中政府利用GIS等探测技术了解灾区地形情况,以此展开救援工作;在新冠疫情防控过程中,互联网、大数据应用更是深入防疫全过程。数字化技术融入公共危机管理工作的各个环节,并产生关键性影响,大大提升了公共危机管理的成效。

2. 中国公共危机管理存在的不足

(1) 公共危机管理法制建设不够充分。尽管出台了一系列应急法律法规,但尚未形成完整的法律体系。一是未将风险管理过程纳入法律体系,使得在危机爆发前不能有效识别风险,进而无法有效对可能的风险进行评估与处置。二是缺乏有关公共危机事件应对的引领性法律。尽管我国先后出台了一系列应急预案,已形成"立法滞后、预案优先"和"横向到边、纵向到底"的预案体系格局,但这也导致预案对法律的作用存在部分替代的问题[①]。三是缺乏统一的紧急状态下的立法。目前我国有关紧急状态的规定只在宪法中有所体现,在应对具体的突发事件时,有关紧急状态的法律法规依然处于实际的真空状态。

(2) 部门间管理职能划分不够明晰。目前各级政府之间对于公共危机管理职责的划分未进行统一认定,同时各职能部门在公共危机事件发生后如何进行衔接配合亦未明确,仍处于一种相对模糊的状态。同时,跨部门协调机制不健全,跨部门、跨城市的公共危机管理协同机制不通畅。横向上,部门联合行动容易出现政出多门、政策冲突,如应急管理部、卫生健康委、公安部等不同部门各守一摊,部门和职能分散造成权责不一、责任不明;纵向上,侧重领导命令层层下达,程序化决策过度依赖上级部门,致使"属地管理为主"处于"漂浮"状态,容易错失良机。

(3) 公共危机管理中信息共享机制缺位。虽然智能化技术在公共危机管理中有所应用,但信息共享机制不健全。一是不同机构间缺乏联动统一的信息指挥系统用以支持信息融合和综合研判,各个职能部门存在信息壁垒和信息不对称问题,导致管理效果不佳,政府管理资源浪费。二是在风险防范和预警过程中,虽然利用物联网感知技术、人工报送等方式获得相关数据资源,但是不同区域、不同层级之间的信息输送仍不通畅,全国危机信息库尚未建立,无法及时获取信息导致危机预判出现滞后问题。

(4) 公共危机管理问责机制不够健全。官员问责制作为政府在危机管理过程中的一种监督和奖惩机制,其健全与否直接关系到公共危机管理效果。尽管已出台《关于实行党政领导干部问责的暂行规定》《中国共产党问责条例》等,但在实践中"风暴问责"屡见不鲜,不少官员利用避责策略对问责制进行消解。官员平时的不作为、乱作为等现象会出现,是因为制度落实不到位或者官员的避责行为未得到及时纠正。"风暴问责"和"火线问责"等非常态化的问责

[①] 纪庭超,马克祥,李钦富,等. 我国应急管理体系面临的挑战及发展建议[J]. 中国应急管理科学,2021(7).

方式在程序、对象、过程、结果方面均欠缺科学性和合理性,不利于公共危机管理中的责任承担。

11.3.2.3 中国公共危机管理展望

1. 完善公共危机管理法律体系

结合世界各国的经验,我国需制定一部能够应对各类灾害危机类型,涵盖危机风险监测、预警、应对、恢复等公共危机管理全过程的综合性法律,并将其作为常态化管理工作的基本遵循。要针对现有的法律法规进行系统梳理,尤其是其中存在的已经不适应于实践的单行法律及各类其他法律条款或规定都应予以修订,让相关法律法规能够真正服务于各类突发事件的全流程管理,并为之提供有价值的理论依据和法律依据。此外,考虑到重大极端突发事件的发生,应将极端公共危机事件管理方案纳入法律体系,使常规和极端状态下的危机处理均有法可依。

2. 理顺公共危机管理组织机制

政府及时响应是危机处理的首要关键环节,应重视公共危机管理中的部门协调问题,针对仍然存在的部门各自为政、部门分割的现象给予相应的改革[1]。一方面,在纵向上要理顺体制机制,建立涵盖市、区、乡镇街道在内的政府协同联动机制,保障不同地方政府之间在信息上的互通及资源上的协调共享。另一方面,在横向上要明确突发事件处置中不同部门之间的权责范围,理顺公共危机管理部门与其他部门之间在突发事件应急处置中的权责关系,形成通畅高效的沟通互联渠道[2]。此外,政府应开辟社会深度参与的多元渠道,统筹、释放与发挥包括社会、企业、公民等在内的多元主体在公共危机管理中的作用。

3. 注重公共危机全过程协调管理

灾前预防与全流程管理在应急管理实践中的重要性日益凸显。预防是最经济有效的策略,要围绕"早发现、早报告、早处置"的目标,健全舆情监测、预防预警、网络直报公共危机管理体系,实现关口前移和重大疫情风险监测预警信

---

[1] 李国平. 超大城市疫情防控的实践经验——建立更加高效的突发公共卫生事件应急管理体系[J]. 人民论坛,2020(23).

[2] 王郅强,彭睿. 我国应急管理体系建设的演进逻辑:溯源与优化[J]. 江淮论坛,2020(2).

息数据共享。需要重视涵盖从事前的预防与准备、监测与预警,到事发的应急响应,事中的信息报告、危机决策、应急指挥与应急沟通,再到事后的恢复重建、危机总结的全流程公共危机管理的闭环逻辑,建成预防为主、防抗救相结合的公共危机管理运行机制。

4. 推动公共危机管理智能化

不仅要强调技术在实际操作中的应用,更要发挥互联网的信息沟通作用。一方面在相关部门内部优化整合资源,破除信息孤岛的弊端,利用信息技术将不同的指挥手段进行包括场景、手段和对象在内的统筹融合,建设数据互通的政府内部网络,实现决策连接的快速部署;另一方面要利用信息技术打通政府与社会和公民的沟通渠道,建立多维、立体有效的信息传播系统,加强信息反馈机制建设,方便政府了解危机全过程中社会的诉求和情况,也让公民能够更容易更直观地了解政府处理公共危机的全过程,提高管理效率。

复习思考题

1. 简述危机、公共危机的含义与特征。
2. 简述公共危机的分类。
3. 简述风险、突发事件、公共危机与公共危机管理之间的关系。
4. 简述公共危机管理的含义及其阶段划分。
5. 简述公共危机管理过程各个阶段的内容与措施。
6. 简述我国公共危机管理体系的演变历史。
7. 简述当前我国公共危机管理的成就与不足。
8. 结合中西方公共危机管理实践,简述如何有效开展公共危机管理活动。

第 12 章 公共管理方法和技术

■ **本章学习要点**

- 公共管理方法和技术的概念及特征
- 公共管理方法的分类
- 公共管理方法的地位和作用
- 公共管理方法的具体技术
- 公共管理方法的优势和劣势

12.1 公共管理方法和技术概述

随着现代化进程不断深化,公共事务在现代化过程中呈现出复杂性和多样性等特征,传统公共管理方法逐渐捉襟见肘。为了应对这些挑战,各种公共管理方法和技术应运而生。这些公共管理方法的运用不仅提升了公共管理的效率、效能,也促进了民主参与、公正、透明度等价值理念的实现。本节旨在深入探讨公共管理方法和技术的概念、特征以及分类,从而揭示其在公共管理领域中的地位与作用。通过深入探讨公共管理方法和技术,可以更好地理解公共管理的本质和特点,为实现有效的公共治理提供有力支撑。

12.1.1 公共管理方法和技术的概念及特征

公共管理方法和技术是指为了实现公共目标,公共组织在公共管理、公共服务过程中所采用的各种方法、方式、程序以及工具等。在现代社会中,公共管理方法和技术扮演着至关重要的角色,不仅涉及公共管理效率的提升,也与社会发展和公众福祉息息相关。公共管理方法和技术主要有以下四个方面的特征:

1. 相对具体

与其他公共管理内容相比,公共管理方法和技术比较具体。一是公共管理方法和技术的内涵相对具体。与公共管理方法和技术相比,公共目标涉及价值层面,如公平、正义、效率等,相对来说更加抽象。而公共管理方法和技术涉及事实操作层面,即如何运用合理合法的手段调配资源以达到既定目标。因而与抽象的公共管理目标相比,公共管理方法和技术更加具体。二是公共管理方法和技术的外延具有较明确的指向性。其外延不仅包括市场化、社会化等方法,也涉及一些行政命令等具体的技术。可以说,公共管理方法和技术是连接公共管理主体和公共管理目标的重要中介。

2. 关注工具理性

工具理性是公共管理方法和技术的重要特征。公共管理方法和技术较少强调对目标本身的反思,更专注于寻找能够达成特定目标的更高效的手段。但需要注意的是,公共管理虽然追求工具理性,但也没有忽视价值理性。在使用公共管理方法和技术的时候,我们不仅需要关注其效率维度,同时也不能忽视其民主价值维度。

3. 与时俱进

随着时代的发展,公共管理方法和技术会发生相应的变化。工业革命以前,公共事务相对简单,政府的职能主要集中在征税、司法等范围。与此对应,公共管理方法和技术自然就相对简单,以行政方法为主。但随着经济增长、社会自治、技术进步,单一的公共管理方法和技术难以解决复杂的公共问题。为了解决上述问题,社会化、市场化、数字共同生产等现代公共管理方法也就应运而生。可见,公共管理方法和技术会根据时代发展而更新迭代。

4. 兼具科学性和艺术性

公共管理方法和技术兼具科学性和艺术性两方面的特征:一方面,公共管理方法和技术具有较强的科学性。公共管理方法和技术的运用效果受到客观科学规律的约束,需要按照科学理论来使用公共管理方法和技术。另一方面,公共管理方法和技术也有较强的艺术性。公共管理方法和技术的运用效果受到公共管理主体素质的制约,公共管理主体需要在长期的实践当中学会因时因地运用公共管理方法和技术。因此,为了提高公共管理效率和效益,公共管理者不仅需要遵从科学规律,也要善于在运用公共管理方法和技术过程中积累经验。

12.1.2　公共管理方法和技术的分类

公共管理方法和技术有多种分类方式,下面我们将依据强制程度、抽象程度以及时代性特征介绍公共管理方法和技术的常用类型。

12.1.2.1　强制类方法和引导类方法

根据强制程度,公共管理方法可以区分为强制性和引导性两类。强制性公共管理方法主要指的是以事为中心的管理方法。按照这种以事为中心的管理方法,人处于从属的地位,个体必须服从组织权威。强制性公共管理方法主要包括行政方法、法律方法等。而引导性公共管理方法主要指的是一种以人为中心的管理方法,重视人文关怀和个体能动性,通过有效利用引导性手段,使组织成员自觉地去从事公共管理活动。引导性公共管理方法主要包括经济方法、思想政治教育、市场化、社会化、数字共同生产等方法。

12.1.2.2　一般方法和具体技术

根据方法的抽象程度,可以将公共管理方法划分为具有普遍性的一般方法和具有特殊性的具体技术。一般方法接近方法论层面,是所有具体技术的底层法则。一般方法具有以下三个特征:一是覆盖面广。一般方法涵盖面较广,因而通常可以应用到各个公共管理领域。二是抽象性。一般方法不关注操作的具体细节,而是对公共管理现象的抽象。三是间接性。一般方法不能直接应用到公共事务管理当中。与此相反,具体技术则往往适用范围有限,涉及方法的具体操作,能够直接作用到经验现实。虽然一般方法和具体技术有诸多差异,但它们也有着密不可分的关系:一般方法是具体技术的基本原则,有助于指导具体技术的应用;反过来,具体技术有助于一般方法的落地;而且在实践中总结和提升具体技术的共性规律,有助于一般方法的更新迭代。

12.1.2.3 传统方法与现代方法

根据方法的现代化程度,可以将公共管理方法区分为传统公共管理方法和现代公共管理方法。传统公共管理方法是指建立在专业分工、分层节制、非人格化、政治中立等原则之上的公共管理方法,具体包括行政方法、经济方法、法律方法以及思想政治教育等。而现代公共管理方法是指超越传统官僚制,在民主化、社会自治以及信息化等理念的指导下形成的公共管理方法,具体包括社会化方法、市场化方法以及数字共同生产等。与传统公共管理方法相比,现代公共管理方法具有如下特点:一是技术性。传统公共管理方法主要是基于过去的经验总结,存在较多相互冲突的"行政谚语",而较少技术含量高的科学原则。与此相反,现代公共管理方法的技术含量高,尤其像大数据、人工智能等数字技术,与科学理论的发展密不可分。二是民主性。传统公共管理方法通过非人格化、匿名化等内部导向来提升行政效率,但可能会导致问责难度增加。现代公共管理方法不仅追求效率,更强调从官僚制外部引入其他治理主体来实现民主问责。可见,传统公共管理方法更适用于相对稳定、任务相对明确、封闭的社会环境。与此相反,现代公共管理方法更适用于充满变数、模糊的、开放的社会环境。

表 12-1 为依据不同分类维度对公共管理方法的归纳。

表 12-1 公共管理方法的分类

一般方法	现代化程度	强制程度	具体技术
行政方法	传统公共管理方法	强制性方法	行政命令、行政处罚、行政调节、行政许可等
法律方法	传统公共管理方法	强制性方法	立法、执法、监管等
经济方法	传统公共管理方法	引导性方法	经济计划、货币政策、产业政策、收入分配政策等
思想政治教育方法	传统公共管理方法	引导性方法	体验式教育、理论教育、示范教育、群众教育等
社会化方法	现代公共管理方法	引导性方法	基层自治、社会组织治理、公众参与等

(续表)

一般方法	现代化程度	强制程度	具体技术
市场化方法	现代公共管理方法	引导性方法	政府外包、特许经营、私有化、内部生产等
数字方法 共同生产	现代公共管理方法	引导性方法	众包协同设计、众包设计和政府交付、政府设计和众包交付、联合交付、自动化共同生产等

12.1.3 公共管理方法和技术在公共管理中的地位与作用

12.1.3.1 公共管理方法和技术是实现公共目标的重要手段

服务公民并致力于实现公共利益不仅是公务人员的使命[①]，也是公共组织的核心目标。党的十九大报告明确指出，我国社会主要矛盾已经转化为"人民日益增长的美好生活需要和不平衡不充分的发展之间的矛盾"。综合应用公共管理方法和技术能够促进公共利益最大化，尽可能地适应人民群众个性化的需求。首先，公共管理方法和技术可以帮助公共组织更好地了解和满足人民群众的多元化需求。通过社会化等方法，公共组织可以深入了解人民群众的实际需求，有针对性地制定政策和提供服务，从而更好地实现为人民服务的目标。其次，公共管理方法和技术可以提升公共组织的治理能力和效率。在面对治理的复杂性和多变性时，公共组织需要依靠科学的管理方法和先进的技术手段来提高决策水平和执行效率。比如，利用大数据分析、人工智能等技术，公共组织可以更准确地预测社会发展趋势和人民需求变化，具有针对性地调整政策和资源配置。

12.1.3.2 公共管理方法和技术是公共管理改革的重要保障

公共管理方法和技术在公共管理改革中扮演着重要的角色，它们为变革提供了有效的工具。首先，通过公共管理方法变革解决政府机构膨胀的问题。例如，可以通过数字共同生产方法有效优化政府机构设置和职能分工，实现政府

---

① A. B. BAKKER. A job demands-resources approach to public service motivation[J]. Public administration review, 2015(5).

职能转变、机构精简和高效运转等目标。利用信息技术和数字化手段,实现政府与社会各方之间的协同合作,促进信息共享、资源整合和服务协同。通过数字共同生产,政府可以更好地利用社会资源,提高管理效率和服务水平,从而减少政府机构膨胀带来的问题。其次,公共管理方法和技术的革新还可以促进社会组织的发展和成熟。例如,政府可以利用信息技术和数字化手段,建立起与社会组织的紧密联系和协同合作机制,促进社会组织的规范化、专业化和健康发展。因此,公共管理方法和技术的革新是推动公共管理改革的重要保障,有助于适应新时代新环境提出的挑战,实现公共治理体系现代化。

12.1.3.3　公共管理方法和技术是公共管理者必备的能力

在现代社会,公共领域的管理工作日益复杂,需要公共管理者具备多方面的能力才能有效应对各种挑战和问题。首先,公共管理方法和技术能够提升公共管理者的技术性能力。公共管理涉及各种复杂的具体管理任务,包括制定政策、规划项目、组织实施、监督评估等。公共管理者需要掌握各种管理方法和技术,才能有效地开展具体工作。其次,公共管理方法和技术能够提升公共管理者的人际交往能力。在公共管理工作中,公共管理者需要与各种利益相关者进行沟通、协调和合作,需要运用有效的沟通技巧、协商技巧和领导能力,促进各方合作,解决利益冲突,推动公共管理目标的实现。

12.2　公共管理的传统方法

实现建成社会主义现代化强国的战略目标,需要公共管理方法和技术的支撑,尤其离不开公共管理方法的支持。传统公共管理方法是公共治理的基础,它是提升公共管理能力、实现政策目标的保障。本节学习公共管理的传统方法,比较各类传统公共管理方法的优势和劣势。通过把握公共管理的传统方法,为后续学习公共管理的现代方法奠定基础。传统的公共管理方法可以分为行政方法、法律方法、经济方法以及思想政治教育方法等。

12.2.1　行政方法

12.2.1.1　行政方法的内涵及其特征

行政方法是指政府等公共部门凭借行政权力,依靠行政命令、行政处罚等手段影响公共管理客体行为,最终实现领导、组织和管理公共事务的目的。在公共管理实践当中,行政方法有以下三个特点。

1. 权威性

权威依赖是源于自我规范内化和心理需要,科层制度通过正式或非正式的方式,将等级权力观念内化为成员的行为规范,使其在心理上形成一种对等级权力的内在需要①。权威性意味着政府或公共管理机构凭借其正式结构和合法性来影响公共管理客体行为。在公共管理实践中,政府的权威性是确保行政指令得到接受的关键因素。当然,这种权威性不仅取决于政府的行政级别和地位,还受到管理者的个人魅力、专业能力以及信誉等因素的影响。

2. 强制性

行政方法的强制性是实现统一行动的重要因素。经济方法等很难实现统一行动,无法解决集体行动的困难。公共部门具有较高的合法性,能够强制要求管理对象服从统一指挥。也就是说,在公共管理的权力约束下,下级必须在上级的指导下进行公共管理活动。行政方法特别适用于需要集体行动的紧急情况,例如战争、地震救援、大型感染病防治等。

3. 非经济性

在行政方法实行过程中,因为行政主体与行政对象之间不涉及经济利益关系,因而政府对必要公共资源的使用不需要遵循等价交换原则。例如征收、处罚等方式,一般不会补偿相对人的经济损失。可见,使用行政方法的经济成本较低,但是,正是由于行政方法的使用不讲究经济回报,可能会制约下级或管理对象的积极性和创造性。

12.2.1.2 行政方法的具体技术

1. 行政命令

行政命令是指公共管理部门依靠人民委托的权力,通过制定决议、决定、行政指令,并将之下达给下属部门或个人,强制要求其达成指定目标的公共管理方式。它可以有效地调动资源、推动工作进程、确保政府政策的贯彻执行。

---

① P. M. BLAU. The dynamics of bureaucracy: a study of interpersonal relations in two government agencies[M]. Chicago: University of Chicago Press, 1957.

2. 行政处罚

行政处罚是用于对违法违规行为进行制裁，维护社会秩序、公共利益和法律尊严的一种重要手段。行政处罚的形式多样，包括罚款、责令停产停业、没收违法所得等。行政处罚的程序包括立案、听证、作出处罚决定、执行和申诉等。在实施行政处罚时，政府必须遵循合法性、适用性、公正性、便民性和罚当其罪等原则，确保处罚决定合法公正。

3. 行政调节

行政调节是指公共管理活动中采用讨论、协商、调整等方式，通过上级与下级间自上而下的直线隶属关系来实现控制。上级政府部门在公共事务处理过程中应把握宏观方向，拥有目标设定权、检查验收权等；下级政府部门及其业务人员拥有一定自由裁量权[①]。这种方法相较于政府行政命令更温和，而且易于接受。

4. 行政许可

行政许可是一种重要的公共管理方法，用于规范和管理公民、法人或其他组织的行为，保障公共利益、社会秩序和市场秩序的正常运行。行政许可是指政府根据法律法规规定，对特定行为或活动的合法性进行审查，经审查合格后颁发许可证书，允许申请人从事相应的行为。行政许可涉及许多领域，如建设项目、食品药品安全、环境保护、经营许可等，不同领域有相应的许可制度。

12.2.1.3 行政方法的优势和劣势

1. 行政方法的优势

（1）有利于提高公共管理活动效率。由于行政方法通常以行政指令为工具，其指向对象较为明确，能够直接对特定行为进行规范。这种明确性使得政策执行更加高效。相比之下，其他决策方式如协商、协调等可能需要更多的时间和资源来达成共识，而行政方法则能够更迅速地实现管理目标。

（2）有利于集体行动。由于行政方法具有权威性、强制性等特点，因此，它能够有效地动员政府、企业、非营利组织以及公民个体等，根据具体问题情境快速制订出有效的解决方案。

---

① 周雪光,练宏.中国政府的治理模式：一个"控制权"理论[J].社会学研究,2012(5).

(3) 有助于促进其他公共管理方法实施。其他公共管理方法和技术在权威性、强制性等方面较弱，可能会影响这些方法的实施效果。如果其他公共管理方法与行政方法相结合，将有助于公共管理目的的实现。

2. 行政方法的劣势

(1) 缺乏稳定性。行政方法的效果实现在很大程度上受到公共管理组织和领导者特征与能力的影响，可能会存在"人存政举，人亡政息"的问题。为了获得更好的效果，行政方法还需要与完善的领导制度、权力制约有效结合。

(2) 抑制创新。行政方法具有较高的强制性。行政客体若不遵守行政方法的处理，则可能会面临较为严重的违规后果，迂回的空间较小。因而，如果过度使用行政方法可能不利于下级创造性的发挥，最终会限制行政方法的效果。

(3) 容易僵化。行政方法具有权威性、强制性等特征，往往不会考虑管理客体的特殊性而"特事特办"。客观来说，这种非人格化的处理方式的确有利于公平公正，也有助于巩固政府的权威。但是，它可能无法因地因时制宜进行灵活处理，反过来会制约行政效率的提高。

12.2.2 法律方法

12.2.2.1 法律方法的内涵及其特征

法律方法是公共部门在公共管理活动中依照法定职权和程序，将国家法律法规应用到具体的行政管理活动中，以达到依法行政的目的。对法律方法的合理运用可以有效平衡政府权力和公众权益，促进社会公平正义的实现。这里的法律包括国家立法机关制定的宪法、法律以及国家行政机关在其职权范围内制定颁布的各种行政法规、自治性法规等。法律方法具有以下特点：

1. 权威性

法律方法有助于协调公共管理活动更好地开展。法律法规是所有公民和法律授权的公共活动开展者的一种契约，由人们共同订立并遵循。一般法律法规能得到全社会的认可，具有高度的法理型权威，因此对参与公共管理的每个个人或组织都有约束力。这种方法在公共管理中的运用更能体现公共管理活动的权威性，而且具有立竿见影的效果。

2. 强制性

法律对所有组织和个人具有同等的约束力，它是契约框架内的每个人都必须遵守的行为准则。公共管理法律规范对公共管理活动中的行为发起者和行为结果受众均具有强制性和约束力，亦即"法律面前人人平等"。法律方法通常由公共管理活动中的行政执法部门实施，这个过程中还需借助强制手段，通过国家机器的强制性保障公共管理活动有序进行。

3. 稳定性

一个稳定的、可预测的法律体系有助于建立公民对法治的信心。当法律规则和程序稳定时，人们更容易理解并遵守法律。法律的稳定性对于经济发展具有积极的影响。因为在法律的规范作用下，公共管理活动中涉及的各种管理关系能渐趋稳定，进而推动管理结构的稳定。法律方法的稳定性使得它可以被预测，帮助行动者在一个可预测的经济环境中进行选择。可见，法律方法有利于为社会生产和生活提供稳定的预期，促进经济社会的发展和国家的长治久安。

12.2.2.2.2 法律方法的具体技术

1. 立法手段

立法是公共管理中最基本的法律手段之一，其重要性在于通过制定法律和法规，对公共行为进行规范和约束。立法可以由立法机关如人大进行，也可以由行政机关依据授权制定次级法规，从而确立公共行为的法律地位和规范要求。立法过程通常包括问题识别、立法草案起草、立法讨论、法律通过等环节。立法的重要性体现在它能够为社会提供明确的行为规范，保障公民权利和社会秩序，促进社会和谐稳定发展。因此，立法不仅是公共管理的基础，也是维护国家法治和社会正义的重要手段。

2. 执法手段

执法是指根据法律规定，由执法机关对违法行为实施处罚或者其他强制性措施的行为。在法律方法当中，执法手段是保障法律实施和维护社会秩序的重要手段，通过执法机关对违法行为进行制裁，维护公共利益和社会稳定。首先，执法确保了法律的有效实施。执法机关通过对违法行为进行制裁，向社会传递了法律的权威性和严肃性，促使公民自觉遵守法律。其次，执法维护了公共利益和社会稳定。在日常生活中,难免会出现一些损害公共利益和社会秩序的行为,如违反交通规则、侵犯他人权益等。执法手段可以有效地打击违法行为,维护公共利益和社会秩序的正常运转。执法手段还起到了预防犯罪和减少违法行为的作用。执法机关通过加强巡逻、加强监管、加强宣传教育等手段,向社会传递了对违法行为零容忍的态度,起到了震慑和警示的作用,有效地降低了违法犯罪的发生率。

3. 监管手段

监管是指对公共事务进行监督和管理,旨在保障法律规定的实施和执行。监管是确保公共事务合法、规范、有效运行的重要手段,监管机构对行政机关和公共组织行为进行监督和检查,以确保其合法性、规范性和有效性。公共组织作为公共服务的提供者,其管理水平直接影响到公共服务的质量和效率。监管机构对公共组织的行为进行监督和检查,有助于发现和解决管理中存在的问题,提升其管理水平和服务能力。公共事务涉及众多利益相关者,其中一些利益可能会与公共利益相冲突,而监管机构可以确保公共事务的决策和执行过程合法、公正,不偏不倚地维护公众利益。在公共管理中,行政机关承担着重要的职责,但也容易出现滥用职权、违法行为等问题,对行政机关的行为进行监督和管理,可以确保其依法履职。

12.2.2.3 法律方法的优势和劣势

1. 法律方法的优势

(1) 常态化的法律方法更擅长处理重复出现的问题。法律方法在处理结构性问题上的效率极高,而且,能使公共管理者从一般共性问题中脱身,将更多精力用在非结构化的例外事件上。

(2) 法律方法促进社会公平和正义的重要性不可忽视。法律方法对事不对人,从而保障了社会的公平和正义。通过法律的制定和执行,可以防止腐败的滋生,确保公共资源的合理分配和利益的公平享有。法律方法的适用和执行不仅为处境不利群体提供了法律保护,也有助于规范和约束权力的行使。

(3) 法律方法成本相对较低。相对于频繁调整政策,法律方法的调整成本可能更低。合理有效的法律框架一旦建立,面对时代的发展变化,可能只需要进行较小的修改或补充,而不需要大规模的改革或重组。它相当于公共管理系统内部的一种自动调节机制,不需要周期性大规模的调节,从而减少内部损耗,有助于降低公共管理成本。

2. 法律方法的劣势

(1) 法律方法更适合处理常规事件,对于极端事件的应对能力相对有限。因为法律方法更多的是基于过去的经验发展起来的,缺乏灵活与弹性,所以不擅长处理非程序性例外事件。

(2) 法律方法的过度使用不利于激励下级和管理对象的积极性。因为法律方法具有较强的强制性特点,过度使用可能会挫伤下级的主动性。

(3) 法律方法不擅长处理关系复杂的利益冲突问题。特别是在多方利益关系错综复杂的情况下,法律方法往往捉襟见肘,因为法律方法可能无法完全覆盖各种情况下的利益冲突。法律程序的烦琐性限制了法律方法在短时间内快速解决复杂利益冲突的能力。因此,在处理关系复杂的利益冲突问题时,仅仅依靠法律方法往往无法达到最佳效果。

12.2.3 经济方法

12.2.3.1 经济方法的内涵及其特征

经济方法是指在公共管理活动中,公共管理主体自觉运用经济发展规律,通过运用价格、信贷、利率、税收、工资、奖惩等经济杠杆,对经济社会进行调节的管理方法。经济方法要求管理者利用经济理论知识,通过利益诱导实现宏观经济发展目标,最终实现社会公共利益的增长。

经济方法具有以下特点:

1. 激励性

激励相容理论要求代理人的个人利益和委托人的既定目标达成一致,从而最终实现个人利益和社会利益[1]。如果委托人采用强激励合同,那么代理人就会把更多的努力配置到绩效可度量性高的任务上。经济方法的根本特点在于它能够直接与个体的物质利益挂钩,从而更具激励性和实效性。例如,通过设

---

[1] L. HURWICZ. The design of mechanisms for resource allocation[J]. The American economic review, 1973(2).

立奖励制度或提供额外的经济报酬,可以促使公共服务人员更加努力地工作,提升服务质量和效率。经济方法更具灵活性,能够更好地适应不同人群和情境的需求。

2. 多样性

为了更好地实现公共利益,需要根据不同的服务对象和具体情境因素选择合适的经济方法。这些方法包括但不限于价格调控、税收政策、信贷政策、利率调整、汇率管理、工资调整以及资金投入等。例如,通过价格政策调节市场供需关系,引导资源配置;通过税收政策调整财政收入和支出,实现财政平衡和社会公平;通过信贷政策调控货币供应,维护金融稳定;通过利率政策影响货币市场利率,调节经济活动水平;通过汇率政策维护国际收支平衡等。

3. 灵活性

行政方法往往比较僵化,经济方法则相对灵活。经济方法在公共管理中的灵活性体现在其具有弹性的调整机制上。通过调整价格、税收、利率等经济方法,可以及时应对市场变化、社会需求的变化以及满足政府政策调整的需要。例如,在市场上供需失衡时,通过调整价格机制可以使市场重新达到平衡状态,而不需要过多依赖行政干预。

12.2.3.2 经济方法的具体技术

经济方法以物质利益为基础,充分调动组织和个人的积极性和主动性,推动社会生产分工的协调合作,主要作用于经济领域。经济方法主要包括以下的具体技术:

1. 经济计划

经济计划是指政府对未来经济活动的筹划与安排。其目的是使组织内部资源配置实现最优化,促进组织生产力的提升。从国家层面来看,在特定时期,国家对资源配置所做的提前筹划,促进了国家的繁荣昌盛。根据经济计划的强制性程度,经济计划又可以区分为指令性计划、指导性计划以及自主性计划。

2. 货币政策

货币政策指的是国家为了实现其特定的经济目标,通过中央银行采用各种控制和调节货币供应量及信用量的路线、方针、政策以及各项具体措施。根据不同时期的经济发展情况,中央银行需要对货币的供应采取"紧缩的""宽松的""中性的"等政策导向。货币政策包括一系列的操作工具,具体主要有:信贷计划、中央银行贷款、利率政策、存款准备金等。

3. 产业政策

产业政策是国家制定的引导国家产业发展方向、推动产业结构升级、协调国家产业结构的政策。产业政策在发展中经济体和发达经济体中都很普遍。许多发展中国家的政策制定者认为,发展中国家存在很多市场失灵的问题,政府通过强有力的产业干预来摆脱贫困陷阱是理所当然的。可以说,产业政策是政府为了实现一定的经济和社会目标而对产业的形成和发展进行干预的各种政策的总和。因此,产业政策包括旨在促进生产要素从低生产率活动向高生产率活动重新分配的各种行动。

4. 收入分配政策

收入分配政策指的是为了实现宏观调控的目标,党和国家针对居民收入再分配方面制定的方针、政策和各项举措。为了真正让改革成果惠及最广大人民群众,我国一直以来推行的是以公平正义为原则的收入分配政策。2007年,党的十七大报告在收入分配问题上将过去"初次分配注重效率,再分配注重公平"的提法,改为"初次分配和再分配都要处理好效率和公平的关系,再分配更加注重公平"。为了更好地体现人民当家作主,习近平总书记再次提出"共同富裕是社会主义的本质要求"。这些理念体现在一系列的分配政策当中。

12.2.3.3 经济方法的优势和劣势

1. 经济方法的优势

(1) 有助于发挥公共管理客体的积极性。行政方法与法律方法较容易打击行政客体的积极性。与这些具有强制性的方法不同,经济方法主要是以物质利益为基础,与人类的物质需求紧密挂钩,因而更容易充分有效地调动管理人员的积极性和创造性。

(2) 更加灵活。经济方法相对灵活,能够根据客体的需求来进行调节,达到事半功倍的效果。该方法能够减少政府对经济发展不必要的干预,而且采取引导规范式的方法,更能有效推动经济健康发展。

(3) 有助于形成良性的竞争环境。经济方法的运用能够在市场中塑造公正、透明的竞争环境,为企业提供公平的竞争机会,从而激发创新和效率提升的动力。通过正确引导市场竞争,政府能够促使企业提高产品质量,进而推动整个产业链进步。

2. 经济方法的劣势

(1)强制性不强。与行政方法相比,经济方法虽然具有更高的灵活性,但其强制性相对较弱。在软约束的条件下,治理客体不一定会服从经济方法的调节。而且经济方法往往涉及多方利益,有时甚至会形成冲突的复杂局面。在制定和执行经济政策时,需要考虑各利益主体的诉求,这可能导致决策的迟缓。

(2)没有全面考虑个体的需求。个体不仅仅是追求物质利益的经济人,同时也是具有政治意识的政治人和社会责任感的社会人。仅仅依赖经济激励难以完全满足个体的全部需求。社会人、政治人这些层面涉及个体在社会中的角色和责任。除了物质上的奖励,思想激励对于强化个体的社会责任感和参与感同样至关重要。

(3)稳定性不足。与行政方法和法律方法相比,经济方法更容易受到市场波动、外部环境以及不确定性因素的影响,因而在维持长期、稳定的政策方面效果不佳。过分追求灵活性可能导致政策的频繁变动,使得企业和个人难以适应新的政策环境。

12.2.4 思想政治教育方法

12.2.4.1 思想政治教育方法的内涵及其特征

思想政治教育方法是指通过宣传、说服、沟通、精神激励等,在管理过程中潜移默化地调动公共管理者的积极性以实现公共目标的公共管理方法。政府只有获得合法性,才能够获得民众自愿的支持。这意味着政权需要在法律和制度上得到公民的认可和接受,从而获得合法性地位。意识形态为政权的合法性提供了有力支撑[1],其中思想政治教育是培养和传播意识形态的重要工具和方法。

思想政治教育方法主要有以下特点:

---

[1] 倪星. 政府合法性基础的现代转型与政绩追求[J]. 中山大学学报(社会科学版),2006 (4).

1. 渐进性

思想政治教育方法的潜在性影响是渐进的,不是一蹴而就的。教育者需要在长周期内不断重复、强化相关教育内容,以确保影响深入潜意识,并在个体内部逐渐形成稳定的思想观念和政治态度。通过经常性的教育,个体更容易形成对特定思想和政治观念的认同和接受,从而让这些观念在他们的心中扎根。

2. 超稳定性

虽然思想政治教育方法可能需要一定的时间来深刻地植根于教育对象的心理和意识中,但一旦成功,它将产生稳定的动力。这种稳定的心理和意识上的动力不仅仅是一时的产物,而是一种牢固的价值观和信仰体系的体现。这种稳定的心理和意识上的动力将在教育对象群体中引起一种共鸣,使其面对各种社会变革和挑战时保持坚定,进而在公共管理中形成持久的影响。而且,思想政治教育方法能够从意识形态的方面强化政府的合法性。

3. 自觉性

思想政治教育方法的自觉性体现在通过内在的道德、伦理观念和价值观的培养,使公共管理者在外部制度不够成熟时,仍能自觉地规范自身行为。思想政治教育有助于培养公共管理者的自我认知能力,使其清晰地认识自身的责任和角色。通过自我管理,公共管理者能够更加自觉地完成任务,不受外部制度的限制和约束。

12.2.4.2 思想政治教育方法的具体技术

1. 体验式教育

体验式教育是一种强调亲身实践和体验的教育方法,通过参与实践活动、志愿服务等形式,让人们深刻地感受到特定思想政治观念的重要性和影响。通过亲身参与和实践,个体可以更加深刻地理解抽象的政治概念,并将其转化为具体的行动。例如在志愿服务中,通过与社区中的不同群体互动,可以让人们体会到团结合作、奉献等价值观念的实际意义。而在社会实践中,直接接触社会现实问题,如贫困、环境污染等,可以唤起人们对社会责任和公共利益的意识和担当。这种基于亲身经历的教育方法,不仅可以增强个体的思想认同和政治意识,还能够培养其实践能力和责任感,从而更好地适应社会发展的需要。

2. 理论教育

理论教育在公共管理中具有重要意义,它不仅仅是一种学术性的传授,更是塑造公共管理者和领导者正确世界观、人生观、价值观的关键途径。在公共管理领域,理论教育扮演着引领思想、指导实践的重要角色。首先,理论教育有助于公共管理者树立正确的科学的世界观和方法论。通过学习马克思主义理论等基本原理,公共管理者能够深刻理解社会发展规律、人类社会历史演进的本质,并在实践中运用这些理论指导具体工作,提升管理效能。其次,理论教育有助于公共管理者树立正确的价值观和道德观。在公共管理领域,管理者的决策和行为往往关乎民生、社会公平和正义,因此必须具备高度的道德素养和社会责任感。通过理论教育,管理者能够深刻领悟马克思主义的人文关怀和社会责任理念,树立正确的价值取向。最后,理论教育还有助于公共管理者不断提升自身的学识和能力。公共管理是一个知识密集、技能要求高的领域,只有不断学习和掌握最新的理论知识和管理技能,才能适应复杂多变的管理环境,有效应对各种挑战。

3. 示范教育

示范教育通过典型事例和模范人物的展示,能够深刻地影响和激发公众的思想共鸣和行为模仿。这种方法不仅仅是简单地传递理论知识,更是通过贴近生活的案例和身边可见的榜样,将正确的思想观念和积极的行为态度生动地呈现给公众。当公众看到那些在困境中坚持正确信念的典型人物时,他们会被深深地感动和激励,从而希望自己也能像他们一样成为社会的积极力量。这种示范引领可以通过各种形式来实现,比如举办颁奖典礼表彰先进典型、开展模范个人事迹宣传报道、组织模范人物经验交流等活动。这些活动将典型事例和模范人物的精神传承与社会实践相结合,使之成为社会各界学习和借鉴的榜样。通过不断地弘扬正能量,树立一批又一批可敬可亲的楷模,可以有效地引导和影响广大群众,推动社会的良性发展和进步。

4. 群众教育

群众教育不仅是马克思主义中国化中"从群众中来,到群众中去"的群众路线在公共管理领域的实践[①],也是当今公共管理民主化趋势的具体体现。群众

---

① 蔡礼强.中国共产党群众路线的核心特质与主要优势[J].甘肃社会科学,2024(3).

教育作为思想政治教育的重要组成部分,主要是指在社区、企业和农村等基层单位开展广泛而深入的宣传教育活动。这些活动通常通过集体学习、宣传教育等方式影响广大群众的思想观念和政治立场。在社区,定期举办的学习会、座谈会和主题讲座,为居民提供了一个共同交流、学习和分享的平台,使他们能够更加深入地了解党的路线方针政策以及国家政策、法律法规。在企业,举办思想政治教育培训班、主题活动和员工交流会,有助于增强员工的团队凝聚力和组织认同感,推动企业发展与员工共同成长。在农村,通过村级组织、农民合作社等基层单位,开展形式多样的思想政治教育活动,帮助农民增强法制观念、科学观念和文明观念,推动农村文明建设和乡村振兴。群众教育的开展不仅有助于提升群众的思想政治素养,更重要的是促进了社会主义核心价值观的传播和践行,推动了全社会的思想观念和文明素质的提升。

12.2.4.3 思想政治教育方法的优势和劣势

1. 思想政治教育方法的优势

(1) 有助于防患于未然。其他公共管理方法更偏向于事后治理,而思想政治教育方法则注重事前预防。思想政治教育方法在尽可能减轻失范的公共管理行为带来的危害方面更有效。政府公务人员在出现违法违规行为之前,一般会表现出相应的动机,对此,可以通过思想政治教育方法来防微杜渐。

(2) 效果更为持久。行政方法、法律方法等虽然对社会治理有立竿见影的效果,但无法形成长期的影响。与此不同,思想政治教育方法的影响是深远持久的。如果能在公共管理组织内部形成健康的管理文化,就有可能会形成长期的管理效果。

(3) 范围更广。其他公共管理方法更注重从外部影响公共管理者,但这种影响往往是有限的。尤其是当外部激励不存在的时候,公共管理者的行为可能又会恢复原样。与此不同,思想政治教育方法主要是从内心影响公共管理者,能够最大限度地影响公共管理者的心理和行为,尽可能地规避不规范的行为。

2. 思想政治教育方法的劣势

(1) 思想政治教育方法的效果很难预测。因为思想政治教育方法涉及的工作一般都是周期长、任务重;而且与其他方法相结合,往往难以进行客观的因果效应评估,所以思想政治教育方法的效果不明确。

（2）思想政治教育方法的约束力不强。与法律、行政等方法相比较，思想政治教育方法缺乏政府强制力作为后盾，主要是对人的主观层面进行影响，对行政客体没有较强的威慑，行政客体不一定会依从。

（3）思想政治教育方法容易僵化。与经济方法相比，思想政治教育方法使用不当很容易形成形式主义作风。尤其是当思想政治教育方法不够关注人的思想活动规律时，容易造成适得其反的结果。这种僵化可能源于教育者过于强调单一的意识形态，忽视了个体差异和思想多样性，导致教育内容的刻板化。

12.3　现代公共管理方法

伴随着民主化、经济全球化、信息化的深入发展，公共事务内容和规模发生变化。为了有效应对上述挑战，公共管理方法和技术也不断适应时代发展而创新。本节将着重对公共管理新方法中的社会化方法、市场化方法和数字共同生产方法进行介绍，展示这三种方法的内涵、具体技术以及它们的优势和劣势等。

12.3.1　社会化方法

12.3.1.1　社会化方法的内涵及其特征

社会化方法是一种注重公民参与和基层自治的管理方式，其核心目标是实现公民自我管理和自我服务。这种方法强调利用社会资源，通过政府和社会之间的互动来达到公共管理的目标。

社会化方法的主要特征有几个方面：

1. 自下而上

社会化方法实质上可以追溯到中国古代，例如乡绅、三老等就是在地方管理中采用类似今天社区治理的方法。需要指出的是，由于在传统封建社会中统治者的资源和手段有限，主要是通过"自上而下"的权力影响机制。与传统的统治方法不同，现代的社会化方法更多是社会自治成熟的产物。现代社会化方法强调公共事务的参与性和协作性，倡导社区层面的自治和自我管理。这种方法体现了公民对政府的诉求，具有"自下而上"的特征。

2. 自主性

传统的公共管理方法往往强调政府主导，不仅降低了政府治理的效率，也不利于社会自治的发展。与此不同,社会化方法强调社会组织积极主动参与公共服务和公共管理,体现了一种公民自主组织、自我管理的特征,增强了社会的活力和自治能力。

3. 透明化

社会化方法倡导公共管理的透明化,强调政府与公民之间的互动和信息共享。政府在决策制定和执行过程中应该及时向公众公开信息,接受公众的意见和建议,提高决策的合法性和公信力。这种信息透明化不仅有助于增强政府的责任感和透明度,也有助于增强公民的信任和参与度,促进社会的和谐稳定。

12.3.1.2 社会化方法的具体技术

根据参与的主体不同,结合学者的观点①,社会化方法的具体手段包括:

1. 基层自治

基层自治是一种建立在社区认同基础上的社会自治形式,其目的在于通过协调合作,由基层社区提供满足居民需求的公共物品。基层自治是治理理论在社区场域的具体体现,旨在通过自主组织和参与,促进社区内公共事务的良好运转。乡里制度是传统社会中重要的地方自治形式之一。乡是中国传统的基层行政区划,里则是乡的下属组织,由乡绅、保甲首领等组成。中华人民共和国成立后,废除了传统乡里制度,但也带来了基层治理的难题。为了解决基层治理问题,杭州、上海、济南、天津、武汉等地采取了基层自治的形式进行治理。这种自治的形式主要包括民主选举、民主决策、民主管理、民主监督等。在基层自治中,民主选举是一种重要的机制,通过选举产生的社区领导者能够代表居民的利益,参与决策和管理。而民主决策则强调居民在重大事务上的参与,通过广泛征集意见、开展讨论,确保决策的公正和民意的充分表达。民主管理和民主监督是基层自治的重要组成部分,通过建立有效的管理体制和监督机制,确保社区事务的透明和公正运行。

2. 社会组织治理

社会组织指由公民自愿组成,为了实现共同意愿,能够主动承担社会责任而不以营利为目的的组织。社会组织治理则是对社会组织的管理和运作进行

---

① 王乐夫,蔡立辉. 公共管理学[M]. 北京:中国人民大学出版社,2008:338-339.

有效监督、指导和规范的过程。它涉及对社会组织的组织结构、决策机制、财务管理、项目实施等方面进行管理和监督,旨在确保社会组织合法、规范、有效地开展各项活动。社会组织在国家治理体系中扮演着重要角色。首先,社会组织提供了灵活多样的公共服务,填补了政府无法覆盖的服务空白,增强了社会的凝聚力和稳定性。社会组织由于规模较小,适应性更强,且了解当地情况,因此能够在社会治理中发挥最佳作用。其次,社会组织促进了政治参与和民主发展,为公民提供了参与社会事务的平台,增强了公民的民主意识和责任感。作为独立的第三方,社会组织能够监督政府行为,提高了政府的透明度。社会组织由民政部主管。民政部负责制定社会组织管理政策,指导、监督社会组织工作。各级民政部门负责社会组织的登记管理、监督管理。一直以来,我国很多地方政府在尝试通过降低准入门槛的方法来发展社会组织,如取消对行业协会、商会、科技协会、公益慈善组织等服务性社会组织的赞助要求。不过,社会组织的自主性依然还有较大的提升空间[①]。

3. 公众参与

公众参与是一种充分调动公民参与政治的社会化方法,让公众参与到公共服务提供和管理决策当中。一些研究发现,公民参与确实能够提升其对公共服务的满意度[②]。在真正的政治参与中,公民是主要的讨论者和决策者,而政府是辅助角色,主要职责涉及设定目标、提供激励、监督过程和提供信息。公民参与机制包括公开听证会、公民论坛、社区或邻里会议。公民参与还包括公民调查、电子邮件等方式。其中,听证会是一种较为有效的公众参与方式。这种制度尝试把司法审判的模式引入行政和立法程序。听证会模拟司法审判,由意见相反的双方互相辩论,其辩论的结果通常会影响最后的处理。结合我国具体情况,听证会能发挥公民参与的作用。

12.3.1.3 社会化方法的优势和劣势

1. 社会化方法的优势

(1) 社会化方法与中国特色社会主义的制度特征有相通之处。充分使用

---

① 詹轶. 社会组织治理中"同心圆"架构及其"委托—代理"关系——基于S市枢纽组织的研究[J]. 公共管理学报, 2018(3).

② 谢刚, 苗红娜. 社区公共参与何以增促居民的公共服务获得感?[J]. 公共行政评论, 2023(2).

社会化方法不仅有助于彰显我国社会主义制度和民主集中制的优越性,而且也有助于提高人民群众自我管理的能力,切实践行人民当家作主的宪法理念。

(2) 增强社会治理效果。传统公共行政忽视了从公民的视角提供公共服务,往往会导致需求和供给不匹配,进而降低公共服务效果。通过社会化方法引入公众参与和评价机制,不仅能够减轻政府提供公共服务的负担,同时也能提升公共服务满意度。

(3) 预防和惩治腐败。阳光是最好的防腐剂,信息公开能够预防和监督腐败。但传统官僚体制对外开放程度有限,官僚个体在行政过程当中也是匿名的,不利于民主监督,容易滋生腐败。与此不同,社会化方法引入了社会主体参与,无形中提升了公共管理和公共决策的透明度,减少腐败发生的概率。

2. 社会化方法的劣势

(1) 社会化方法适用的范围有限。采用社会化方法有一个重要的前提,就是社会自治水平较高。那些社会自治资源比较多的地区才能够在公共服务当中吸纳社会组织的力量[①]。当社会自治水平不高的时候,将公共服务供给转交给非营利组织等主体,甚至可能会导致公共服务质量下降。

(2) 可能导致职责推诿的问题。为了部门利益考虑,一些政府职能部门可能会将许多本应该由政府承担的公共服务转嫁给社会。这样做,不仅是政府逃避了自己的公共责任,可能也会导致部分社会组织变为准政府机构,弱化其自身存在的合法性。

(3) 可能会出现效率低下的情况。如果社会化方法缺乏有效监督,同样可能出现委托代理问题,社会组织或公民个体会"搭便车",进而导致集体行动困境。我国各地方政府一直以来关注社会组织效率低下的问题,例如内蒙古自治区民政厅持续开展"僵尸型"社会组织清理整治行动,通过撤销登记、劝导注销、整合等方式,清理无效、低效社会组织1930家[②],优化了社会组织结构。

[①] S. C. KANG, R. NESBIT, J. L. BRUDNEY. Local government volunteer use: a resource dependence and transaction costs explanation[J]. Public administration review, 2022(5).

[②] 内蒙古民政厅拟撤销161家社会组织[EB/OL]. [2024-07-23]. https://nm.cnr.cn/xinwensudi/20230217/t20230217_526157119.shtml.

12.3.2 市场化方法

12.3.2.1 市场化方法的内涵及其特征

市场化方法是指公共部门利用市场这一资源配置手段来提供公共物品和公共服务的公共管理方法。市场化方法的具体工具包括政府外包、特许经营、私有化和内部生产等。

在采用市场化工具推进公共服务民营化的进程中,市场化方法的主要特征有以下几个方面:

1. 社会公共性

社会公共性是市场化方法的基本特性,如果失去了社会公共性,市场化方法也就失去了存在的必要。因此,市场化方法虽然涉及政府原来承担的部分任务的移转,但这种移转应该以不破坏公共性为限。即使特定市场化方法可能会带来效率和效能的提高,但如果可能会损及公共利益,而且无其他弥补措施,那么该项目应由政府保留。对于市场化的项目,政府仍应根据其与公民基本权益关系的远近,肩负不同程度的监管责任。

2. 重视成本

市场化方法需要考虑成本的因素,尤其是交易成本。应从整体上考察市场化对不同主体之间得失的分配。市场化方法可能会带来高昂的社会成本,例如可能会造成高失业率的问题,所以在市场化中应该关注社会处境不利民众的应有权利。

3. 注重社会资本的参与

政府重视通过税收优惠、财政补贴等方式提供激励措施,降低企业融资成本,增加投资吸引力。同时,加强金融支持,开展信息宣传和招商引资活动,建立公私合作模式,加强行业引导和政策支持,都是促进社会资本参与的有效途径。综合运用这些措施,政府可以有效引进社会资本,推动经济的发展和社会的进步。市场化方法注重社会资本的参与具有重要的意义,不仅能够促进经济的增长和创新,还能够优化资源配置、拓展就业机会、提升企业社会责任意识。

12.3.2.2 市场化方法的具体技术

市场化方法可以分为以下四类:

1. 政府外包

政府外包指把民事行为中的合同引入公共管理领域,它以合同双方当事人协商一致为前提,是一种双方合意的行为。政府外包被认为既能提高服务水平,又能缩小政府规模,是降低成本的有效的公共管理工具。因为竞争性市场会对私营企业产生更好的激励作用,从而使私营企业比行政部门更有效率。在大多数市场经济体中,政府公共服务外包的比例在15%—45%。政府外包有助于提升公众对政府的满意度[①]。其中,医疗保健、经济事务(如基础设施、交通、通信、能源和研发)和教育通常是政府采购服务中占比较高的领域。政府可以通过两种方式外包政府服务。一是政府可以从非政府部门购买商品和服务,将其用作自己供应链的投入。二是政府可以向私营企业支付费用,让私营企业直接向最终用户提供商品或服务。市场化项目一般是由政府投资,私营企业承包整个项目中的部分职能,例如负责工程建设,或者受政府的委托代为管理维护设施,并通过政府付费实现收益。在外包类社会化项目中,私营企业承担的风险相对较小。在现实中,是否外包特定公共服务的决定很复杂,涉及服务特征、财务、意识形态等方面的考虑。

2. 特许经营

特许经营指由公共部门授予私营企业经营和管理某项公用事业的权利,通过特许协议明确双方的权利与义务,从而达到公共管理目的的一种工具。20世纪70年代后期以来,随着新公共管理运动的兴起,特许经营在公共部门管理中得到广泛应用,尤其是应用于高速公路、铁路、供电、通信、城市供暖、垃圾处理、污水处理、停车场、监狱等设施的建设和经营中,在公共物品生产和提供中发挥着重大的作用。项目需要私人参与部分或全部投资,并通过一定的合作机制与公共部门分担项目风险、共享项目收益。根据项目的实际收益情况,公共部门可能会向特许经营公司收取一定的特许经营费或给予一定的补偿。这就需要

---

① G. R. LEE, S. LEE. How outsourcing may enhance job satisfaction in the U. S. federal bureaucracy: exploring the role of knowledge sharing[J]. American review of public administration, 2020(4-5).

公共部门协调好私营企业的利润和项目的公益性两者之间的平衡关系,因而特许经营类项目能否成功在很大程度上取决于政府相关部门的管理水平。

3. 私有化

私有化是指将原本由政府或公共部门控制和运营的企业、资产或服务转让给私营企业的过程和实践。这意味着政府放弃或减少其在经济活动中的直接参与,转而让私营企业承担更多的责任和角色。私有化项目需要私营企业负责项目的全部投资,在政府的监管下,通过向用户收费收回投资获得利润。2007—2008年国际金融危机引发公共部门改革的需求。这种改革背景的核心是"紧缩叙事",即削减公共支出和税收是经济复苏所必需的。由于这一时期强调降低行政成本,新公共管理的理念重新成为人们关注的焦点。其中,通过营利性合同提供服务(即私有化)更是重要的改革工具。由于私有化类项目的所有权永久归私人拥有,因此私人部门在这类私有项目中承担的风险最大。私有化主要体现在以下两个方面:一是民营化。私有化的方式主要有两种:首先,采取向公众出售股份的形式,实现国有企业的撤资;其次,通过特许投标、合同、承包的形式,鼓励私营企业提供可市场化的公共产品或公共服务。在推行公共服务民营化的过程中,应根据公共服务的种类选择合适的民营化方式。二是放松管制。政府管制是由行政部门制定并执行的直接干预市场配置机制或间接改变企业和消费者的供需决策的一般规则或特殊行为。放松管制是指在市场机制可以发挥作用的行业完全或部分消除对价格的管制,以及取消对市场进入的管制,使企业在制定价格和选择产品上有更多自主权。

4. 内部生产

内部生产是指在政府内部生产公共物品或公共服务的方式。官僚制所固有的封闭性和僵化可能会带来效率问题,因而,需要将市场机制引入公共组织,通过竞争提高官僚体制的运作效率。内部生产的市场化方法具体包括凭单制、内部竞争等。一是凭单制。凭单制是一种借用私人市场凭单的理念来改造公共服务供给的方法。凭单制包括有价证券、代金券、消费券等类型。凭单制本质上是政府向有资格消费特定公共物品或公共服务的公民发放优惠券。特定公民个体凭借手中的凭单,获得相应的公共服务供给组织提供的服务。以教育券为例,学生获得相应面额的教育券,然后将教育券交给其就读的学校。开学后,学校把教育券交到教育局,在审核该学生确实到该校入学后,教育局便根据上交的教育券数额拨给该校相应款额。总的来说,凭单制的基本特征是:凭单是围绕特定物品而对特定消费者群体实施的补贴。与传统的政府补助不同,凭单是直接补贴消费者,而不是补贴生产者;凭单通常采取代金券的方式,而非现金。二是内部竞争。这是指政府通过政策制定和执行的分离来赋予执行者更大的自主权,使被授权的下级组织或单位能够更加独立,与其他组织进行竞争。这种方法既涉及中央与地方的关系,也涉及政府公共部门内上下级之间的关系,如行政发包制等。通过将某些公共服务的执行权委托给私人或其他的独立机构,政府可以更好地利用市场机制,提高服务的效率和质量。

12.3.2.3 市场化方法的优势和劣势

1. 市场化方法的优势

(1)充分发挥市场主体的创新潜能。创新是经济发展的重要动力。根据经济学家约瑟夫·熊彼特的观点,创新的主体主要是企业家①。如果过度依赖政府会压缩市场发展的空间,可能会不利于整个社会的创新发展。市场化方法能够激发企业等主体的创新积极性,减少政府对市场的不必要干预,建立起相对良好的营商环境。

(2)通过市场化方法推动政府职能转变的深化。政府大包大揽能够实现一定程度的组织效率,但可能不利于市场的发育,也容易导致政府机构膨胀。为了解决上述问题,需要将市场竞争机制引入更多的公共服务当中。这样不仅可以减轻政府的财政负担,而且可以推动政府体制机制的改革发展。

(3)与我国社会主义市场经济的价值内核相契合。新时代我国社会主义市场经济的一个重要特征就是市场在资源配置中起决定性的作用。推行市场化方法与社会主义市场经济发展的需要不谋而合,通过引入外部市场竞争机制,不仅有利于社会经济繁荣,而且可以促进我国经济发展和资源配置的优化。

2. 市场化方法的劣势

(1)市场化方法可能会滋生腐败。外包可能会导致问责弱化,进而导致腐

---

① 约瑟夫·熊彼特.经济发展理论[M].何畏,等,译.北京:商务印书馆,1990:1.

败的滋生①。一方面,市场化方法有助于降低政府的自体型腐败(如贪污、挪用公款等腐败),但另一方面,市场化方法可能会助长交易型腐败(如贿赂等腐败)②。尤其是当缺乏有效的监督体制机制的时候,极易产生寻租腐败和社会恶性竞争,造成社会资源浪费,降低政府公信力。

(2)政府和私营部门的资源有限性可能会限制市场化方法的使用。一般来说,市场化方法需要政府和市场都具有充足的资源才能够有效发挥作用,否则可能会适得其反。

(3)市场化方法不一定对公共利益产生积极影响。在某些特定的条件下,追求效率最大化的市场化方法可能会损害公共利益。例如,实证研究表明,外包显著降低了员工的薪酬和就业,对员工的薪酬、就业和健康结果产生负面影响③。

12.3.3 数字共同生产方法

12.3.3.1 数字共同生产方法的内涵及其特征

在公共管理领域,数字共同生产是指通过大数据分析、人工智能等技术,实现政府与公民、企业的合作,发现和解决公共问题。作为公共管理的重要方法,数字共同生产具有以下几个方面的特征:

1. 理性客观

理性官僚制重要特征之一便是对事不对人,平等对待每一位公民,避免个人情绪、偏见和巧合等因素影响公共决策的科学性。基于大数据的数字共同生产方法可用于控制街头官僚的行为,自动化可能降低决策中人为偏见和腐败的可能性④,这与理性官僚制的理念不谋而合。与人类相比,大数据系统可能在决

---

① J. A. J. RICH. Outsourcing bureaucracy to evade accountability: how public servants build shadow state capacity[J]. American political science review, 2023(3).

② 李辉,杨肖光. 市场化与腐败类型的地区差异——基于职务犯罪起诉书数据的多层分析[J]. 公共行政评论,2019(3).

③ O. H. PETERSEN, et al. Competition, ownership, and the impact of government outsourcing on employees[J]. Journal of public administration research and theory, 2022(2).

④ S. SRIVASTAVA, T. S. H. TEO, S. DEVARAJ. You can't bribe a computer: dealing with the societal challenge of corruption through ICT[J]. Management information systems quarterly, 2016(2).

策过程中表现出更高的效率和更好的公平性。自动化系统可以消除公民和官僚之间进行线下互动的需要,尤其是当公民认为互动可能导致有偏见的决策时。自动化可以极大地提高执行机构的决策质量,因此可以被视为"法理权威的顶峰"。

2. 效率较高

大数据技术完成各项任务的速度超过了人类判断的速度。即使在某些情况下大数据可能会比人工判断差,但它所提供的信息依然有助于现实的科学决策①。例如,在发生公共危机期间,一些灾难救助组织使用大数据技术对社交媒体帖子进行分类或处理卫星图像,以观测伤亡和损失最大的地方,以更有效地协调救援行动。依托大数据技术的数字化决策可以提高决策效率。通过大数据改革整个公共决策过程,行政机构可以节省大量时间和金钱,或者以更有益的方式使用他们的资源。例如,公共税务机构可以通过大数据、人工智能等手段来控制税收挪用,而不是手动处理个人税务报告。

3. 以公民为中心

传统的公共机构主要是建立在自上而下层级沟通方式的基础上,但这种关系不仅可能会导致公民与公职人员沟通困难,也容易滋生腐败、官僚主义习气。在大数据背景下,数字技术正在将公共机构转变为更扁平的、以公民为中心的组织。数字技术增加了公民参与的机会,如辩论公共问题、政策意见咨询和在线投票,这些方式都极大地提高了公众参与的效率。

12.3.3.2 数字共同生产在现代公共管理中的具体技术

根据社会与政府合作的方式,数字共同生产方法的具体技术可以包括以下方面:

1. 众包协同设计

这种模式指个人、公民团体、企业与政府一起积极参与公共服务的设计。此种模式下,政府是公共服务的设计者而不是生产者。在公共服务实施之前,政府与公民、企业等主体就公共服务交换想法、信息。政府建立一个基于网络

---

① E. NTOUTSI, et al. Bias in data-driven artificial intelligence systems: an introductory survey [J]. Wiley interdisciplinary reviews, 2020(3).

的系统,以便政府和公民都可以通过在线政策交流,促进政策内容的形成。上述在线政策建议功能是一种众包协同设计,允许公民与政府一起参与制定具体政策。公民可以通过网络访问门户网站并提出政策建议,然后由政府官员进行审查、评估和阐述。提出政策建议后,参与者会在短期内进行在线讨论、在线投票。在投票之后,获得多数支持的政策建议将移交给相关行政单位。然后,政府工作人员、政策专家和公民从预算、法律依据等方面对政策建议进行审查和评估,这种审查和评估通常通过线下会议进行。这种众包协同设计方法旨在邀请公民参与解决公共政策问题,发挥公民在公共服务中的创造性,体现了我国社会主义社会人民当家作主的精神。

2. 众包设计和政府交付

这种模式允许公民通过数字渠道提供意见(例如线上投诉),由政府及其工作人员自行审查公民的投诉信息,并决定是否采取必要行动。政府建立在线众包系统,通过网络接收和管理公民的投诉、政策建议和政策辩论。公民可以通过基于网络的综合众包系统向各层级政府、其他准政府机构发送政策建议。公民一旦提出投诉,案件应移交给相关的行政机构并在短期内处理。例如,许多地方政府开发数字城管网站和应用,公众可以线上提出诉求和咨询建议[①]。2006年,人民日报社人民网为中央部委和地方各级党委政府搭建了《领导留言板》,供广大网民群众向省市县三级领导干部表达诉求、反映问题、提出意见和建议,由各地党政领导干部和地方留言办理单位进行办理、回复。该项目已开通 PC 网站、手机网站、App、微信公众号、手机短信等多种留言渠道。上述数字平台的创办对于加强党的群众工作,促进党政领导干部更好地了解民意、解决问题具有重要意义;同时,为政府与社会提供了民主、透明、高效的互动平台,助力实现党的执政理念和政府的施政目标。

3. 政府设计和众包交付

这种模式主要是政府仅仅通过向公民提供必要信息来参与设计阶段,后续由公民提供公共服务。由公民、企业基于公共数据开发的服务应用程序是数字

[①] 刘福元. 市民参与城管评价的制度框架评析——以"商贩给城管打分"为背景[J]. 甘肃政法学院学报,2018(6).

共同生产常见的模式。在这种模式下,政府通过向公众开放数据和应用程序编程接口(API),企业和公民进行开发和应用。世界各国有很多应用程序使用公共数据和 API 开发,涉及文化和旅游、医疗卫生、公共安全、交通、环境和天气、劳动和就业、科学和技术、农业和渔业、教育等各领域。例如,IamSchool 是由 Iam 公司开发的一款应用程序,用于向家长提供班级公告以及与学校活动相关的信息,以便他们实时查看午餐菜单、作业和班级活动。该应用程序使用的就是教育部、学区办公室和学校提供的公共信息。公共停车场查找 App 也是一个突出的例子,它是基于政府提供的开放 API 和开放数据开发出的 GPS 应用程序。这是由公民开发的应用程序,能够用于查找城市周边的公共停车场以及停车费、位置、营业时间、联系方式等信息。在上述案例中,政府主动提供公共数据和政策支持,激励了精通技术的公民个人、社会组织开发公共服务应用程序。

4. 联合交付

这种模式是一种基于网络的联合生产,其中公民和政府形成一个协作体系,双方共同生产公共服务。这与众包协同设计不同,因为这个阶段公民是和政府共同提供公共服务,而不仅仅是在设计公共服务时交流信息。例如,政府和公民共同创建综合公共服务 App,并向公众提供服务。除了开放数据外,这个 App 还提供了一个在线互动平台,公众可以在开放数据和 API 的基础上参与开发 App。通过组织年度性的公共服务 App 竞赛来吸引有专业技术的公民参与,群策群力共同提供公共服务。政府和公民在以下三个方面联合开发和管理 App:一是,政府提供部分资金引导精通技术的公众积极参与开发公共服务应用程序;二是,政府在交通、污染和旅游等领域提供很多开放数据和 API;三是,政府为那些对公共服务应用程序开发感兴趣的人提供指导和开展培训。在政府和公众的共同努力下,可为社会开发许多公共服务应用程序。

5. 自动化共同生产

这种模式主要是公众自动提供数据,政府设计和交付服务[①]。其中,政府使用智能技术(如电子传感器、物联网、API)收集数据。在算法模型的帮助下,政

---

① 袁千里,张云翔. 基于信息技术的共同生产:作用、影响因素和挑战[J]. 公共行政评论,2022(1).

府可以根据公民产生的实时数据,就公民提出的需求、问题、意见和建议形成结论,从而改善公共服务①。在这种模式下,政府使用先进传感器技术来收集用于公共服务的关键信息和数据。不过,自动化共同生产不仅是简单地利用智能技术和物联网设备实现数据的自动获取和处理,而且也将公共服务的运作提升到了一个全新的智能化水平。通过部署智能设备和建设智慧基础设施,政府能够实现对公共服务数据的实时监测、分析和应对,从而更加及时地解决社会问题、改善民生。同时,公民作为智能设备的使用者,不仅能够享受到更为智能化、个性化的公共服务,还能够通过参与公共项目共同促进公共服务的精细化和公共服务创新。

12.3.3.3 数字共同生产的优势和劣势

1. 数字共同生产的优势

(1) 推动公共组织结构扁平化。传统行政方法依赖于层级节制的理性官僚制,而这种方法在信息时代可能会出现信息传递效率低下和失真的问题。数字共同生产可以用于自动化和优化组织内的工作流程。通过对一些烦琐的、重复性的工作进行自动化,可以减少对中间层的需求,使组织更加高效和灵活。

(2) 有助于公民参与。数字共同生产进一步赋权市场组织与社会组织,形成多中心治理的国家治理结构。尤其在公共交通与环境保护、公共卫生、食品安全等领域,市场组织、社会组织与政府几乎具有同等的数据治理能力。数字共同生产激发社会公共治理的内生动力。在大数据时代,国家治理机构将逐渐变得开放,市场组织、社会组织、公众都将在国家治理结构中扮演重要的角色。在这个过程中,普通公众成为国家治理结构中重要的成员,实现了全民参与治理。

(3) 提高决策的科学性。数字共同生产不同于传统决策的被动响应或事后处理,全样本的调查研究和大数据的云计算能力可以推动实证科学决策和合理的预测式决策。其中,数字共同生产对于腐败风险的监督大有裨益。因为大数据监督突破了传统监督方式的时空局限,拓展了监督领域的空间范围,提升

---

① E. LOUKIS, Y. CHARALABIDIS. Active and passive crowdsourcing in government[M]//M. JANSSEN, et al. Policy practice and digital science: integrating complex systems, social simulation and public administration in policy research. Springer, 2015: 261-289.

了发现问题的精准度,甚至可以预测腐败的风险点。

(4) 降低行政任务成本。任务成本是一个组织完成每项任务必须付出的单位成本。如果由人类执行一些烦琐重复的任务将是极其耗时的,而且这些任务属于劳动密集型的工作,会产生很高的任务成本。人工智能可以使用户实现自动化办公,增强其解决复杂任务的能力。一旦创建起相应的数据库和治理流程,通过数字共同生产执行新的公共管理任务的边际成本接近于零。尤其是对于数量较多的项目,大数据卓越的可扩展性使得其任务成本远低于人工成本。

2. 数字共同生产的劣势

(1) 难以突破信息壁垒。每个政府机构或部门通常都有自己的信息库,一般不愿意共享它们的专有数据。因为获取相应信息数据需要相应部门授予权限,这可能会带来诸多的政策执行阻力。共享政府数据的另一个挑战就是找到一种统一的格式,进而使数据能够在不同的系统中互联互通。

(2) 存在较为严重的伦理困境。数字共同生产大多是工具理性的逻辑,但是现实中的公共管理必须考虑价值理性。因为公共管理涉及公共资源、公共利益的配置,不仅要讲究效率等工具理性,更要强调公平、公正、公开等价值理性。在这些情况下,试图以人工智能完全代替人力很可能引发政府的合法性危机[1],而且自动化降低了工人的相对工资[2]。更为严重的是,大数据系统的整体复杂性可能会进一步削弱大数据的可管理性和可读性,不利于公民监督。因此,在公共部门中优先考虑透明的、可解释的模型而不是黑盒替代方案(即深度学习模型)[3]。

(3) 数据安全隐患大。即使是最复杂的人工智能系统也可能存在缺陷,大数据缺乏自行调查问题的能力。更进一步说,过度依赖人工智能系统可能会阻碍人类的潜力挖掘。因为人工智能系统强大的记忆和计算能力可能抑制人类发展自身的主观能动性。而且,公共机构通过大数据技术收集了大量关于公民

---

[1] M. MUTASCU. Artificial intelligence and unemployment: new insights[J]. Economic analysis and policy, 2021.

[2] D. ACEMOGLU, P. RESTREPO. Tasks, automation, and the rise in U.S. wage inequality[J]. Econometrica, 2022(5).

[3] M. BUSUIOC. Accountable artificial intelligence: holding algorithms to account[J]. Public administration review, 2021(5).

的敏感信息,从医疗记录到社会福利。这些数据可以提供关于个人生活非常完整的图像,因而对于有着巨大的侵犯个人隐私的安全隐患。

(4) 大数据应用范围还有待扩展。从经验层面来看,仍然有一些因素可能会限制大数据的应用:一是复杂性,就是特定的公共管理任务是否经常偏离正常程序。二是不确定性,即是否经常发生难以分析的事件。一般来说,一项任务与正常程序的偏差越大,任务就越复杂,数字共同生产就越困难。同样,任务的不确定性越高,它被人工智能自动化处理的可能性就越小。因此,复杂性高和不确定性高的任务需要由人类完成,而复杂性和不确定性较低的任务更有可能由机器完成①。未来数字共同生产仍然需要提高学习和预测能力,进一步向复杂性和不确定性较高的公共领域发展。

复习思考题

1. 举例分析市场化方法的使用对腐败治理的影响。
2. 从效率层面阐析法律方法的比较优势。
3. 论析公共管理方法和技术当中所体现的工具理性和价值理性。
4. 讨论运用社会化方法所需要的外部条件。
5. 举例说明数字共同生产方法给问责带来的影响。

---

① J. B. BULLOCK. Artificial intelligence, discretion, and bureaucracy[J]. American review of public administration, 2019(7).

第 13 章 公共管理的伦理与规范

■ **本章学习要点**

- 公共管理伦理概念
- 公共管理伦理基本体系
- 公共管理伦理现实困境
- 公共管理规范概念
- 公共管理规范基本体系

13.1 公共管理伦理

13.1.1 公共管理伦理的"再"重视

"伦理"自古就与"公共管理"紧密地联系在一起。柏拉图曾有对当时的公共管理载体——城邦的评判：城邦是至善的化身，它应该具有智慧、勇敢、节制和正义四种美德。亚里士多德在《政治学》中对于城邦也有类似的描述：与动物世界的其他生物相比，只有人类掌握了对善恶、正义与非正义以及其他类似的品质的认识；正是这种与此类事物的联系创造了家庭和城邦。无独有偶，《论语·为政》中讲："道之以政，齐之以刑，民免而无耻。道之以德，齐之以礼，有耻且格。"在这里，孔子明确提出了管理万民之事不能简单地依靠权力和刑法，还要重视道德伦理。

虽然"伦理"与"公共管理"之间的关系源远流长，但是长期以来，现代公共管理学科认为"管理"与"伦理"是相互隔绝的。在部分学者看来,公共管理属于决策与执行的"事实领域",而伦理则是属于哲学和道德的"价值领域",是两个截然对立的领域。在"事实领域"之中,公共管理最终追求的应该是技术管理和实际效率,而非伦理价值[1]。这种认识不仅使得公共管理领域运用以泰勒主义(Taylorism)等为代表的科学管理的原理和原则成为可能,也使得早期的现代公共管理学科或多或少地接受了私人部门(Private Sector)只谈"效率"而少谈"价值"的取向[2]。

然而,公共部门(Public Sector)与私人部门存在着本质的区别。与私人部门重视"效率"及其所追求的"利润"不同,公共部门与公共权力交织在一起。正如朗(Norton Lang)对行政管理第一性的描述,行政的第一个目标就是获得并保持权力,行政官员的职位就是建立在这个基础之上的。这个目标是完成其他目标的先决条件[3]。因此,公共管理可以被理解为一些组织或个人在特定的框架内行使公共权力的行为。虽然公共权力是一种权力,反映出一种人与人之间的支配关系,但是公共权力也是一种特殊的权力,它是一种基于广泛的社会契约、以现实力量对比和历史连续性为条件的、对契约缔结各方均具有约束力的权力。从社会契约论的角度来看,无论是霍布斯(Thomas Hobbes)所指出的个体在"自然状态"下,出于"自私的算计"而让渡"绝对权利"以外的所有权利,还是洛克(John Locke)强调的个体在"同意"的基础上,通过缔结社会契约、建立"国家"来追求美好生活,公众之所以放弃部分自由,原因都在于个体无法高效解决其在生活和生产中遇到的各种障碍和纠纷。因此,在很多学者看来,虽然"效率"依旧是公共管理的一个重要目标,但它不是唯一目标,或者说公共部门中的"效率"与私人部门中的"效率"并不完全一致。与之相对应的是,公共管理应该以治疗"社会疾病"(Social Ills)、实现合理的社会目标为最优先项[4]。在

---

[1] 吴翠丽. 试论公共行政的伦理诉求[J]. 东南大学学报(哲学社会科学版),2004(7).

[2] D. H. ROSENBLOOM. Public administrative theory and the separation of powers[J]. Public administration review,1983(3).

[3] N. E. Long. Power and administration[J]. Public administration review,1949(4).

[4] 有关研究,请参见 H. L. SCHACHTER. Does Frederick Taylor's Ghost still haunt the halls of government? a look at the concept of governmental efficiency in our time[J]. Public administration review,2007(5); C. STIVERS. Bureau men and settlement women: constructing public administration in the progressive era[M]. Lawrence: University of Kansas Press,2000.

现代民主政治中,这意味着公共管理者是代社会进行管理,从社会中获取公共权力,以独有的"服务性管理"的方式实现和增进社会公共利益;通过公共权力的使用,公平而又合理地分配利益。

那么,如何去判断什么样的现象应该被算作"社会疾病"?在治疗"社会疾病"的过程中,公共权力的掌握者们应该如何处理不同群体之间的关系?应该坚持什么样的原则?应该达到什么样的效果?对这些问题的回答是公共管理伦理永不过时的主题。

13.1.2 公共管理伦理的内涵

《现代汉语词典》将"伦理"一词解释为:"人与人相处的各种道德准则。"① 虽然黑格尔(Georg W. F. Hegel)、康德(Immanuel Kant)等诸多学者对"伦理"与"道德"均做出过严格的区分,但在日常语义中,"伦理"与"道德"两个概念常常被相互代替,甚至在诸多场合直接使用"伦理道德"或"道德伦理"来模糊两者之间的区别。事实上,这两者存在显著差异。例如,在日常生活中,我们可以指责随地吐痰的人是"没有道德的",却很少指责这类人是"没有伦理的"。那么应该如何理解两者之间的区别?

虽然"伦理"与"道德"都源于风俗、习惯,都是对人的行为的某种规范,都同时体现出了人的品质或德行,但"伦理"更加"偏重于(抑或主要是)调节个人与他人、个人与社会、个人与人类之间的关系,其价值态度和立场是在相互关系中发生的,追求一种正义与和谐的境界"②。与之相对的是,"道德"侧重于"个体对自我的要求与规范,'应当如何'或'正当'是个人与自己内心的对话,使自己成为一个善良之人,虽然自己跟自己也发生了道德关系,但基于主客同一,不同于一般的伦理关系"③。

从学者对于"伦理"与"道德"的论述中,不难看出两者的区别主要集中于两方面:一是,"伦理"与"道德"的主体不同。"道德"往往表现为个体的"应然"行为,而"伦理"则不仅包括个体的应然行为,还存在于不同个体间的"应然"关

---

① 中国社会科学院语言研究所词典编辑室.现代汉语词典[M].7版.北京:商务印书馆,2016:857.
② 李建华.伦理与道德的互释及其侧向[J].武汉大学学报(哲学社会科学版),2020(3).
③ 同上.

系之中。二是,"伦理"与"道德"的对象不同。"道德"多来源于个体自身对于"善"的追求,具有突出的个体属性;除个体属性外,"伦理"亦会包含风俗习惯和群体观念等内容,具有突出的群体属性。"简言之,伦理是一种包含着道德,同时又高于道德的社会现象。"①

在本书中,我们将使用"公共管理伦理"而非"公共管理道德",这是为了突出公共管理本身所包含的复杂性和公共性。就此而言,公共管理伦理是对于公共管理领域内"善"的追求的具体表现,核心在于回答公共管理"应该是什么样"的问题。因此,它不可避免地涉及公共管理的主体自身、主体与主体之间以及主体与客体之间的关系。公共管理伦理不仅包括公务人员个体在公共管理实践中所应具有的道德观念、道德活动与道德取向,还包含各管理主体以及组织机构在公共管理活动中所应遵循的价值与规范。具体而言,"公共管理伦理"包含以下三个主要方面的内容。

13.1.2.1 作为个体所面对的伦理关系

作为最小单元的个体是公共管理主体的基本组成要素,其面对的伦理关系主要包括以下三大类:

首先,在现代管理体系中,严格的科层制度、多元的人员背景、严密的岗位设计等均对管理主体中的个体提出了伦理要求。应该如何处理管理主体内部上下级之间的关系、不同背景的同事之间的关系、不同岗位职责之间的关系?面对如此之多的关系,作为基本单元的个体应该坚持什么、避免什么?这些问题都需要公共管理伦理来回答。

其次,"整体不等于部分的简单相加"这一命题已经获得了现代社会科学的普遍认可。这意味着:虽然公共管理主体由作为最小单元的公务人员个体组成,但是公共管理主体还包括除公务人员外的其他成分。这些成分就是我们所说的非人格化的管理组织。在处理个体与非人格化组织关系时,应该如何界定个体相对于组织的权利与义务、明晰组织的权力与责任关系?对于这些问题的思考均依赖于对公共管理伦理的挖掘。

最后,作为公共管理主体最小单元的个体往往具有多重身份。换而言之,

---

① 王伟.行政伦理界说[J].北京行政学院学报,1999(4).

除了公共管理主体这一身份外,该个体亦是社会人,从属于特定的家庭、宗族、社区、地区、民族等。因此,妥善处理公共管理主体中个体双重属性之间的关系,有效解决个体必然会存在的角色冲突,是公共管理伦理必须面临的议题。

13.1.2.2　作为公共管理组织所面对的伦理关系

在现代管理体系中,严格的科层制度意味着管理主体内部存在不同的层级;与此同时,日益细致的社会分工使得每一层级内部又会存在着多个管理主体。因此,处理不同层级的管理主体之间的关系或者同一层级内部不同主体之间的关系是公共管理伦理的有机组成部分。例如,中国学者常用"条块关系"来描摹中国政府体系的架构,那么应该如何处理"条条关系""块块关系"以及"条块关系"呢?在"条"与"块"的关系中,究竟应该以谁为主?不同的选择之间是否隐含着不同的公共管理伦理取向?

13.1.2.3　作为公共管理体系面对的伦理关系

公共政策是规范价值和实践的程序。所以,容纳公共政策制定者和执行者的公共管理体系天然地面临伦理问题:谁的问题应该被优先对待?如何平衡管理需求与公共利益?如何处理公共管理体系与个体权利之间的关系?而在这些问题涉及的关系中,形成一套和谐与公正的价值体系是公共管理伦理的终极追求之一。

13.1.3　公共管理伦理体系

公共管理伦理体系是一个有机联系的整体,不少学者对其构成进行过较为详细的描述。例如蔡立辉、王乐夫等将公共管理伦理划分为"观念形态""实践形态"和"准则评估形态",分别用以描述指导公共管理者的价值观、以价值观为基础的公共管理行为和检验与评估标准[①]。李金龙、唐皇凤等学者直接将公共管理伦理划分为"勤政为民"和"廉洁奉公"两大内容[②]。张国庆从"公务员个人品德""行政职业道德""行政组织层面的伦理"以及"公共政策伦理"四个方面将行政伦理细分为"公仆"观念、乐观、勇气、奉公、守法、忠诚、负责、程序公正、

---

① 蔡立辉,王乐夫.公共管理学[M].2版.北京:中国人民大学出版社,2018:354-355.
② 李金龙,唐皇凤.公共管理学基础[M].上海:上海人民出版社,2008:464-467.

组织信任、民主责任、制度激励等多方面①。

不同学者的描述既具有一定的共性,如强调观念意识形态,又具有不同的侧重,这充分地反映出公共管理伦理本身的丰富性与复杂性。从公共管理伦理自身出发,一个公共管理伦理体系应该至少包含个人、组织与体系三个层面的内容。

13.1.3.1 个体层面

个人层面以公务人员为核心,探讨个体作为公务人员时应如何处理自身公务人员身份、与其他公务人员以及管理组织之间关系、公务人员身份与社会人身份之间的冲突等问题。对于这些问题的讨论历来是公共管理伦理的重要部分与传统研究领域。例如,日本政府出台了专门的《国家公务员伦理规程》指导公务员如何处理自身与亲属等其他利益相关者之间的关系,韩国政府出台了《公职人员伦理法》,专门用以明确公务人员应遵守的基本伦理准则。在学界,对于作为个体的公务人员的伦理道德的探讨亦是研究的核心,例如,有学者指出公务人员的品德包含政治品德、个人品德和职业品德三个维度,其中,政治维度主要表现为忠诚,个人维度突出表现为作风正派、乐于助人等,职业维度则强调严守秘密、顾全大局等②。

虽然不同国家、不同学者对于公务人员究竟应该遵守何种伦理的认识有一定的出入,但是绝大部分学者都认同在讨论公务人员自身伦理问题时,需要考虑作为自然人应具有的品质和作为公务人员应具有的品质。虽然对这些品质的分类五花八门,但它们实际上都在回答"公务人员应该如何认识自己的身份"和"如何处理与其他公共管理主体之间的关系"这两个问题。因此,从这两个问题出发,我们可以从不同学者的论述中总结出一些具有共性的内容:

一是正确认识和处理自己公务人员身份是公共管理伦理在个体层面的基础要求。在这一层面上,除人人均应具有的社会美德之外,学者们特别强调公正、奉公和守法等品质对于公务人员具有独特的重要性。公务人员作为公共权力的具体执行者,是否具有公正这一品质直接决定着公共权力的运行与效果。

---

① 张国庆.公共行政学[M].4版.北京:北京大学出版社,2017:413-422.
② 尤小波,孟华,吕联传.公务员道德素质的量化考评指标设计[J].中国人力资源开发,2016(12).

公共权力作为一种特殊的权力,它的一个重要功能在于解决社会问题,公平且合理地对社会价值进行再分配。没有一个公正的执行者,公平且合理的再分配就会是空中楼阁。

公共管理本身就是公共管理主体利用公共权力治疗"社会疾病"、处理社会问题的行为。在这一过程中,公务人员作为公共权力的执行者就必须做到克己奉公,必须坚持公共利益优先的原则,从国家利益、人民利益和公共利益出发,秉公办事。所谓秉公办事,也就是按照既有的规则、规章制度,而不是按照公务人员的个人好恶去处理问题。在正确认识和处理公务人员身份上,公务人员应该坚持的底线是守法。公务人员利用公共权力是为了解决社会公共问题,公平且合理地分配公共利益。现代社会中,宪法和法律是公共利益的集中体现,是保证"公平且合理"利用公共权力的制度性保障。因此,遵守法律本身就是对公务人员的最基本要求。

二是正确认识和处理与其他公务人员及公共管理组织之间关系是公共管理伦理在个体层面的重要内容。忠诚、守则和负责都应是一个公务人员在这一层面上所应具有的品质。公务人员的忠诚特指忠于国家、忠于人民。公共权力与国家紧密相连,公务人员作为公共权力的具体执行者亦与国家紧密相连。因此,公务人员必须忠诚地维护国家利益、服从国家利益,尽心尽力地为国家工作。《宪法》规定:中华人民共和国是工人阶级领导的、以工农联盟为基础的人民民主专政的社会主义国家,中华人民共和国的一切权力属于人民。因此,在我国,忠诚于国家与忠诚于人民是不可分割的。

现代公共管理体系是一个庞大且严密的科层体系,它有着严格的工作制度和岗位要求。因此,守则是一个公务人员所应具有的基本品质。守则不仅包括公务人员必须遵守自己从事的职业所提出的特殊规范要求,还包括遵守个体所处的特定职位所规定的具体的规范与规则。

与守则紧密相连的公务人员在处理与其他公务人员和管理组织关系时应具有的另一个优秀品质是负责。所谓负责是指担负起某种任务或者职责。有学者认为可以将责任进一步细化为主观责任和客观责任两个方面,而负责就是指公务人员应该同时满足这两方面的要求。主观责任是指公务人员应该从内心主观上认为自己需要担负起某种任务或者职责,客观责任则是强调制度或者岗位关系等客观决定的公务人员所应担负的责任。具体来说,负责的公务人员应该是忠于职守、勤政敬业、业务精通、笃行务实的①。

13.1.3.2 组织层面

组织层面以组织为核心,主要探讨管理主体中的非人格化部分,也就是一般语义中的组织程序与组织制度。虽然对于公务人员个人伦理道德的讨论占据着公共管理伦理讨论的核心,但自20世纪80年代以来,对于组织非人格化部分的伦理思考日益成为公共管理学科不容忽视的内容。例如有学者指出,行政伦理可以被划分为六个部分:(1)对法律的最基本的遵守和忠诚;(2)利益冲突问题;(3)服务取向和程序方面的公平合理;(4)有关民主责任方面的伦理;(5)政策制定方面的伦理;(6)妥协和社会整合的伦理②。可以比较明显地看出:第3项与第4项不是简单地依靠公务人员个人就可以实现的,它们更多地涉及组织中的非人格化部分,即组织的程序与制度。

正确认识和设计组织程序是公共管理伦理在组织层面的核心,其中,程序正义应是组织必须坚持的伦理价值。

虽然无论是公共管理理论的发展还是公共管理实践的演进,均要求公共管理主体以公共利益为中心提供充足且优质的公共服务,但是公共管理本身天然地存在着明显的道德风险。公共管理行为依赖对公共权力的使用,而权力本身的内涵就暗示了不平等。因此,公共管理实践中一个巨大的道德风险在于公共管理主体对于权力的追求超越对于公共利益的追求,从而改变了公共管理的性质。换而言之,在这种状态下,公共管理不再是维护公共利益或者为人民服务的手段,而成为公共管理主体服务自身与攫取权力的工具。因此,为了保护公共利益、确保公共权力得到正确的利用、保护公众免受管理者妄自尊大之苦,程序正义应该成为公共管理伦理在组织层面的核心之一。

从亚里士多德开始,关于正义的讨论就从未远离政治学与公共管理。但长期以来的讨论更多的是关注"分配的正义"等内容,更强调应给予不同个体相同

---

① 张国庆. 公共行政学[M]. 4版. 北京:北京大学出版社,2017:417.
② 同上书:418-419.

的对待。从分类上来看,这些讨论基本上属于"结果正义"的范畴,因为它们普遍重视的是各种结果而非过程的正当性。虽然关于过程正义性的讨论早在20世纪60年代就已经出现,但"程序正义"这一概念的成熟是在1971年罗尔斯(John B. Rawls)出版《正义论》之后。在该书中,罗尔斯强调"程序正义"应该是这样一种正义:即使不存在任何有关结果正当性的独立标准,但是存在着有关得到结果的过程或者程序之正当性和合理性的独立标准。因此,只要这种正当的程序得到人们恰当的遵守和实际的执行,由它所产生的结果就应被视为正确的和正当的,无论它们可能会是什么样的结果。

借鉴程序正义在法学领域中的实践以及结合公共管理自身特征,程序正义在组织层面应体现出以下几方面特征:

(1)参与性。利益受到组织程序直接影响的各主体应有充足的机会,实质性地参与到组织程序中来,从而对组织程序的最终结果产生有效的影响与作用。

(2)中立性。组织程序应在各主体间保持一种超然和不偏不倚的态度,不得对任何一方存有偏见、歧视,甚至是打压。

(3)合理性。组织程序所设计的过程应该符合理性要求,使整个组织在确定、可靠和明确的认识的基础上,而不是依据管理主体任意或者随机的想法运行。

(4)平等性。组织程序应给予各主体以平等参与的机会,对各方的主张、意见给予同等的对待,对各方的利益给予同等的尊重和关注。

正确认识和合理进行组织制度建设是公共管理伦理在组织层面的重要内容。促进组织信任和进行合适的制度激励是公共管理伦理在组织制度层面的重要内容。

信任可以为公务人员的集体行动提供便利。从理论上而言,组织信任包括两个方面:一方面,组织信任指组织内部的信任,包括组织成员之间与个体对组织程序与制度的信任。具体而言,组织内部的信任是指公务人员能够充分相信其他公务人员会奉公守法、尽职尽责,能够在公务上进行协作;与此同时,作为公务人员的个体能够充分信任组织的程序与制度,相信在日常工作中和处问题时,组织的程序与制度均能够公正地反映各方诉求。另一方面,组织信任还包括以组织间信任为核心的外部信任。换而言之,外部信任主要确保不同公共管理部门、机构甚至是公共管理主体与客体间能够相互协调,进行有效合作。

合适的制度激励对于公共管理伦理的形成也十分重要。关于激励的认识,从科学管理运动中的非人格化倾向被纠正开始就成为公共管理制度研究的一个重要方面。在制度建设中,如何有效地正确地激励公共管理主体成为重要话题。有两个方面需要特别注意:第一,在公共管理组织建设时要特别注意平衡公共管理组织需要与公务人员的个人需要;第二,公共管理组织建设要处理好效率与公平之间的关系,以便正确处理公务人员个体之间、组织之间甚至是不同管理目标之间的关系。

13.1.3.3 体系层面

公共管理实践的最终目的是通过对公共权力的使用来治疗"社会疾病"、解决公共问题。因此,虽然公共管理伦理从个体层面和组织层面对公共管理主体提出了诸多应然性要求,但是如果没有对公共管理体系层面的伦理思考,那么,公共管理伦理体系是不完整的。公共管理体系层面的伦理突出地表现为公共政策伦理。这是因为公共政策是公共管理实践的具体载体,而公共政策伦理所涉及的正义价值问题,本质上就是如何公平且合理地将社会成本和公共利益在不同社会主体间进行分配的问题。

"公共效率的理念""正义秩序的理念""公共责任的理念""和谐社会的理念"等理念都通过不同途径融入各项公共政策。然而,这些理念均不能充分解决公共政策伦理所面临的一个基础性问题——如何选择。在公共政策的伦理选择面前,公共管理主体面临的往往不是不同理念之间的零和博弈,更常见的问题是在一项公共政策中间,不同的理念应该占据多大的比重。这是因为处于不同位置上的参与主体对于"正义"本身的理解并不相同,但这些不同理解之间却又不是完全隔绝的。

那么,公共政策伦理选择的依据有哪些呢?学者将现有的伦理依据归纳为以下四种①：

（1）功利主义。作为结果导向十分明显的一种价值体系，功利主义注重某一事物或者政策的实际功用和效果，反对空谈价值判断与行为动机。具体到公共政策领域，功利主义认为评价某一公共政策的标准在于其政策结果，只有为绝大多数人谋取最大利益的政策才是"正确的"公共政策。

（2）权利主义。作为与功利主义明显相反的一种价值体系，权利主义强调每一个个体都具有一些与生俱来、不言自明的基本权利。这些基本权利是不能以任何理由、任何方式剥夺的。因此，在评价某一行为时，行为目标的正确性不能够证明行为本身的正当性。在公共政策领域，权利主义强调每个人的行为应保证其他人在同样条件下也能够做出同样的选择，只有保证并扩展人们基本权利的政策才是"正确的"公共政策。

（3）公平正义论。作为一种对权利主义的修正，公平正义论强调公平是最重要的个体基本权利。具体到公共政策领域，公共政策的目的在于使公共利益的分配更加公平，只有能够保证公平分配的公共政策才是"正确的"公共政策。

（4）个体自由论。作为对权利主义的另一种修正，个体自由论反对公平正义论中以公平为基础的认识，认为个体基本权利中最重要的是自由。因此，在公共政策领域，个体自由论认为，只有保证每个个体充分自由行动权利的政策才是"正确的"公共政策。

当前，由于公共政策领域普遍以结果作为最终的评价标准，功利主义在公共政策领域占据主导地位。然而，正如权利主义及其各种修正理论对功利主义的批判一样，对行动目的的正当性的讨论不能够代替对行动本身正当性的讨论。因此，公共政策制定的伦理依据也不应该仅限于功利主义一种。

13.1.4 公共管理伦理的现实困境

通过对公共管理伦理内涵及其构成体系的分析，本书已经大致回答了公共管理伦理的核心问题——公共管理伦理在个体、组织和体系层面上的特征。然而，尽管公正、高效、廉洁的公共管理是公共管理理论和实践所追求的目标，现

---

① 张国庆.公共行政学[M].4版.北京：北京大学出版社，2017；许淑萍.公共政策伦理评价标准的演进及当代探究[J].上海行政学院学报，2012（4）.

实中的公共管理却依旧面临着许多问题的困扰。各类涉及公共管理的典型案件无不昭示着公共管理实践与公共管理伦理要求之间的差距。

有学者将公共管理伦理所面临的现实困境归纳为八种类型：经商型、权力寻租型、公款公贿型、贪污腐化型、卖官鬻爵型、渎职型、泄密型以及隐匿财产型。也有学者将其归纳为七种类型：政治类问题、组织人事类问题、经济类问题、失职类问题、侵犯公民权利类问题、违反社会公德类问题以及违反社会管理秩序类问题等[①]。

公共管理伦理现实困境出现的原因是非常复杂的，不同学者从不同的角度对困境的成因进行过细致的阐述。例如，有学者指出，"权力本位"思想的侵蚀，加之对工具理性的过度重视，是目前公共管理伦理困境形成的重要原因[②]。亦有学者认为，"秩序"与"正义"的辩证关系是观察公共管理伦理困境成因的重要视角[③]。更有学者从公共管理行为的一般性与特殊性给选择行为带来的困难这一角度给出过解释[④]。

通过总结不同学者的观点，笔者认为公共管理伦理现实困境的成因可以从以下三个角度进行思考与挖掘：

13.1.4.1 公共管理伦理本身特质是现实困境形成的基础

通过对公共管理伦理内涵与构成体系的分析，我们可以看出公共管理伦理具有一个典型特征——模糊性。这种模糊性首先表现在公共管理伦理自身概念的模糊，例如在进行公共政策伦理讨论时，无论是功利主义还是权利主义均具有相对的可取之处。这种相对性使得"公共政策伦理依据究竟应该是什么"这一问题变得难以回答。

这种模糊性还表现在公共管理伦理相关的法律、法规、规定的模糊。虽然我国已经充分认识到了公共管理伦理的重要性，并相应地搭建了法律、法规、规定等体系，但是公共管理伦理本身存在的模糊性导致当前的一些法律、法规、规

---

① 张国庆. 公共行政学[M]. 4版. 北京：北京大学出版社，2017：423.
② 杨建国. 论公共政策伦理困境及其应对策略[J]. 道德与文明，2020(5)；刘恒苹. 政府公共关系视角下伦理困境之成因及破解策略[J]. 法制与社会，2014(24)；万斌，顾金喜. 功利主义与公共政策伦理：如何从冲突走向和谐[J]. 浙江大学学报(人文社会科学版)，2009(3).
③ 胡键. 公共管理伦理变迁：从传统社会到大数据时代[J]. 中国行政管理，2019(6).
④ 王晓莉，陈勇. 行政伦理困境与行政行为选择[J]. 伦理学研究，2004(3).

定存在过于抽象、模糊的问题,难以具体指导实际的公共管理行为。而且,许多伦理规范本身仅是抽象的、模糊的道德指向和要求,缺少必要的环节和措施来支撑,从而导致公共管理各类主体难以细致、准确地理解和操作,进而产生了选择性执行问题①。

13.1.4.2　市场经济因素是现实困境出现的催化剂

有学者指出,市场经济本身存在的弊端影响了公共管理伦理的实现。市场经济的发展可以促进各种资源的有效配置,提高企业的生产效率,增强社会的生机与活力。但是,市场经济对于效率的追求也会为社会生活带来一些负面影响。例如,随着市场经济而来的是收入差距在不同群体之间迅速拉大,一些公共管理主体在看到这些社会现实之后,可能产生心理不平衡,进而突破伦理和道德底线,利用手中的公共权力进行寻租活动换取不法利益。无论是"吃、拿、卡、要"等问题,还是错误地将"以经济建设为中心"偷换成"以钱为中心",均反映出市场逻辑对公共管理伦理的侵蚀。

13.1.4.3　公共管理体系内部矛盾是现实困境出现的根本原因

虽然我们希望建设一个高效、廉洁、公正的公共管理体系,但是其内部天然存在的一些矛盾会极大地影响这一目标的实现。具体而言,这些矛盾包括:

(1) 作为公共管理体系基本组成单位的个体的公务人员身份与社会人身份之间的矛盾。

(2) 公务人员与其所在公共组织之间存在的矛盾,或个体目标与集体目标之间的矛盾。

(3) 公共组织自身利益与公共利益之间存在的矛盾。

(4) 公共管理目标与公共管理手段之间的矛盾。

公共管理伦理所面临的现实困境,往往与公共管理体系内的这四个天然矛盾没有得到妥善处理有直接关系。例如,虽然"实现公共目的、维护公共利益是公共管理的根本任务,也是公共管理者的职责所在"这一观点今天已被广泛接受,但是在具体实践中,无论是作为个体的公务人员还是作为管理主体的管理组织无时无刻不面临着道德选择。在这个道德天平的两端,一端是个人私利或

---

① 王晓莉,陈勇. 行政伦理困境与行政行为选择[J]. 伦理学研究,2004(3).

者本组织特殊利益,另一端是"抽象"的公共利益。前者是公务人员和管理组织自身的个体理性与组织理性所要求的。因此,一旦个体理性或组织理性没有得到必要的引导,很容易出现对个体利益或组织利益的追求压倒对公共利益的维护,进而导致公共管理伦理的现实困境。

13.2 公共管理规范

13.2.1 公共管理规范的内涵

在《现代汉语词典》中,"规范"一词意指"①约定俗成或明文规定的标准;②合乎规范;③使合乎规范。"[1]虽然在日常语境中,"规范"一词常与"伦理""道德"等词连用,例如道德规范、伦理规范,但从"规范"的内涵而言,其与"伦理"既有联系,又有明显的区别。

"伦理"和"规范"的联系主要表现在目的的相似性上。"伦理"源于风俗、习惯,是对人的行为的某种规范,体现了人的品质或德行[2]。从"规范"本身的定义出发,其核心含义具有"使(某人某事)合乎规范"的意思。因此,无论是"伦理"还是"规范",其主要目的均在于对某个个体或者某段关系进行约束。

"伦理"和"规范"的区别首先体现在两者的侧重点不同。作为对"应该是什么样"这一问题的回答,"伦理"在对个体或者关系的约束上更加侧重于结果;而由于含有"使之符合"的意味,"规范"本身更加强调过程。

其次,两者的另一个重要区别在于稳定性与灵活性。一方面,"伦理"本身脱胎于对"至善"的诘问与追寻。对于"什么是善"的回答虽然在不同历史时期略有不同,但是其大体组成部分却是十分稳定的。例如,无论是在春秋战国时期,抑或是唐宗宋祖时期,还是当今的中国,人们均希望官员能够公正廉洁、克己奉公。因此,"伦理"具有超越时空的相对稳定性。而"规范"则不然。虽然"伦理"在很大程度上为规范描摹了最终目标的样貌,但如何实现最终目标仍受很多其他因素的影响。因此,规范表现出更多的灵活性与多样性。

---

[1] 中国社会科学院语言研究所词典编辑室.现代汉语词典[M].7版.北京:商务印书馆,2016:490.
[2] 李建华.伦理与道德的互释及其侧向[J].武汉大学学报(哲学社会科学版),2020(3).

作为"伦理"与"规范"关系在公共管理领域的延伸,"公共管理伦理"与"公共管理规范"两者之间的关系也大体相似。一方面,无论是"公共管理伦理"还是"公共管理规范",均是对公共管理涉及的主体自身、主体与主体之间以及主体与客体之间的关系进行约束。另一方面,"公共管理伦理"与"公共管理规范"在侧重点与灵活性上又有区别。"公共管理伦理"更加侧重对于"公共管理应该是什么样的"这一终极问题的回答,其内容具有相对的稳定性;"公共管理规范"则更加关注"如何实现公共管理应有之状态",强调在不同地区、不同条件下应具有的因地制宜的灵活性。

在对"公共管理伦理"与"公共管理规范"之间的关系进行梳理后,我们可以比较明确地得出"公共管理规范"的内涵:

从静态意义上而言,"公共管理规范"就是公共管理主体为了约束或调整公共管理主体内部、公共管理主体之间和公共管理主客体之间关系与行为而颁布实施的一系列法律法规与规章制度,主要包括立法机关通过的法律法规、政府部门颁布的行政规章以及在公共管理主体内部施行的内部章程等内容。

从动态意义上而言,"公共管理规范"就是公共管理主体为了约束或调整公共管理主体内部、公共管理主体之间以及公共管理主客体之间关系而采取公共管理行为的过程。

13.2.2 公共管理规范体系

关于公共管理规范体系的具体内容,早在20世纪90年代,OECD等组织就出台过相关的文件,明确了一些原则。例如,在《公共服务伦理管理原则》中,OECD建议各成员国采取行动确保体制和制度的良好运行,以推进公共服务中的伦理行为[1]。除OECD外,不少发达国家也出台了明确的公共管理规范文件甚至法律来约束公共管理主体的行为以及指导公共管理主体处理与自身、与其他公共管理主体之间以及公共管理主客体之间的关系。

例如,日本政府为应对严重的贪腐问题以及日益严重的信任危机,于1996年12月19日颁布了《旨在恢复对行政及公务员以信任之新机制》的文件,要求

---

[1] OECD Council. Principles for managing ethics in the public service[R]. OECD/ PUMA Policy Brief 4, 1998.

各中央机构分别制定职业道德规范。最终,日本国会于1999年8月9日通过了《国家公务员伦理法》,并于2000年4月1日正式实施。该法明确规定了国家公务员应遵守的"行为准则"与"汇报制度"。"行为准则"包括禁止以职务或地位谋取私利、禁止做出引起国民怀疑或不信任的行为等宏观规定。"汇报制度"则规定了三种必须汇报的情况:第一种为接受赠与;第二种为进行股票交易;第三种为获取所得。随后,在《国家公务员伦理法》的基础上,日本政府出台了《国家公务员伦理规章》,进一步明确了国家公务员的行为准则等相关细节,例如不能接受无偿服务,禁止与利益相关方一起旅行、打高尔夫等①。

无独有偶,韩国通过立法的形式对公务人员的行为作出了明确且细致的规定。早在1981年,韩国国会就通过了《公职人员道德法》并对此法进行了多次修订。相较于其他国家的公共管理规范,《公职人员道德法》的规定更加细致,主要包括公务人员财产登记与公开制度、礼物申报制度、退职公务人员的就业限制等内容。在财产登记与公开问题上,《公职人员道德法》对具有申报义务的主体、应进行申报的范围以及应进行申报的时间都作出了详细的规定②。可以说,韩国的《公职人员道德法》不仅从宏观上对公职人员作出了要求,更在具体行动上给予了十分明确的指导。

虽然不同的国家由于自身实际情况不同,具体的公共管理规范体系千差万别,但通过对比仍能够发现不同公共管理规范体系为应对公共管理伦理困境所采取的共同取向——以明细化为核心的公共管理法治体系和以公开化为核心的公共管理监督体系。这两部分的关系是:以明细化为核心的公共管理法治体系为以公开化为核心的公共管理监督体系提供依据与标准,以公开化为核心的公共管理监督体系为以明细化为核心的公共管理法治体系提供条件和保障。

13.2.2.1 以明细化为核心的公共管理法治体系

法治是相对于人治而言的,它是一种以法律为主体,以市场经济的发展为经济基础,以完善的民主政治为政治基础,以发达的权利义务观念为思想文化

---

① 相关研究,请参见有马孝典. 日本如何扭转公务员贪腐之风——《国家公务员伦理法》镜鉴[J]. 人民论坛,2014(22);刘兰华. 国外公务员伦理制度建设对我国的启示[J]. 理论探讨,2010(2).

② 请参见北顾. 韩国如何把权力关进制度的笼子[N]. 学习时报,2013-08-19(2);刘兰华. 国外公务员伦理制度建设对我国的启示[J]. 理论探讨,2010(2).

基础的社会控制方式。从人治到法治的转变是社会现代化的重要标志。法治强调具有客观性、普遍性和有效性的法律居于社会控制的主体地位。正如卢梭所言:"不论是我或任何人都不可能摆脱法律的光荣的支配;这是一种温和而有益的枷锁,即使是最骄傲的人,也同样会驯顺地接受这种束缚。"①

公共管理法治体系就是依法进行公共管理所需要的体系。依法进行公共管理要求有法可依、有法必依、执法必严、违法必究。其中,有关公共管理的法律和规章制度建设是重点,公务人员的法治意识和观念的培育也不可忽视。与此同时,依法管理要求公共管理主体必须在法律的框架内行使其管理职能,任何公共管理主体不能凌驾于法律之上。法律不仅规定了公共管理主体的权力与责任,同时也是对公共管理主体行为的一种制约,以防止公共管理主体滥用公共权力,进而对公共利益造成危害。

相较于其他领域的法治化进程,公共管理规范领域又有其特殊性。作为实现公共管理伦理的途径与手段,公共管理规范体系的成效深受公共管理伦理自身现实困境的影响。而公共管理伦理的模糊性导致了公共管理伦理在实践中的困境,因此,在公共管理规范体系中要突出"明细化",尽可能地减少公共管理伦理本身模糊性所带来的不利影响,使公共管理法治体系能够真正地约束公共管理主体的公共管理行为,实现公平且合理地分配公共利益,治疗"社会疾病",解决公共问题。

所谓"明细化"是指在公共管理规范体系中应将公共管理伦理的各项要求与具体的公共管理行为对应起来,明确公共管理行为的主体、公共管理行为的范围、公共管理行为的效果以及判断标准等内容,从根源上避免多种理解与模糊认识的出现。

根据"明细化"的具体内容,我们可以总结出以"明细化"为核心的公共管理法治体系应该包含的主要内容:

(1)明确的公共管理主体。明确的公共管理主体意味着公共管理主体必须按照宪法或相关法律的明确规定而设立,也意味着宪法或者相关法律必须明确规定何种问题、何种政策应该由哪些公共管理主体来负责处理。未经宪法或

---

① 卢梭.论人类不平等的起源和基础[M].李常山,译.商务印书馆,1962:51.

相关法律法规规定而设立的主体不应成为公共管理主体的一部分。公共管理法治体系中"明确的公共管理主体"主要是为了解决公共管理过程中出现的"谁来管"的问题，有利于明确公共管理责任的承担主体。

（2）清晰的公共管理流程。清晰的公共管理流程是指，在公共管理法治体系中，应该以明确的法律法规或者规章制度指出特定公共管理主体在运用公共权力解决社会问题时，需要采取或遵从的一系列步骤、顺序、时限和制度等。这是为了避免公共管理主体在运用公共权力时出现滥用权力和侵权行为。公共管理法治体系中"清晰的公共管理流程"主要是用来解决公共管理过程中出现的"怎么管"的问题，有利于明确公共管理行为的限度。

（3）精确的公共管理范围。精确的公共管理范围是指在公共管理法治体系中应该通过法律法规和规章制度等制度化的形式明确不同公共管理主体所具有的对特定公共事项的管辖权。除此之外，在具体实践中，由于公共事项往往具有多重属性，会出现涉及多个公共管理主体的现象，因此，除明确单一公共管理主体的管辖权外，公共管理法治体系还应明确当多个公共管理主体的管辖权发生重叠时，在何种情况下，应以哪个公共管理主体为最终责任承担者，以避免出现不同公共管理主体之间的恶性竞争或相互推诿推责的现象。公共管理法治体系中"精确的公共管理范围"主要是用来解决公共管理行为过程中"管多少"的问题，有利于明确公共管理的尺度，从而对公共管理主体进行约束。

（4）分明的公共管理结果。分明的公共管理结果是指在公共管理法治体系中应该通过法律法规或规章制度等制度化手段对公共管理主体的不同行为做出明确的界定：若公共管理主体不遵循相关法律法规所规定的程序或不采取相应的行为，应承担何种责任，以及在何种情况下，公共管理主体可以不遵循相关法律法规所规定的程序或不采取相应的行为。公共管理法治体系中的"分明的公共管理结果"主要用来解决公共管理过程中"如何定责"的问题，从而能够更好约束公共管理主体的行为，防止公共管理主体对公共权力的滥用。

13.2.2.2 以公开化为核心的公共管理监督体系

有学者认为，公共管理监督有狭义和广义两种理解方式。狭义的公共管理监督主要指上级公共管理主体对公共管理执行主体的监督；而广义的公共管理监督则还包括政党等政治主体、社会团体和公民个体等社会主体对公共管理主体的公共管理过程是否合法、合理进行的监督和督导活动。[①]

无论是广义上的还是狭义上的公共管理监督都应该遵从"公开化"的要求。公共管理规范之所以需要公共管理监督体系,是为了确保法定的公共管理主体在进行公共管理的过程中没有滥用公共权力,切实遵循公共管理法治体系所明确的流程,公平分配公共利益。而在达到这一目的上,"公开化"具有十分显著的优势。首先,"公开化"有利于扩大公共管理监督主体范围,使得监督主体能够从更加多元的角度对公共管理过程进行监督,避免公共管理主体滥用公共权力。其次,"公开化"有利于拓展公共管理监督的深度,使得公共管理监督更具有针对性,避免公共管理主体借助自身优势躲避相关监督。最后,"公开化"有利于公共管理主体更加明确自身职责和权限范围,从而更好地履行公共管理义务。

公共管理监督体系的"公开化"主要包括两个层面:第一层面上,"公开化"强调对于公共管理主体的公共管理行为的公开。具体而言是指公共管理主体依照法律法规或规章制度的规定,通过各种媒介和手段向社会公开其公共管理职责范围、管理内容、管理标准、管理程序、管理时限和管理结果,以便于公共管理监督主体能够获取行使监督权利所必需的信息。第二层面上,"公开化"还强调对于公共管理监督本身的公开,强调公共管理监管主体依照法律法规或相关规章制度的规定,通过各种媒介和手段向社会公开监督范围、监督内容、监督程序、监督标准、监督时限和监督结果,以便于公共管理监督主体获取必要的监督信息。

根据"公开化"的具体内容,我们可以看出,以公开化为核心的公共管理监督体系应包含以下内容:

(1) 广泛的公共管理监督主体。广泛的公共管理监督主体是指在公共管理监督体系中应将监督权尽可能多地赋予不同的监督主体,从而解决公共管理监督过程中"谁来监督"的问题。与此同时,广泛的公共管理监督主体也解决了"公开化"过程中"向谁公开"的问题。

[①] 李金龙,唐皇凤. 公共管理学基础[M]. 上海:上海人民出版社,2008:407.

在我国,监督权的归属分为多个层次:首先,监督权归属于依法成立的各类专门监督机关。《中华人民共和国监察法》第七条规定,中华人民共和国国家监察委员会是最高监察机关。省、自治区、直辖市、自治州、县、自治县、市、市辖区设立监察委员会。其次,监督权归属于特定的法定部门。例如《宪法》第一百零四条规定,各级人民代表大会常委会对本级政府、法院、检察院等部门具有监督权。最后,监督权归属于社会大众。《宪法》第四十一条规定,中华人民共和国公民对于任何国家机关和国家工作人员,有提出批评和建议的权利;对于任何国家机关和国家工作人员的违法失职行为,有向有关国家机关提出申诉、控告或者检举的权利。这就赋予了全体中国公民以监督权。这三个层级监督的专业性逐渐减弱,参与性逐渐增强,构成了我国多层次的广泛参与的公共管理监督主体体系。

（2）易于接触的信息发布渠道。易于接触的信息发布渠道是指,在公共管理监督体系中应该基于公共管理监督主体的特性建立与之相适应的信息发布渠道,让公共管理监督主体能够获取监督所需信息。公共管理监督体系中的"易于接触的信息发布渠道"不仅解决公共管理监督过程中"如何获取信息"的问题,更回答了"公开化"过程中"如何公开"这一重要问题。

在我国,不同层次的公共管理监督主体在获取监督信息的能力上具有明显的差异。专职的监督机构拥有最强的信息获取能力,能够获取大量专业性很强的信息,对公共管理主体进行具有针对性的监督。与之相对,其余公共管理监督主体则在信息获取能力上相对较弱。这种"相对较弱"不仅体现在获取信息的范围上,还体现在获取信息的深度上。对于非专业监督主体而言,他们获取公共管理监督所需信息主要通过自身观察,主要集中于"公开化"的第一层面,而较少涉及以公共管理监督过程为核心的第二层面。因此,在建设以"公开化"为核心的公共管理监督体系时应充分考虑不同层次主体的不同特征,建立与之相匹配的信息发布渠道。

（3）精确的公共管理监督范围。精确的公共管理监督范围是指在公共管理监督体系中应该规定明确的监督客体与清晰的监督内容,从而解决公共管理监督过程中"监督什么"的问题。与此同时,精确的公共管理监督范围回答了"谁来公开"以及"公开什么"这两个推进"公开化"过程中不可避免的重要问题。

公共管理监督客体主要是指运用公共权力、承担公共管理职能的各公共管理主体及其在履职过程中发生的公共管理行为。公共管理监督的客体不仅包括个人,还包括管理组织。从推进"公开化"进程的角度而言,公共管理监督客体应该成为"公开化"的主体,即应该由这些公共管理监督客体提供公共管理监督所必需的各类信息。

公共管理监督的内容应该包括:首先是对于公共管理主体的监督,包括公共管理主体的行为是否符合公共管理法治体系的要求;其次是对于公共管理流程的监督,包括公共管理主体是否按照公共管理法治体系所规定的必要流程来运用公共权力;最后是对于公共管理行为结果的监督,包括公共管理结果是否符合公共管理法治体系的要求以及是否有利于公平且合理地分配公共利益,应对"社会疾病",解决公共问题。

从"公开化"的视角而言,公共管理监督内容就大致等同于"公开化"的内容。然而,这里需要注意的是,由于公共管理组织的特殊性,在实践中的确存在一些不宜向社会大众公开的敏感或者涉及国家秘密的信息。除得到相关部门同意或法律授权外,公共管理监督客体不应向非授权对象公开此类信息。但是,这并不意味着公共管理监督客体可以借此回避公共管理监督。

(4)清晰的公共管理监督标准。清晰的公共管理监督标准是指在公共管理监督体系中应该利用明确的公开的法律法规或规章制度来设置公共管理监督的标准,对不同条件下不同公共管理行为应由哪些公共管理主体实施并达到何种效果做出明确的规定。在公共管理监督体系中强调清晰的公共管理监督标准是为了解决公共管理监督过程中"依照什么监督"的问题。从"公开化"的角度而言,清晰的公共管理监督标准与明确的公共管理监督结果共同构成保证"公开化"效果的基础。

清晰的公共管理监督标准不仅是为了让公共管理监督主体对公共管理行为进行全过程有针对性的监督,也是为了使社会大众等其他群体能够有效地对公共管理主体以及公共管理监督主体进行监督,从而提升公共管理监督体系的权威性与可信度。

在具体设立公共管理监督标准时,除应考虑"公开化"的要求外,清晰的公共管理监督标准还应体现以下几个原则:

首先,整体性原则,这是公共管理监督标准的基本要求。以"公开化"为核心的公共管理监督体系有广泛的监督主体。虽然广泛的监督主体能够提升公共管理监督体系的全面性与有效性,但监督主体的多样性也容易产生效率问题。这种效率问题既可能是不同监督主体间权责划分不明的结果,也可能由不同监督主体在专业知识、投入精力等方面的差异造成。因此,在设定公共管理监督标准时,应充分考虑不同监督主体的特性,坚持整体性原则,协调各个层次的监督机制,合理地安排各个监督主体的权责,以期达到公共管理监督体系的整体最优。

其次,合法律性原则,这是公共管理监督标准的根本要求。合法律性给予了公共管理监督体系最根本的合法性,而且合法律性以制度化的形式确定了对于公共管理监督体系的"公开化"要求。在公共管理监督体系中,"合法律性"的内涵是指:首先,监督主体必须是符合法律规定的,这意味着监督主体只有在法律授权的情况下才能行使监督权;其次,监督内容必须是符合法律规定的,这意味着公共管理监督的有限性;再次,监督程序必须是符合法律规定的,这意味着每一项监督活动都必须严格按照法律所要求的形式进行;最后,监督的方式必须符合法律规定,这意味着公共管理监督必须以事实为基础,以法律为准绳。[1]

最后,公正原则,这是公共管理监督标准的内在要求。建设公共管理监督体系的目的在于,确保公共管理主体在进行公共管理的过程中没有滥用公共权力,切实以公共管理法治体系所明确的流程,在给定的范围内,对公共利益进行公平且合理的分配,应对"社会疾病",解决公共问题。如果公共管理监督标准本身不具有公正性,那么,如何能够确保公共管理主体公平且合理地分配公共利益而不倾向于任何一方呢?

(5)明确的公共管理监督结果。明确的公共管理监督结果是指在公共管理监督体系中应该以公共管理法治体系中有关公共管理主体的行为、流程、结果的规定为依据,明确界定不同条件下公共管理主体不履行相关法律法规所规定的程序或不采取相应的行为应承担何种责任。作为以"公开化"为核心的公共管理监督体系的最后一环,明确的公共管理监督结果既解决了公共管理监督

---

[1] 李金龙,唐皇凤.公共管理学基础[M].上海:上海人民出版社,2008:410.

过程中"如何定责"的问题,又以最直观的方式展示了"公开化"的本质内容,防止公共管理监督陷入"为公开而公开"的陷阱。

复习思考题

1. 公共管理伦理的基本体系包括哪些要素?
2. 公共管理伦理现实困境产生的原因有哪些?
3. 公共管理伦理与公共管理规范之间的关系是什么?
4. 公共管理规范的基本体系包括哪些要素?

第 14 章 公共部门绩效管理

■ **本章学习要点**

- 公共部门绩效管理的内涵与类型
- 公共部门绩效管理的指标
- 公共部门绩效管理的实践
- 中国公共部门绩效管理的困境与改革

14.1 公共部门绩效管理概述

公共部门绩效管理（Public Sector Performance Management）是公共管理学的重要内容，是时代对公共管理改革的要求，也是当代公共部门管理的重要实践。随着"新公共管理"运动的兴起，公共部门绩效管理首先在西方社会得到推广运用。改革开放后，我国政府体制改革不断推进，绩效管理这一有效工具愈发受到重视，被视为推动政府转型、深化行政体制改革、强化和创新社会治理、提高政府治理水平和公信力的重要措施。因此，了解公共部门绩效管理的含义、特征、指标体系构建、评估程序设计以及如何发展完善，具有重要的理论意义和现实价值。

14.1.1 绩效与绩效管理

14.1.1.1 绩效与公共部门绩效

绩效（Performance）具有成绩、成效、效益等意思，最早应用于经济管理领域,后被引入人力资源管理领域。一般意义上的效率、产出都侧重于表现工作成果的数字,而绩效则突破了量化的范畴,着重考虑组织或个人的工作效率、工作状态、服务质量以及可持续发展①。绩效应用的持续拓展伴随着绩效理解的不断深化:从单纯强调数量到强调质量再到满足顾客需要,从强调"即期绩效"发展到强调"未来绩效"。

一般而言,绩效有三种类型:(1)以顾客为中心的绩效,关注顾客对产品或服务的感知及评价。(2)财务与市场绩效,指的是对成本、收入和市场地位的测量。(3)运作绩效,指对组织、人力资源和供应商在有效性和效率方面的测量和指示物。

公共部门绩效是指将绩效用于对公共部门行为效果的衡量。可以从以下四个方面加以理解:第一,从绩效内容与外延的规定性来看,反映的是公共部门及其工作人员在履行其职能或岗位职责时,在一定时间内以某种方式实现某种结果的过程。第二,从绩效产生的主体看,公共部门绩效包括部门绩效、个人绩效和项目绩效。第三,从绩效质与量的本质属性来看,公共部门绩效是投入所获得的产出及其所产生的社会效果对质与量的要求。第四,从绩效形成的过程来看,政府实施行为到行为产生效果具有一定时间差,呈现出投入—中期结果—最终结果的周期性发展过程。

从具体内容上来看,公共部门绩效分为:(1)政治绩效。在市场经济条件下,常常表现为制度安排和制度创新。(2)经济绩效。经济绩效表现为经济的持续发展,国民经济不仅在量上扩张,且在结构合理的前提下有质的提升。(3)社会绩效。社会绩效是经济发展基础上的社会全面进步,是社会的稳定与发展。(4)文化绩效。文化绩效主要指政府等公共部门通过提供或者购买公共文化服务,满足社会公众多元多层次文化需求的成效。(5)生态绩效。生态绩效是生态效益、经济效益、社会效益等叠加的综合结果②。

14.1.1.2 绩效管理

绩效管理(Performance Management)是指为了达到组织目标,由组织和员工

---

① 胡税根.公共部门绩效管理——迎接效能革命的挑战[M].杭州:浙江大学出版社,2005:2.
② 高小平.政府生态管理[M].北京:中国社会科学出版社,2007:148.

共同参与持续绩效计划制订、绩效辅导沟通、绩效考核评价、绩效结果应用和绩效目标提升,达到组织目标所预期的利益和产出,并推动组织和个人做出有利于目标达成的行为。一般而言,绩效管理的三个最基本的功能活动包括:绩效评估、绩效衡量、绩效追踪。其中,绩效评估是绩效管理的核心环节,它是指对不同单位、部门或个人产出绩效的衡量与评价[1];绩效衡量是衡量组织目标实现程度的指标体系;绩效追踪则是对组织绩效进行持续性的跟进与追踪[2]。

绩效管理的主要流程包括:首先,要针对组织目标制订一个绩效计划,即通过绩效管理想要达到的目的,而目的的达成需要绩效辅导沟通。其次,对某一段时间的绩效进行考核评价。这是整个绩效管理的核心环节,在此之后需要针对绩效考核评价结果进行反馈。最后,诊断新的绩效计划是否存在问题,并做出整改和提高,进而开始新循环[3]。因此,成功的绩效管理往往同时取决于管理本身以及与之相关的过程。

14.1.2 公共部门绩效管理

14.1.2.1 公共部门绩效管理的兴起

伴随着西方国家新公共管理运动的产生与发展,公共部门绩效管理的兴起有着深刻的理论和现实背景。具体而言,公共部门绩效管理有以下几个重要来源:

第一,新公共管理理论的出现是公共部门绩效管理兴起的先导。公共管理理论传统范式强调专业分工、层级节制和严格规范,具有层次繁多、效率低下等弊端。之后的行为科学管理理论虽然强调尊重人格、民主参与,但依旧没有解决管理者与外部环境之间的关系问题。20世纪70年代,新公共管理运动在欧美国家如火如荼地展开,新公共管理理论强调民主参与、民主管理等理念,以公众需要为导向,以改革政府为手段,通过引入市场竞争机制和利用社会与市场力量实现公共服务市场化,借鉴了私人部门的管理理念与方法。其中,绩效管

---

[1] 仲理峰,时勘.绩效管理的几个基本问题[J].南开管理评论,2002(3).
[2] H. P. HATRY. Performance measurement: getting results[M]. Washington, D. C.: Urban Insitute Press, 2007: 3.
[3] 徐红琳.绩效管理的理论研究[J].西南民族大学学报(人文社科版),2005(2).

理也被从工商管理引入公共管理。

第二,解决公共管理问题是重要推动力。20世纪70年代第一次石油危机后,西方各国普遍出现经济衰退、生产力下降的现象,公共财政持续出现赤字,各国政府纷纷拉开行政改革的帷幕。绩效管理作为一种评估政府行为结果的主要技术工具,取代了以往的投入、官僚程序和规则等组织控制手段。公共部门绩效管理隐含的公众导向理念,强调绩效指标设计的外向特征和多样化的满意度调查,强调社会组织对公共部门进行独立评价。因此,公共部门绩效管理改善了公共部门与公众间的信任关系,强化了公共责任机制的政治理念和顾客至上的管理理念,并促进了二者有机融合。

第三,竞争挑战是促使公共部门绩效管理兴起的压力。西方行政改革的特点之一是在传统的垄断性公共服务部门引入竞争机制,各部门提供服务需通过竞争性投标以扩大服务对象的选择权。同时,随着民主政治的推进和社会经济的发展,公众主动参与和监督政府活动的意识与能力逐渐增强,对公共服务的水平和质量的期望日益提高。公共部门在那些无法引进公私竞争的工作领域,也纷纷建立起内部竞争机制。此外,英国还在医疗系统引进市场机制,实行客户竞争。"在竞争的市场条件下,顾客可以自由选择商品和服务,而这便是最好的绩效评判。"[1]

第四,放松规制对公共部门绩效管理兴起起到促进作用。20世纪70年代,西方国家由于陷入"滞胀"状态,开始放松社会规制。与之相适应,公共部门从单纯的法律规则控制转变为法律支配下的绩效控制,从过程控制转变为结果控制。在放松规制理念指导下,西方发达国家逐渐推广公共部门绩效管理。如英国前首相撒切尔夫人坚信公共部门的管理必须注重改革,而在改革中可以向最好的私营部门学习经验,启动了著名的"雷纳评审"。

14.1.2.2 公共部门绩效管理的内涵

公共部门绩效管理的特别之处在于,它对目标、任务的定位和对结果的测量已经推动公共部门用一种新的眼光去看待管理计划或具体目标的完成情况。具体来看,公共部门绩效管理的内涵体现在以下几个方面。

---

[1] 于军.英国地方行政改革述评[M].北京:国家行政学院出版社,1998:123.

1. 公共部门绩效管理的核心是公共价值

公共部门绩效管理最本质的特征在于其对公共价值的追求与实现。相比于企业绩效管理,公共部门绩效管理具有纯粹公共性。一方面,政府等公共部门合法垄断公共权力和公共资源,是公共权力与公共资源的唯一合法使用者;另一方面,公共部门在运行过程中,以实现公共利益最大化为基本准则。因此,公共部门绩效管理必须以公共价值为基石,高度重视公平、责任等公共价值,充分发挥政治的作用。

2. 公共部门绩效管理具有市场责任机制性质

库珀将公共部门绩效管理所具有的市场责任机制性质概括为:一是经济学的效率假设;二是采取成本—收益的分析方式;三是按投入和产出的模式来确定绩效标准,注重对产出的评估;四是以顾客满意为基础来定义市场责任机制,这种定义方法是把公民视为消费者[1]。简而言之,公共部门绩效管理所体现的市场责任机制性质就是消费者对公共服务的直接选择,公共部门对消费者负责;没有消费者的选择就难以形成市场机制,就不能激发公共服务供给者的竞争,最终也就难以使公共服务的供给者对公众负责。

3. 公共部门绩效管理意味着公共部门职能的具体化

科宜认为,公共部门绩效管理具有使公共部门职能具体化的性质[2]。合理界定公共部门职能、科学进行工作分析是确定绩效目标、设计绩效管理指标的前提与基础。确定绩效目标和绩效标准、建立绩效管理指标体系是有效实施公共部门绩效管理的核心环节,这与具体的部门职能、岗位职责密切相关。

4. 公共部门绩效管理重视政务信息的交流与沟通

信息资料是影响评估指标层级划分、评估内容选定和评估结果的关键因素,因而信息交流与沟通是公共部门绩效管理的重要体现[3]。评估者只有完全

---

[1] P. J. COOPER. Accountability and administrative reform: toward convergence and beyond[M]//B. G. PETERS and D. SAVOIE. Governance in a changing environment. Ottawa: McGill-Queen's University Press, 1995: 188−189.

[2] C. K. COE. Performance measurement: grading report cards and single performance measures[C]. Paper presented at the annual Conference of the American Political Science Association, Washington, D. C., 2000.

[3] K E. NEWCOMER. Using performance measurement to improve public and nonprofit programs[M]. San Francisco: Jossey-Bass, 1997: 7.

了解被评估者的行为过程及各项服务，才能对其绩效做出客观的评估。公共部门也只有完全了解公众用户和其他用户的需求，才能保证服务的有效供给，进而得到准确、客观的绩效结果。信息交流与沟通机制包括信息传递机制、信息反馈机制和信息回应机制三个层面，在内容上主要包括公共部门向公众传递的各类信息、公众向公共部门反馈的各类信息以及公共部门对公众的回应。

14.1.2.3 公共部门绩效管理的类型

随着公共部门绩效管理的持续开展，绩效管理不断分化。从绩效评估机构上看，可分为内部绩效管理和第三方机构测评管理；从实施对象上看，可分为个人绩效管理和组织绩效管理。

1. 内部绩效管理与第三方机构测评管理

内部绩效管理是由公共部门内部的组织或机构对本部门绩效进行测评，其最大的优点在于绩效管理的主体对自身有着详尽了解，这种方式在持续性的长期方案评估中更具优势。但其也存在一些问题：首先，内部绩效管理过程中，有时可能伴随着一定程度的自利动机，导致绩效评估活动出现选择性的倾向。其次，进行绩效管理的主体往往代表着某一部门的局部利益，这使得内部绩效管理带有浓厚的主观色彩并走向片面性。最后，绩效管理是一项复杂而细琐的工作，公共部门内部是否拥有具备绩效管理能力的专家就成为先决条件。

第三方机构测评管理是由公共部门外部的第三方组织或机构对公共部门绩效进行测评。公共部门可以委托营利性或非营利性的研究机构、学术团体、专业性的咨询公司进行测评，也可以是立法机构、监察机构、审计机构组织测评，或由报纸、电视、民间团体等其他外部评估者自己组织测评。外部管理优点在于外部评估者"更为客观，他们更有可能质疑组织的基本前提，对绩效评估更加用心"[1]。

2. 个人绩效管理和组织绩效管理

个人绩效管理是指基于事实，有组织地、客观地对公共部门雇员的特性、资

---

[1] F. G. CARO. Evaluation research: an overview[J]. Readings in evaluation research, 1971(6).

格、能力、业务态度、工作适应性及对组织的贡献做出的评估。个人绩效管理不仅有利于管理层与雇员沟通组织的目标，还能激发雇员的工作潜力、责任感和紧迫感。公共部门传统上偏重对个人绩效的衡量，其历史源远流长。因而，个人绩效管理无论在方法、技术上，还是在流程设计、指标建构方面，都发展得比较完善。

组织绩效管理是指对公共部门产出的"产品"或"服务"多大程度上满足社会公众需要做出的评估。在微观层面上，组织绩效管理是对政府分支的各部门，以及事业单位、非营利组织如何履行被授权的职能进行测评；在宏观层面上，组织绩效管理是对整个公共部门绩效的评估，具体评估内容包括政治的民主与稳定、经济的健康与快速发展等方面。公共部门的组织行为较之雇员个人行为更为复杂、多面与难以界定，因而组织绩效管理还有待进一步发展。

14.1.2.4 公共部门绩效管理的意义

公共部门绩效管理是经济市场化、管理民主化和社会信息化条件下公共部门为提高公共管理效能和公共服务质量而做出的客观选择。其理论和实践意义主要表现为：

1. 公共部门绩效管理是公共管理方法的创新

公共部门绩效管理是公共管理方法的一种创新。公共部门绩效管理健全了公共部门与公众之间的信息沟通机制，将市场竞争机制引入公共部门管理。公共部门绩效管理所包含的成本与效率观念、公共责任观念、顾客至上的服务观念和市场竞争观念等，有助于促进公共管理行为规范化、程序化和民主化，强化公共部门的责任，促进公共管理监督方式的创新与变革，完善监督机制和提高监督的有效性。

2. 公共部门绩效管理是提高公共管理能力的必要手段

"公共管理人员能够对公共政策和项目的结果进行评估至关重要，否则，管理水平难以提高，也就无法以高效管理为公众服务。"[①]从实践来看，公共部门绩效管理具有下列意义：第一，绩效管理可以作为一种诱因机制，激发公共部门员

---

① F. A. NIGRO. Modern public administration[M]. New York: Harper & Row, 1970: 194.

工的积极性和创造力。将绩效与奖惩相联系可以促使公共部门员工完成规定任务,进而推动组织目标的实现。第二,绩效管理提供了新的公共责任实现机制。公共部门绩效管理改变了传统的权力制约和公共部门问责方式,实行以结果为导向的问责方式。第三,绩效管理是推动组织发展的一个有力措施。绩效管理不但能为组织提供有关组织活动进度、物资损耗、工作协调等方面的信息,还能够营造一种注重业绩的组织文化。

3. 公共部门绩效管理是提高公共部门绩效的动力机制

作为技术层面的绩效管理本身不是目的,它只是为获得更高绩效水平而使用的手段与工具。第一,绩效管理有助于实现和落实政府责任。公共部门对公民至少负以下主要责任:"一是政府的支出必须获得公民同意并遵循正当程序,二是必须有效率地对资源加以利用,三是资源必须用于达成预期的结果。"[1]第二,绩效管理有助于提高公共服务供给的质量和效率。市场化条件使得公共部门由服务生产者向服务供给者转变。政府绩效管理为公共服务供给部门之间展开竞争、创造市场动力、利用市场机制解决政府管理低效率问题提供了有效途径。第三,绩效管理有助于改进公共部门与社会公众之间的关系。随着政府角色和职能的重新界定,公共部门成为公共服务的提供者、监管者和公共事务的管理者,而公众则成为公共服务的消费者、顾客,乃至参与者和评判者。公共部门绩效评估则是以公众为导向,通过公众的评判来改善公共部门与公众的关系,增强公众对公共部门的信任。

4. 绩效管理有利于政府信誉和形象的提升

绩效管理实际上是一种信息活动,即把政府在各方面的表现情况进行全面、科学的描述并公布于众,其特点是评估过程的透明和信息的公开。一方面,绩效管理不但可以用于证明政府开支的合理性,也能通过暴露政府的不足和失败以转变公众对政府的偏见,巩固对政府的信任。另一方面,具有影响力的绩效管理结果对公共部门来说有着重要的监督作用,能够为政策制定者、公共部门及其工作人员改进绩效提供有价值的信息和反馈。

---

[1] N. FLYNN. Public sector management[M]. 3rd Edition. London: Prentice-Hall, 1997: 166.

14.2 公共部门绩效管理评估

14.2.1 公共部门绩效管理的指标

绩效管理最核心的环节在于绩效评估,而绩效评估最困难之处在于确立衡量的指标体系。用具体的概念来构建指标体系是常见的方法,而4E标准是常用的指标体系建构标准。

(1) 经济(Economy)/成本标准。这一标准衡量的是花了多少钱,或是否按程序花钱。成本衡量能很好地体现出预算和实际成本之间的差距,然而,成本本身并不能衡量服务效率和效果,故单一使用成本衡量不能满足绩效评估的要求。

(2) 效率(Efficiency)/生产力标准。效率指为产生特定水平的效益付出了多少努力。反过来,投入与产出的比率被称为"效率"或"单位成本"。效率与经济理性同义,它关心的是手段问题,而且这种手段以货币方式加以表达与比较。

(3) 效果(Effectiveness)/质量标准。效益标准衡量的是"情况是否得到改善"。效益可分为两类:一是改变现状(如国民健康状态、水质的净化程度)的程度,二是改变行为(如犯罪率)的幅度。效益与技术理性密切相关,常常按照产品或服务的数量或它们的货币价值来计量。效益衡量应该将可能的负面影响,或至少是能事先明确的负面影响包括在内。

(4) 公平(Equity)标准。公平标准衡量的是效果和努力在社会群体中的不同分配,它与法律和社会理性密切联系。公平无法在市场机制中加以界定,因而公平很难衡量。但是,以下三个标准可以指导公平性的衡量。一是帕累托标准:使一个人境况变好的同时,不能使其他人的境况变坏。二是卡尔多—希克斯标准:在效益上的净收益者能补偿受损者。三是哲学家约翰·罗尔斯提出的再分配标准:使处于恶化条件的社会成员的收益增加,则是正义的行为[①]。

根据上述评价标准可设立如下衡量指标:

---

① 威廉·N. 邓恩. 公共政策分析导论[M]. 4版. 谢明,等,译. 北京:中国人民大学出版社,2011:310.

（1）工作量完成的指标。这种衡量指标是最经常使用的方法。这一指标的问题在于：工作量完成的情况不能反映活动的效益；不与投入的资源数量相联系，工作量的完成情况也反映不了活动质量和效力水平。若工作量指标仅仅是作为应达到的或应超过的标准，而又不与成本相联系或不考虑完成工作的性质，反而会鼓励与目标相悖的行为。

（2）实际的单位成本与预设的标准成本的比率指标。这是一种特殊的效果衡量方式，比较实际成本与预设成本之间的差异，可以反映出组织资源使用的效率和对成本控制的能力。首先，需明确工作标准，即完成某项任务所需的标准时间或资源量。随后，记录实际产出数量及相应的总投入时间，计算出实际单位成本，并将其与预设的标准成本进行对比。这一指标有助于评估资源使用的效率。

（3）资源利用指标。这种衡量标准关注的是生产服务过程中人员与设施的实际利用情况，涉及对在岗人员的数量及"未充分利用的产能"的评估，以全面反映资源管理的效能。具体而言，其衡量的是有效工作时间（即直接投入生产的时间）占总生产时间的百分比。总生产时间不仅包括设备和人员的实际工作时间，还要考虑停工时间对总生产时间的影响。

（4）成本—收益比率指标。经济学家们比较推崇这种衡量方法。成本—收益比率一般要求将产出转换成货币单位。只要收益超过成本，项目就值得投资。然而，问题在于大多数的政府服务产出并不能完全转换为有意义的货币价值。成本—收益比率比较适用于专门的课题研究，而非政府的日常绩效衡量。

14.2.2 公共部门绩效管理的流程与方法

14.2.2.1 公共部门绩效管理流程

绩效评估是一个循环的流动过程。在评估开始之前，首先要对评估做出整体规划。然后做好评估的技术准备，包括评估指标体系的确定、评估方法的选用等。在此基础上，根据评估的内容和范围收集评估所需要的资料和信息。随后，具体实施评估，具体步骤包括制订详尽的评估计划，成立评估小组，确定评估内容，下达评估通知书，收集评估资料，选定评估方法，形成评估结果。绩效评估结果的反馈是有效的绩效评估中不可缺少的步骤。通过该步骤可以了解为何没有达到预期的目标,进而发现妨碍绩效提高的原因,重新设定方案目标和侧重点。简单地说,绩效评估就是由确定目标、实施评估方案、审查评估结果、修正目标和实施方案四个步骤构成的循环。

14.2.2.2 公共部门绩效管理方法

绩效评估是企业组织在其管理实践中逐渐探索出来的管理方法。公共部门引入绩效管理,实施绩效评估,不仅需要借鉴企业绩效评估的理念,更需要掌握绩效评估的具体操作方法。

1. 平衡计分卡

(1) 平衡计分卡的内涵。

1990年,哈佛大学会计学教授罗伯特·卡普兰(Robert Kaplan)和波士顿公司的管理咨询师戴维·诺顿(David Norton)两人共同对12家公司进行了一项研究,以寻求新的绩效评估方法。卡普兰和诺顿经过多次研究讨论,开发了计分卡这种囊括整个组织各方面活动的绩效评估系统,即平衡计分卡。平衡计分卡(Balanced Score Card,BSC)是以信息为基础,系统考虑企业业绩驱动因素,多维度进行评价的一种新型企业业绩评估系统。同时,它又是一种将企业战略目标与企业业绩驱动因素相结合,动态实施企业战略的战略管理系统。它由四个部分组成:财务、顾客、内部业务流程及员工学习与成长。

(2) 平衡记分卡的实施。

实践证明,源于企业的平衡计分卡同样适用于公共部门,但也不可忽视公私部门的差异。

首先,需要了解公共部门平衡计分卡的内容。相对于企业组织来说,公共部门具有提供公共服务和落实社会责任的最高目标,不以利润和经济收益为导向,缺乏传统的财务维度,这使得平衡计分卡变得不完整。同时,公共部门的服务对象是社会公众,而不是一般意义上的顾客。为此,我们就需要了解公共部门平衡计分卡的内容(见图14-1)。

公共部门平衡计分卡有以下几个特点:

第一,公共部门的平衡计分卡以实现社会价值为最高宗旨。公共部门引入平衡计分卡的直接目的在于改善政府绩效,改变公共部门长期以来机构臃肿、效率低下的状况。但公共部门毕竟不同于企业组织,其提高绩效的目的在于服

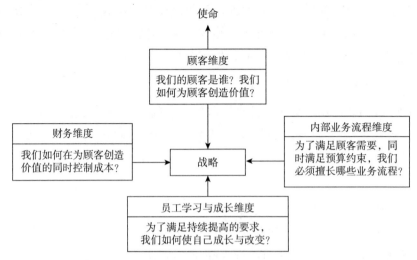

图 14-1　公共部门的平衡计分卡

资料来源：保罗·R.尼文.政府及非营利组织平衡计分卡[M].胡玉明,等,译.北京：中国财政经济出版社,2004:29.

务于更高的组织目标——社会公正和社会责任。企业的平衡计分卡指标体系设计都导向企业经济效益和利润。公共部门的平衡计分卡则不然,始终承担着维护社会公平和正义的重要职责。

第二,公共部门平衡计分卡实施的核心仍然是战略。通过对平衡计分卡历史的分析,我们可以了解平衡计分卡逐渐向组织战略靠拢,为组织战略实施提供现实途径和操作方法。"一旦制定了战略,平衡计分卡就成为有效的战略转化和执行的工具。"[1]

第三,提升了顾客维度,为公共部门绩效管理效率的提高、服务理念的推广奠定了基础。传统的公共部门过于强调官僚行政的地位,缺乏服务行政的意识。绩效管理注重顾客理念的推广,而平衡计分卡则在操作层面上将公共部门顾客理念落到实处。平衡计分卡为满足不同顾客群体需要而设计出相应的顾客维度指标,提高了公共部门绩效评估的有效性和绩效评估结果的实用性。

第四,财务维度居于弱势,平衡计分卡显得不完整。由于公共部门以公共

---

[1]　保罗·R.尼文.政府及非营利组织平衡计分卡[M].胡玉明,等,译.北京：中国财政经济出版社,2004:30.

服务和公共设施建设为主要输出产品,其绩效目标也往往模糊不清。一些公共项目的收益时间跨度较长,公共部门的物质产品和精神产品难以分割,产出的价格和单位成本也不易衡量,要精确算出"投入产出比"就非常困难。

第五,作为使命导向型组织,公共部门的绩效评估的有效进行有赖于公务员的技能、奉献精神、合作态度和服务理念。公共部门平衡计分卡注重员工学习成长的维度,将公务员的技能、奉献精神等要素都纳入了公共部门绩效评估的指标体系。

其次,需要了解公共部门平衡计分卡实施的具体操作步骤。不同的公共部门在操作步骤上可能会各有侧重,但基本步骤还是一致的(见表14-1)。

表14-1 公共部门平衡计分卡的实施步骤

阶段	步骤
计划阶段	1. 为运用平衡计分卡寻找理由
	2. 确定需求与资源的可用性
	3. 决定从何处着手构建第一个平衡计分卡
	4. 赢得高层领导的支持和保证
	5. 组建平衡计分卡实施团队
	6. 为团队成员和其他关键利益相关者提供培训
	7. 为平衡计分卡的实施制订一个沟通计划
准备阶段	1. 确定组织的使命、价值观、远景与战略
	2. 绩效管理框架中明确平衡计分卡的角色
	3. 选择平衡计分卡的维度
	4. 讨论相关的背景材料
	5. 开展高层会谈
	6. 创建战略地图
实施阶段	1. 收集反馈信息
	2. 设计绩效评估指标
	3. 制订未来实施计划

2. 360度绩效评估

进入20世纪90年代后,传统的目标管理考评体系受到了质疑,一些大型跨国企业纷纷采用一种新的绩效考评方法,即360度绩效评估。那么,360度绩效评估方法究竟为何能吸引这些大公司呢?公共部门绩效评估又能从中借鉴什么呢?

360度绩效评估是美国通用公司总裁杰克·韦尔奇1982年发明的。他从尊重人性的角度出发,认为人的个性是难以改变的,管理者的首要任务就是识别和发掘人才,在充分尊重人的个性的基础上,把最合适的人安排到最合适的位置上。随着绩效管理实践的开展,管理者们逐渐认识到为员工创造平台实现自我价值的重要性。每完成一项工作,都让下属有成就感,使其在相互理解、相互包容的轻松氛围中充分实现自我价值,为企业创造最好的效益,这就是现代绩效管理的精髓所在。

360度绩效评估主要应用于企业管理,具体分为六个步骤[①]:(1)负责考评的管理者从员工的3—6名同事那里听取意见。(2)负责考评的管理者从员工的3—6名下属那里听取意见。(3)负责考评的管理者让员工自我评价。(4)负责考评的管理者仔细阅读这些交上来的表格,并根据这些表格对员工的工作表现做出合理的评估。考评结果出来后,负责考评的管理者须将评估表格全部销毁。(5)管理者与员工面谈,与员工共同讨论评估报告,进而探讨员工的业绩目标、评估标准及其权重和未来事业发展计划。(6)这些评估和计划被简要地写在一张表格上,进而被保存在人力资源部经理办公室的文件里。

360度绩效评估法具有明显的优点,表现为:

第一,通过全面测评能够获得对被考评人的全面意见。传统的目标管理考评存在绩效信息来源不明的短板,而360度绩效评估使管理者能获得对被考评人全面而系统的意见,进而对被考评人及其绩效形成正确的认识和观点。

第二,能够对被考评人做出客观、公正的评价。传统的绩效评估原则、目标都由管理者制定,测评也由管理者实施,管理者的素质和公正性显得尤为重要。360度绩效评估结合同事、下属的评价以及员工的自我评估,使管理者能对员工

---

① 赵进,董洪年,耿浩. 360度考评法及其应用[J]. 中国人才,2001(8).

形成较为客观公正的评价。

第三,为员工自我价值的实现和发展创造了条件。360度绩效评估法是作为发展人才的工具而设计的。通过自我评估,个人可以发现自己的优缺点,从而找到自己的努力方向。

第四,有助于形成团队精神和良好的组织文化。传统的绩效评估往往侧重于激发组织内部竞争以强化激励,然而,当竞争趋于极端时会导致组织涣散和缺乏向心力,不利于组织的长期发展。相比之下,360度绩效评估以自我评估为基础,避免了评估过程中的各种主观因素,是较为客观、公正的评估,能帮助个体获得更精准的职业发展指导,促进跨部门沟通与合作,推动组织文化向更加包容、协作创新的方向发展。

第五,减轻了管理者考评的负担。传统的绩效评估以管理者考评为主,负责绩效评估的管理者面临多方压力和多种争议。引入360度绩效评估后,管理者的考评工作内容得以简化。同时,建立在自我评估基础上的评估能够减少评估结果的争议性,减轻了管理者的压力和负担。

基于上述优点,现代企业组织开始接受和广泛应用360度绩效评估,公共部门也逐渐开始应用。当然,公共部门的360度绩效评估与企业组织的存在一些差异,主要体现为公共部门的评估主体更加多元化。

公共部门运用360度绩效评估法的意义是不言而喻的。当然,360度绩效评估法难免存在一些不足:第一,公共部门的权力体制、官僚集团和部门利益等特殊因素,制约了360度绩效评估法作用的正常发挥。在传统行政官僚体制之下,上下级之间不可能形成类似360度绩效评估的沟通机制,下级公务员也不可能对管理者进行客观评估或者提出批评。第二,有些公务员缺乏使命感和责任意识。公务员不同于一般企业组织中的员工,作为公共权力的执行者,一般具有一定的权威意识和官僚观念。而360度绩效评估要求组织中的人员具有较强的责任心和使命感,能够积极地参与到公司的管理中去。

3. 其他的绩效评估方法

对绩效结果进行分析和评价,以便得到简单明了的结论并加以利用也是绩效评估中重要的一环。聚焦于绩效结果的分析评价,也逐渐形成了许多绩效评估方法。

（1）员工与员工之间的比较。

对绩效评估结果进行横向比较，即员工与员工之间的比较是组织一贯的做法。衡量比较的方法主要有排序比较法、两两比较法、强迫分配法等。

第一，排序比较法。排序比较法是一种古老而简单的考评方法，它类似于学校里的"学生成绩排名单"。这种方法根据某一指标，将全体员工的绩效按从高到低的次序进行排列。

然而，当被考核的人员较多时，排序法较为费时费力且效果欠佳。同时，对于工作性质差异较大的工作或者跨职能部门的人员，排序法就失去了相互比较的意义。所以，排序法适用于工作内容简单的基层人员，对管理层的适用性则较低。

第二，两两对比法。两两对比法是将所有的被考评人就某一考核指标，与其他所有人一一做比较，最后将被考评人按绩效高低排列。这种方法实质上是将全体被考评人看成一个有机系统，有助于全面评价所有人的工作。但是，这种方法受到被考评人人数的制约，当有大量员工需要评价时，这种方法就会太过复杂和浪费时间。

第三，强迫分配法。强迫分配法类似于一种正态分布效应，最初是为了考核军官绩效而设计出来的一种方法，现在被企业界和公共部门广泛应用。所谓强迫分配法，就是根据事物呈正态分布的规律，把考核结果预定的百分比分配到各部门，然后各部门根据自己的规模和百分比来确定各个档次人数的方法。这种方法存在平均主义问题，即正态分布的结果是良好、合格的比例较大，一定程度上就造成考核结果的不公正。

（2）员工与工作标准之间的比较。

员工与工作标准相比较属于一种纵向比较，其结果更具客观性和公正性。一般来说，员工与工作标准相比较的方法有考核清单法、量表评价法、关键事件法等。

第一，考核清单法。考核清单法具体可以分为简单清单法和加权清单法两类。

简单清单法是考评人结合工作说明书和与工作绩效优劣相关的典型行为，拟订考核清单条目，然后逐条对照被考评人的实际状况，将两者一致的地方打勾。下面是一份预先拟就的绩效考核清单中的一部分：

工作不认真，疏忽操作规则（　）

严格遵循操作规则，并推动和改进操作规范（　）

工作勤奋，有时能超额完成工作任务（　）

工作懈怠，不能按时完成任务（　）

……

加权清单法是在简单清单法的基础上形成的。每个指标和要素对人员绩效的影响各异，所以为了考核的精确性，应对所涉及的考核要素赋予权数，即在评分时，每项得分乘以权数，最终的综合得分更符合实际。

第二，量表评价法。量表评价法是目前应用最广泛的绩效评估方法之一。具体来说，量表评价法包括以下几个步骤：(1)设计等级评价表。列出有关业绩因素，并将每个因素分成若干等级并给出分数。(2)确定评分标准。为每个等级设定具体的含义和评分标准。(3)进行评价。根据员工在各个评价要素上的表现，确定相应等级，并将所有要素等级加总得到最终工作绩效评估结果。这种方法的优点在于操作简单易行，能够全面地对员工从定性和定量两个维度进行考核评价，因此被广泛应用于各类企事业单位。但其在考核的过程中容易出现趋中误差，且考核的客观性难以保证。

第三，关键事件法。关键事件法是管理实践中运用较为普遍的方法，在应用的时候一般采用日记法。日记法就是指上级在平时（如每天结束的时候）不断地对员工的表现做详尽记录。每一位需要考核的员工都有一本"工作日记"或"工作记录"，上面记载的是日常工作中员工突出的、与工作绩效密切相关的事件。

关键事件法的优点是：其一，关键事件法是以员工在整个考核期的行为为基础，避免了考评中的近期化误差；其二，关键事件法依据的是员工的日常事实记录，使考核中考评人的许多主观误差得到了控制。但关键事件法也有其不利的方面。首先，什么是关键事件，不同的主管有不同的界定；其次，给每个员工做"工作日记"较为耗时；最后，它可能使员工过分关注主管到底写了些什么，对"工作日记"产生恐惧和抵触等。

(3) 员工与目标之间的比较。

员工与目标之间比较的方法主要是指目标管理法(MBO),也是目前管理实践和理论研究方面较为成熟的一种方法。目标管理法是由美国管理专家彼得·德鲁克于1954年在《管理的实践》一书中提出来的。所谓目标管理法,就是让主管人员和下属共同制定目标,在工作中实行自我控制,并努力完成工作目标的一种制度或方法。

目标管理法的评价重点主要集中于结果而非行为。实行目标管理的目的在于通过各级目标的制定、考评、鉴定、实现,激发全体成员的创造性和工作热情,使其发现自己在组织目标中的价值和责任,从中得到满足感,并在工作中实行"自我控制",从而更好地为实现组织的总目标做出自己的贡献。

通过发挥目标在绩效评估中的导向作用,对员工绩效进行有效衡量,并提供积极的反馈,从而促进员工绩效的改善。目标管理的一般程序为:设定组织的目标→设定部门的目标→讨论部门的目标→设定员工的个人目标→工作表现回顾→提供反馈。目标管理法的核心在于将组织的目标首先分解为部门的目标,再分解为员工的目标。

14.3 公共部门绩效管理实践

14.3.1 外国公共部门绩效管理实践

在管理学中,绩效管理制度可以追溯到20世纪初期泰勒《科学管理原理》一书的出版。后来,法约尔的《工业管理与一般管理》将绩效管理从工商企业推广到各种组织。20世纪20年代美国最早将绩效理念引入公共部门,但直到20世纪70年代,公共部门绩效管理才开始在西方世界全面推行,成为政府管理的重要手段。20世纪90年代,公共部门绩效管理达到鼎盛。美国、英国是西方国家公共部门绩效管理的典型代表。

14.3.1.1 美国公共部门绩效管理实践

美国是世界上最早推行公共部门绩效管理的国家。20世纪初期,美国地方政府就初步以效率为核心对政府的运作进行了测量与评估。美国公共部门绩效管理的发展过程大致可以划分为五个主要阶段。

1. 效率阶段(1900—1940)

这一时期的绩效管理重点主要集中在部门效率、行政投入和行政产出上,强调的是如何通过有效的管理和控制来提高政府工作的效率。1906年,纽约市成立了市政研究局,首次将以效率为核心的绩效评估技术应用到纽约市政府。尔后,联邦政府于1912年成立了经济与效率委员会。1928年,全国市政标准委员会的成立被普遍认为是美国公共部门绩效管理的开端。"大萧条"时期,美国政府对绩效更加重视。1937年罗斯福政府成立了总统管理委员会(又称布朗诺委员会),提出行政效率不仅仅是文件资料、工作时间和单位成本[1]。

2. 预算阶段(1940—1970)

这一时期政府绩效管理的主要目标是控制成本。1947年第一届胡佛委员会提出了改革政府的方案,其中一项重要内容就是提出了政府绩效预算和标准。1950年美国国会通过了《预算与会计程序法》,联邦政府的所有部门都建立了绩效预算。1965年颁布的《初级与中级教育法》对于促进教育项目的评估发挥了很大的作用。

3. 管理阶段(1970—1980)

这一时期政府绩效管理的目标是追求公共管理的效率与有效性。20世纪70年代,美国政府注重通过测量、评估以提高公共生产力。1973年,尼克松政府颁布了《联邦政府生产率测定方案》,使公共部门绩效管理系统化、规范化。1976年,美国科罗拉多州通过了第一个《日落法》(Sunset Legislation),规定"除非立法机构另有特别立法或授权,否则公共项目或机构即应于一定期间(例如5—10年)之后终止或撤销"[2],立法机关要定期审查各机构和方案以防机构重叠和低效方案。到1981年,美国有36个州通过了该法案。政府绩效管理步入法制化的轨道。

4. 民营化阶段(1980—1992)

这一时期政府绩效管理的目标是减少财政赤字和赋税、削减政府支出,以及限制政府的规模与权力。这一时期民营化逐渐成为公共部门绩效管理的新

---

[1] 王晓冉.中西方政府公共部门绩效评估理念比较研究[D].济南:山东师范大学,2009.
[2] 尼古拉斯·亨利.公共行政与公共事务[M].8版.张昕,等,译.北京:中国人民大学出版社,2002:373.

内容。如里根政府任命彼得·格瑞斯领导著名的格瑞斯委员会对私人部门的成本控制进行调查,并审查政府如何最佳履职以提高公共物品和服务供给的有效性。

5. 政府再造阶段(1992年至今)

这一时期以减少政府支出,提高公共责任、效率、有效性以及回应性为政府绩效管理的主要目标。1993年克林顿政府成立国家绩效管理委员会,目的在于"使整个联邦政府花费更少,效率更高,更有进取心和更有能力"①,并公布《从官样文章到实际结果:建立一个运作更好和花费更少的政府》的报告。1998年,该委员会更名为"政府再造全国伙伴关系联盟"。特别是,《国家绩效评论》《戈尔报告》以及《政府绩效与结果法》(The Government Performance and Results Act, GPRA)的发布,使政府绩效管理达到高潮。1996年,美国政府提出"要把尽可能多的联邦机构转变为'以绩效为基础的组织'(Performance-Based Organizations)","以绩效为基础的组织是由那些签订合约的公共行政人员来管理"②。1998年,美国联邦政府要求所有机构都要作绩效报告。

2002年,小布什就任总统后,又将绩效评估工具应用到联邦政府项目管理中。联邦政府引入项目等级评估工具,主要用来对跨部门项目的绩效进行评估,从而在联邦政府范围内形成跨部门的项目绩效比较,促进联邦项目整体绩效水平的提高。奥巴马政府又有新的进展,提出政府绩效管理的三项战略:一是利用绩效信息进行领导、学习并改善结果;二是为达到目标和保证公正透明,而持续、简明地进行绩效沟通;三是拓宽解决问题的网络路径;四是重新设置绩效管理的流程。

14.3.1.2 英国公共部门绩效管理实践

英国从20世纪60年代开始对公共部门生产力进行测定,70年代后期推行以效率为中心的公共管理体制改革。1979年,撒切尔政府开展了著名的"雷纳评审",雷纳效率评估分析小组的改革方案推动了公共部门绩效评估的开展。

---

① A. GORE, T. PETERS. Creating a government that works better and costs less: the report of the national performance review[R]. Washington, D.C.: U.S. Superintendent of Documents, 1993: 1.

② 尼古拉斯·亨利. 公共行政与公共事务[M]. 8版. 张昕,等,译. 北京:中国人民大学出版社, 2002:306.

雷纳评审是对政府部门工作特定方面的调查、研究、审视和评价活动，其目的是提高组织的经济和效率水平，并通过提高效率来减少公共部门的开支和运营成本；其性质是以解决问题为导向的经验式调查。

1980年，英国环境事务部建立了"部长管理信息系统"（Management Information System for Ministers，MISM），它是"融合目标管理、绩效管理等现代管理方法和技术的信息收集和处理系统，是一个管理工具"[1]。它体现了目标责任制度，以目标为依据进行资源配置和调整、绩效管理、全面信息反馈等。

1982年，英国财政部颁发了"财务管理新方案"（Financial Management Initiative，FMI），标志着公共部门绩效管理的正式推行。实施财务管理新方案的目的是"使各部门、各层级的负责人能明确自己的目标和测定产出与绩效的标准及方法，了解可利用的资源以及对其利用所负有的责任，获得有效履行职责所需要的信息、技能训练和专家咨询等"[2]。

1983年，英国公布的《英国国家审计法》进一步明确：公共部门绩效管理是检查公共资金使用的方式与效果，其中对经济的评估关注的是在保证质量的前提下降低资源消耗量；对效率的评估主要是对比产出或服务与资源投入的关系；对效益状况的评估则主要是对比资金支出后的实际效果和预期效果。同年，英国卫生与社会保障部提出了较为系统的绩效管理方案，构建了140个绩效指标，应用于卫生管理部门和卫生服务系统的绩效管理。

1991年，梅杰政府开展"公民宪章运动"和"竞争求质量运动"，引入公共服务的外部评价主体，将绩效管理逐渐系统化，并进一步完善绩效评估方法。其特点是明确公共服务主体、对公共服务质量的追求以及对绩效评估方法的引入。

总体而言，英国政府绩效管理具有三个突出特点：一是受包括撒切尔夫人在内的政治领导人高度重视；二是注重改革法制化；三是自愿与强制相结合，激励与问责相结合。

---

[1] 周志忍. 当代国外行政改革比较研究[M]. 北京：国家行政学院出版社，1999：84.
[2] 同上书：86.

14.3.1.3 其他代表性国家公共部门绩效管理实践

1. 法国公共部门绩效管理实践

作为一个传统的中央集权国家,法国在公共部门推行了"个人谈话"绩效管理方法。个人谈话形式发端于企业,现已普及到法国的行政系统,成为人力资源管理的核心①。公共部门的"个人谈话"绩效管理方法是指:公务员与上级主管进行谈话,在总结这一年完成的任务、遇到的困难、有何缺点的同时,一起分析原因。谈话结束后,双方在表格上签字确认,随后由上级部门领导据此为员工打分,作为其奖惩、提拔和调离、培训的依据②。个人谈话评估的最大优势在于实现了上下级的沟通。由于"个人谈话"的良好效果,目前它已成为法国政府绩效管理的重要组成部分。但是该方法由于受到上级领导主观影响较强,存在一定弊端。

2. 韩国公共部门绩效管理实践

韩国政府绩效管理体制始于20世纪中后期,经历了从引进到本土化的过程。20世纪60年代至80年代初,是韩国政府绩效管理制度的引进时期。1961年,韩国政府通过引进"审查分析制度"对政府政策进行了评价。在1961年至1980年,韩国国务总理企划调整室主管审查分析业务。80年代后,韩国政府绩效管理进入系统化时期。1981年,政府绩效管理的职能从国务总理企划调整室转到经济企划院。1983年,韩国经济企划院编制了《审查分析手册》作为业务评价的指南,该手册的编制改变了韩国政府业务评价过去只注重遵守法令或执行预算的情况③。20世纪90年代到2003年,韩国政府绩效管理注重以结果为导向的政府绩效管理制度。1998年韩国引进了"机关评价制度",1999年试点实施了"绩效主义预算制度",开始实行"国家开发研究工作评价""财政工作评价"和"信息化评价"等。2001年制定《关于政府业务等评价的基本法》,确立了政府绩效管理体系的基本框架④。2004年以后,韩国政府绩效管理进入整合时

---

① 罗凤英.发达国家政府绩效管理的经验与启示[J].商丘师范学院学报,2008(7).
② 罗凤英.法国行政管理中的"个人谈话"及其借鉴[J].中国人力资源开发,2007(4).
③ 阳东辰.中国公务员绩效考核制度的现状与改革对策[J].重庆大学学报(社会科学版),2010(6).
④ 方振邦,葛蕾蕾,李俊昊.韩国政府绩效管理的发展及对我国的启示[J].烟台大学学报(哲学社会科学版),2012(3).

期,并于 2006 年颁布了《政府业务评价基本法》和《政府业务评价基本法施行令》。目前韩国政府绩效管理分别由政府业务评价委员会、行政安全部以及监察院三个机关分别负责。

14.3.2 中国公共部门绩效管理实践

14.3.2.1 中国公共部门绩效管理实践成效

经过多年的探索,我国公共部门绩效管理在理论和实践两方面都取得了一定成效。

第一,公共部门绩效管理取得一定实践经验。随着我国改革开放的深入发展,政府有关部门和机构陆续建立一些专门的绩效管理与评估机构。另外,一些专门研究国家宏观政策的评估机构也开始出现,如中国社会科学院政策科学研究中心、复旦大学发展研究院等,但整体专业水平有待提高,评估经验和水准尚有进步空间。

第二,开展政府绩效管理的社会环境正在形成。首先,我国社会主义市场经济体制目标的确立,加快了我国政治体制改革的步伐,为政府绩效管理提供了基本的政治环境和良好的民主环境。其次,人民群众参与国家管理的热情日益高涨,积极参与到政府部门绩效管理中。同时,高层公务员将绩效管理视为对下属实施监管的有效手段,基层公务员则可以通过绩效评估正视差距并改进工作。

第三,在绩效管理理论与方法的研究上取得进展。相比于西方国家,虽然我国绩效管理研究起步较晚,但发展速度快,在吸收借鉴先进经验的同时,积极探索符合我国具体国情的绩效管理理论与方法,并在公共管理和经济学两大学科取得丰硕成果。在评估方法的选择上,逐渐引入了世界各国新开发的评估工具,同时也逐渐形成具有中国特色的公共部门绩效管理方法。

14.3.2.2 当代中国公共部门绩效管理的类型

党的十八大以来,为建设服务型政府,我国积极推进公共部门绩效管理。特别是 2013 年大部制改革以来,我国逐渐形成了党委领导下,人力资源管理部门、国有资产管理部门相互配合的公共部门绩效管理模式与具有中国特色的公共部门绩效管理类型划分方式。

当代中国公共部门绩效评估的类型,主要有三类:(1)一般政府绩效评估。一般政府绩效评估的方式主要有目标责任制、社会服务承诺制、效能监察、效能建设、行风评议、干部实绩考核等。这类绩效评估主要在政府组织内部进行,目的是通过目标责任制等评估手段实现传统行政模式下行政效率的提高。这类绩效评估存在着对上不对下、对内不对外的责任缺位现象。(2)行业绩效评估。这类绩效评估是在具体行业内进行的评估,由政府主管部门设立评估指标,并组织对所管辖的行业的定期评估,具有自上而下的单向性特征。(3)专项绩效评估。这类绩效评估是针对某一专项活动或政府工作的某一方面而展开。这类绩效评估主要强调外部评估,目的是通过社会调查、满意度调查等方法改善政府工作,提高公众对政府工作的满意程度。

14.4 公共部门绩效管理发展与完善

14.4.1 公共部门绩效管理的困境与问题

从历史发展的角度来看,对绩效评估与管理的重视早在20世纪初便已开始。在20世纪80年代以后,实施绩效评估,追求高效政府成为公民和政府的一致目标。然而,公共部门的绩效评估并不容易,主要体现为以下五个方面。

14.4.1.1 公共部门的产出难以量化

绩效评估的一个重要前提就是所有绩效都以量化的方式呈现。此项做法在私人部门基本不成问题,却在公共部门难以推进,因为公共部门要考虑如何将公共服务量化。首先,由于行政组织是一种特殊的公共权力组织,其所生产出来的产品或服务具有"非商品性",这就使得对其进行数量上的测量成为一项技术难题。其次,公共部门缺乏提供同样服务的竞争单位,因此就无法取得可比较的成本与收益数据。最后,即使某些绩效可以量化,量化形式是否适宜还有待斟酌。

14.4.1.2 公共部门目标缺乏准确性

公共部门目标缺乏准确性是绩效评估实践中的一大难题。一是公共部门绝大多数任务存在着多重甚至相互冲突的目标。在这些多重目标中进行选择和权重排序往往受到权力因素的干扰而难以取得共识。二是公共部门所设定的目标经常具有抽象性和笼统性。公共部门的管理者出于政治需要,或是不愿受明确目标的限制、希望获取更多的支持,存在目标表述模糊化倾向。三是有些公共服务的目标过大过高,不仅难以达到,也使评估人员的实际操作非常困难。

14.4.1.3 公共部门绩效标准指标难以确定

绩效标准指标的难以确定成为制约公共部门绩效评估发展的一大瓶颈。第一,如何制定与品质有关的指标仍是绩效评估的主要限制。政府的服务绩效有三个基本面向——经济、效率、效果,而服务的品质是关键。但大多数公共服务的品质很难用客观具体的标准来衡量。第二,功能相同的公共组织有地区性的差异,其规模、性质亦不相同,以同样的绩效指标来衡量它们的绩效并不公平。第三,评估标准指标难以摆脱主观判断的片面性。由于公共服务产生的效果与影响存在多样性,很难找到一种社会全体成员都认同的、准确的计算方法。

14.4.1.4 评估信息系统不健全

绩效评估的有效性在很大程度上取决于信息本身及其传输的质量。目前,公共部门尚未建立健全的评估信息系统,集中体现为:一是信息收集困难。由于全面、系统地收集评估材料需要花费大量的人力、物力、财力和时间,这就为信息的获取带来一定的难度,进而影响了绩效信息资料的真实性、客观性、全面性。二是信息沟通存在障碍。信息交流与沟通是公共部门绩效评估的关键环节,而公众表达渠道受限显然不利于政府与社会之间的沟通,进而大大降低绩效评估的质量。

14.4.2 中国公共部门绩效管理面临的困境

14.4.2.1 时间短、跨度大,更注重内部管理

我国公共部门绩效管理实践从 20 世纪 80 年代兴起,90 年代初具规模,到现在经历了 40 多年时间,虽起步较晚,却发展迅速。我国的政府绩效管理虽经历了从经济到效率再到效益、从单标准扩展为多元标准的转变,却没有像西方国家那样出现对"效益"标准的重视。我国同时采用并始终侧重于对内部管理

方式的改进,而非像西方国家那样已经实现了从内部测评向外部测评的转变。

14.4.2.2 缺乏系统的理论指导

在西方各国绩效管理热潮的带动下,我国的公共部门绩效管理实践各出奇招、特色各异,政府绩效管理运动如火如荼。这是因为发展经济首先要有高效的政府管理,这使得提高绩效成为政府自身的需求。但我国当前的公共部门绩效评估还处于自发、半自发状态,缺乏全国统一的、相应的制度和法律安排作保障,缺乏系统的理论作指导,表现出一定的盲目性,且照搬西方国家或企业绩效评估措施的现象普遍存在。

14.4.2.3 立足于问题的解决,仍具有被动应对的倾向

我国公共部门绩效管理的实践一般都源于现实需要,针对社会关注的热点问题,是一种"问题解决式"的改革方式,这与英国早期的"雷纳评审"改革相似。但不同的是,"雷纳评审"是由政府主动寻找自身存在的问题、探索提高绩效的路径。相比之下,我国各地的公共部门绩效管理实践和尝试往往是在社会问题引起上级重视之后才将其列入改革的议程,政府很少主动寻找自身问题,更没有设立专门机构去做调查研究。总之,我国的公共部门绩效管理还停留在被动应对阶段。

14.4.2.4 在小范围内实施具有针对性的改革

我国公共部门绩效管理的实践针对不同性质的部门,采取不同的提高绩效的办法。这一点与新西兰的公共部门绩效管理改革相类似。新西兰是将公共部门分为三种类型,并具有针对性地进行改革。以海南省"三制"改革为例。虽然海南省对公共部门改革也是区分不同类型,然后施以不同措施,但这次改革只是为了解决当初特定问题,问题解决之后,这一改革并没有在全国范围推广。

14.4.3 中国公共部门绩效管理改革前景

推进绩效管理的全面发展,必须建立起完整规范的全国性绩效评估体系,这是当前我国社会主义市场经济建设的客观要求。党的十八大报告提出,"创新行政管理方式,提高政府公信力和执行力,推进政府绩效管理"。十八届三中

全会审议通过的《中共中央关于全面深化改革若干重大问题的决定》强调,"严格绩效管理,突出责任落实,确保权责一致"。中国特色社会主义进入新时代,党的十九大提出了"全面实施绩效管理"。因此,必须从思想认识、组织形式、管理办法、人才培养方面做出努力。

(1) 加强宣传以提高人们对绩效评估工作意义的认识。必须加强对绩效评估的研究和宣传,让全社会尤其是公共管理部门充分认识到绩效评估的重要意义和作用。通过对绩效评估的意义和作用的宣传,使人们在思想上达成共识,改变对绩效评估的消极、抵触态度,正确对待评估工作,在各方面对评估工作予以配合和支持。改善政府绩效评估现状,重要的是转换观念。

(2) 加强绩效评估立法工作。立法保障是开展政府绩效评估的前提和基础。首先,要从立法上确立绩效评估的地位、保证绩效评估成为公共部门管理的基本环节。其次,从法律上树立绩效评估的权威性,确保绩效评估机构在公共部门中具有相应的地位。最后,颁布绩效评估工作的制度和规范,对公共管理过程作出详细规定,使评估工作有法可依,有规可循。

(3) 建立健全合理有效的评估体制。建立健全合理有效的评估体制是推进公共部门绩效评估事业发展的关键。我国的公共部门绩效管理需要借鉴世界各国有益的经验,在各级公共部门内部建立完善的绩效评估机构(或评估管理机构),对公共部门实施的各种公共项目进行评估。同时,应该借鉴国外思想库发展的经验,鼓励和发展民间中介评估组织,以保证评估的客观公正,同时节省大量的公共资源。

(4) 培养评估人才以适应评估发展的需要。解决我国绩效评估事业起步较晚、人才培养工作薄弱等问题,要从我国改革开放发展趋势和建设社会主义市场经济的需要出发,加强绩效评估人才的培养,形成比较完善的评估人才培养体系、造就大批合格专业人才。从长远考虑,需要制订我国评估后备人才的培养计划,依靠和利用现有高等院校的条件,培养公共部门绩效评估的后备人才和高层次人才。

(5) 建立完善的信息系统,进行及时的信息收集、分析。现代信息技术的发展采用管理信息系统既可以满足政府绩效评估的信息需求,又可以满足日常管理(如监测控制、报告小结等)的信息需求。

复习思考题

1. 如何理解公共部门绩效的含义？公共部门绩效有哪些类型？
2. 简述绩效管理的基本内容与主要流程。
3. 论述公共部门绩效管理兴起的缘由。
4. 简述公共部门绩效管理的内涵和类型。
5. 如何理解绩效管理是提高公共部门绩效的动力机制？
6. 国外公共部门绩效管理实践有何特点？并谈谈对我国的启示。
7. 阐述促进我国公共部门绩效管理发展的具体途径。
8. 公共部门绩效管理的流程和标准是什么？
9. 论述公共部门绩效管理的困难及其解决途径。

后 记

当完成《公共管理学》这本教材的编写工作时,笔者心中涌动的情感难以言表。这不仅仅是所有参编者个人教学、学术生涯中的一个重要里程碑,更是大家集思广益、共同奋进铸就的"同心桥"。

编写《公共管理学》这部教材的过程是一段充满挑战又极具意义的旅程。它不仅仅是对我们多年学术研究与教学实践的一次总结与提炼,更是一次对公共管理学科内涵与知识边界的探索与体认。在厘清基本概念、梳理理论知识、分析实践案例的过程中,我们更加清晰地认识到公共管理在推动社会进步、增进公共利益方面的重要价值。同时,我们也深刻体会到,作为一名教育工作者,我们有责任将公共的精神、前沿的知识、实用的技能传授给学生,为他们的成长奠定坚实的基础。

编写《公共管理学》这部教材的过程还是一次团队协作与智慧碰撞的宝贵经历。在这个过程中,团队成员拥有不同的学术背景,来自不同的专业领域,各自带着独特的见解与专长,为本教材的完善贡献力量。我们经历了多次的讨论与打磨,从最初的框架构建到每一个知识细节的校对,都凝聚着团队的心血与汗水。这种开放包容、富有成效的交流与协作方式,不仅促进了参编者个人能力的提升,也极大地丰富了教材的内容与视角。

在编写过程中,我们始终秉持学术严谨性,力求在继承传统公共管理理论的基础上,融入最新的研究成果与学术观点。我们深入探讨了公共管理的基本理论框架,对公共行政、公共政策、公共组织等核心领域进行了全面而深入的剖析。同时,我们也关注公共管理领域的实践探索,如数字化转型、社会治理创新等前沿议题，尝试在教材中引入新的理论视角与分析工具，以期为读者提供更为丰富和多元的知识体系。

北京大学出版社对本教材的编写给予了大力支持。在教材即将出版之际，我们谨向梁路编辑以及所有为本书出版工作提供支持与帮助的同仁表示最衷心的感谢，感谢你们的信任与支持，是你们的共同努力让这部教材得以更加完善并顺利面世。

本教材由来自湖南大学、中共湖南省委党校（湖南行政学院）、贵州大学、长沙理工大学的学者合作完成。各章的主要分工为：

李金龙，第1章；

鲁　宇，第2章；

张慧娟，第3章；

杜倩博，第4章；

赵　岩，第5章、第9章；

曾望峰，第6章；

孙翊锋，第7章；

刘小舟、陈少威，第8章；

谭海波，第10章、第14章；

程聪慧，第11章；

马珍妙，第12章；

伍雪骏，第13章。

感谢刘娅楠、王家璇、黄家晨、史钰宏、谢伟钰、郜颖颖、于竞男等同学在资料收集、初稿撰写和修改校对中付出的辛勤劳动。

本教材的出版是我们工作的一个阶段性成果，但绝不是终点。虽然我们在编写过程中尽可能吸收学术界专家学者的研究成果，但囿于编写者的水平，仍有可能存在偏狭和错漏，恳请专家、读者批评指正。我们深知，公共管理领域的发展日新月异，新的理论与实践层出不穷，因此，我们会继续关注公共管理领域的新动态、新成果，与时俱进、博采众长，不断完善和更新教材内容。

谭海波　杜倩博
2024年9月27日于岳麓山

教师反馈及教辅申请表

北京大学出版社本着"教材优先、学术为本"的出版宗旨,竭诚为广大高等院校师生服务。

本书配有教学课件,获取方法:

第一步,扫描右侧二维码,或直接微信搜索公众号"北大出版社社科图书",进行关注;

第二步,点击菜单栏"教辅资源"—"在线申请",填写相关信息后点击提交。

如果您不使用微信,请填写完整以下表格后拍照发到 ss@pup.cn。我们会在1—2个工作日内将相关资料发送到您的邮箱。

书名		书号	978-7-301-	作者	
您的姓名				职称、职务	
学校及院系					
您所讲授的课程名称					
授课学生类型(可多选)	□ 本科一、二年级 □ 高职、高专 □ 其他_____			□ 本科三、四年级 □ 研究生	
每学期学生人数	_____人			学时	
手机号码(必填)				QQ	
电子邮箱(必填)					
您对本书的建议:					

我们的联系方式:

北京大学出版社社会科学编辑室

通信地址:北京市海淀区成府路 205 号,100871

电子邮箱:ss@pup.cn

电话:010-62753121 / 62765016

微信公众号:北大出版社社科图书(ss_book)

新浪微博:@未名社科-北大图书

网址:http://www.pup.cn